La storia. Temi

84

Isabella Lazzarini

# L'ordine delle scritture

## Il linguaggio documentario del potere nell'Italia tardomedievale

viella

Prima edizione: febbraio 2021
ISBN 978-88-3313-488-8

Questo volume è stato pubblicato con il contributo del Dipartimento di Scienze umanistiche, sociali e della formazione dell'Università del Molise.

LAZZARINI, Isabella
L'ordine delle scritture : il linguaggio documentario del potere nell'Italia tardomedievale/ Isabella Lazzarini. - Roma : Viella, 2021. - 396 p. : ill. ; 21 cm. - (La storia. Temi ; 84)
Bibliografia: p. [335]-382
Indice dei nomi e dei luoghi: p. [383]-396
ISBN 978-88-3313-488-8
1. Potere e cultura - Italia - Sec.14-16 2. Scrittura - Aspetti sociali - Italia - Sec.14-16 3. Lettere e carteggi - Italia - Sec.14-16

302.22440945 (DDC 22.ed) Scheda bibliografica: Biblioteca Fondazione Bruno Kessler

**_viella_**
*libreria editrice*
via delle Alpi, 32
I-00198 ROMA
tel. 06 84 17 758
fax 06 85 35 39 60
www.viella.it

*A Brunetta*
*(1931-2020)*

Onore a quanti in vita
si ergono a difesa di Termopili.
Mai che dal dovere essi recedano,
in ogni circostanza giusti e retti,
agendo con pietà, con tenerezza,
generosi se ricchi, generosi
ugualmente quanto possono se poveri,
conforme ai loro mezzi sempre sovvenendo
e sempre veritieri ma senz'astio
verso coloro che mentiscono.
E un onore più grande gli è dovuto
se prevedono (e molti lo prevedono)
che spunterà da ultimo un Efialte
e che i Medi finiranno per passare.

Constantinos Kavafis, *Termopili*, 1903

# Indice

# Introduzione.
# L'ordine delle scritture, l'invenzione del modello

Circe: L'uomo mortale, Leucò, non ha che questo d'immortale.
Il ricordo che porta e il ricordo che lascia.
Nomi e parole sono questo.

Cesare Pavese, *Dialoghi con Leucò*, 1947

## 1. *Tracce*

Nel terzo libro del trattato *Della famiglia*, scritto intorno al 1434, Leon Battista Alberti ricordava quanto convenisse ai mercanti avere sempre le mani tinte d'inchiostro: era infatti «officio del mercatante e di ogni mestiere quale abbia a tramare con più persone, sempre scrivere ogni cosa, ogni contratto, ogni entrata o uscita fuori di bottega, e così spesso tutto rivedendo, quasi sempre avere la penna in mano». Si noti, era officio di chiunque *abbia a tramare con più persone*: cultura e competenza di mercanti, ma pratica sociale di raggio ben più ampio.[1] Nel 1456 Borso d'Este, marchese di Ferrara e duca di Modena e Reggio, comunicava infatti ai soprintendenti della Camera che «ad nostra chiareza et sodisfacione et a buono et spechiato ordene de quella nostra camera, [...] volemo adunque che [...] generalmente ognio officiale che governa intrada faci fare libri novi suso li quali se habiano a tenire el conto novo».[2] Nella tarda primavera del 1464, nelle

1. Leon Battista Alberti, *I libri della famiglia*, p. 251, cit. in Bartoli Langeli, *La scrittura dell'italiano*, p. 44.

2. *Ordines super officiis camere et depositarii*, ASMo, Camera, Mandati in volume, reg. 11 bis, c. 7r.

ultime fasi della durissima guerra mossagli dal partito angioino del Regno alla morte del padre Alfonso, re Ferrante d'Aragona mandava in Salento tre razionali della regia camera della Sommaria affinché procedessero all'incamerazione del demanio e dei beni del principato di Taranto dopo la morte del *leader* della parte angioina, il potente Giovanni Antonio Orsini, e ingiungeva loro: «Per tanto, veduta la presente, ve nde porriti venire cqua, in Taranto, et portati con vui ad spese de la Corte tucti li cuncti che haviti llocho [...] da po la morte de lo dicto prencepe in qua, con tucte le cautele et scripture, sopra le dicte ragiuni facte et pilgliate [...]. Et similemente portarite tucti riti, cedularii et ogni altre scripture, le quale ad vui pareranno utile et necessarie per la expedicione et visione de li dicti cuncti et de le facende, che da qua se haverranno ad spazare».[3]

Ci spostiamo in curia di Roma, e cambiamo genere: il 24 novembre 1461 Bartolomeo Bonatti, oratore a Roma dei marchesi di Mantova Ludovico e Barbara Gonzaga, esortava i suoi signori a intervenire con determinazione nelle fasi finali della pratica della creazione del figlio Francesco a cardinale mandandogli istruzioni per iscritto: «et bisognaria esser littera, perché le parole non se infilzano».[4] D'altro canto, le lettere non contenevano solo parole pesanti, politica e vincolanti istruzioni. Da Cafaggiolo, il 13 settembre 1468, un giovane Lorenzo de' Medici scherzava con ser Filippo da Valsavignano sulla massa di missive di ogni ordine e grado – con grandi e piccole storie, avvisi e notizie – che gli era arrivata quel giorno: «io ho hauto le lettere, letteruzze, letterini, el carico, el aviso delle cose di Fiandra, d'Inghilterra, di Marradi, della moria, del beneficio et d'ogni altra cosa; et questa sera ho hauto le calze, e, XII, la vostra giocondissima lettera, et de omnibus viciis et secretis vi attesto».[5] A Napoli, nel luglio 1480, Ippolita Maria Sforza, duchessa di Calabria, scriveva a questo stesso Lorenzo una letterina (di mano di un cancelliere e sottoscritta da Pontano), il cui tono raffinato e giocoso costruiva tutta una rete di rapporti e di ruoli puntando sul registro personale. Per quanto il suocero Ferrante le chiedesse spesso come stava «il mio colligato», cioè il Medici (del cui accordo con il re dopo la guerra dei Pazzi Ippolita era stata formale procuratrice in-

3. *Fonti aragonesi*, doc. 2, p. 4, citato e analizzato in Airò, *«Cum omnibus eorum cautelis, libris et scripturis»*.

4. Bartolomeo Bonatti a Barbara Gonzaga, Roma 24 novembre 1461, in ASMn, AG, CE, b. 841, l. 256.

5. Lorenzo a Filippo da Valsavignano, Cafaggiolo, 13 settembre 1468, in Lorenzo de' Medici, *Lettere*, I, 16, p. 35, citato in Lazzarini, *Communication and Conflict*, p. 49.

sieme al Michelozzi),[6] la duchessa specificava che «questa lettera imperò non serrà de quelle che spectant ad colligatione né anche ad stato, ma per fare solamente intendere ala Magnificentia Vostra como nui se recordamo continuamente de vui» e proseguiva chiedendosi se Lorenzo dal canto suo si ricordasse, dalla sua visita a Napoli dell'inverno precedente, «del nostro passeggiaturo, el quale è bellissimo et tucto in fiore».[7] Lo scrivere lettere infine, anni dopo e in tutt'altro contesto, sarebbe risultato a Lorenzo al tempo stesso difficile e d'aiuto: dopo la morte della madre Lucrezia, nel marzo 1482 Lorenzo si scusava infatti con Pier Filippo Pandolfini, in quel momento a Urbino, che «per esser stato occupato in questo caso di mia madre, non ho potuto satisfarvi nello scrivere»; rimediava, con la lettera che gli stava mandando, «et perché bisogna, et perché scrivendovi non ho tanto intenso pensiero alla perdita di mia madre».[8]

D'altro canto, le notizie correvano per scrittura: o almeno alcune fra loro. Alla fine del secolo, ai primi di marzo del fatidico 1494, allorché Gaspare da Vimercate gli comunicava le preoccupazioni del suo signore, il duca Ludovico il Moro, in merito alla calata di Carlo VIII in Italia, soggiungendo che girava voce che l'esercito francese fosse in movimento verso l'Italia giacché s'erano visti cavallari francesi, il doge di Venezia «replicò con bocha da ridere: "O ambassadore, le lettere porteno le veritate, et li cavallari le bosie; non è da dare fede a zanze de persone private: se starà pure a vedere"».[9] Va da sé che di lì a poco Agostino Barbarigo avrebbe trovato le "bosie" dei cavallari meno divertenti: Domenico Malipiero avrebbe scritto di quel momento, nei suoi *Annali*, che «la Signoria non ha mai vogiù credere che Francesi venisse in Italia; e 'l Consegio de Pregai era sì fisso che 'l Re non dovesse calar, che 'l no voleva dar fede ai avisi de quel Regno [...] Non se ha vogiù creder ala venuta de Francesi, e adesso che i è caladi, no se sa che far».[10]

Ma le scritture servivano anche a conoscere il mondo: a Milano Galeazzo Maria Sforza, nell'inviare in segreto a Costantinopoli il genovese

6. Napoli, 13 marzo 1480, edito in Lorenzo de' Medici, *Lettere*, IV, pp. 377-389.

7. Ippolita Maria Sforza a Lorenzo de' Medici, Napoli, 3 luglio 1480, ASFi, MAP, XXXVIII, 33, citata in Bryce, *Between friends*, p. 344.

8. Lorenzo a Pier Filippo Pandolfini, Firenze, 27-28 marzo 1482, in Lorenzo de' Medici, *Lettere*, VI, 568, p. 148.

9. Gaspare da Vimercate a Ludovico Sforza, Venezia, 10 marzo 1494, citato in Segre, *Lodovico Sforza detto il Moro e la Repubblica di Venezia*, p. 264.

10. Malipiero, *Annali veneti*, 7/1, pp. 328-329, citato in Lazzarini, *News from Mantua*, p. 111.

Oliviero Calvo a proporre al sultano Maometto II un'alleanza antiveneziana e antinapoletana nell'Italia turbata dalla caduta di Negroponte in mani ottomane, gli ordinava anche di prendere dettagliate informazioni sul Gran Turco, il suo carattere, le sue abitudini familiari e personali, «togliando in scripto» in particolare «le cità et castella» del dominio ottomano.[11] Poco più di trent'anni dopo, Francesco Vettori, nel raccontare (maliziosamente) il *Viaggio in Alemagna* che aveva (seriamente) compiuto come ambasciatore a Massimiliano d'Asburgo, scriveva che «volentieri ritorno alle mie narrazioni, le quali se non diletteranno chi le leggerà, dilettano me che le scrivo». Soggiungeva poi: «perché intra gli onesti piaceri che possino pigliare li uomini, quello dello andare vedendo il mondo credo sia il maggiore, né può essere perfettamente prudente chi non ha conosciuto molti uomini e veduto molte città».[12] Il cerchio, in qualche modo, si chiude.

E intanto, e dopo: a Siena, ai primi del 1485, una provvisione presentata da alcuni cittadini e approvata dalla Signoria, considerato il «tanto disordine» degli archivi conservati in palazzo «che di continuo mancano e si perdano scripture di assai importanza, come sono registri di cancellaria, lettare, scripture autenctiche del cassone di Consistorio, le quali ogni dì sono portate via per vostri oratori, commissarii et altri mandatarii, che saría tedio a raccontarle e mai alcuna se ne ritorna», induceva i Signori alla nomina di un commissario che per prima cosa di queste scritture facesse un inventario.[13]

Quasi un secolo dopo, a Mantova la situazione non era migliore: nel 1576 Nicolò Guarino scriveva ad Aurelio Zibramonti, consigliere ducale, che «heri andai col Pietrasanta all'Archivio per vedere dove si havevano da mettere quei registri delle lettere ch'io tengo commissione di farci portare. I libri dei registri communi sono ottanta, de' riservati sono ottantadue, quelli del Monferrato dieci, e del signor Castellano passato sette, a tal che vengono ad essere in tutto 179, et essendo numero così grosso non trovai luogo ove potessero capire, perciò che tutti quei scrigni che sono nelli armari grandi sono impacciati». Il duca Guglielmo avrebbe trovato solo nel 1582 qualcuno abbastanza coraggioso da immergersi in tutte quelle carte e nelle molte «scritture difficili da leggere per la quantità [...]

11. *Memoria Oliviero Calvo*, ASMi, SPE, b. 646, s. d., citato in Lazzarini, *Écrire à l'autre*, pp. 182-183.

12. Vettori, *Viaggio*, pp. 122-123.

13. ASSi, C 2567, cc. 9r, 10v (6 gennaio 1485; 9 gennaio 1485), citato in Giorgi, *Il «Carteggio del Concistoro»*, pp. 74-75.

e l'antichità», come scriveva nel dicembre 1576 sempre allo Zibramonti il procuratore patrimoniale del duca, Francesco Bottesini. Il giureconsulto Francesco Borsato nel 1582 non si sarebbe infatti lasciato scoraggiare da quel che, dopo una prima ricognizione negli archivi ducali, gli pareva «un grande tesoro, sì però molto confuso, tutto in un caos, et con pochissimo ordine». Tanto caos nonostante l'archivista Iacopo Daino avesse vantato, quarant'anni prima, in versi latini che «Principis archivi inventaria facta fuerunt/Sic de instrumentis iuribus atque suis/omnia descripta in coltis servata fuere/distincta et recte cum titulis suis».[14]

Oltre due secoli più tardi, ed è l'ultimo capitolo esplicito di cui seguiremo le tracce, dopo avere spiegato con chiarezza gli scopi della propria opera di selezione e di edizione dei trattati di pace, di tregua e di quant'altro che componevano i quattro tomi di quel che sarebbe stato conosciuto come il *Grand Recueil*, Jacques Bernard nel 1700 concludeva la sua *Preface* al primo tomo affermando con decisione che « les actes qu'il [*l'editore*] reporte sont de toute autre consequence qu'une simple histoire».[15]

Voci, scritture, chiacchiere, lettere, conti, ricordi, ragioni, diritti, decisioni, inventari, edizioni: in una parola, storia, semplice o meno. Al centro di questa raccolta si collocano tutte queste cose e il loro interloquire reciproco è orchestrato per riflettere sulla cultura e sulle funzioni sociali dello scritto nella costruzione di sistemi – o reti, o catene: ci torneremo – al tempo stesso documentari, politici e sociali, e della loro reinvenzione successiva ai fini della costruzione di altri sistemi documentari, politici e sociali e della genealogia ideologica della loro legittimazione.

## 2. *Questioni*

Nel 1992, in una agile *Guida allo studio delle testimonianze scritte del Medioevo italiano*, Armando Petrucci precisava che è metodologicamente necessario essere consapevoli che «l'universo delle testimonianze scritte di una determinata civiltà, di un determinato periodo, di una determinata

14. Nicolò Guarino ad Aurelio Zibramonti, Mantova, 6 novembre 1576, in ASMn, AG, b. 2598; Francesco Bottesini ad Aurelio Zibramonti, Mantova, 1 dicembre 1576, in ASMn, AG, b. 2597; Francesco Borsato al duca Guglielmo, Mantova, 13 febbraio 1582, in ASMn, AG, b. 2617; e Jacopo Daino, *Genealogia*, ASMn, AG, b. 416, citati in Torelli, *L'Archivio Gonzaga*, pp. XXXVI-XXXVIII.

15. Bernard, *Recueil des traitéz de paix*, I, p. XV.

comunità, e cioè i suoi libri, i suoi documenti, le sue epigrafi, le sue lettere, i suoi conti e così via, costituiscono un tutto unico, un tessuto inseparabile, che va affrontato sempre con una consapevolezza globale». Ogni cultura scritta, continuava Petrucci, «costituisce un tutt'uno, non facilmente separabile, se non al prezzo della più totale perdita di comprensione di ciascuno dei suoi componenti e della storia culturale del periodo nel suo complesso».[16] Con una serie di importanti contributi, a partire dalla fine degli anni Settanta sino ai primi anni Novanta, la discussione sulla cultura dello scritto e sulle funzioni sociali della scrittura accelerava allora un percorso di rinnovamento articolato e complesso, al crocevia di diversi piani e per diverse strade, in Italia e in Europa.[17]

A seguito di quella accelerazione, e delle sue diverse riprese negli anni Duemila, parlare oggi di cultura dello scritto significa prestare un'attenzione complessa ai molti piani che Petrucci invitava a considerare globalmente. Mettendoli uno dopo l'altro sul tavolo, nella speranza di divenire via via più chiari, consideriamone alcuni. Si parta innanzitutto da un concetto cru-

16. Petrucci, *Medioevo da leggere*, pp. VIII-IX. In questa introduzione il nome di Petrucci ricorre con grande frequenza e a buon motivo: per ripercorrere la sua straordinaria biografia intellettuale e civile si rimanda ora alla scheda biografia che Antonio Ciaralli gli ha dedicato per la collezione *Italiani della repubblica*, complemento del *Dizionario biografico degli Italiani*, in corso di stampa. Ringrazio di cuore Antonio per avermela mandata in bozze.

17. Si tratta di temi dalla bibliografia ormai imponente: in queste poche pagine introduttive si seguirà il filo rosso di alcuni lavori, della cui selezione ci si prende piena responsabilità. Si considerino in merito, prima di tutto per l'Italia, alcune date e alcuni testi: Petrucci, *La scrittura* (1980); Bartoli Langeli, *La documentazione* (1985); Cardona, *Storia universale della scrittura* (1986); Cammarosano, *Italia medievale* (1991); per l'Europa, Clanchy, *From Memory to Written Record* (1979), McKitterick, *The Carolingians and the Written World* (1989); *Pragmatische Schritftliechkeit* (1992); *Les cartulaires* (1993); *Escribir y leer* (1995). Questi interessi verso il sistema dello scritto medievale non interagivano soltanto con le rispettive tradizioni disciplinari – paleografia, diplomatica, archivistica – ma dialogavano con testi diversi come Goody, *The Domestication of the Savage Mind* (1977) e *The Logic of Writing* (1986); Ong, *Orality and Literacy* (1982) o Assmann, *Das Kulturelle Gedächtnis* (1992): alle spalle, a proposito del linguaggio e dei suoi strumenti, del suo peso simbolico, delle sue epifanie pubbliche, della sua opacità e insieme della sua stratificazione, la lezione complessa, a volte contraddittoria, ma estremamente feconda di maestri come Habermas (*Strukturwandel der Öffentlichkeit*, 1962), Foucault (*Les mots et les choses*, 1966, *L'archéologie du savoir*, 1968-1969), Bourdieu (*La distinction*, 1979). Per una interpretazione sistematica e teoretica dell'evoluzione degli studi medievistici sulla scrittura, si veda ora Morsel, *Histoire, archives et sources documentaires*: ringrazio Joseph Morsel per avermi permesso di leggere in bozze il suo testo.

ciale, quello di *literacy*, il cui uso e la cui traduzione nelle diverse lingue europee non sono evidentemente né linguisticamente neutri, né davvero omogenei. Come puntualizza di recente Joseph Morsel, la ricerca francese traduce ormai il termine inglese come *culture de l'écrit* (sottilmente diversa dalla *culture écrite*, che in effetti non è usata, accostata talvolta a *litteratie/litteracie*) nel senso globale attribuitole da Petrucci svariati anni fa, abbandonando quindi la *scripturalité* (che aveva tradotto *literacy* in prima battuta e che corrisponde anche al tedesco *Schriftlichkeit* e allo spagnolo *cultura escrita*) perché troppo legata al binomio scritto/orale: una cultura dello scritto comprende infatti, continua Morsel, non solo «la question du recours à l'écriture (la production écrite), mais aussi celle de l'usage de documents déjà écrits (y compris par la lecture)». In questo senso, potrebbe anche in inglese essere utile usare una sfumatura diversa, quella della *scripturacy*, per indicare i soli aspetti della cultura dello scritto che si riferiscono alla messa in scrittura di comunicazioni verbali.[18] Quanto all'uso italiano, si mantengono vivi entrambi i significati, tanto quello globale (di cultura dello scritto), quanto quello più specifico di alfabetismo/alfabetizzazione, a indicare la familiarizzazione con i processi – diversi – di controllo della cultura grafica.[19] In un saggio successivo, Morsel va oltre: approfondendo in modo teoretico anche il superamento della fase legata alla *literacy* (la fase che definisce *scripturaliste*, a sua volta successiva rispetto a una prima fase di approccio storico-erudito alle fonti, quella *textuaire*), si indirizza verso una *archéologie documentaire* fondata sulle contestuali dinamiche di trasmissione e di trasformazione del documento medievale, prendendo a prestito dall'archeologia il neologismo *transformission*. Al di là del retroscena teoretico, quel che mi pare interessante di questa ipotesi è la forte sottolineatura del dinamismo insito nelle trasformazioni del fatto documentario attraverso il tempo, un dinamismo che trasforma il documento nel momento in cui lo trasmette. La catena delle scritture non è dunque una sedimentazione inerte, ma una rimodulazione degli strati documentari. In

18. Morsel, *Quand enregistrer, c'est créer*, p. 377.

19. Si pensi al binomio del sottotitolo *alfabetismo e cultura scritta* di un altro volume importante di Petrucci, in questo caso con Romeo: Petrucci, Romeo, *«Scriptores in urbibus»*; si noti anche che il primo capitolo di quel volume, *Alle origini dell'alfabetismo medievale*, è una versione più agile di *Libro, scrittura e scuola*, apparso nel 1972 (ma del resto è del 1978 il numero monografico di «Quaderni storici» dedicato da Bartoli Langeli e Petrucci ad *Alfabetismo e cultura scritta*, il frutto più noto del vivacissimo seminario perugino di quegli anni).

più, si potrebbe dire, una trasmissione trasformativa di questo genere ha risvolti chiari nella ridefinizione ideologicamente strumentale delle scritture in sistemi di rappresentazione successivi: si veda oltre.[20]

Oltre alla o alle definizione/i della cultura scritta, si pensi poi ai diversi piani in cui tale cultura si esplica e quindi all'attitudine funzionale alla scrittura, nel suo complesso rapporto con la comunicazione e la memoria. In primo luogo, la questione del senso da attribuire a *literacy* si intreccia necessariamente al concetto, anch'esso declinato in modi diversi, di scritture, vale a dire del risultato primo del riversamento della comunicazione verbale in testi scritti. Rimanendo nel campo tradizionale e rassicurante delle scritture documentarie, si parlerà dunque di "scritture pragmatiche", pubbliche, "grigie", intendendo in generale con esse l'insieme della documentazione scritta a carattere pratico, di gestione, di amministrazione, di governo (termini non neutri: anch'essi, a loro volta, frutto di scelte storiografiche su cui si tornerà),[21] sia giuridicamente vincolante, sia "grigia", vale a dire sprovvista di valore normativo.[22] Accanto alle scritture però ormai è difficile ignorare, almeno metodologicamente, i testi – intesi come "libri" – e la loro diffusione: visti, o quantomeno tenuti presenti, gli uni e le altre nelle loro forme materiali, diplomatistiche, codicologiche (zibaldoni, codici, memoriali, libri di famiglia, epistolari e tutto ciò che si trova in mezzo: manoscritti e a stampa, almeno agli esordi)[23] e analizzati nei loro

20. Morsel, *Histoire, archives et sources documentaires*: la *transformission* gli viene da Chouquer, *Quels scénarios pour l'histoire du paysage?*, pp. 255-256. Si vedano qui le considerazioni in merito alle forme documentarie (*litterae patentes* o *clausae*, decreti, grazie, mandati, liste, conti) che vengono trascritte nei registri, al capitolo 8.

21. Nell'introduzione di *Pragmatische Schriftlichtkeit* Hagen Keller specifica che con il termine di *pragmatisch* intende tutte le forme d'uso della scrittura e di testi che servono immediatamente a fini pratici (*zweckhaftem Handlen dienen*): François Menant, nel discutere di questa faccenda, a *écrit pragmatique* preferisce l'espressione *écrit documentaire*, Menant, *Les transformations*, p. 34. Si veda ora la recente messa a punto storiografica in *Le Moyen Âge dans le texte*.

22. A titolo puramente indicativo, e come testi di riferimento in merito a un campo che ha conosciuto, in particolare a partire dai primi anni Duemila, un enorme ampliamento si ricordino, in blando ordine cronologico, *Écrit et pouvoir*; *Pragmatic Literature: East and West*; *Écrire, compter, mésurer*; *Scritture e potere*; *Écritures médiévales*; *Pratiques de l'écrit*; *Le Moyen Âge dans le texte*; *Culturas del escrito*; *L'art médiéval du registre*; *Écritures grises*.

23. Di nuovo, si pensi alla lezione di Petrucci e ai suoi saggi *Il libro manoscritto* (1983) e *Minuta, autografo, libro d'autore* (1984), o a quelli dedicati alla scrittura di Petrarca o ai codici di Boccaccio, ora tutti raccolti in Petrucci, *Letteratura italiana* (a cura di

rapporti reciproci (imitazione, contaminazione, autonomia; in catena, in rete, in sistema).[24] In questo senso, un'attenzione raffinata alla materialità delle scritture – eredità di tanta parte della migliore diplomatica europea– ha ulteriormente ampliato il raggio dei fenomeni in grado di illuminare l'articolazione dei processi grafici:[25] legato a questo contesto, il piano delle forme della cultura grafica di una società e delle loro manifestazioni.[26]

Vengono poi gli scriventi, singolarmente presi o in gruppi più o meno professionali: notai, cancellieri, chierici, ma anche il ventaglio degli scri-

Antonio Ciaralli, di cui si veda anche Ciaralli, *Nota alla pubblicazione*) e di Roger Chartier (in particolare *Culture écrite et société*, 1996 e *Material texts*); si ricordi la commistione fra scrittura documentaria e scritture di storia, almeno nel segmento cronologico della produzione di cronache urbane due-trecentesche (per cui si veda Zabbia, *I notai e la cronachistica*) e, davvero troppo rapidamente, la questione dell'impatto della stampa sulle modalità della comunicazione (per cui, a parte il pionieristico McLuhan, *The Gutenberg Galaxy*, si ricordino almeno Infelise, *Prima dei giornali*, de Vivo, *Patrizi, informatori, barbieri*, Petitjean, *L'intelligence des choses*, Salzberg, *Ephemeral City*). La recente storiografia britannica sull'epistolarità cinque-seicentesca ha poi enfatizzato le similitudini fra lettere e copie, e l'autorialità fluida e collaborativa, complicata dai processi sociali della stampa, di taluni testi letterari o raccolte epistolari a stampa: si veda *Material Readings* (in particolare Daybell, Hinds, *Introduction*, pp. 1-20 e Gordon, *Copy/copia*).

24. Mi riferisco qui agli studi di Béatrice Fraenkel sul concetto di *chaîne d'écriture* (Fraenkel, *Enquêter sur les écrits*) intesa come catena di enunciati documentari che si richiamano fra loro e amplificano la loro portata tramite gli effetti socio-istituzionali innescati dal loro uso, e all'approfondimento di questo concetto in quello di *réseau* (Bertrand, Chastang, *Les temps des écritures grises*, pp. 49-52): si tratta dell'idea della natura sistemica dei diversi gruppi di scritture, che si rispondono e si completano all'interno di *corpora* archivistici (Lazzarini, *L'Italia degli Stati territoriali*, p. 3); ma si veda, in senso ancora più ampio, all'uso che Luciano Piffanelli fa della genetica testuale nel suo studio sulle scritture dei trattati di pace nell'Italia degli anni 1420-1440, Piffanelli, *Politica e diplomazia*, pp. 42-47.

25. Si pensi in questo senso alla finezza di una ricerca come quella raccolta da Olivier Canteaut in *Le discret langage du pouvoir*; la recente attenzione anglosassone alla materialità della lettera va in questa direzione, anche se occorrerebbe talora una più acuta consapevolezza proprio dell'analisi diplomatistica di ambito medievistico: Daybell, *The Material Letter*: si veda qui al capitolo 4.

26. D'un lato, si torna alla questione del significato e delle forme dell'alfabetizzazione e delle funzioni sociali della scrittura: per cui si vedano almeno, a 360 gradi, Petrucci, *Scrittura, alfabetismo ed educazione grafica*; Petrucci, Romeo, *«Scriptores in urbibus»*; Bartoli Langeli, *La scrittura dell'italiano*; Balestracci, *La zappa e la retorica*; Miglio, *Governare l'alfabeto*; dall'altro, all'analisi sociale dell'evoluzione delle forme grafiche propriamente dette (si pensi alla questione della mercantesca o dell'umanistica) e dei processi concreti di scrittura, come la corsivizzazione delle scritture correnti o l'uso dell'autografia: per questo si rimanda qui ai capitoli 4 e 6.

venti più occasionali o più saltuariamente coinvolti con il potere nelle sue diverse scale territoriali.[27] Infine, i laboratori di scrittura, laici o ecclesiastici, in cui operavano gli scriventi più articolati e in cui nascevano e si sviluppavano sperimentazioni grafiche e documentarie, innovazioni, resistenze – si pensi agli *scriptoria* monastici o alle cancellerie: a quel laboratorio che fu la cancelleria fiorentina – nel loro eventuale rapporto d'un lato con le istituzioni e/o con le forme del potere, non sempre, non tutte, non continuativamente istituzionalizzate, e dall'altro con le più ampie "comunità grafiche", che Bertrand e Chastang, che riflettono in particolare sulla cultura scritta delle città tra Due e Trecento, individuano come gruppi che «se reconnaît[ssent] aux outils d'écritures et aux attributs graphiques qu'elle[s] maîtrise[nt], développe[nt] et exhibe[nt]».[28]

L'uso del concetto di comunità è interessante: derivato in questo contesto dalle *textual communities* di ambito monastico studiate da Brian Stock[29] e legato da Bertrand e Chastang all'idea – di Chartier, ma davvero non solo – di "cultura grafica",[30] può anche utilmente richiamarsi alle *emotional communities* di Barbara Rosenwein laddove all'idea di scritturazione dei rapporti sociali si unisca quella di creazione e condivisione di linguaggi scritti e di modalità di comunicazione attraverso usi linguistici specifici.[31] Un altro strato di questa articolata archeologia della cultura dello scritto è infatti rappresentato dalle lingue, dai linguaggi, dai codici della messa in scrittura della comunicazione:[32] è a questo strato che si può ricondurre la zona complessa e flessibile dei rapporti con l'oralità (ma anche con l'*aurality*, vale a dire la lettura ad alta voce, con un pubblico più

27. Di nuovo, la bibliografia sarebbe qui infinita: si pensi solo al notariato (per cui si richiama, per l'Italia, a Bartoli Langeli, *Notai*, e – come inquadramento storiografico – a *Notariato e medievistica*) o al mondo delle cancellerie, per cui si rimanda, anche qui con estrema sommarietà, a *Cancelleria e amministrazione*; *Chancelleries et chanceliers*; Lazzarini, *Records, Politics and Diplomacy*; in merito alla permeabilità di queste tecniche e alla mobilità di queste figure, si veda Grévin, *Rhétorique du pouvoir médiéval*.

28. Bertrand, Chastang, *Les temps des écritures grises*, pp. 55-58.

29. Stock, *The Implications of Literacy*.

30. Bertrand e Chastang si riferiscono nello specifico a Chartier, *Inscrire et effacer*, p. 8.

31. Rosenwein, *Emotional Communities*: un esempio davvero brillante di questo tipo di analisi in McLean, *The Art of the Network*.

32. Una volta di più, si rimanda a una rosa davvero personale e selettiva di testi di riferimento: Burke, *Language and Communities*; Grévin, *Le parchemin des cieux*; *Les langues de la négociation*; *Translators, Interpreters, and Cultural Negotiators*.

o meno ampio, di testi scritti – letterari, ma anche politici) e con forme di comunicazione non verbale (come la gestualità: rituale, individuale, personale, pubblica).[33]

Infine, l'ultimo grande capitolo di questa storia riguarda le tecniche, le forme e le strategie della conservazione e della distruzione, della memoria e dell'oblio, messe in atto dagli *scriptoria* agli archivi, e la loro trasformazione attraverso i secoli e le temperie culturali, sociali e politiche.[34] «Le *élites* sociopolitiche delle società non soltanto alfabetizzate, ma anche acculturate, identificano, ordinano, conservano e trasmettono la propria immagine scritta; e contemporaneamente tesaurizzano la documentazione storica delle generazioni precedenti, con le quali e nelle quali esse si identificano».[35] Sono, una volta di più, parole di Petrucci: la scrittura di memoria e l'ordine delle scritture, che definiscono identità e legittimazione individuali e collettive, costruite, distrutte, dimenticate e ricostruite, trovate e lasciate, sono uno snodo cruciale delle società storiche complesse e alfabetizzate.[36] In particolare nel contesto del tardo medioevo e della prima modernità, questo tema ha ricevuto una crescente attenzione recente, soprattutto in area anglofona – tanto da permettere di parlare di un vero e proprio *archival turn* – nei suoi rapporti con i temi portanti dello *state-building* e della comunicazione, complicandosi per l'età moderna con gli studi postcoloniali. L'archivistica, scienza riflessiva, si è ampliata quindi a un respiro globale con risultati di grande interesse,[37] mentre la questione

33. In generale, si veda *New Approaches to Medieval Communication*: per un'ampia rassegna bibliografica, sino almeno al 2012, Mostert, *A Bibliography*; a proposito dell'auralità, rimando a Coleman, *Public Reading*; sulla gestualità e i rituali comunicativi non verbali, si vedano, in ordine sparso, Garnier, *Le langage de l'image*; *Il gesto nel rituale*; Althoff, *Spiegeregeln der Politik*; Buc, *The Dangers of Ritual.*

34. Cook, *The Archive(s)*; per l'Italia, Varanini, *Le scritture pubbliche.*

35. Petrucci, *Medioevo da leggere*, p. 204.

36. Sui complessi meccanismi di distruzione di scritture, si veda De Vincentiis, *Memorie bruciate.*

37. Si ricordino, in ordine latamente cronologico, le raccolte d'area anglofona *Charters, Cartularies, and Archives*; *Archives, Records, and Powers; Archival Knowledge; The Social History of Archive*; *Archival Transformations*; *Engaging with Records and Archives*; *Research in the Archival Multiverse* (interessante notare come le ultime quattro raccolte siano uscite tutte nel 2016). Per quanto riguarda l'Italia, si rimanda ad *Archivi e comunità, La documentazione degli organi giudiziari* e *Archivi e archivisti* (per l'ampiezza di riferimenti e problemi, si veda qui dei tre curatori, l'*Introduzione a un percorso di studio*); per un respiro europeo, si rimanda almeno a Guyotjeannin, *Les méthodes de travail*; *Fabriques des archives*; Castillo Gomez, *The New Culture of Archives*; la sezione *Archiver* in *Écri-*

dell'uso della memoria e del suo rapporto con le pratiche della scrittura si è aperta allo studio delle forme dell'analisi dei dati e delle informazioni.[38]

Circoscritto, almeno sommariamente, il perimetro delle questioni vive attorno alla cultura dello scritto nel tardo medioevo, è necessario a questo punto introdurre il convitato di pietra di questo discorso. Oltre a intrecciarsi con i molteplici piani delle trasformazioni sociali – esemplari in questo senso la ricerca dedicata da Paul Bertrand alle "scritture ordinarie" in Francia tra XIII e XIV secolo,[39] ma anche l'intuizione di Chris Wickham che l'aumento della cultura laica dello scritto aprisse tra Trecento e Quattrocento una «increase in ambiguity» grazie alla quale per esempio le donne riuscirono «to negotiate space for their own protagonism»[40] o l'uso delle scritture nei conflitti e nei confronti rurali e valligiani studiati da Luigi Provero o da Massimo Della Misericordia[41] – questa costellazione di temi infatti, dopo una prima fase otto-medionovecentesca di ancillarità alla storia senza aggettivi, interseca con sempre maggiore decisione e originalità una storia politica a sua volta profondamente percorsa da fratture e trasformazioni rispetto anche solo a qualche decennio fa.[42] Il discorso si complica qui: l'analisi delle pratiche di scrittura e di memoria scritta infatti si intreccia alla storia del potere in almeno tre direzioni. Innanzitutto, nel contesto di una definizione dell'autorità e del potere tardomedievale in termini di statualità, o di vocazione alla statualità, corredata da gradienti variabili di territorialità, sovranità, giurisdizione: e quindi attraverso una crescita del controllo pubblico da parte di un sistema di dominio ormai egemonico sulla messa a scrittura della comunicazione interna e delle interazioni esterne al servizio del processo di *state-building* e attraverso la costruzione del consenso.[43] In secondo luogo, e in parte in modo

*tures grises*, pp. 357-434 (con saggi di Péquignot, Jamme, Guyotjeannin, Rouchon, cui si rimanda per uno sguardo esaustivo).

38. Si pensi a Carruthers, *The Book of Memory*; Blair, *Too Much to Know* o Assmann, *Cultural Memory and Western Civilization.*

39. Bertrand, *Les écritures ordinaires.*

40. Wickham, *Medieval Europe*, p. 194.

41. Provero, *Le parole dei sudditi*; Della Misericordia, *Figure di comunità.*

42. Per cui rimando, almeno per il contesto italiano e per brevità, a Lazzarini, *I nomi dei gatti.*

43. È, dichiaratamente, la prospettiva di una *genèse de l'état moderne* parzialmente trasformata rispetto agli anni Novanta: si vedano in merito le lucide considerazioni di Chastang, *Dominer, administrer, gouverner* (ringrazio Pierre Chastang di avermi messo a disposizione il suo saggio ancora in bozze), in merito alla declinazione dei meccanismi genetici dello stato moderno *sub specie scripturarum* come dispositivi scritti del potere

complementare, le scritture così come le abbiamo descritte possono entrare in gioco nel processo di funzionamento del potere inteso come prevalente sistema di istituzioni (sistema che non necessariamente coincide con lo stato, ma che produce governo e innerva quindi una *polity*, come ci soccorre l'intraducibile termine inglese):[44] è questo il piano in cui il quadro teorico di riferimento è – o torna a essere – quello dell'amministrazione di weberiana memoria, più o meno adattata alle circostanze.[45] Infine, le scritture e i loro giochi di memoria si piegano e vengono piegate a plasmare, definire, tramandare specifici discorsi "ricostruiti", al servizio di sistemi egemonici di potere che a ritroso, tramite questi stessi dispositivi di narrazione, riscrivono la propria genealogia, eliminando dal quadro dei modelli le potenziali alternative. Non si tratta soltanto di costruire identità o legittimità: si tratta di selezionare e piegare l'ordine delle scritture per inventare il passato al servizio di un progetto di controllo e di dominio di marca ormai statuale e nazionale.

## 3. *Temi*

I saggi raccolti in questo volume si muovono all'interno di questo complesso quadro problematico, e lo fanno in due sensi: cercando di rispondere ad alcune delle questioni di cui si è parlato a partire da un interesse originario connesso strettamente all'ultimo grande scenario evocato, quello della storia del potere, il cui legame con la storia dello scritto pubblico e di governo è costitutivo lungo tutto il percorso delineato dalla

per introdurre, disciplinare e gestire forme di dominazione *gouvernamentales* (di implicita foucaultiana memoria). Tali forme di dominazione implicano meccanismi di soggezione fondati su di un'idea condivisa di bene comune e subentrano tra Due e Trecento ai rapporti "diretti" d'autorità tipici delle società altomedievali (traduco quasi alla lettera alle pp. 3-4 delle bozze).

44. Per cui, da ultimo, si veda Watts, *The Making of Polities.*

45. Penso qui all'introduzione e alle linee portanti di *Écritures grises* (Fossier, Petitjean, Revest, *Introduction*) o ai quattro *panels* organizzati, durante lo scorso Annual meeting della Renaissance Society of America, da Giacomo Giudici, Rachel Midura e Luca Zenobi, intorno alle *Cultures of Bureaucracy* (*Information and Communication*; *Practices and Textuality*; *Movement and Space*; *Performance and Perception*: Toronto, 17-19 marzo 2019, https://cdn.ymaws.com/www.rsa.org/resource/resmgr/2019_seminars/full_program_pdf/2_25_19_rsa_toronto_program.pdf), come anche all'analisi dei concetti weberiani portata avanti da Barbara Bombi nella sua ricerca sulle relazioni anglo-papali nel Trecento (Bombi, *Anglo-Papal Relations*, pp. 11-31).

ricerca (a partire dai suoi antefatti),[46] e insieme dando testimonianza, con l'accostamento di articoli scritti in tempi diversi, di come le domande poste alle scritture siano cambiate nel corso di questi vent'anni, e di come, alle spalle delle domande, i quadri di riferimento – gli studi fatti e le interpretazioni proposte – siano cambiati del pari.

I saggi qui raccolti coprono gli anni che vanno dal 2001 (il primo capitolo) a oggi (l'ultimo capitolo, inedito) e si interrogano sulla costruzione di sistemi documentari, sull'uso di forme grafiche e di pratiche scrittorie, su processi di conservazione, definizione, selezione, ordinamento e uso – coevi e successivi – di reti di scritture. La ricerca diretta è stata condotta sulle cancellerie di alcune delle *potenze d'Italia*, come scrivevano gli ambasciatori quattrocenteschi, con un fulcro di interesse evidente nelle signorie, poi principati dell'Italia settentrionale (Milano, Ferrara, Mantova, ma anche, laddove possibile, le contermini signorie padane, romagnole e venete), ma con affondi negli archivi fiorentini e veneziani e rapide escursioni altrove.[47] Si tratta sempre – al di là delle diverse forme costituzionali – di archivi di cancelleria, di scritture pubbliche del potere: non sono sul tavolo, se non occasionalmente, gli archivi familiari o mercantili o finanziari, non le carte dei signori di castello, non (se non per cenni) i fondi documentari di comunità rurali, non le scritture personali, per tacere delle testimonianze scritte non documentarie.[48] All'interno di questo quadro di scritture di governo, la tipologia delle fonti include lettere e registri, missive e decreti, patenti e grazie, registri di conti e trattati di pace, inventari e minute, secondo una cronologia che copre il lungo Quattrocento che va dal secondo Trecento al primo Cinquecento. Questa età non è più lo scenario della *révolution scripturaire* del Duecento e non è ancora la prima età moderna, ma non

46. Lazzarini, *Fra un principe e altri stati*: la prima sezione della ricerca, derivata dalla mia tesi di perfezionamento alla Scuola Normale Superiore, è dedicata a *Storia delle fonti e storia dello stato* (pp. 1-88): si noti, ci si tornerà, come negli anni Novanta e nei primi anni Duemila il termine "stato" – per quanto ampiamente discusso, era di uso "formulare".

47. Un altrove rappresentato in primo luogo dal Mezzogiorno aragonese, per cui in questi ultimi anni abbiamo un fiorire di ricerche sui contesti documentari soprattutto urbani, a partire dagli studi di Francesco Senatore (*Le scritture delle* universitates e *Gli archivi delle* universitates) ad Alessandro Silvestri (*Produzione e conservazione*); da Anna Airò (*L'architettura istituzionale*) a Pierluigi Terenzi (*Una città*).

48. Contraddicono quindi l'invito – la prescrizione – di Petrucci a considerare tutto il mondo della cultura scritta a un momento dato: ma, a parziale spiegazione, va tenuto conto del fatto che la mole documentaria tardomedievale rende l'idea di una analisi a 360 gradi decisamente complessa (o almeno la ha resa a me).

per questo va interpretata come l'epigono della prima o la premessa della seconda (e quindi non va setacciata alla ricerca, consapevole o meno, di esiti forzati o anacronistiche anticipazioni). In essa, di queste scritture si è cercato di interpretare crescite e rallentamenti, logiche e meccanismi, innovazioni ed eredità, puntando a individuare i caratteri di una cultura dello scritto di governo che – nelle inevitabili varianti – riveli caratteri, tempi, protagonisti comuni e condivisi o fratture e divergenze inaspettate. Va ricordato che si tratta di saggi nati in occasioni diverse lungo un arco di tempo relativamente lungo, non di una sequenza di capitoli perfettamente incardinati gli uni agli altri in un discorso unitario e simultaneo: seguono dunque un *fil rouge* ininterrotto, ma lo declinano in modi parzialmente diversi, ponendo l'enfasi della ricerca di volta in volta su aspetti diversi delle scritture – o rispondendo a domande diverse in merito alle stesse fonti. Si è scelto di riproporli così come sono stati scritti, senza alterarli in alcun modo (si sono dunque mantenuti gli apparati di immagini laddove c'erano, non aggiungendoli laddove invece non c'erano). Ci si è limitati a riscrivere i titoli dei capitoli uniformando note e bibliografia e inserendo, dove opportuno, rimandi interni: questa opzione infatti permette di cogliere la trasformazione non tanto – o non soltanto – della riflessione dell'autrice, ma anche e soprattutto della temperie storiografica.

Titolo e articolazione meritano una parola, dal momento che ambiscono a inserirsi nelle questioni indicate più sopra prendendo partito. Il primo dei saggi di questa raccolta è uscito nel 2001 con il sottotitolo *pour une histoire documentaire des institutions*: il titolo del volume che lo ripropone vent'anni dopo conferma uno slittamento lessicale importante, da "istituzioni" a "potere", su cui si tornerà a breve; lo stesso lessico dei saggi separati da questi vent'anni rende ragione della trasformazione storiografica e concettuale, dell'autrice, ma anche – più significativamente, è chiaro – del contesto.[49]

Questo slittamento si riflette anche sulla disposizione dei saggi, raccolti in tre parti. La prima (*Il linguaggio documentario del potere*), raccoglie capitoli in cui l'organizzarsi delle scritture getta luce sui meccanismi di costruzione di funzioni di governo da parte di un potere in via di legittimazione (interna ed esterna) e di consolidamento. La nomina degli officiali attraverso la loro definizione e la loro distribuzione in rapporto alla natura dinamica degli equilibri interni ai singoli domini; il controllo

49. *Shift* anticipato peraltro sin dalla raccolta del 2009, *Scritture e potere*.

di un territorio le cui logiche di sedimentazione in unità circoscrizionali pubbliche sono tutt'altro che univoche e rivelano una archeologia dei linguaggi dello spazio; l'articolazione di un sistema di registri a disegnare una crescente attitudine alla messa in scrittura dei dispositivi di comando e di dominio (nomine, decreti, grazie, mandati, missive, conti); lo sviluppo di reti sovrapposte di forme documentarie per comporre, copiare, definire i carteggi, la cui esplosione come scritture di comunicazione fra i protagonisti interni ed esterni delle dinamiche politiche è uno degli elementi cruciali della trasformazione delle scritture tardomedievali: sono questi altrettanti piani in cui la complessa traduzione di interazioni di potere in forme scritte rivela la molteplicità degli attori in gioco. In questo senso, l'uso del termine potere deliberatamente elimina la nettezza dei possibili riferimenti a un quadro istituzionale *top-down* a favore di una immagine del politico ancora a matrice, determinata cioè, nonostante l'ispessimento del connotato pubblico di questo stesso potere, da spinte e controspinte su piani diversi. La scritturazione, con i suoi caratteri compositi e flessibili, con le sue permanenze e le sue innovazioni, le sue accelerazioni e le sue battute d'arresto, è una rappresentazione chiara della molteplicità delle forze in gioco e del dinamismo che sono in grado di esprimere.

La seconda parte (*Le reti delle lettere*) è dedicata ai carteggi: carteggi dinastici e carteggi femminili, forme grafiche della scrittura epistolare, e attraverso di esse le dinamiche della circolazione, dell'adozione e del rifiuto dei modelli culturali. La pervasività dei carteggi nella società politica dell'Italia tardomedievale è infatti segnale e concausa di quell'ispessimento della discussione intorno alla cosa pubblica, al bene comune, alla partecipazione che è stato riconosciuto come caratteristico di questa età e della «cellular configuration of politics» dell'Europa tardomedievale di cui parlano tanto Watts quanto Wickham e che in Italia si combinava con un alfabetismo più diffuso e con un'attitudine alla parola pubblica più esercitata che altrove.[50] In una

50. Watts, ricordando Strohm, parla di *imaginative structures* che, grazie alla crescita della *literacy* e alla diffusione dei volgari, avrebbero permesso a uomini e donne di raffigurarsi il mondo (Watts, *The Making of Polities*, p. 125-126: il riferimento è a Strohm, *Hochon's Arrow*); Wickham, *Medieval Europe*, p. 240: la frase di Wickham richiama, anche se non esplicitamente, l'idea di Espanha della natura molecolare e onnipresente dei meccanismi di potere (Espanha, *Storia delle istituzioni politiche*, pp. 11-12). Wickham, nelle conclusioni, allarga e chiarisce in un modo che vale la pena citare per intero: «the strength of local, cellular, politics, plus the extension of literate practices to ever-wider social groups, plus a continuing high-equilibrium economic system, plus a newly intrusive

simile temperie, l'adozione della *littera clausa*, con la sua struttura al tempo stesso riconoscibile e flessibile, per rendere possibile la comunicazione su livelli assai diversi (dominanti e dominati, cittadini, sudditi, genitori e figli, uomini e donne) non solo costituisce una delle innovazioni più significative e "pesanti" del sistema documentario tardomedievale italiano,[51] ma apre di fatto la porta all'espressione dell'iniziativa anche di parti della società politica prima senza una voce testimoniata, come le signore e le dame del Trecento padano o come i diversi rami della gerarchia dinastica dei principi del Quattrocento.[52] La questione delle corrispondenze femminili è esemplare in questo senso: la presenza di missive di donne di potere nel Trecento – a monte cioè della rivoluzione educativa umanistica e in una fase di alfabetismo femminile tutto da verificare – nel contesto documentario di governi signorili in transizione, ancora a metà via fra la gestione di lignaggio e la successione patrilineare, fra la conferma dal basso e il riconoscimento dall'alto e in situazioni politiche in cui gli sviluppi territoriali quattrocenteschi e l'idea di un sistema egemone di potenze erano ancora solo una delle alternative politiche aperte, ci dà di questo stesso potere signorile in cerca d'autore un'immagine diversa da quella tradizionalmente declinata al maschile e dimostra che vale davvero la pena di cercare con attenzione nelle serie d'archivio.[53]

La terza parte (*L'ordine delle scritture*)[54] si riferisce tanto alle modalità di organizzazione sostanzialmente coeve (di ordine quindi) delle scritture

state, made possible by taxation, communication and, once again, literacy, helped to create political systems across Europe which allowed *engagement*, nearly everywhere» Wickham, *Medieval Europe*, p. 256 (il corsivo è dell'autore). Si veda anche il ruolo che Chastang riconosce allo scritto di plasmare e rendere visibili gli aggregati sociali, Chastang, *Dominer, administrer, gouverner*, p. 11 delle bozze.

51. Per non essere ripetitivi, si rimanda qui ai capitoli 4 e 10, e, per partire, a Petrucci, *Scrivere lettere*.

52. Basti ricordare qui Miglio, *Governare l'alfabeto* o Ferrari, Lazzarini, Piseri, *Autografie dell'età minore*.

53. La questione è complessa e si rimandano i dettagli al capitolo 7: mette conto però almeno ricordare il progetto *Missiva. Lettres de femmes dans l'Europe médiévale (Espagne, France, Italie, Portugal, VIII^e^-XV^e^ siècle)* (https://www.casadevelazquez.org/en/research/cientific-programs-ehehi/axe-iii-patrimoines-heritages-reecritures/missiva/missiva/) coordinato da Patricia Rochwert-Zuili e da Hélène Thierry-Pardo; quanto alle forme del potere signorile nell'Italia centro-settentrionale trecentesca, si vedano Zorzi, *Le signorie cittadine*; *Signorie cittadine nell'Italia comunale*; *Signorie cittadine e modelli monarchici*; *Le signorie cittadine in Toscana*; sull'esperienza politica prima ancora che personale di tre di queste signore, mettono l'accento ora Crouzet Pavan, Maire Vigueur, *Décapitées*.

54. In cui è evidente – e voluto – il riferimento a *L'ordre du discours* di Foucault.

(inventari, liste, dispositivi testuali interni) quanto alla costruzione della narrazione nata dall'ordine a esse successivo (la definizione, selezione e conservazione tendenzialmente ordinata di serie distinte di scritture, la costruzione a posteriori di una gerarchia delle fonti e della sua genealogia), che dà voce a (e concorre a consolidare e rendere univoci) esiti politici profondamente diversi da quelli d'origine e i discorsi che li sostanziano nel tempo.

## 4. *L'ordine e il modello*

Quest'ultimo punto è cruciale, e con esso concludiamo questa introduzione al tempo stesso troppo ambiziosa e troppo veloce. L'ordine del discorso politico che si esprime attraverso la scrittura di governo è il risultato di una lunga trasformazione delle forme del potere e della comunicazione medievali in contesti rurali e urbani. Il potere cui alludo si esprime – quanto diceva Chittolini ormai più di quindici anni fa rimane più che valido – in sistemi di istituzioni, di poteri (al plurale) e di pratiche, per i quali l'uso del termine "stato" può però essere fuorviante, soprattutto in contesti di sostanziale fragilità normativa nell'esercizio della *jurisdictio*.[55] Negli ultimi secoli del medioevo, le forme di potere in grado di controllare in modo efficace gli strumenti conoscitivi e comunicativi legati all'ispessimento degli usi dello scritto sembrano in grado di negoziare con efficacia crescente il diffondersi nei diversi strati della società politica di funzioni di governo e di dispositivi d'autorità proprio grazie alla costruzione e al mantenimento di catene comunicative scritte e alla loro *mise en système*.[56] Tali forme di potere (di volta in volta principati, repubbliche, regni grandi e piccoli, l'anomala monarchia pontificia, città autonome, leghe di città o di comunità rurali o di monte, unioni dinastiche, minori signori, condottieri) sono molte e in modo più o meno efficace e raffinato sanno usare per governare – per esprimere cioè e concretizzare un'iniziativa politica sempre più

55. Chittolini, *Il 'privato', il 'pubblico', lo Stato*, p. 569.

56. Chastang, che pure parla di "stato" per il tardo medioevo (da una prospettiva di medioevo centrale) nelle forme di *champ/perspective/souveraineté étatique*, attenua e sfuma l'uso del termine, insistendo soprattutto su di una «dimension gouvernamentale de l'exercice de la souveraineté étatique», nello specifico grazie a catene di scrittura che permettono la comunicazione e il controllo reciproco dei diversi attori della politica; Chastang, *Dominer, adiministrer, gouverner*, p. 12 delle bozze.

egemonica – linguaggi diversi e diverse forme grafiche e testuali (ultimi quelli prodotti dalla cultura umanistica)[57] che si articolano e organizzano sempre più in forme sistemiche e correlate.[58] Possiamo chiamare "istituzioni" il risultato di questo processo (anche se non è detto che si riduca necessariamente a esse); la gestione, il governo, il dominio così raggiunti possono generare e mantenere una "amministrazione" (l'*administratio* le cui origini risalgono al *milieu* dei canonisti del XII secolo).[59] Quel che non pare però necessario – anzi, sembra al contrario rischioso – è incasellare questi dispositivi entro il termine "stato"[60] o ritenere, anche inconsapevolmente, che questi processi di ispessimento del potere pubblico producano burocrazia o relazioni internazionali: nel volume troviamo il termine "stato" (credo non il termine "burocrazia") nei saggi più remoti della raccolta; è il fossile-guida di una riflessione generazionale.

Con questo tema si giunge al secondo ordine di questioni suggerito dal titolo di questo ultimo paragrafo. La questione dello "stato" infatti porta con sé – oltre a una bibliografia ormai immensa su cui non si tornerà[61] – la questione altrettanto seria, ma nel concreto meno investigata, del contributo che la manipolazione delle scritture medievali, lenta nella prima età moderna e poi sempre più deliberata e definitiva a partire dal Sette-

57. Si pensi alla lezione di Riccardo Fubini o alle ricerche recenti di Clémence Revest (Revest, *La naissance de l'humanisme*) e, sull'umanesimo monarchico aragonese, di Fulvio Delle Donne (*Alfonso il Magnanimo*) e Guido Cappelli (Maiestas); in minore, mi permetto di richiamare Lazzarini, *L'humanisme au quotidien.*

58. Si veda, per una analisi attenta del caso di studio lombardo, Gamberini, *La legittimità contesa*, che mantiene peraltro, anche nel titolo, l'uso corrente del termine 'stato'/'statale'.

59. Chastang, *Dominer, administrer, gouverner*, che richiama Costa, Iurisdictio; sull'uso di "amministrazione" in questo contesto, si vedano anche Fossier, Petitjean, Revest, *Introduction.*

60. Rimane salutare, nonostante una certa comprensibile insofferenza nei confronti di un dibattito che sembrava superato, la diffidenza manifestata da John Watts: «it is not necessary to frame – one might almost say burden – the structural history of politics with the notion of the State», *The Making of Polities*, p. 35. Per quanto infatti ormai si possa ritenere che anche l'uso del termine in sé sia consapevole del suo peso e quindi che tale peso sia stato neutralizzato, riscattare un discorso così gravido di sottintesi richiede più di un rapido *make-up*: si pensi a quanto si usa ancora in modo neutro il più anodino – ma in realtà complementare – concetto di "relazioni internazionali" per la pratica diplomatica medievale e primo moderna (si veda sotto alla n. 62).

61. Mi permetto solo, davvero per rapidità, di rimandare a Lazzarini, *I nomi dei gatti*, e ai contesti storiografici ricordati e discussi in quella occasione: sul problema dello stato e della nazione per l'Italia, si veda ora *L'Italia come storia.*

Ottocento, ha fornito all'invenzione di una genealogia – della genealogia cioè dello stato nazionale, centralizzato, territorialmente circoscritto da confini, sovrano.[62] L'ordine dei registri e delle carte, la selezione, classificazione e ridefinizione di particolari tipologie di scritture (in questo libro, gli esempi sono le corrispondenze diplomatiche e i trattati di pace), costruiscono il modello e articolano, rendendole teleologiche, le genealogie storiche del governo e delle relazioni internazionali che diventano la norma – o si vogliono la norma – del sistema degli stati otto-novecenteschi. Un sistema, se visto dal qui e dall'oggi, inevitabilmente egemonico, concettualmente eurocentrico e politicamente esclusivo: un sistema infine, in buona parte, "inventato".

***

Qualche parola di ringraziamento a questo punto è necessaria. Insieme a tutti i colleghi e le colleghe che hanno condiviso con me quella che inizia a essere una stagione di studi tutto sommato lunga, un grazie sentito va qui innanzitutto agli amici e alle amiche che hanno diretto e curato i volumi miscellanei in cui sono usciti per la prima volta i saggi ora qui raccolti, dandomi l'opportunità di riflettere su questi temi e il privilegio di discuterne con loro: Olivier Guyotjeannin, Simone Collavini, Nino Mastruzzo, Antonio Castillo Gómez, Veronica Sierra Blas, Patricia Rochwert Zuili, Hélène Thierry Pardo, Arnaud Fossier, Johann Petitjean, Clémence Revest, Olivier Canteaut, Andrea Giorgi e Katia Occhi. Un grazie particolare va a Luciano Piffanelli e a Diego Pirillo, con cui stiamo discutendo da anni sul tema dei processi di pacificazione. Nell'ambito di questa indagine comune è stato pensato il capitolo 11 che esce qui per la prima volta e parti del quale sono state discusse in due occasioni: a Berkeley, dove sono stata invitata da Diego Pirillo nel marzo 2019 nell'ambito di un seminario congiunto fra il Department of Italian Studies e il Department of History, e al seminario di *Historiographie médiévale et moderne en Europe Occidentale* organizzato da Jean-Marie Moeglin (EPHE-Sorbonne) nel febbraio 2020: tengo a ringraziare entrambi, insieme a Maureen Miller a Berkeley e Elisabeth Crouzet Pavan a Parigi, per l'opportunità e le discussioni.

62. Quella trasformazione che, come rileva Christian Windler, consolida solo a partire dal *Sattelzeit* tra fine Settecento e primo Ottocento l'introduzione del termine di "relazioni internazionali" per parlare di relazioni diplomatiche fra poteri che non erano ancora – o non sarebbero mai diventati – «communities which organised themselves into nations within the framework of sovereign states» (Windler, *From Social Status to Sovereignity*, pp. 254-255).

Un ringraziamento speciale va poi ai miei amici, compagni e colleghi in Molise Paolo Maggioni, Salvatore Monda, Giovanna Pinna, Cecilia Ricci, Ania Siekiera e Michaela Valente, che nella lunga e faticosa primavera del 2020 hanno seguito con partecipazione e la giusta dose di ironia le fasi finali del lavoro. Un caloroso grazie va a Cecilia Palombelli e alla Viella: un'autrice non potrebbe desiderare editrice migliore. Un ringraziamento davvero sentito va poi a Carlotta de Mottoni che ha seguito in modo ottimale il processo di preparazione del volume.

Infine, «tengo a mente il mio onore ed il mio debito» nei confronti di quattro studiosi cui queste ricerche devono moltissimo: Armando Petrucci, Attilio Bartoli Langeli, Paolo Cammarosano e Olivier Guyotjeannin. Dei primi tre malauguratamente non sono stata allieva diretta, ma dai loro scritti e dal dialogo con loro non finisco mai di imparare; il quarto per primo mi diede l'opportunità di pubblicare su questi temi e dall'ormai lontano 2001 continua a regalarmi il piacere intellettuale della sua conversazione.

## Nota al volume

I saggi presenti in questo volume sono stati pubblicati, per la prima volta, nelle seguenti sedi:

1. *Nominare gli officiali*, già uscito come *La nomination des officiers dans les États italiens du bas Moyen Age (Milan, Florence, Venise). Pour une histoire documentaire des institutions*, in «Bibliothèque de l'École des Chartes», 159 (2001), pp. 389-412

2. *Scritture dello spazio e linguaggi del territorio*, già uscito come *Scritture dello spazio e linguaggi del territorio nell'Italia tre-quattrocentesca. Prime riflessioni sulle fonti pubbliche tardomedievali*, in «Bullettino dell'Istituto storico italiano per il Medio Evo e Archivio Muratoriano», 113 (2011), pp. 137-208

3. *La geografia dei registri*, già uscito come *Registres princiers dans l'Italie septentrionale aux XIV^e^-XV^e^ siècle: une première enquête (Milan, Ferrare, Mantoue)*, in *L'art médiéval du registre. Chancelleries royales et princières*, a cura di O. Guyotjeannin, Parigi, Bibliothèque de l'École des chartes, 2018 (Études et rencontres de l'École des chartes, 51), pp. 421-447

4. *Le reti documentarie della diplomazia*, già uscito come *Lettere, minute, registri: pratiche della scrittura diplomatica nell'Italia tardomedievale fra storia e paleografia*, in *Intersezioni: incontri tra storia e paleografia*, a cura di S. M. Collavini, A. Mastruzzo, in «Quaderni storici», 152 (2016), pp. 449-470

5. *Lessico familiare*, già uscito come *'Lessico familiare': linguaggi dinastici, reti politiche e autografia nella comunicazione epistolare delle élites (Italia, XV sec.)*, in *Cartas - Lettres - Lettere. Discursos, praticas y representaciones epistolares (siglos XIV-XX)*, a cura di A. Castillo Gomez, V. Sierra Blas, Alcalà, Universidad de Alcalà, Servicio de publicaciones, 2014, pp. 163-179

6. *Scrivendo* littera corsiva, già uscito come *Scritture, mani, uso della corsiva nella costruzione di un sistema documentario pubblico. Registri e lettere di cancelleria (Mantova, XV secolo)*, in *Burocrazia, amministrazione, contabilità e scritture corsive*, a cura di A. Mastruzzo, in «Scripta. An International Journal of Codicology and Palaeography», 8 (2015), pp. 113-124

7. *Epistolarità femminile nel Trecento*, già uscito come *«Quemadmodum bonus pater familias»: réseaux epistolaires de femmes au XIVe siècle. Quelques exemples de l'Italie du Nord*, in *Correspondencias entre mujeres en la Europa medieval,* a cura di J.P. Jardin, A. Marin, P. Rochwert-Zuili, H. Thieulin Pardo, Parigi, e-Spania Books (Studies), 2020 URL: http://books.openedition.org/esb/2447

8. *L'ordine delle cose e l'ordine dei testi: liste e inventari*, già uscito come *L'ordine delle cose e l'ordine dei testi. Liste, indici e inventari nei registri di governo dei principati italiani del tardo Medioevo*, in *Écritures grises. Les instruments de travail des administrations (XII^e^-XVII^e^ siècle)*, a cura di A. Fossier, J. Petitjean, C. Revest, Parigi, Bibliothèque de l'École des Chartes, 2019 (Études et rencontres de l'École des Chartes/Collection de l'École française de Rome, 58), pp. 315-329

9. *La costruzione del sistema: le* mentions hors teneur, già uscito come *L'ordre interne des textes: les mentions de chancellerie dans les registres et les lettres des princes (Italie, XIV^e^-XV^e^ siècles)*, in *Le discret langage du pouvoir. Les mentions de chancellerie du Moyen Âge au XVII^e^ siècle*, a cura di O. Canteaut, Parigi, Bibliothèque de l'École des Chartes, 2019 (Études et rencontres de l'École des chartes, 55), pp. 481-510

10. *La creazione di un genere documentario: i carteggi esteri*, già uscito come *Corrispondenze diplomatiche nei principati italiani del Quattrocento: produzione, conservazione, definizione*, in *Carteggi tra basso medioevo ed età moderna. Pratiche di redazione, trasmissione e conservazione*, a cura di A. Giorgi, K. Occhi, Bologna, Il Mulino, 2018 (Fondazione Bruno Kessler, Annali dell'Istituto storico italo-germanico in Trento, Fonti, 13), pp. 13-37

11. *L'invenzione dei trattati: la pace di Lodi*, inedito

## *Abbreviazioni*

ASFi Archivio di Stato di Firenze
- MAP Mediceo avanti il principato

ASMn Archivio di Stato di Mantova
- AG Archivio Gonzaga

ASMi Archivio di Stato di Milano
- SPE Sforzesco Potenze Estere
- RD Registri ducali
- RM Registri delle missive

ASMo Archivio di Stato di Modena

ASSi Archivio di Stato di Siena
- C Concistorio

ASTo Archivio di Stato di Torino

ASVe Archivio di Stato di Venezia
- SV Segretario alle Voci

DBI *Dizionario Biografico degli Italiani*, Istituto della Enciclopedia Italiana, Roma, 1960-

GGAS *Guida generale degli archivi di stato*, a cura di P. D'Angiolini, C. Pavone, 4 voll., Direzione generale degli archivi, Roma, 1981-1994

# I
# *Il linguaggio documentario del potere*

# 1. Nominare gli officiali

## 1. *Pratiche e scritture: per una storia documentaria delle istituzioni*

Negli ultimi decenni, le ricerche di storia sociale delle istituzioni degli stati italiani tardomedievali (tanto principeschi che repubblicani) hanno conosciuto una fortuna crescente. Gli studiosi dispongono ormai di una serie di monografie di buon livello e relativamente ben distribuite sull'intera penisola[1] e di sintesi e di volumi collettivi che mirano a identificare la specificità dei sistemi politici italiani tra Tre e Quattrocento nel più ampio quadro europeo.[2]

Da queste ricerche appare con una crescente chiarezza che uno dei caratteri più comuni e significativi del sistema degli stati territoriali italiani è la loro interrelazione su più livelli. Tra i diversi elementi comuni che innervano questo sistema, si può riconoscere la prassi quotidiana del governo, in un complesso equilibrio tra tecniche amministrative e scelte politiche. Osservando la trasformazione di tali pratiche, si possono riconoscere tra i diversi stati, al di là di una evidente fenomenologia di differenze, analogie e prestiti profondi e talora imprevisti.

1. Senza pretese di esaustività, si segnalano Castelnuovo, *Ufficiali e gentiluomini*; Bellabarba, *La giustizia ai confini*; Covini, *L'esercito del duca*; Lazzarini, *Fra un principe e altri stati*; Dean, *Land and Power*, Viggiano, *Governanti e governati*; Mannori, *Il Sovrano tutore*; Corrao, *Governare un regno*. Per la Toscana è opportuno considerare, per quanto non una monografia, gli atti su *Lo stato territoriale fiorentino*.

2. Per non ricordare che i risultati più recenti di queste comparazioni, a partire dagli studi riuniti in *Origini dello Stato*, si possono citare le sezioni italiane degli incontri dell'Istituto storico italo-germanico in Trento, *Statuti città territori*, e *L'organizzazione del territorio*; i volumi *Italia 1350-1450*, *Le Italie del tardo medioevo* e *Principi e città alla fine del medioevo*, e le indagini collettive dirette da Franca Leverotti, *Cancelleria e amministrazione* e *Gli officiali*.

Si intende dunque qui proporre una comparazione fra principati e repubbliche che non si basi sull'organizzazione territoriale, i caratteri dell'insediamento, le forme del governo o i sistemi istituzionali e i poteri politici, ma sulle forme e sulla natura della documentazione scritta.[3] Se si può sostenere che la trasformazione dei sistemi politici e amministrativi è complementare e simultanea alla trasformazione dei paesaggi documentari,[4] allora l'analisi comparata delle diverse produzioni documentarie a un momento dato può rivelare qualche mutamento significativo delle forme del potere, della società e dei rapporti fluidi fra l'autorità pubblica e le sue forme di rappresentazione o di legittimazione. In particolare, una analisi attenta del fenomeno per cui i ruoli istituzionali vengono tradotti in documentazione e conservati con una abbondanza quantitativa che poco deve al caso, può permettere allo storico una lettura inedita del funzionamento dei sistemi pubblici considerati. Questo capitolo si propone dunque di analizzare un campo particolare della pratica di governo dei reggimenti principeschi e repubblicani, quello della nomina degli officiali, con l'ambizione di offrire un saggio di storia documentaria delle istituzioni.

## 2. *La nomina degli officiali*

È necessario innanzitutto precisare che non si vuole disegnare qui un modello di stato burocratico che fonda la sua supposta modernità su apparati crescenti di funzionari. Ciò che ci interessa qui è piuttosto l'importanza vitale che per l'autorità pubblica riveste il controllo delle risorse rappresentate da un insieme crescente di funzioni e di offici diversi durante la trasformazione in senso territoriale dei maggiori stati italiani. Il nostro scopo è dunque analizzare gli strumenti e i modi attraverso i quali si sviluppa tale cruciale

3. Il tema delle forme documentarie ha conosciuto negli ultimi anni una rinnovata attenzione: basti citare Cammarosano, *Italia medievale*, un libro che, al di là del profilo apparentemente propedeutico, si propone come una ridefinizione delle trasformazioni politiche e sociali italiane attraverso una raffinata analisi del paesaggio documentario in cui queste stesse trasformazioni si traducono; sul libro di Cammarosano, si vedano anche le considerazioni di Maire Vigueur, *Révolution documentaire*.

4. In questa direzione, si vedano gli studi pionieristici di Rück, *L'ordinamento degli archivi ducali*, che scrive a proposito degli archivi sabaudi che lo studio della documentazione prodotta da un sistema pubblico di potere è allo stesso tempo lo studio della «autointerpretazione del potere dominante», ivi, p. 14.

redistribuzione. In questa prospettiva, è anche opportuno precisare che si è deciso di utilizzare il termine "stato" – martirizzato da decenni di accaniti dibattiti storiografici –[5] attribuendogli il significato specifico di un "sistema di dominazione", vale a dire di un sistema a declinazione pubblica che mira a stabilire un controllo politico su di un insieme di poteri territoriali diversi.[6]

La scelta degli officiali pubblici e le fasi complementari di elaborazione dei criteri di eleggibilità dei candidati e di organizzazione della documentazione relativa si rivelano significative soprattutto in rapporto all'autorità che deriva dal controllo delle reti delle clientele e dei poteri diffusi e informali. L'egemonia di una fazione, di un gruppo, di una famiglia all'interno della nebulosa dei poteri fra loro antagonisti in un contesto dato giunge a definirsi come pubblica grazie al controllo dei canali di esercizio dell'autorità. Tra questi canali, uno dei più rilevanti è rappresentato dalle risorse politiche ed economiche distribuite grazie agli offici pubblici.[7] Non è questa la sede per puntare a ricostruire una geografia di istituzioni e di offici (tra l'altro già in buona misura disponibile),[8] ma piuttosto per analizzare in dettaglio il panorama delle fonti prodotte dalla fase istituzionale della nomina degli officiali a un momento dato – la metà del Quattrocento – in strutture politiche profondamente diverse fra loro. Il punto di partenza – e allo stesso tempo d'arrivo – dell'analisi è il monopolio delle scritture eser-

5. Mannori, *Lo stato di Firenze*; Petralia, *«Stato» e «moderno»*.

6. A proposito di questa declinazione del concetto, si raccolgono qui le intuizioni di Fasano Guarini, *Centro e periferia*, p. 147 (lo stato come un «sistema di potere a dimensione territoriale»), di Chittolini, *Il 'privato', il 'pubblico', lo Stato*, p. 579 (lo stato come un «sistema di istituzioni come ordito di fondo su cui si intrecciano in reciproca interdipendenza forze e intenzioni diverse»), e di Mannori, *Genesi dello stato*, p. 503 (lo stato come uno «Stato-ordinamento, contenitore di una molteplicità di soggetti distinti e responsabili della loro mutua convivenza»), e Id., *Lo stato di Firenze*, pp. 414-415 («ordinamento statale che nasce già maturo in quanto non avente altro scopo essenziale se non quello di assicurare il coesistere di una pluralità di istituzioni diverse entro un medesimo spazio politico»).

7. La centralità del tema è stata spesso sottolineata, per quanto soprattutto in contesti repubblicani. Basterà ricordare come John Najemy, introducendo la sua ricerca sulle procedure elettorali a Firenze nel Trecento, ne metta in luce il valore in termini di storia politica: «the history of electoral politics in the Italian communes assumes a significance that goes far beyond the mere description of the techniques for the selection of officeholders. Indeed, the debates and reforms that fill the annals of electoral history were a testing ground on which the communes experimented with and resolved the most fundamental questions regarding the nature of governement and sovereignty, citizenship and participatory rights», Najemy, *Corporatism and Consensus*, p. 6.

8. Si veda la recente raccolta di saggi editi da Leverotti, *Gli officiali*.

citato dalle cancellerie sull'intero processo, tanto nei reggimenti signorili e principeschi, quanto, seppure in modi diversi, in quelli repubblicani.

## 3. *Orizzonte comparativo, campione documentario, cronologia*

La scelta degli stati presi in considerazione si modella su di uno schema comparativo classico, quello fra repubbliche e principati. Si terrà conto in primo luogo delle signorie padane, vale a dire del ducato di Milano, del marchesato, poi ducato di Ferrara, del marchesato di Mantova. Questi stati testimoniano della progressione territoriale che portò dalla signoria su di una sola città e sul suo contado al principato che controllava una regione intera: offrono dunque una serie significativa di dati per la costruzione di un modello principesco attendibile e sufficientemente articolato.[9] Fra le repubbliche, si considereranno Firenze e Venezia: si tratta evidentemente di due casi esemplari. A Firenze, si assiste alla costruzione di una egemonia criptosignorile grazie all'alterazione dell'architettura formale del sistema elettorale; a Venezia si assiste al consolidamento di una oligarchia, per quanto ampia.[10] È chiaro che non ci si propone di formulare alcuna valutazione complessiva delle trasformazioni degli stati considerati: quel che interessa è di comparare le diverse traduzioni di un meccanismo amministrativo in pratiche documentarie.

Alcuni fondi documentari specifici derivati dalla produzione ordinaria di scritture correnti a carattere amministrativo sono alla base della ricerca. Alla crescita territoriale degli stati, e quindi degli apparati di controllo dei rispettivi territori, e alla definizione delle pratiche di selezione dei cittadini incaricati di tale controllo, corrisponde infatti a partire dalla metà del Trecento l'elaborazione progressiva di registri in cui si trovano le liste di quanti detengono offici centrali e territoriali.[11] Negli archivi delle cancellerie principesche si trovano, nel Quattrocento, appositi registri di lettere

9. A proposito della legittimità di questo modello, si veda Lazzarini, *I domini estensi*.

10. In merito alla comparazione tra principati e repubbliche, mette conto ricordare il suggerimento formulato da Elena Fasano Guarini nelle conclusioni di un incontro di studio sulle cancellerie principesche italiane nel 1993: Fasano ricordava infatti le ricerche di Riccardo Fubini sulla diplomazia sforzesca e medicea e si chiedeva se «la storia delle cancellerie repubblicane abbia obbedito o meno alle stesse "sollecitazioni generali" che hanno condizionato quella delle cancellerie principesche», Fasano Guarini, *Conclusioni*, p. 421.

11. Per una prima classificazione di questa documentazione, si veda Cammarosano, *Italia medievale*, pp. 113 e segg.

patenti di nomina,[12] a Firenze si dispone del materiale dell'Archivio delle Tratte (XIV-XV sec.), per Venezia si possono utilizzare i registri del Segretario alle Voci (XIV-XVI sec.).

L'evoluzione dei meccanismi di elezione e di nomina degli officiali e la conservazione degli atti relativi hanno una cronologia diversa nei principati rispetto alle repubbliche. I registri signorili e principeschi di lettere patenti fanno la loro comparsa tra la fine del Trecento e i primi decenni del Quattrocento e la loro struttura evolve durante tutto il Quattrocento. Questi registri sono il risultato di un processo innovativo che non si sviluppa durante la fase di costruzione della supremazia politica concreta di una dinastia signorile (processo che si attua tutto intero entro il Trecento nella maggior parte dei casi), ma piuttosto nel periodo che vede la completa affermazione giuridica, formale e normativa del principato, a partire dall'inizio del Quattrocento. Lo stato di conservazione di tali registri, inoltre, è spesso condizionato da fattori esterni e da eventi politici particolari (esemplare, in questo senso, è il caso milanese): la loro analisi sistematica non è dunque possibile nella maggior parte dei casi che a partire dalla metà del Quattrocento. Al contrario, i fondi dell'Archivio delle Tratte e del Segretario alle Voci sono il risultato dell'evoluzione diretta dei sistemi della piena età comunale e rappresentano il loro adattamento alla trasformazione degli equilibri interni ai gruppi dirigenti delle città e alla progressiva espansione territoriale dei comuni cittadini. Questi fondi conoscono dunque una continuità storica e documentaria che parte almeno dai primi decenni del Trecento.

In ogni modo, anche se la fase germinale delle procedure di nomina si colloca in buona misura nel pieno Trecento, la cronologia più utile rimane radicata nel Quattrocento. È in effetti a partire da questa data che si dispone di materiali documentari abbastanza omogenei per una comparazione fra tutti gli stati considerati.

## 4. *Il panorama delle fonti*

### 4.1. *I reggimenti signorili e principeschi*

Prima di procedere oltre, si rende necessaria qualche considerazione introduttiva sulla natura e i caratteri delle cancellerie e in generale sulla documentazione cancelleresca in primo luogo nei principati.

12. Su queste fonti, Lazzarini, *Transformations documentaires.*

A partire dai primi decenni dell'egemonia delle dinastie signorili si produce un chiaro incardinamento tra la persona del signore/principe e la cancelleria. Quest'ultima adempie a due compiti principali: autentica gli atti dei *domini capitanei* e dei *vicarii* della città, la cui autorità non gode ancora della piena legittimazione imperiale, e agisce come elemento di mediazione tra il signore e l'apparato preesistente di potere urbano e territoriale.[13] Quest'ultima funzione diviene sempre più decisiva nel corso del Quattrocento, quando le strutture del potere e del governo dei principi si articolano e si complicano.[14] Da questa contiguità tra la cancelleria e il cuore del potere signorile derivano la vaghezza e la lentezza della definizione normativa della struttura stessa di questi organismi. Là dove si giunge a intravedere un'organizzazione interna della cancelleria, come a Milano negli anni tra il 1453 e il 1465, tale organizzazione è regolata, nel suo funzionamento quotidiano, da una successione di *ordines*, vale a dire di misure amministrative interne a valore prescrittivo, minuziose e pragmatiche.[15] È peraltro necessario attendere la fine del secolo perché la distinzione concreta fra le quattro branche della cancelleria diventi formalmente più precisa, per quanto si trovino tracce del suo funzionamento a partire dagli anni Sessanta.[16] A Mantova e a Ferrara non si trovano *ordines* simili per tutto il Quattrocento. In generale dunque, l'organizzazione delle cancellerie si rivela nella documentazione corrente e attraverso l'attività quotidiana dei cancellieri, piuttosto che in un quadro normativo coordinato e continuo.

13. Bartoli Langeli, *La documentazione*.

14. Si tratta qui di un carattere comune anche a più ampi stati monarchici, come il Regno di Sicilia: si veda Corrao, *Mediazione burocratica*.

15. La successione degli *ordines* milanesi per la cancelleria è la seguente: settembre 1453, *Ordines primi et veteres cancellarie ducalis secrete* (ASMi, RD 214, cc. 109 e segg.: la denominazione è chiaramente successiva); 1 ottobre 1454, giuramento di dieci cancellieri sugli ordini precedenti (*ibidem*, cc. 209-215); 29.08.1455, *Ordo registratorum* (*ibidem*, cc. 115-120); 14 maggio 1456, *Ordo* per gli uscieri (*ibidem*, cc. 120-124); 4 giugno 1461, *Ordo caballariorum* (*ibidem*, cc. 124-125); s.d., *Ordines servandi per eum qui tenet ducale sigillum* (*ibidem*, c. 143); 8 novembre 1463, *Renovatio et addictio facta in ordinibus cancellarie*, perché – come dice il testo – gli *ordines* del 1453 erano «omnia postergata, neglecta et in oblivionem...tradita». A proposito di queste fonti, studiate da tutti gli studiosi dell'età sforzesca, da Caterina Santoro a Franca Leverotti, si veda ora l'eccellente sintesi di Senatore, *«Uno mundo de carta»*, pp. 91 e segg. (a proposito dei precedenti viscontei, *ibidem*, pp. 47-48). Nel caso milanese, questi *ordines* diventano la norma per tutti gli offici principali a partire dall'età viscontea: Natale, Stilus cancellariae, pp. CXXIV-CXXVI.

16. Leverotti, *«Diligentia»*.

La centralità delle cancellerie nel campo della vidimazione documentaria dell'autorità del principe risulta comunque indiscussa.

La fluidità strutturale delle cancellerie principesche ha un duplice effetto sulla documentazione. La tipologia delle forme documentarie è di una relativa semplicità in rapporto alla pluralità e alla varietà delle soluzioni elaborate in contesti repubblicani. Allo stesso tempo, gli archivi dei principi soffrono di una più evidente fragilità conservativa in rapporto a quelli repubblicani, fragilità dovuta alla frequente rottura della continuità dinastica tipica dei regimi signorili.[17]

La lenta legittimazione dell'autorità pubblica dei signori, poi principi, e la rottura decisa con le procedure comunali derivata dall'avocazione al principe della scelta degli officiali hanno determinato una evoluzione tardiva delle scritture di cancelleria specificamente dedicate alla nomina degli officiali. Tale evoluzione conosce un momento cruciale alla metà del Quattrocento: la rete degli offici e delle cariche pubbliche nei principati del XV secolo si organizza attorno a tre poli: a livello centrale, da una parte i consigli del principe e di giustizia, le camere dei conti, le tesorerie, le cancellerie, dall'altra quel che resta degli offici e degli organi comunali; nel territorio, poi, gli offici territoriali delle città dominate e le circoscrizioni rurali degli antichi contadi. Questi tre gruppi di offici sono nati dalla compenetrazione, in ogni caso diversa, dell'eredità comunale e delle innovazioni signorili e principesche su di una base territoriale eterogenea.[18] Accanto a questi offici si sviluppa poi la corte dei principi: luogo di integrazione politica e sociale, si organizza secondo regole peculiari e interseca in vario modo i diversi ambiti della società politica signorile.[19]

Le regole che tra il Trecento e il Quattrocento presiedono alla scelta degli uomini che avrebbero occupato cariche e offici sono strettamente

17. Si può ricordare la dispersione degli archivi viscontei, su cui ora Senatore, *«Uno mundo de carta»*, pp. 90 e segg., o il destino degli archivi dei da Carrara al momento della conquista veneziana di Padova nel 1405, su cui Kohl, *Padua under the Carrara* e *Il copialettere marciano*.

18. Si vedano, nel volume *Gli officiali*, i saggi di Leverotti, *Gli officiali del ducato sforzesco*; Folin, *Note*; Lazzarini, *Gli officiali*, con la bibliografia citata.

19. Al termine "corte" si è dato negli ultimi anni un significato d'estensione variabile: di un «vero e proprio sistema politico generale» (Papagno, Quondam, *La corte e lo spazio*, p. 825), o, al contrario, di «only one arena within the princely control of local societies was exercised» (Dean, *Notes on the Ferrarese Court*, p. 369). A questo proposito, si vedano le considerazioni dedicate al tema in *Origini dello stato*, pp. 425-492 (contributi di T. Dean, M. Fantoni, J. S. Grubb, E. W. Muir).

legate all'*arbitrium* del principe, che sceglie gli officiali o si riserva la facoltà di approvare personalmente ogni nomina. Al principe pertiene anche il diritto di concedere a chiunque le condizioni di eleggibilità previste dagli statuti comunali. Questa ulteriore estensione dell'arbitrio signorile elimina la necessità di mantenere in vita le antiche consuetudini per verificare il diritto di accesso alle cariche. La scelta dunque deriva direttamente da meccanismi informali di selezione e di cooptazione e si sviluppa in contesti, come la corte, in cui l'influenza e l'eminenza delle famiglie dipendono dalla familiarità con il principe e la sua *élite*. Dal punto di vista documentario, il risultato di questa situazione è che le fonti specifiche relative alle procedure di scelta e di nomina sono rappresentate unicamente dai libri in cui sono registrati gli eletti agli offici, vale a dire i registri di lettere di nomina (lettere patenti), in cui per ogni carica è specificato la data dell'entrata in servizio, la *familia* che eventualmente accompagna l'officiale, la data di sostituzione, talora il salario.

La peculiarità del processo di nomina degli officiali nei principati si sposta dunque dai meccanismi di selezione degli uomini alla *reductio* di tutte le forme di servizio all'*officium*. I registri di lettere di nomina testimoniano e delimitano la progressiva definizione formale e sostanziale del servizio che i soggetti di un principe sono tenuti a prestare al loro signore. Le prime lettere di nomina concernono una serie di offici di origine municipale, la cui natura è formalmente definita dagli statuti urbani (dai giusdicenti in città e nel territorio ai giudici alle porte, ai notai ai banchi, agli officiali della bilancia e via enumerando). I detentori delle cariche centrali più rilevanti, in buona parte derivate dall'originaria *domus* signorile (come la camera dei conti, la *factoria* dove si amministra il patrimonio dinastico, la cancelleria, i consigli) ottengono al contrario assai lentamente e con un certo ritardo il carattere di officio (*officium*) e con esso la relativa formalizzazione garantita da una ufficiale lettera di nomina. Alcuni ambiti di importanza politica cruciale, come la corte, non vi giungono mai e rimangono fuori dal mondo degli offici. È forse a causa della lentezza di questo processo che nelle cancellerie dei principi non si trova, nemmeno nella prassi, una branca o un individuo specificamente dedicati alla redazione e alla conservazione dei registri di nomina. Questi volumi sono redatti senza distinzioni dagli stessi cancellieri che si occupano di ogni altro gruppo di registri di atti signorili.

Se si dà poi un'occhiata ai volumi dei salariati della camera o delle *masserie*, in cui sono registrati coloro il cui servizio è remunerato tramite un salario mensile, il processo di *reductio ad unum* delle forme del servizio al principe diviene ancora più chiaro: la natura e il livello di formalizzazione del servizio prestato dagli officiali sono infatti definiti dalla compresenza di due elementi, la nomina per lettere patente e la remunerazione fissa e periodica per *salarium*.[20]

a. *Milano*

A Milano i libri di lettere patenti superstiti datano solo dall'età sforzesca, anche se la rete di offici urbani e territoriali è stata probabilmente messa in opera già sotto i Visconti (tra gli ultimi decenni quindi del Trecento e l'età di Filippo Maria).[21] Caterina Santoro ha usato in modo sistematico queste fonti per la sua monumentale ricostruzione dell'organigramma di offici e officiali del ducato,[22] ma questi registri non sono mai stati oggetto di uno studio specifico come insieme documentario.[23]

Le fonti sforzesche superstiti che si occupano di nomine degli officiali comprendono solo una serie di registri che possono considerarsi in senso stretto dei libri di lettere patenti, i *libri officiorum*. A essi, si può aggiungere il risultato di un esperimento di cancelleria intrapreso durante gli anni di Cicco Simonetta, i registri delle liste degli officiali e dei castellani: questo tentativo non ha, peraltro, dato origine a una serie continua nel tempo. A partire dal mese di marzo 1450 inizia una serie regolare di *libri officiorum*, in cui vengono trascritte le lettere patenti agli offici di governo del ducato. Ne rimangono dodici sino al 1499: un tredicesimo libro, incompleto, arriva sino al 1515. Questi volumi, va precisato, non sono la totalità di quelli prodotti, ma solo la frazione di essi che si è conservata. Le lettere di nomina

20. Lazzarini, Palatium juris *e* palatium residentie. Per Ferrara, Folin, *Il sistema politico estense*, e per Milano si vedano le ricerche di Franca Leverotti, in particolare Leverotti, *Gli officiali*, e Covini, *L'esercito del duca*. In merito alle distinzioni fra le diverse forme di servizio prestato ai principi e alla dialettica fra i tipi di remunerazione, si veda Peruzzi, *Lavorare a corte*.

21. La rarità delle fonti di età viscontea complica i tentativi per ricostruire un quadro d'insieme del governo del ducato tra la metà del Trecento e gli anni Quaranta del Quattrocento: per un quadro generale del periodo, si veda ancora Cognasso, *L'unificazione della Lombardia*, e Id., *Istituzioni comunali e signorili*; più recentemente, si veda *L'età dei Visconti* e la sintesi di Somaini, *Processi costitutivi*, con una bibliografia esaustiva.

22. Santoro, *Gli uffici del dominio sforzesco*, e Ead., *Gli offici del Comune di Milano*; per un quadro preliminare dell'amministrazione del ducato in questi decenni, Ead., *L'organizzazione del ducato*.

23. A proposito dell'organizzazione e delle strutture dell'archivio ducale sforzesco, si veda ora Behne, *Archivsordnung und Staatsordnung*.

seguono un ordine topografico organizzato per città (e il rispettivo contado) a partire da Milano e dal ducato.[24] Nel 1468, Cicco Simonetta inizia una seconda serie, più sintetica, di registri di liste di castellani e conestabili, e di officiali centrali e territoriali, con l'indicazione degli estremi della lettera di nomina, la durata della carica, il salario previsto, la *familia* che accompagna l'officiale e infine il rimando al corrispondente *liber officiorum* che contiene la patente completa. Il proposito innovativo e sintetico di questi volumi si rivela nella loro struttura: il primo riassume le nomine di castellani e conestabili dal 1450 al 1468, mentre il secondo contiene lo stesso riassunto ma per gli officiali; il terzo infine, che al momento della stesura doveva essere il registro corrente, contiene entrambe le liste (castellani e conestabili, e officiali) nominati a partire dal 1468 (arriva al 1471).[25] La serie si ferma con questo terzo libro.

A Milano gli eletti alle cariche centrali e agli offici territoriali e i salariati militari sono nominati per lettera patente per tutto il periodo che ci interessa. L'analisi delle liste superstiti dei salariati (1466, 1499) ci dà qualche ulteriore informazione su questo gruppo di officiali. Secondo le istruzioni successive al 1499 e destinate a definire i doveri e le competenze dei segretari ducali, il terzo segretario della cancelleria ducale, incaricato delle «expeditione che occurrevano farsi in nome del principe circa le cose pertinente alle intrate ducali», ha la responsabilità, all'inizio di ogni anno, di redigere una "lista grande" dove sono iscritti «tuti li salariati del Stato», «tuti salarii et spexe de le boche de camareri, sotocamareri, regazi, seschalchi, officiali de piatello et de qualunche che havesse le spese in corte o fora de corte» e infine «de capitanei, soldati, officiali et castellani del dominio».[26] L'analisi delle due liste generali dei salariati (le "liste grandi") che sono sopravvissute conferma che la nomina per lettera patente e la remunerazione per salario selezionano e individuano, nella seconda metà

24. Su questi registri, conservati in ASMi, RD, Uffici (v. *Archivio di Stato di Milano*, p. 928), si veda Santoro, *Gli uffici del dominio sforzesco*, pp. XXXIV-XXXVI: i registri degli anni 1451-1452, 1478, 1483-1485, 1489-1490 non sono sopravvissuti.

25. Santoro, *Gli uffici del dominio sforzesco*, pp. XXXVI-XXXVII: Santoro considera un quarto registro, il registro Beltrami, conservato nell'Archivio Storico Civico di Milano e perduto durante la seconda guerra mondiale, come la continuazione del terzo registro Simonetta per gli anni immediatamente successivi (1471-1480). Questa serie non conosce continuazione dopo il 1480: a proposito, si vedano le considerazioni di Manaresi, *Inventari e regesti*, p. XXVI. Sul peso e sulla figura di Cicco Simonetta nella storia della cancelleria milanese e della sua organizzazione, Senatore, *«Uno mundo de carta»*, pp. 85 e segg.

26. Santoro, *Contributi*, p. 40 (doc. 1).

del XV secolo, lo stesso gruppo di officiali ordinato gerarchicamente secondo la medesima sequenza: consigli, camere dei conti, offici di Milano e del suo ducato, e poi, città per città, gli officiali territoriali e i salariati militari.[27] La struttura amministrativa disegna sul territorio una geografia precisa che si ritrova in modo speculare nei registri delle patenti e nelle liste dei salariati.

b. *Ferrara*

Nel 1451 a Ferrara un cancelliere apre un registro innovativo, il cosiddetto libro degli offici del duca Borso. Si tratta di un registro di lettere patenti di nomina agli offici ducali in cui alla prima lettera completa di nomina, nel caso delle cariche più importanti seguita da *ordines* di servizio che spiegano le prerogative dell'officio e il salario dell'officiale, seguono le indicazioni abbreviate dei detentori successivi dell'officio, con le date di attribuzione della carica.[28] Questo registro rappresenta una eccezione nel panorama amministrativo degli Este: dopo qualche anno, viene abbandonato e non dà seguito a volumi simili in serie sino al secolo successivo. Gli officiali registrati nel *liber* non sono mai iscritti – anche a partire dal momento in cui il registro viene abbandonato – nelle serie parallele e più tradizionali delle *bollette dei salariati*. I registri delle *bollette* contengono i salari retribuiti ai detentori delle cariche centrali più importanti e ai membri della corte ducale e rappresentano una serie regolare e definita, ben nota agli storici e molto usata.[29]

27. Santoro, *Contributi*, docc. 3 e 4. La lista dei salariati del 1466 enumera il consiglio segreto con i suoi segretari e i suoi *adiutores*, il consiglio di giustizia e la sua *équipe*, i maestri delle entrate, vari diversi offici contabili, i collaterali, gli officiali ai cavalli, i musici, gli officiali di giustizia di Milano (podestà e capitani alle porte, alle torri, eccetera) e i salariati delle città secondo un ordine preciso (ci sono i podestà, ma anche i referendari e i tesorieri: gli offici nominati dal duca si distinguono – come "salariati della città di..." – dai pochi officiali municipali, notai, messaggeri, che sono indicati come "salariati del comune di..."); seguono le spese straordinarie della camera ducale e le entrate straordinarie. La lista simile del 1499, che segue a grandi linee la stessa struttura, è ancora più analitica e precisa: in più, ci offre il quadro completo della cancelleria segreta, degli ambasciatori ducali e della tesoreria.

28. ASMo, Cancelleria, Leggi e decreti, reg. 6: *Libro de li officii del duca Borso. 1451-1457*. Si tratta di un registro che inizia lo stesso anno dell'erezione di Modena e Reggio a ducato (imperiale): fa parte dunque, forse, di una serie di iniziative di prestigio e allo stesso tempo di riorganizzazione amministrativa intraprese dal duca Borso negli anni Cinquanta del secolo (è un registro di cancelleria in carta, ma denota una certa attenzione alla veste grafica).

29. Si tratta di una serie celebre dell'Archivio di Modena: in essa, nella caratteristica struttura binaria di *dare et havere*, per ogni salariato si trova in una pagina la somma del salario mensile, l'eventuale resto dei mesi o degli anni precedenti, e – se del caso – le som-

Gli offici assegnati per lettera patente sono però e restano del tutto diversi da quelli che appaiono nelle *bollette*: sono gli offici giudiziari di Ferrara e delle città soggette di Modena e di Reggio, i podestà rurali, gli offici dei giudici delle acque e delle strade, delle saline e via enumerando. Si potrebbero definire gli offici "municipali".[30]

A Ferrara, parrebbe di poter concludere, un insieme di offici e di cariche caratterizzato da un buon grado di formalizzazione amministrativa nasce molto lentamente dalla originaria società di corte derivata dalla *domus* degli Este: il fallimento dell'esperimento, al tempo stesso documentario e amministrativo, di Borso, duca di Modena e Reggio nel 1451, lo dimostra con chiarezza.

c. *Mantova*

Nella prima metà del XV secolo a Mantova vengono nominati per lettera patente (e quindi registrati nei libri corrispondenti) gli officiali di origine comunale: gli officiali municipali e giudiziari della città e delle circoscrizioni territoriali, i notai, i guardiani delle porte e dei ponti, i giudici degli argini eccetera. Poco a poco, il ricorso alle lettere patenti si estende alla maggior parte dei membri dell'*élite* politica del principe, vale a dire ai detentori delle cariche centrali (i consiglieri, il massaro, il fattore, i maestri delle entrate). I membri della cancelleria e della corte, al contrario, restano al di fuori di questo quadro almeno sino al secolo successivo. La tipologia delle fonti corrisponde a quella dei registri di lettere patenti milanesi: a partire dal 1407 sino al 1506 sono redatti tre registri, che coprono il marchesato di Gian Francesco (1407-1444), Ludovico e Federico (1444-1478/1478-1484), e Francesco Gonzaga (1484-1506). In questi volumi, secondo uno schema che riconosciamo ormai come classico per questi registri, alla prima lettera di nomina in forma completa seguono le liste abbreviate degli officiali successivi che subentrano nella stessa carica per tutto il periodo compreso nel *liber*.[31]

me ulteriori che la cassa ducale gli deve; nella pagina di fronte, tutto ciò che il salariato, a sua volta, deve eventualmente alla cassa ducale (ASMo, Camera, Bollette dei salariati). Per gli anni che ci interessano, restano quattro registri completi: i registri degli anni 1456 (reg. 1), 1484 (reg. 9), 1488 (reg. 11), 1494 (reg. 12). Estratti significativi della bolletta del 1476 sono trascritti in Caleffini, *Diario ferrarese*, p. 125 e segg. A proposito di queste fonti, si vedano Tuohy, *Struttura e sistema*, e Id. *Herculean Ferrara, Appendix 2, Inventory of the Archivio della Camera Ducale from the earliest registers to 1505*, pp. 487-507.

30. Su questi offici, Folin, *Note*.

31. ASMn, AG, Patenti 1 (1407-1444), 2 (1444-1484), 3 (1484-1506). A proposito di queste fonti, si veda Lazzarini, *Fra un principe e altri stati*, pp. 25-31.

L'evoluzione dei bilanci generali dei salariati segue lo stesso itinerario:[32] alla fine del secolo, come a Milano, gli officiali nominati per lettera patente coincidono quasi completamente con quelli retribuiti regolarmente tramite un salario.[33]

## 4.2. *Le repubbliche*

Prima di analizzare la documentazione relativa alla scelta e alla nomina degli officiali nei regimi repubblicani è necessario premettere qualche considerazione generale sulle loro cancellerie e sui loro atti.

Le cancellerie repubblicane sono uno dei numerosi organi che compongono il complesso meccanismo del governo pubblico. Non giocano – come nei principati – un ruolo privilegiato di mediazione tra il principe e i soggetti, ma piuttosto assicurano la circolazione della decisione politica tra i diversi poli dell'autorità pubblica e legittimano le misure prese dal governo. Il processo che porta alla centralizzazione delle scritture pubbliche in cancelleria è pertanto a Venezia e a Firenze meno evidente, ma altrettanto fondamentale che a Milano o a Mantova. A Venezia questo processo è chiaramente leggibile, nonostante il fatto che la cancelleria rimanga divisa in diverse branche, grazie all'evidenza e all'univocità delle riforme intraprese durante il XV secolo.[34] A Firenze, al contrario, i processi di centralizzazione e di separazione dei numerosi responsabili delle scritture pubbliche comunali (il notaio delle riformagioni, della signoria, delle tratte, il cancelliere) e tra la prima e la seconda sezione della cancelleria quattrocentesca si susseguono con marcate oscillazioni durante tutto il XV secolo. Per quanto si constati l'esistenza di momenti di forte tendenza alla centralizzazione (come gli anni Trenta del cancellierato di Leonardo Bruni, o il periodo di Accolti e Scala tra gli anni Sessanta e Ottanta),[35] il processo è lungi dall'essere univoco o diretto. Se si considera la natura frammen-

32. Lazzarini, *Fra un principe e altri stati*, pp. 39-45, e Ead., *Prime osservazioni.*

33. Per queste considerazioni, mi permetto di rimandare a Lazzarini, *I domini estensi*, e Ead. *Trasformations*.

34. In merito allo sviluppo istituzionale della cancelleria veneziana, Trebbi, *La cancelleria*; Neff, *A Citizen* e Ead., *Chancellery secretaries*; Zannini, *Burocrazia e burocrati*; si vedano anche le sintesi di Pozza, *La cancelleria*, (II) e Id. *La cancelleria*, (III).

35. La bibliografia relativa alla cancelleria fiorentina è molto vasta: sarà sufficiente ricordare qui, a partire dalla ricerca ancora fondamentale di Marzi, *La cancelleria*; gli studi di Riccardo Fubini, *La figura politica*, Id., *Classe dirigente*, Id., *Dalla rappresentanza sociale*, ora in Id., *Italia quattrocentesca*, pp. 41-61, come anche i contributi recenti sui

tata dell'autorità nei governi repubblicani, si può dunque concludere che la centralità della cancelleria probabilmente è, nelle repubbliche, meno manifesta che nei principati, senza che il controllo esercitato dai cancellieri sull'attività e sulla documentazione pubblica sia meno incisivo.[36] A proposito di legislazione in materia di cancelleria, l'attitudine normativa è d'altro canto più evidente e continua nelle repubbliche che nei principati. Le *provisiones* fiorentine e le *partes* veneziane che regolamentano il funzionamento delle cancellerie sono misure legislative nel pieno senso del termine e si succedono lungo tutto il Quattrocento con regolarità. Questa propensione normativa si snoda ininterrotta dai secoli precedenti, in una continuità d'attenzione legislativa che testimonia dell'evoluzione delle cancellerie senza rotture drammatiche nonostante l'abbondanza delle innovazioni e che dal punto di vista delle scritture permette di seguire più agevolmente la trasformazione delle forme documentarie.

La documentazione si caratterizza per una considerevole molteplicità di tipologie documentarie e un evidente parallelismo delle forme. Le cancellerie repubblicane in origine sono incarnate di fatto da una pluralità di cancellieri – o di notai – incaricati di redigere gli atti dei diversi organismi di governo. Questi gruppi di professionisti delle scritture sviluppano tra la fine del XIII e la fine del XIV secolo un certo numero di atti in registro, omologhi fra loro, che testimoniano l'attività dei diversi organi pubblici. Il processo di *reductio ad unum* di queste numerose serie documentarie è lungo e complesso e non si può dire terminato, soprattutto a Firenze, che alla fine del XV secolo. A questa pluralità di scritture corrisponde peraltro una fissazione precoce delle tipologie documentarie secondo procedure elaborate tra Due e Trecento. Le forme documentarie si rivelano dunque molto conservative per tutto il Quattrocento, al contrario di quanto accade alla documentazione signorile e principesca, a questa età ancora in piena evoluzione.

La geografia degli offici e dei collegi che compongono i governi repubblicani si organizza, nel periodo considerato, attorno a tre grandi gruppi di cariche: gli incarichi consiliari o collegiali principali, gli offici della dominante, gli offici del territorio (chiamati a Venezia *reggimenti*, e divisi nella città lagunare tra *stato da terra* e *stato da mar*).[37] Nelle repubbliche non

grandi cancellieri della repubblica di Witt, *Hercules*; Black, *Benedetto Accolti*; Brown, *Bartolomeo Scala*.

36. Si vedano le considerazioni generali alla n. 10.

37. La bibliografia intorno ai sistemi istituzionali di Venezia e di Firenze è molto estesa: si ricordino qui almeno i contributi raccolti nei volumi della recente *Storia di Venezia*,

esiste un luogo di potere informale e trasversale, delimitato e riconosciuto, peculiare fra gli altri, come la corte. A Firenze, la criptosignoria medicea complica il quadro a partire dagli anni Trenta del Quattrocento, ma con caratteristiche poco comparabili alle società di corte dei principati coevi.[38]

Le norme che regolano l'assegnazione delle cariche e degli offici sono il risultato di una lunga evoluzione che risale all'epoca comunale e dipendono in buona misura da una complessa combinazione di fattori legati sia a condizioni precise di eleggibilità (per stabilire gli aventi diritto agli offici), sia agli equilibri fra scelta e sorteggio.[39] Attraverso l'elaborazione delle procedure elettorali, nella città si giuoca una partita cruciale per il controllo dello stato. Le strategie familiari per la costruzione dell'eminenza sociale nei principati si manifestano attraverso pressioni sul principe e le sue *élites* grazie alla costruzione di reti clientelari prima che egli eserciti il suo arbitrio gratificando i più abili con l'attribuzione di cariche e di offici: nei regimi repubblicani tutto il confronto si verifica *in medias res*. È necessario quindi determinare i criteri di eleggibilità e le procedure di elezione (e dunque l'accesso alle cariche) prima della scelta degli officiali o, dopo, occorre alterarle modificandole dall'interno. A Venezia e a Firenze si assiste, in questo senso, a due percorsi differenti, che producono regimi diversi e diversi equilibri socio-politici. Il risultato documentario di questo processo complesso rivela due aspetti interessanti: prima di tutto, la documentazione relativa alla nomina degli officiali non comprende solo i registri degli eletti, ma testimonia con estrema ricchezza di dettagli tutte le fasi preliminari della scelta, vale a dire la preparazione dei diversi gruppi di eleggibili (con i *dossiers* di tutte le possibili eccezioni, temporanee o definitive – *divieti*, *cessati*; e le liste per circoscrizioni territoriali urbane). In secondo luogo, la

vol. II, *L'età del Comune* (in particolare Padovani, *Curie ed uffici*), vol. III, *La formazione dello Stato patrizio* (in particolare Caravale, *Le istituzioni*) e vol. IV, *Il Rinascimento* (per il sistema amministrativo, Zannini, *L'impiego pubblico*, e per le riforme istituzionali, Gullino, *L'evoluzione costituzionale*). Per Firenze nel Trecento, oltre a Najemy, *Corporatism*, si vedano Brucker, *Florentine Politics*, e Becker, *Florence in Transition*; per il Quattrocento, si veda Rubinstein, *Il governo*, e per il sistema di governo prima dei Medici, Guidi, *Il governo della città-repubblica*.

38. Lorenzo de Medici ricordava spesso ai suoi alleati la sua condizione particolare: «io non sono signore di Firenze, ma cittadino con qualche auctorità, la quale mi bisogna usare con temperanza et iustificatione», Lorenzo de Medici a Pier Filippo Pandolfini, Firenze, 26 novembre 1481, in Lorenzo, *Lettere*, VI, p. 100.

39. A proposito delle radici medievali delle procedure elettorali fiorentine, si veda Guidi, *I sistemi elettorali*, e Id., *I sistemi elettorali agli uffici*.

complicazione delle procedure elettorali obbliga la cancelleria a scegliere un segretario, con i suoi scribi e i suoi notai, che si occupi in modo definitivo del procedimento e di tutte le sue fasi e che conservi rigorosamente separati dagli altri tutti gli atti relativi alle procedure elettorali.[40]

L'interesse di questo processo è dunque incentrato sulle modalità attraverso le quali la redistribuzione delle risorse rappresentate dagli offici, in quanto arena privilegiata per definire teoricamente «the nature, basis, and scope of governemental authority and the size and composition of the class of citizens that was allowed to exercise this authority»,[41] diventa uno dei momenti chiave della costruzione dell'egemonia di una parte della società politica. A Venezia, questo processo si colloca nel pieno del consolidamento dell'oligarchia; a Firenze al cuore stesso della costruzione dell'egemonia di una fazione (quella degli Albizzi sino agli anni Trenta del Quattrocento, quella dei Medici più tardi). Nei regimi repubblicani il significato del servizio prestato dai cittadini nell'esercizio degli offici urbani ha raggiunto una definizione chiara attraverso decenni, per non dire secoli, di governo autonomo e di teorizzazione intorno ai concetti di libertà e di bene comune.[42] La natura pubblica degli offici e degli organi collegiali urbani viene dunque loro dalla loro appartenenza a degli organismi collettivi legalmente autonomi e non ha bisogno di una nuova definizione o di una legittimazione *ex post*, al contrario di quel che accade nelle signorie, che sono il risultato costituzionalmente recente di un potere arbitrario. A Milano, a Ferrara, a Mantova le diverse funzioni di governo si traducono in un quadro omogeneo di cariche e di offici grazie a una evoluzione lenta e difficile. A Firenze e a Venezia, al contrario, nel solco di strutture istituzionali nate da una tradizione pubblica stabilita da lungo tempo, il gioco dei gruppi sociali e delle fazioni politiche determina la metamorfosi delle procedure ereditate dai secoli precedenti nella continuità – forse apparente – delle forme.

40. L'abbondanza della documentazione fiorentina enfatizza l'importanza della procedura elettorale e orienta gli studi su questi temi: a proposito di tali fonti, dopo Rubinstein, *Il governo*, pp. 7 e segg., 45 e segg., si veda anche *Archivio delle Tratte*, che non contiene solo l'inventario del materiale dell'officio delle tratte, che si occupava della redazione e della conservazione degli atti prodotti dalle procedure di assegnazione degli offici e della nomina ai collegi, ma anche una importante introduzione storica.

41. Najemy, *Corporatism*, p. 4.

42. A proposito della lunga gestazione della coscienza, anche giuridica, delle basi dell'autonomia comunale basti qui ricordare Bordone, *Le città italiane e l'impero* e, per la traduzione di questa consapevolezza nella struttura istituzionale della matura età comunale, Artifoni, *Città e comuni*.

a. *Firenze*

I fondi dell'officio delle tratte, che si rende indipendente dalla cancelleria tra il 1374 e il 1378 durante il cancellierato di Coluccio Salutati,[43] sono i più ricchi di materiale non solo dal punto di vista quantitativo, ma anche qualitativo. Per coerenza con quanto si intende sostenere qui e per l'enorme ricchezza del fondo, dunque, non si prenderà in considerazione, nonostante il loro interesse innegabile, alcune serie come quelle relative alla normazione delle procedure elettorali (leggi e deliberazioni, repertori d'addizione, prioristi), i registri che testimoniano le condizioni di eleggibilità (cittadinanza, *veduti et seduti*, *divieti*, *cessanti*, assenti, *specchio*) e il materiale successivo alla nomina e relativo all'assunzione in carica (giuramenti, tasse di nomina, rappresentazioni).[44] Si considererà al contrario il solo materiale relativo alla vera e propria procedura di nomina. Il sistema elettorale fiorentino è articolato in due fasi principali, la qualificazione dei candidati e l'estrazione a sorte agli offici e alle cariche: questo meccanismo, definito da una serie di riforme significative degli anni 1328-1355, è a grandi linee confermato dagli statuti degli anni 1408-9 e 1415.[45]

Nel Trecento la fase della qualifica dei candidati produce una serie documentaria particolare, quella dei registri delle *recate*.[46] Questi registri contengono le liste di tutti quelli che possono accedere allo scrutinio se-

43. Sull'officio delle tratte, si veda Marzi, *La cancelleria*, pp. 106-112; su Salutati, Witt, *Hercules* (e in particolare sulla sua esperienza come cancelliere e officiale delle tratte, pp. 111-146), e De Rosa, *Coluccio Salutati*.

44. *Archivio delle Tratte*, pp. 121-204; 461-518.

45. Per una chiara sintesi del sistema, si veda Rubinstein, *Il governo*, pp. 7 e segg.: lo scrutinio che abilita i cittadini a determinati offici si deve attuare, secondo gli statuti del 1415, ogni cinque anni; la *tratta* finale, vale a dire l'estrazione dalle borse in cui sono stati messi i nomi dei cittadini qualificati, si verifica ogni volta un officio diventa vacante. Il candidato, il cui nome viene estratto, è nominato alla carica se non risulta impossibilitato dall'età, da eventuali debiti, o per avere ottenuto la medesima carica poco prima, o a causa di rapporti di parentela con altri officiali (*divieti*). Gli accoppiatori (per i tre collegi maggiori) hanno il compito di mettere nelle borse i nomi dei qualificati per scrutinio: in teoria si tratta di un compito puramente esecutivo; nella pratica però diventa un momento sempre più politico dal momento che viene attribuito agli accoppiatori un crescente potere di intervenire sulla qualificazione. Per gli eventi che hanno portato alla definizione di questa procedura, si veda ancora Davidsohn, *Storia di Firenze*, III, pp. 1182 e segg. Per gli statuti albizzeschi si veda *Statuta Populi et Communis Florentiae*.

46. Nel Quattrocento si afferma l'abitudine di conservare solo la lista finale che risulta dalla selezione: questa lista diventa lo scheletro di nomi cui si affiancano i risultati della votazione e che viene dunque a coincidere con il registro dello scrutinio. I registri delle *recate* propriamente dette scompaiono dunque nel XV secolo.

condo i gonfaloni di provenienza: sono redatti dai tre gruppi che hanno facoltà di selezionare su base topografica e secondo le diverse condizioni della cittadinanza legale coloro che hanno il diritto di accedere agli offici (vale a dire, la Parte guelfa, i gonfalonieri di compagnia, i capi delle Arti). Per gli anni 1344-1385 restano 49 registri di *recate* redatti per sesto o quartiere, e per gonfalone. Vengono redatti ogni volta che il governo della città decide di riassegnare gli offici o le cariche dei consigli e dei collegi. I registri non si succedono dunque a intervalli regolari. In ogni *recata*, gli eleggibili sono distinti fra quanti appartengono alle arti maggiori e minori: quelli che hanno le caratteristiche per essere eletti ai Tre Maggiori (12 priori, 12 buonuomini, 16 gonfalonieri di compagnia) sono poi separati da coloro che possono aspirare agli offici della città e agli offici del territorio.[47]

In un secondo momento, si compie una scelta ulteriore fra gli scrutinati (i *messi a partito*) che punta a selezionare quanti sono davvero nelle condizioni di ottenere una carica. Questa fase è testimoniata da una seconda serie di volumi, i registri di scrutinio o *squittinio*. In questi libri sono trascritti i risultati della votazione di una commissione costituita da un numero variabile di elettori scelti secondo complesse procedure miste tra elezione ed estrazione.[48] Tale commissione vota su ogni nome presentato dalle *recate*. Secondo gli statuti de Quattrocento, gli scrutini si devono tenere ogni cinque anni: i nomi degli scrutinati sono poi "imborsati", cioè destinati alle *borse* che corrispondono ai diversi offici.[49] È da queste borse che sono poi estratti nel passaggio finale che conduce all'elezione definitiva. La procedura per *squittinio* è messa a punto nel Trecento: nel Quattrocento i registri sono sempre più perfezionati, ma dal punto di vista strutturale restano analoghi ai primi esemplari. In generale, le operazioni di scrutinio sono i momenti dell'intera procedura elettorale in cui si registrano tra Tre e Quattrocento le novità più significative. In una prima fase (1340-1348) gli scrutini si susseguono senza ordine e sono destinati ad assegnare cariche

47. Per i dettagli della procedura nel Trecento, si veda Guidi, *I sistemi elettorali*, I e II, e Najemy, *Corporatism*, pp. 99 e segg. Per l'inventario delle *recate*, si veda *Archivio delle Tratte*, pp. 207-218: ASFI, Tratte, bb. 289-338. Per un quadro degli offici estrinseci e della struttura del dominio territoriale fiorentino si veda Zorzi, *Gli ufficiali*, e Id. *La formazione e il governo*.

48. A partire dal 1404, questa commissione è composta dalla Signoria, i capitani della Parte guelfa, gli Otto di guardia, i Sei della mercanzia e i 21 consoli delle Arti (16 maggiori, 5 minori): si veda *Archivio delle Tratte*, p. 219, e Zorzi, *Gli ufficiali*.

49. Sul ruolo, sempre più importante, di coloro che materialmente mettono i nomi degli eleggibili nelle borse (gli *accoppiatori*), si veda Rubinstein, *Il governo*, pp. 71 e segg.

e offici diversi secondo le esigenze del momento.[50] Tra il 1382 e il 1445, si prendono a fare scrutini separati per i tre maggiori collegi della città[51] e per gli offici (si separano anche gli offici della città e del territorio – intrinsechi ed estrinseci): non sono nemmeno sempre tenuti lo stesso anno.[52] A partire infine dallo scrutinio generale del 1484, quando è primo cancelliere Bartolomeo Scala, si decide di fare contemporaneamente gli scrutini per tutte le cariche e gli offici; i registri restano peraltro separati a seconda della carica.[53]

Nei registri di *squittinio*, accanto ai nomi degli scrutinati divisi in categorie diverse (arti maggiori e minori, dal 1382 beneficiati e non beneficiati), si scrive il numero dei voti ottenuti da ciascuno (ballotte bianche per i voti negativi, nere per quelli positivi). Per gli anni 1340-1515 sono rimasti più di un centinaio di questi registri.[54]

L'ultima fase della procedura è la *tratta* o *exctractio*. I nomi degli eleggibili che nello scrutinio hanno ottenuto una maggioranza qualificata e sono stati imborsati, sono estratti dalle borse, destinati ai diversi offici e registrati nei libri delle tratte, distinti per officio e per carica. La serie completa dei registri di tratte per i tre maggiori collegi della città inizia all'epoca di Salutati, nel 1376, e copre con regolarità gli anni tra il 1376 e il 1532 (per un totale di 14 registri). Questi libri contengono le liste nominative di quanti sono stati scelti per la Signoria e i collegi, ordinati per quartiere e per gonfalone; in questi volumi sono registrati anche quelli che, nominati, non hanno esercitato la carica per un qualche motivo.[55]

I registri delle tratte per gli offici della città e del territorio sono al contrario un esempio della pluralità di serie parallele tipica delle cancellerie repubblicane: le serie delle tratte per tutti gli offici si sovrappongono alle serie distinte per offici (centrali o territoriali). Allo stesso tempo, troviamo anche volumi di tratte organizzati secondo gli offici o dei *diurnali* redatti secondo le estrazioni quotidiane.[56]

50. ASFi, Tratte, bb. 339-354, *Archivio delle Tratte*, pp. 219-225.

51. ASFi, Tratte, bb. 355-373, *Archivio delle Tratte*, pp. 225-230.

52. ASFi, Tratte, bb. 374-400, *Archivio delle Tratte*, pp. 230-239.

53. ASFi, Tratte, bb. 401e segg., *Archivio delle Tratte*, pp. 239 e segg.

54. La conservazione di queste fonti è regolare, eccezione fatta per un buco fra gli anni 1348-1382.

55. ASFi, Tratte, bb. 593-608, *Archivio delle Tratte*, pp. 297-301.

56. Disponiamo di una prima serie di registri di nomina agli offici centrali e territoriali con la data di elezione e di entrata in carica, con i notai che accompagnano l'officiale (aa. 1343-1499, 48 registri, ASFi, Tratte, bb. 741-789, *Archivio delle tratte*, pp. 340-352), a cui

La procedura è evidentemente assai più complessa della versione semplificata che si è ricostruita qui: principio essenziale del meccanismo è peraltro il fatto che il momento della assegnazione degli offici è la *tratta*, vale a dire una estrazione a sorte.[57] Al di là dei complessi equilibri, degli infiniti aggiustamenti procedurali e degli abusi fisiologici,[58] l'interesse del caso fiorentino rimane legato al fatto che l'architettura normativa dell'intera procedura non viene mai capovolta. Le fazioni mercantili nel Trecento e le grandi famiglie (Albizzi e soprattutto Medici) nel Quattrocento riescono a costruire e mantenere la propria egemonia intervenendo sulla scelta degli eleggibili e sulla combinazione dei nomi con le diverse borse degli offici, sulle liste degli imborsati, sulla composizione e la durata delle commissioni incaricate dei diversi passaggi dell'operazione. In particolare nel Quattrocento i registri di scrutinio e delle tratte mantengono una continuità formale con i volumi e le pratiche del secolo precedente: non rivelano dunque i cambiamenti concreti della procedura, come la composizione delle commissioni elettrici, la durata innaturale delle balie cui è affidata la gestione degli scrutini, o la natura ormai semipermanente della carica degli accoppiatori.[59] Malgrado questa continuità apparente, il sistema repubblicano si piega a favorire l'egemonia di uno dei protagonisti della vita politica.

b. *Venezia*

Il sistema di governo veneziano tra Trecento e Quattrocento prevede una serie di cariche collegiali (*consilia et collegia*) e le cariche individuali "della

corrisponde una serie parallela di *diurnali* di *tratta* in cui l'ordine non è per officio, ma per data di estrazione (aa. 1406-1499, 22 registri: ASFi, Tratte, bb. 807-829, *Archivio delle tratte*, pp. 356-360); poi abbiamo una seconda serie di registri di nomina per gli offici interni in cui si trovano registrati per offici i nomi dei titolari (aa. 1324-1508: 9 registri, ASFi, Tratte, bb. 897-905, *Archivio delle tratte*, pp. 373-375); infine, c'è una serie analoga alla precedente per gli offici estrinseci (aa. 1382-1508, 6 registri, ASFi, Tratte, bb. 982-987, *Archivio delle tratte*, pp. 392-394). A questa serie regolare occorre poi aggiungere una grande massa di registri frammentari e diversi.

57. A Firenze durante i primi decenni del Quattrocento, allorché il sistema è in pericolo a causa delle procedure trasversali dei Medici, ci si ricorda bene che, al contrario che a Venezia, la libertà fiorentina è salvaguardata proprio dal fatto che si decide a sorte l'assegnazione degli offici e dunque delle responsabilità pubbliche, anche se la procedura dell'imborsazione è manipolata dagli *accoppiatori*, vedi Rubinstein, *Il governo*, p. 193: Rubinstein cita un parere di Mariotto Lippi, che nel 1466 sostiene che i veneziani «nihil habent a sortibus, sed in dies eligunt ad honores et magistratus», ASFi, Consulte e Pratiche, 58, c. 51r.

58. Zorzi, *I fiorentini*.

59. Rubinstein, *Il governo*, pp. 45 e segg.

città" (di San Marco e di Rialto) e "di fuori" (i *reggimenti* nel Levante e nel dominio di Terraferma, e numerose cariche temporanee, di durata indefinita, come i provveditorati). Queste cariche sono tutte destinate ai patrizi. La cancelleria e gli offici cosiddetti di "ministero" (notai, scribi, *quaternieri*) sono riservati invece ai cittadini veneziani originari, vale a dire ai veneziani non nobili.[60] La procedura elettorale veneziana nel basso medioevo si basa dunque sul fatto che gli eleggibili alle cariche e agli offici sono definiti dall'appartenenza al patriziato, gruppo i cui componenti sono stati selezionati alla fine di un lungo e cruciale conflitto politico giuocato tra la fine del Duecento e i primi decenni del Trecento.[61] L'intera attività elettorale si svolge all'interno del Maggior Consiglio: tutti i nobili che hanno almeno venticinque anni hanno il diritto e il dovere di parteciparvi, anche se si conoscono varie e prevedibili eccezioni a questa regola. La procedura è assai elaborata: semplificando, si può dire che in un primo passaggio tra tutti i membri del Maggior Consiglio viene nominata per sorteggio delle commissioni (*mani*) che hanno il compito di proporre all'assemblea una rosa di candidati fra i quali, per scrutinio, tutti i patrizi devono scegliere, giorno per giorno o a date fissate, i nuovi membri dei consigli o dei collegi e i detentori di cariche e offici. La scelta, organizzata ritualmente tutte le settimane, è in realtà frammentata in diversi passaggi minuziosamente regolati, il cui fine dichiarato è di proteggere il segreto del voto per evitare le manipolazioni elettorali.[62]

La natura predefinita di quanti hanno diritto agli offici e ai collegi e l'assenza di un vero e proprio sorteggio nei numerosi passaggi della procedura

60. A proposito di questa classificazione, si vedano Caravale, *Le istituzioni*, e Zannini, *L'impiego*; si veda anche Maranini, *La costituzione*. Per quanto riguarda gli offici del territorio, si veda anche Varanini, *Gli officiali veneziani*. Sui cittadini originari, si veda Zannini, *Burocrazia*.

61. Non è certo questa la sede per discutere in dettaglio i dibattiti recenti sulla verosimiglianza storica del mito della coesione del patriziato veneziano e il suo ruolo nel governo misto che avrebbe dato a Venezia secoli di proverbiale stabilità: si vedano sul tema le considerazioni storiografiche di Caravale, *Le istituzioni*, pp. 300-302. Sulla serrata del 1297, Zordan, *L'ordinamento giuridico veneziano*, pp. 93 e segg., e sulla sua importanza come premessa del monopolio patrizio delle cariche, Chojnacki, *In Search of the Venetian Patriciate*; a proposito degli equilibri – o degli squilibri – sociali e politici del Trecento veneziano, si veda Romano, *Patricians and Popolani*.

62. Zannini, *L'impiego*, p. 419. Per la minuziosa normativa che tra Tre e Quattrocento viene prodotta per regolare tutte le fasi della procedura, si veda Maranini, *La costituzione*, pp. 106-122, e più recentemente Finlay, *La vita politica*, pp. 88 e segg. e 234 e segg., e Queller, *Il patriziato veneziano*, pp. 108 e segg.

eliminano tra Tre e Quattrocento a Venezia tanto i conflitti per accedere agli offici quanto il momento chiave dell'estrazione a sorte. Il problema politico a Venezia non consiste nella trasformazione dall'interno dei criteri e delle modalità di selezione degli eleggibili, ma piuttosto nella cooptazione clientelare di un gruppo sufficientemente vasto di sostenitori al momento della scelta e della votazione. Il tratto distintivo del sistema elettorale veneziano è dunque il processo continuo di creazione di gruppi politici compatti che mirano a redistribuire le cariche. Il momento dell'elezione, con le sue logiche sociali, diventa una struttura portante della vita politica e associata.[63] Si tratta di procedure la cui singolarità ha dato prevedibilmente origine a diversi dibattiti: oggi, lasciando da canto le vecchie apologie e le valutazioni moralistiche, si riconosce a queste procedure un ruolo funzionale allo svolgimento ordinario del sistema amministrativo nel campo della distribuzione delle cariche e delle risorse che ne derivano. Al tempo stesso, queste pratiche giuocano un ruolo fondamentale nel favorire «l'amalgama delle diverse componenti sociali del patriziato, agevolandone la coesione interna».[64]

Il materiale relativo a queste procedure (eccezion fatta per le misure legislative)[65] è redatto e conservato da uno dei segretari della cancelleria veneziana, il Segretario alle Voci.[66] Il fondo del Segretario alle Voci contiene una documentazione quantitativamente ridotta in rapporto alle serie fiorentine delle tratte: per il periodo basso medievale ci restano una ventina di registri circa, che vanno dal 1349 al 1536.[67] I registri superstiti non rappresentano la totalità della documentazione prodotta e non documentano tutte le fasi della procedura di nomina. Questo materiale è stato utilizzato soprattutto per studi prosopografici sul patriziato e per ricerche di storia

63. Gaetano Cozzi descrive la società veneziana del XVII secolo come una società «sempre sul piano elettorale», Cozzi, *Una vicenda*, p. 69, cit. in Zannini, *L'impiego*, p. 420.

64. Zannini, *L'impiego*, p. 420.

65. Queller, *Il patriziato*, pp. 108 e segg.

66. Da Mosto, *L'Archivio*, in particolare I, p. 221, *Archivio di Stato di Venezia*, pp. 905-906. A proposito dell'organizzazione della cancelleria veneziana, oltre a quanto indicato alla n. 35, si veda ancora, anche se con qualche imprecisione, Baschet, *Les archives*, e Marini, *Luigi Marini*.

67. Ringrazio qui vivamente Claudia Salmini, dell'Archivio di Stato di Venezia, per avermi dato l'opportunità di consultare il suo inventario dattiloscritto dell'archivio del Segretario alle Voci, C. Salmini, *Inventario dell'Archivio del Segretario alle Voci*, Archivio di Stato di Venezia (che si citerà qui come *Inventario Salmini*): la documentazione è conservata in ASVe, Segretario alle Voci.

delle istituzioni politiche: fatta eccezione per lo studio di Claudia Salmini, non disponiamo, al contrario, di alcuna ricerca sistematica su queste fonti dal punto di vista documentario. La ricostruzione che segue è pertanto una semplice ipotesi sulla struttura originaria e l'effettiva consistenza del fondo e offre una riorganizzazione delle sopravvivenze archivistiche in una sequenza istituzionale e documentaria basata su indizi contemporanei.[68]

I registri superstiti documentano due passaggi dell'intera procedura elettorale. In quattro registri che coprono gli anni 1418-1493 (1418-1423, 1448-1453, 1486-1489, 1490-1493) ritroviamo le tracce del primo momento del processo elettorale, la decisione di assegnare gli offici disponibili. Questi volumi, chiamati libri delle *proposte*,[69] sono divisi in due sezioni: a una prima parte in cui sono registrate le procedure elettorali, segue la seconda in cui, giorno per giorno, sono registrate le parti prese in Maggior Consiglio per rinnovare gli offici liberatisi nel frattempo. Negli ultimi due registri, qualche norma generale relativa all'elezione a varie categorie d'offici (come il numero di mani necessarie in Maggior Consiglio e in Senato) precedono le parti del Maggior Consiglio. La struttura documentaria non cambia durante il Quattrocento, ma si vede da un volume all'altro una attenzione sempre più viva alla redazione formale dei libri.

In un secondo gruppo di volumi è al contrario registrato il momento conclusivo della procedura, vale a dire l'elezione.[70] L'ordine archivistico più recente li organizza cronologicamente, ma può essere utile qui distinguerli, secondo una doppia tipologia, fra i registri che fissano il momento dell'elezione dell'officiale e quelli che registrano il momento della sua effettiva entrata in carica. All'interno di questa doppia tipologia, i registri si succedono secondo una distinzione basata sulle cariche di cui testimoniano l'attribuzione (consigli, cariche cittadine o offici, cariche del territorio o reggimenti). Nei quattro registri più antichi (1-4) gli eletti agli offici, reg-

68. Faccio qui riferimento al primo inventario utile delle fonti di cancelleria, quello redatto da Andrea Franceschi, cancellier grande dal 1529, conservato in ASVe, Secreta, Indici 4 (misc. codd. 573-4), *Inventarium Librorum Cancellariae*: per i dettagli, si veda *infra*, n. 77. A proposito di Franceschi, si vedano Zamperetti, *De Franceschi, Andrea,* e Salmini, *Buildings*, pp. 101 e segg.

69. La titolatura recita *Libri partium Maioris Consilii*, ASVe, SV, Proposte 1-4 (1418-1493): in *Inventario Salmini* sono indicizzati dopo i *registri universi veteres*, ma con una numerazione autonoma da 1 a 4: nella numerazione anteriore erano i registri 13-16 e seguivano direttamente gli *universi veteres*.

70. Si tratta dei registri chiamati *registri universi veteres*: ASVe, SV, Universi o Misti, 1-12 (1349-1573), che sono indicati in *Inventario Salmini* come Universi serie antica.

gimenti e consigli diversi sono registrati senza distinzione d'officio, ma secondo la data dell'elezione.[71] Nel primo (1349-54) gli officiali sono iscritti secondo l'anno di nomina e, per ogni anno, secondo la carica. Negli altri (1362-1367; 1383-1388; 1438-1459) le sezioni sono organizzate per carica: nei capitoli delle singole cariche, gli eletti si succedono cronologicamente per tutto il periodo coperto dal registro. Si tratta con evidenza di una serie incompleta, ma è altrettanto evidente che la struttura documentaria, dopo il primo, rimane la stessa almeno sino alla metà del XV secolo. Nel Quattrocento si ha solo un numero maggiore di informazioni sugli eletti, di cui vengono specificati il nome del padre e il sestiere di appartenenza.[72] A metà Quattrocento sembra stabilirsi la consuetudine, che vediamo anche a Firenze, di separare i registri relativi alle diverse cariche, sia per la registrazione della data di scelta, sia per l'annotazione della data di entrata in carica. Dopo una parte del Maggior Consiglio del 14 settembre 1437 si comincia anche a redigere una serie di registri relativi ai soli reggimenti: ne sono rimasti un libro di entrate in carica (1437-1490) e un registro di elezioni (1492-1524).[73] Due registri di elezione ai consigli coprono gli anni 1492-1521 e 1550-1573;[74] tre registri di entrata in carica per la città di Venezia vanno dal 1492 al 1556;[75] l'ultimo volume infine registra le entrate in carica dei reggimenti e degli offici della città per gli anni 1465-1502.[76] Secondo questa distinzione, dei dodici volumi superstiti, sette registrano la data di elezione dell'officiale o del consigliere, sei la data di entrata in carica. La cronologia dei volumi non coincide e testimonia della difficoltà di questa trasformazione, che sembra dare vita a forme e ritmi regolari solo a metà Cinquecento.[77]

71. In questi registri troviamo la data di elezione, il nome dell'officiale scelto, il nome del garante o *plezo*. A proposito di quest'ultimo, si veda Maranini, *La costituzione*, pp. 113-115.

72. ASVe, SV, Universi 1-4.

73. ASVe, SV, Universi 5, 8: per l'identificazione della parte, cfr. *Inventario Salmini*.

74. ASVe, SV, Universi 9, 12: sono formalmente analoghi alle sezioni relative alle elezioni dei consigli nei registri del Trecento.

75. ASVe, SV, Universi 7 (1492-1524), 10 (1521-1534), 11 (1523-1556).

76. ASVe, SV, Universi 6.

77. Se si cerca di ottenere un quadro più chiaro delle trasformazioni delle pratiche di registrazione grazie agli inventari coevi, la situazione non migliora: il primo inventario disponibile dei volumi di cancelleria è l'inventario di Franceschi (1473-1552, cancellier grande dal 1529). Tra le diverse serie qui inventariate figura una serie di *Libri officiorum regiminum et consiliorum*, che verso gli anni 1538-1539 (data presunta dell'inventario)

Dall'analisi del materiale conservato, senza perderci in lunghe discussioni sulla conflittualità o sull'armonia del gruppo dirigente che per convenzione continuiamo a definire qui "patriziato", si può concludere che per quanto riguarda la sfera delle cariche più importanti tutto il corpo patrizio può accedere alla totalità delle cariche disponibili. Gli eleggibili sono nominati secondo la necessità (cariche e reggimenti) o a date fisse (consigli), grazie a delle parti prese giorno per giorno o ogni sei mesi nel Maggior Consiglio (proposte) e a complesse manovre d'elezione e di estrazione a sorte (di cui non abbiamo tracce documentarie). Coloro che ottengono la nomina sono registrati sia il giorno dell'elezione, sia quello dell'entrata in carica in registri specifici la cui uniformità a partire dalla metà del Quattrocento mostra i primi segni di un processo di definizione (*universi veteres*). Questo meccanismo sembra funzionare regolarmente (almeno da quanto si può giudicare dalle fonti superstiti o dal quadro fornito dagli inventari contemporanei) a partire dalla fine del Quattrocento: i registri precedenti sono di fatto residui documentari di un insieme più ampio definitivamente perduto, residui che mostrano peraltro una impressionante continuità formale e una relativa semplicità tipologica.

comprende i volumi seguenti: 1. *Universum vetus* (1456-1474); 2. *Universum novus* (1475-1492); 3. *Officiorum vetus* (1492-1523: può trattarsi dell'attuale n. 7?); 4. *Officiorum novus* (1523-1536: può trattarsi dell'attuale n. 10?); 5. *Buletinorum Primus* (1472-1490); 6. *Buletinorum Secundus* (1491-1524); 7. *Buletinorum Tertius* (1524-1536); 8. *Regiminum vetus* (1492-1523); 9. *Regiminum novus* (1524-1536); 10. *Introytum Regiminum vetus I* (1437-1491: l'attuale n. 5); 11. *Introytum Regiminum vetus II* (1491-1524: l'attuale n. 8); 12. *Introytum Regiminum novum* (1524-1536); 13. *Consiliorum vetus* (1492-1521: l'attuale n. 9); 14. *Consiliorum novus* (1522-1536). Un'altra serie è quella dei *Libri electionum Maioris Consilii Proposte appellati*, che comprende una sequenza di otto volumi che vanno dal 1507 (I: 1507-1511) al 1536 (VIII: 1532-1536). Dall'inventario Franceschi sembra di dedurre che all'inizio del Cinquecento il materiale del Trecento (e del Quattrocento per quello che riguarda i libri delle *Proposte*) non è conservato in cancelleria, pronto all'uso eventuale, o non è considerato abbastanza importante e necessario per essere inventariato. D'altro canto, ai fondi attualmente conservati mancano fra i volumi presenti nell'inventario antico molti *libri universi*, i *bulletini* (forse i verbali delle votazioni in Maggior Consiglio, una sorta di omologo veneziano cioè dei registri di *squittinio* fiorentini) e i volumi dei *regimina*. Si potrebbe dedurne che l'inventario Franceschi riproduca la situazione dell'archivio del Segretario alle Voci a partire dal 1492, data che sembra significativa per distinguere un materiale *vetus* (comunque recente in rapporto alle sopravvivenze antiche) da un materiale *novus*, che rappresenta le nuove tendenze del Cinquecento. A proposito del ruolo di Franceschi nelle innovazioni cinquecentesche, si veda Salmini, *Buildings*, pp. 102-104. Sulla figura e il ruolo del cancellier grande veneziano nel Cinquecento, si veda Pozza, *La cancelleria*, II, pp. 365-366, e Casini, *Realtà e simboli*.

## 5. *Ipotesi per una comparazione*

Questo quadro lungo e dettagliato – per quanto ovviamente non esaustivo – ci permette di formulare qualche ipotesi generale a proposito di somiglianze e di differenze.

Malgrado la varietà del paesaggio documentario, la tipologia base del registro di nomina (registri di lettere patenti, libri di tratte, registri *universi*) è nel Quattrocento in tutti gli stati considerati un prodotto cancelleresco con molte analogie formali e sostanziali. Le fasi documentarie necessarie a produrlo testimoniano al contrario dell'evidente diversità fenomenologica delle procedure preparatorie. D'altro canto, un'analisi dettagliata conferma in tutti i casi considerati la centralità della cancelleria come organo produttore e conservatore della documentazione relativa al momento cruciale dell'assegnazione degli offici. La cancelleria è anche responsabile della formalizzazione dei diversi passaggi dell'intera procedura di nomina grazie alla registrazione dei diversi momenti del processo e alla conservazione degli atti prodotti.

Nell'esigenza, condivisa dalla autorità pubblica di tutti gli stati considerati (un principe, un'oligarchia, una fazione) di controllare attentamente la distribuzione delle risorse – materiali, ma al tempo stesso, evidentemente, politiche – rappresentate dagli offici, la fenomenologia delle istituzioni e gli equilibri sociali tra i diversi protagonisti della scena politica risultano diversi. Là dove l'autorità pubblica è sbilanciata a favore di un principe o di un gruppo sociale chiaramente definito (nei principati e a Venezia) i meccanismi della scelta girano *attorno* alla procedura di nomina grazie alla costruzione di reti di clientele nelle corti o nei raggruppamenti patrizi. Il risultato documentario di queste operazioni è una relativa povertà di sopravvivenze. Nei principati, tale povertà risponde probabilmente a una semplicità reale delle tipologie prodotte, anche se i bilanci dei salariati si possono considerare in qualche modo fonti complementari ai libri di patenti. A Venezia, questa relativa povertà documentaria è probabilmente il frutto di una selezione archivistica che abbiamo qualche motivo di considerare già contemporanea e quindi a sua volta rivelatrice. A Firenze, dove la definizione dell'egemonia di una fazione è a metà Quattrocento ancora *in fieri*, i meccanismi della scelta lavorano *attraverso* la procedura di nomina e al suo interno delimitano le aderenze e le fazioni, e al tempo stesso i criteri di consolidamento di un'eminenza innanzitutto politica. L'abbondanza delle forme documentarie e la consapevolezza della necessità politica della loro conservazione testimoniano la vitalità del processo durante tutto il periodo considerato.

# 2. Scritture dello spazio e linguaggi del territorio*

## 1. *La scritturazione del territorio: temi e questioni*

Paul Harvey in una sintesi dedicata alla consistenza, ai caratteri, alla distribuzione di carte locali e regionali nell'Europa tardomedievale ammonisce a più riprese i suoi lettori: disegnare mappe non era un'attitudine diffusa fra gli uomini medievali, né un modo naturale di concepire, fissare e tramandare le relazioni spaziali. «In the Middle Ages, the normal way of setting out and recording topographical relationships was in writing, so in place of maps we have written descriptions».[1] Ha naturalmente ragione: per quanto l'Italia settentrionale lombarda e veneta fosse la regione a maggiore densità di carte locali dell'intera Europa tardomedievale, allorché nel settembre 1402 Gian Galeazzo Visconti venne a morte (e la sua morte improvvisa fu un evento destinato ad avere un impatto epocale nella coscienza dei contemporanei: le cronache che ne tramandarono memoria vanno dal Veneto alla Sicilia) la descrizione di quanto il duca lasciava dietro di sé a eredi e avversari, il dominio del Visconti, lo stato che egli – agli occhi dei contemporanei – aveva avuto la capacità di creare, che solo la sua vita apparentemente teneva insieme e la sua morte spettacolarmente avrebbe liberato nei suoi componenti fondamentali, era per i contemporanei una lista di luoghi, un 'catalogo di città'. Il mantovano Bonamente Aliprandi, nel ricordare la morte del duca, dedica un capitoletto dell'*Aliprandina* a *de numero civitatum ducis Mediolani*: sono ben 25.[2]

* Questo saggio è dedicato alla memoria di Giuseppe Papagno.

1. Harvey, *Local and Regional Cartography*, p. 464.

2. Lazzarini, *La conquista di Pisa*. Sui cataloghi di città come stereotipo culturale tra tardo medioevo ed età moderna, si veda Ricci, *Cataloghi di città*.

Al di là della verosimiglianza e della congruità di questo catalogo rispetto alla consistenza e alla fisionomia del dominio visconteo – al di là cioè di quanto la percezione dello spazio politico milanese che questa lettura rivela ci proponga un quadro genericamente attendibile o ancora condivisibile del dominio: le 25 città del duca di Milano –[3] questo contributo vuole essere un primo ragionamento (empirico, artigianale, esplorativo) intorno al tema della scrittura dello spazio nelle fonti quattrocentesche, massimamente in quelle che potremmo definire in modo generico le scritture pubbliche, che conobbero, come ormai sappiamo, una crescita qualitativa e quantitativa peculiare tra la fine del Trecento e il Quattrocento.[4] Se è vero che nel tardo medioevo i processi di costruzione pubblica dello spazio non venivano per lo più disegnati, ma scritti, in che modo accadeva? È possibile cercare di identificare il tasso e le forme della "loquacità" delle fonti pubbliche tardomedievali intorno a quella che storici e geografi, con sottili sfumature, definiscono la "produzione" sociale o storica del territorio o dei luoghi?[5] E se è possibile individuare in questi processi di scritturazione uno o più linguaggi del territorio, si differenziano essi – e in che modi, e con che tempi – dagli omologhi prodotti di altri momenti cruciali nella storia medievale della fissazione spaziale e nominale dei luoghi,[6] come l'età castrense e signorile[7] e il Duecento, allorché emerse quella "scrittura del contado" che un'intera stagione di studi recenti ha preso a indicare come cruciale elemento distintivo dei processi politici di costruzione del territorio nel secolo d'oro delle città?[8]

3. La questione è risalente: se ne veda ora una rilettura possibile in Gamberini, *Principe, comunità e territori.*

4. Si tratta di un tema che sta conoscendo, anche per il tardo medioevo, una recente fortuna: si vedano *Archivi e comunità* e *Scritture e potere.*

5. La doppia definizione viene rispettivamente da Sereno, *Ordinare lo spazio*, p. 46 («produzione sociale del territorio») e da Torre, *La produzione*. In merito si vedano le considerazioni di Guglielmotti, *Linguaggi.*

6. Sono temi che ovviamente non si limitano al medioevo: per l'età moderna, si vedano almeno i saggi raccolti in *Organizzazione del potere.*

7. Non mette conto aprire, nemmeno in nota, il capitolo della territorialità altomedievale, su cui Cinzio Violante ha scritto pagine illuminanti (si vedano le suggestioni di metodo contenute in Violante, *Per una storia degli ambiti*, e Id., *La signoria rurale*). Basti qui richiamare il fatto che con il radicamento e la localizzazione dei poteri signorili tra X e XII si ebbe un primo, grande disciplinamento di insediamenti e di toponimi: si vedano in merito Sergi, *La territorialità* (da integrarsi da ultimo per i secoli precedenti con Lazzari, *Campagne senza città*) e Guglielmotti, *Linguaggi.*

8. Cito quasi alla lettera da Francesconi, *Scrivere il contado*, cui rimando per brevità in merito a una prima bibliografia su questi temi: ringrazio Giampaolo Francesconi per avermi fatto leggere il testo ancora in bozze.

Un'indagine di questo genere si colloca al crocevia di molte questioni complesse e irrisolte, e di più di un percorso disciplinare. È perciò necessario innanzitutto premettere qualche precisazione terminologica, con l'avvertenza che tramite esse non si intende costruire un modello rigido, ma piuttosto dare ragione dell'uso dei termini più frequenti. Con il termine 'spazio' in questa occasione si intenderà sostanzialmente lo scenario reale entro cui si articolano e combinano, a diversi momenti dati, le risorse e la popolazione: il 'territorio' sarà allora uno spazio politicamente modellato attraverso processi di produzione di luoghi connotati da una qualche intensità di potere, secondo modalità in gradi diversi condivise, disciplinate o gerarchizzate fra loro, e solo talora e in parte simultanee. Il tema della costruzione politica dello spazio introduce di conseguenza in questo caso la questione della territorialità degli stati tardomedievali, in particolare qui del complesso di unità e soggetti politici diversi che per una somma di varie e talora condivisibili ragioni storiche e storiografiche siamo abituati a definire convenzionalmente il 'sistema degli stati italiani', ben consapevoli che lungi dall'essere composto di cinque stati maggiori e di qualche *left over*, tale sistema era in realtà nel Quattrocento costituito da più di un centinaio di soggetti politici autonomi, legati fra loro in significative forme simbiotiche e da una trama risalente di colleganze.[9] Dei 108 poteri, stati e staterelli che aderirono alla Lega italica nel 1455 la natura politica e l'autonomia erano nel pieno Quattrocento innegabili. Era ed è tutta da verificarne però la natura territoriale, se al termine di territorialità o meglio di vocazione territoriale vogliamo dare per il Quattrocento il significato di crescente e in buona misura deliberata attitudine dei poteri egemonici a costruire strutture pubbliche più estese degli originari distretti signorili o contadi urbani, e a organizzare tali domini secondo principi parzialmente innovativi e geograficamente ordinati grazie all'uso funzionale e sistematico di strumenti di interazione fra soggetti politici dispari e diversi.[10] Se questa proiezione territoriale può essere interpretata come un elemento cruciale delle

9. In generale, mi permetto di rimandare a Lazzarini, *L'Italia degli Stati territoriali*; in merito alle aderenze dell'Italia di metà Quattrocento, si veda ora Somaini, *Le «declarationes colligatorum»*.

10. Il tema ha goduto di attenzione enorme: non mette conto qui dare alcuna rassegna di riferimenti agli studi sulla territorialità tardomedievale e i suoi sviluppi protomoderni e moderni. Basti rimandare, per una recentissima messa a punto dei significati legati al concetto di "territorio" e alla sua costruzione storica, all'analisi della territorialità premoderna, «spaventosamente variegata e polimorfa», e ai possibili modelli – accentrato o poliarchico – della sua organizzazione, a Mannori, *La nozione di territorio*, p. 27.

dinamiche della società politica tardomedievale, e se possiamo ritenerla un processo in grado di qualificare i poteri pubblici più ambiziosi come formazioni che organizzano e mantengono un dominio di tipo statuale su una compagine composita di poteri la cui fisionomia – anche spaziale – in parte rimodellano,[11] allora le fonti che testimoniano del complesso processo di interazione di questi soggetti con i propri interlocutori possono rivelare un contenuto territoriale peculiare, e ampliare le informazioni utili a dare concretezza al concetto stesso di territorialità tardomedievale da cui eravamo partiti. L'analisi di una territorialità così intesa – una costruzione storica del territorio che nasce da una concezione 'produttiva' di esso da parte dei protagonisti della dialettica politica –[12] si declina allora in un ventaglio di possibili indagini intorno alla natura, nel tempo, di tali protagonisti (principi, comunità, signori, federazioni, quasi-città, città dominate, contadi, città dominanti), ai quadri delle loro interazioni reciproche, alle forme e agli strumenti – politici e culturali – della loro dialettica.

Questo tema – cruciale per gli storici medievali, ma non solo – si intreccia con alcuni risultati della contemporanea ricerca geografica in merito a una questione strettamente connessa alle dinamiche territoriali, quella relativa alla definizione dei concetti di frontiera/confine/bordo.[13] Tali studi evidentemente si confrontano sia con la necessità di definire modelli di regioni,[14] sia con i processi di *state-building* tra medioevo e età moderna

11. Con ciò non si vuole dare a questa attitudine di dominio un senso "scolorito", come da ultimo si è interpretato (Gamberini, *Principe, comunità e territori*, p. 264, n. 72), ma piuttosto mettere in luce la consapevole determinazione dei diversi poteri centrali – principi o reggimenti – a porsi come fulcro unico delle necessarie mediazioni fra linguaggi e pratiche politiche diverse, e principio ordinatore – laddove possibile – di sistemi statuali profondamente compositi.

12. Il riferimento è a Michel Foucault, per cui si vedano gli scritti contenuti in Foucault, *Dits et écrits*, in particolare alle pp. 635-657 (l'edizione italiana delle lezioni del corso al Collège de France da cui originano parte di questi scritti è Foucault, *Sicurezza, territorio, popolazione*). Si rimanda da ultimo per questo dibattito a Blanco, *Introduzione*, in particolare p. 12 e n. 12. L'accento torna alla "produzione": del territorio, dei luoghi, delle località, su cui Torre, *La produzione*.

13. Per non fare che un esempio, l'oggetto di uno degli studi recenti più innovativi in materia, la ricerca dedicata da Paasi a *Territories*, è «the process of territorialization of space, the construction and signification of boundaries and demarcation», ivi, pp. 7-8.

14. Necessità che non può eludere l'analisi della fisionomia delle regioni storiche, ma che la modula sulla base di sistemi concettuali nati per lo studio della geografia contemporanea, e soggetti ai ripensamenti e alle varianti del fecondo dibattito disciplinare che a partire dagli anni Cinquanta del secolo scorso ha in parte ridefinito lo statuto della disciplina:

e contemporanea.[15] I processi sociali di produzione del territorio si leggono infatti attraverso l'analisi del concetto di limite (nella sua concretezza geografica come nella sua natura culturale), delle sue possibili estensioni e mutazioni (frontiere politiche esterne, confini interni di giurisdizione) e della sua revisione contemporanea in contesti in cui la demarcazione politica o giurisdizionale si dissolve e si ridefinisce in un contenuto più relazionale che lineare.[16] La crescente analiticità del concetto di confine e l'ampliarsi della strumentazione concettuale (a comprendere anche indagini sulla percezione degli spazi) hanno generato tra i geografi una consapevolezza significativa sia della ragnatela dei confini possibili, sia della coesistenza di micro-regioni sovrapposte e non coincidenti. Il risultato, nonostante i diversi orientamenti, è stato un arricchimento importante in merito alla molteplicità delle geografie insistenti su di una medesima regione, sia a livello sincronico, sia a livello diacronico, la cui applicabilità in abito storico è evidente.

L'analisi storica delle trasformazioni degli assetti territoriali e le ricerche geografiche cui si fa qui sin troppo rapida allusione incrociano inevitabilmente anche l'ambito della cartografia più sensibile alla complessità dei fenomeni storici:[17] l'analisi delle interpretazioni dello spazio fisico e po-

si veda la sistematizzazione metodologica di Paasi, *The Institutionalization*, Id., *Region and Place*, e Id., *Place and Region* (su cui Sereno, *Ordinare lo spazio*, in particolare pp. 52, 56-59). In merito alla discussione intorno alle regioni fra i geografi più attenti alla dimensione storica del problema e gli storici si vedano Gambi, *Le regioni italiane*, e Visceglia, *Regioni e storia regionale*.

15. La bibliografia utile è sterminata: per il segmento cronologico che ci interessa si rinvia almeno ai contributi riuniti in *Origini dello Stato*, e alle sintesi, proiettate sull'età moderna, di De Benedictis, *Politica*, e di Ortu, *Lo stato moderno*. Interessanti proiezioni su di una cronologia più lunga nella raccolta *Confini* e in Blanco, *Introduzione*, in particolare alle pp. 9-10.

16. Sul dibattito più recente in merito alla definizione di frontiera fra geografi, geografi storici e storici, si veda, oltre a Sereno, *Ordinare lo spazio*, e ai testi di Paasi citati in precedenza, anche la recente sintesi di Viazzo, *Frontiere*, e l'ampia bibliografia ivi citata. Il tema dei confini è stato oggetto in Italia soprattutto fra i modernisti di alcuni PRIN recenti, fra cui *Frontiere: ceti, territori e culture nell'Italia moderna* e *Vie di comunicazione: frontiere, territori, periferie*, coordinati da Alessandro Pastore, i cui risultati sono confluiti nei volumi Franco Angeli della collana dedicata a *Confini e frontiere nella storia. Spazi, società e culture nell'Italia dell'età moderna* (in merito a questa iniziativa, si veda da ultimo il trittico di interventi sul tema *Confini e frontiere* di Guglielmotti, *Visti dal medioevo*, Blanco, *Confini e territori*, e Raviola, *Frontiere regionali*). Per l'Italia medievale, si veda almeno *Distinguere* (in particolare l'*Introduzione*, di Guglielmotti, e Marchetti, *Spazio politico*).

17. Intorno alle potenzialità della cartografia storica e della sua resa in cartografia contemporanea sta lavorando il gruppo di medievisti raccolti nel PRIN *Geografia politica*, e

litico, e delle modalità della sua rappresentazione in forma cartografica si rivela infatti un complemento essenziale dell'indagine sul significato politico e sulle dimensioni sociali di ambiti spaziali di scala diversa in un contesto – come quello medievale – connotato da pratiche discorsive peculiari. La resa di una realtà ordinata (o quanto meno descritta) in modo spaziale – quale che ne sia la scala – attraverso carte (di ogni tipo: *mappaemundi*, portolani, isolari, itinerari, mappe e schizzi di micro-regioni, regioni, città, isole), implica infatti innanzitutto la possibilità e la capacità di usare un linguaggio diverso dalla scrittura per inventariare, ordinare, fissare la realtà ai fini più vari. In secondo luogo, implica la scelta di usare questo codice espressivo in luogo di altri, magari più diffusi e convenzionali, o combinato a essi.[18] La maturazione di strumenti mentali e materiali per descrivere in una mappa lo spazio sottintende quindi di fatto non solo un'evoluzione delle tecniche, dei saperi, delle domande sociali di rappresentazione cartografica, ma anche una complessa dialettica di complementarità o di alterità delle mappe con modalità diverse di fissazione e descrizione dei dati spaziali, dalle *surveys* alle liste, dai diagrammi ai disegni.[19] Un'indagine che intenda occuparsi del contenuto territoriale delle fonti scritte non può dunque non tenere conto – in controcanto, e senza mai dimenticare l'opportunità di non enfatizzare l'importanza della rappresentazione cartografica in contesti culturali in cui «no language of medieval Europe had a word corresponding exactly to our "map"»[20] – della maturazione del

nella sua continuazione, *Organizzazione del territorio, occupazione del suolo e percezione dello spazio. Elaborazione di sistemi informativi geografico-storici sull'Italia tra Medioevo e Rinascimento (1250-1550). Storia, informatica, cartografia*, coordinatore nazionale G. Vitolo. In merito, si vedano ora le due rassegne di Cengarle, Somaini, *Riflessioni*, e *La pluralità delle geografie*.

18. In merito a questi temi, si vedano in generale i contributi raccolti in *Écrire, compter, mésurer*: per la cartografia medievale, interessanti considerazioni in Gautier Dalché, *De la liste*, e Arnaud, *Images*.

19. In questo senso, il tardo medioevo si presta a essere un fertile campo d'indagine del «rapporto fra descrizione verbale e rappresentazione figurativa di fatti» proprio per il suo collocarsi appena a monte della trasformazione degli strumenti e delle forme del rilevamento cartografico che inizia nel Cinquecento (Raggio, *Immagini e verità*, p. 843). In merito alla predominante rappresentazione dello spazio che soggiaceva alla «struttura sociale di localizzazioni» nel medioevo, si veda il modello tracciato da Guerreau, *Il significato dei luoghi*, p. 201.

20. Harvey, *Local and Regional Cartography*, p. 464. In merito alla difficoltà di pensare lo spazio in termini di carte, si vedano le considerazioni di Weber a proposito della diffusione della conoscenza della geografia nella Francia dell'Ottocento: «Selon moi, l'observation des

discorso cartografico coevo, soprattutto nei casi rari ma per questo ancor più significativi, di incontro e di *métissage*.

Ultimo grande campo d'azione di questi incroci multipli è quello dei linguaggi delle fonti. Le scritture pubbliche infatti costruiscono, interpretano, danno voce, visibilità e memoria alle concrete pratiche di governo organizzandole in sistemi complessi, riconoscibili e condivisi grazie a un uso sofisticato e multiplo di diversi linguaggi in grado di dotare di senso politico peculiare i lessici topografici, i nomi dei luoghi.[21] Se è vero, come si è di recente sostenuto, che i linguaggi politici espressi dalle scritture tardomedievali di tipo pragmatico avevano un valore performativo della realtà,[22] e se la moltiplicazione e la fissazione di queste stesse fonti in modelli comparabili (non necessariamente derivati gli uni dagli altri secondo sequenze univoche, ma certo correlati in *patterns* di imitazione e derivazione reciproca)[23] ne rende possibile un'analisi tipologica, allora è necessaria un'attenzione meno che episodica alla selezione e all'uso concreto delle parole a contenuto spaziale (per esempio il vasto e longevo campo semantico del vocabolario della definizione degli insediamenti rurali, o il lessico topografico dei documenti notarili)[24] e all'architettura delle diverse scritture che testimoniano l'organizzazione degli spazi locali e sovralocali (le «figure di comunità» studiate da Massimo Della Misericordia per le valli alpine e prealpine d'area lombarda).[25]

L'obiettivo di questa prima serie di riflessioni, al crocevia di tali e tante questioni, è assai più semplice di quanto questa sin troppo lunga premessa potrebbe lasciar supporre: si tratterà di andare cercando in modo artigianale qualche indizio in merito al lessico dello spazio e ai linguaggi della territorialità in diversi tipi di scritture quattrocentesche, senza poco verosimili

cartes, pour ne rien dire de leur lecture, n'a commencé à s'intégrer normalement à l'expérience française qu'avec la Première Guerre Mondiale», Weber, *L'Hexagone*, p. 1181. In merito alle credenze geografiche diffuse in Italia, si veda Tucci, *Credenze geografiche*.

21. Anche in questo caso, la bibliografia è ormai vastissima: si rimanda almeno a *Linguaggi e pratiche del potere*; *I linguaggi politici*; Gamberini, *Introduzione*.

22. Se è vero cioè che, per citare Angelo Torre, «le trascrizioni documentarie modificano le situazioni che descrivono dietro le pressioni di coloro che vengono trascritti e degli autori delle trascrizioni», Torre, *La produzione*, p. 468.

23. Si veda il caso delle stirpi feudali e signorili padane: Gamberini, *La territorialità*, e Savy, *Costituzione*, e i contributi raccolti in *Le signorie dei Rossi*.

24. Per cui si rimanda alle esemplari ricerche di Jean Coste, di cui si veda almeno *Description*.

25. Della Misericordia, *Figure di comunità*.

pretese di esaustività, ma piuttosto con l'ambizione minima di una qualche esemplarità. Si punterà cioè concretamente a verificare quali componenti dello spazio locale divengano oggetto della fissazione in scrittura – vengano "parlate" per dir così – dalle o nelle fonti considerate, e quale ne sia il tasso di territorializzazione, vale a dire il tasso di riconoscibilità strutturale all'interno di un quadro non semplicemente giustapposto, ma in qualche modo ordinato di elementi spaziali. Per fare questo, si terrà conto della attenzione ai luoghi da parte dei protagonisti degli eventi e delle scritture, e al tempo stesso del ventaglio delle possibili conoscenze e attitudini topografiche sviluppate in particolare da alcuni gruppi socio-professionali immersi nelle dinamiche della società politica territoriale, dai cancellieri agli oratori, dai contabili ai capitani, dai feudatari agli ingegneri. Lo scenario punterà a tenere presente, nei limiti del possibile, l'intera penisola: per quanto infatti i singoli prodotti documentari talora siano definiti secondo modalità diverse e nascano in risposta a esigenze peculiari, vanno infatti considerati scritture maturate in un medesimo contesto politico, amministrativo, documentario generale, gemmate da calchi e matrici comuni e per lo più altamente permeabili fra loro, e infine prodotte, ordinate e utilizzate quotidianamente da uomini di formazione simile.[26]

L'analisi, come si è detto, verterà principalmente su alcune tipologie di fonti pubbliche, selezionate sulla base del duplice criterio della rappresentatività generale e della potenziale loquacità: si tratta, a ben vedere, di una serie di scelte in buona misura inevitabili nella tipologia, al contrario massimamente emendabili nella casistica, legate come sono alle personali esperienze di ricerca dell'autrice. Così le liste di remota ascendenza, nelle loro differenti varietà di patenti di nomina agli offici territoriali, di compartiti fiscali, di elenchi di rocche e strutture militari, di registri feudali, offrono il destro di verificare la natura delle scritture in forma di lista in età tardomedievale rispetto ai noti antecedenti altomedievali (dai polittici alle *land surveys* dei secoli XI-XII) e più ancora comunali.[27] Le fonti pubbliche più alte, come i trattati generali e particolari di colleganza e aderenza o le

26. Lazzarini, *Introduzione*.

27. Non si tratta in alcun modo di una scelta esaustiva: fra questi documenti in forma di lista mancheranno per esempio, anche sorprendentemente, gli inventari di beni patrimoniali, rendite fiscali, redditi vari nonostante la potenziale grande ricchezza di informazioni di simili documenti di risalente origine altomedievale. A solo titolo di esempio si ricordino gli inventari dei grandi domini feudali regnicoli, come quelli orsiniani, su cui Cassandro, *Un inventario*, pp. 29-57 (1420-1431) e Massaro, *Un inventario*, o quello di Onorato II Caetani, *Inventarium*. Per una lettura dei complessi processi documentari innescati dall'in-

leghe stipulate tra la seconda metà del Trecento e la fine del Quattrocento, e gli atti imperiali di riconoscimento dell'autorità di principi e repubbliche restituiscono l'immagine più formale della geografia del potere. Qui l'analiticità del censimento dei soggetti politici dà conto della fisionomia territoriale reale delle diverse regioni e insieme testimonia la tendenza politica al raggruppamento dei poteri, e le trasformazioni del lessico documentario, in una dialettica complessa fra livello sovralocale e locale, assecondano almeno formalmente le vocazioni territoriali più forti.[28] I carteggi infine, grazie alla loro ormai proverbiale eloquenza, forniscono un significativo saggio della trama discorsiva sul territorio e dei suoi livelli: non è infatti scontato il tasso di finezza analitica dello spazio locale, urbano e rurale, nei diversi gruppi di carteggi (diplomatici o interni, o nelle corrispondenze di peculiari gruppi professionali, come gli ingegneri o gli architetti).

A questo paesaggio di fonti pubbliche diverse faranno da controcanto – in un'opzione di cui si assume consapevolmente la parziale arbitrarietà – due gruppi di testi disomogenei al corpo della documentazione considerata. Si tratta di testi non documentari ma assai prossimi alle fonti esaminate per la fisionomia sociale e professionale e la provenienza degli autori, nonché per la contiguità dei contenuti: sono un ventaglio di scritture di viaggio e di memoria, e un gruppo di mappe regionali e locali di ambito settentrionale e di redazione quattrocentesca, queste ultime gemmate da ambienti vicini quando non coincidenti con le cancellerie signorili o repubblicane, dai fini probabilmente concreti di strumenti di saperi e di pratiche sul territorio e circolanti in circuiti pubblici. La loro natura ancora in divenire e in bilico fra generi diversi si rivela in grado di arricchire e articolare il panorama dei linguaggi del territorio che emerge dalle fonti pragmatiche grazie alla pluralità della loro genesi, alla molteplicità delle intersezioni reciproche e alla probabile comune matrice di autori e fruitori.

## 2. *I linguaggi delle scritture: le liste e il principio dell'inventario*

Le fonti all'apparenza più proprie per fornirci elenchi – o comunque serie di dati – di luoghi segnati da una qualche intensità di potere sono i registri di governo che organizzano dati in forma di lista, di successione più

cameramento dei beni orsiniani successivo alla morte di Giovanni Antonio Orsini, si veda ora Airò, *«Cum omnibus eorum cautelis, libris et scripturis»*.

28. Fubini, *"Potenze grosse"*, in particolare p. 94.

o meno ordinata, e ordinata secondo diversi criteri. Su di essi si è appuntata di recente l'attenzione degli storici, per cui non è necessario tornarvi in modo più analitico. Conosciamo la cronologia del processo documentario di produzione di queste fonti: sappiamo cioè che si cominciarono a redigere sistematicamente elenchi di officiali territoriali, di castelli e rocche, di compartiti fiscali a partire dagli ultimi decenni del Trecento, e abbiamo in molti casi individuato le tappe evolutive di queste forme documentarie e il loro standardizzarsi nel corso del Quattrocento. Conosciamo sempre meglio la natura dei processi politici che portarono alla fissazione di ricorrenti e sovente omogenee procedure di nomina, di esazione, di difesa e sappiamo sempre di più dei prodotti documentari chiamati a scrivere e tramandare queste trasformazioni.[29] Si tratta delle fonti più eloquenti in materia di costruzione territoriale di un dominio, giacché testimoniano la crescente diffusione su di un territorio dato – per quanto vario, composito, fluido si voglia – di qualche forma di autorità che, anche qualora mantenga cromosomi non cittadini, prende sempre più a usare un linguaggio pubblico per esprimere le proprie prerogative, in una incessante dialettica fra i diversi poteri compresenti sulla stessa area.[30]

La geografia che questi testi compongono traduce in reti territoriali la presenza del potere del principe, del reggimento, della città, del signore nelle sue diverse forme: istituzionale, fiscale, militare, giurisdizionale, di dominio, di conservazione. Queste reti non sono certo realtà neutre che si sovrappongono a un momento dato a una carta bianca. Come da ultimo gli studi di Massimo Della Misericordia sulle comunità alpine lombarde tardomedievali hanno dimostrato in modo ineccepibile, le maglie delle diverse forme di geografia "pubblica" si appoggiano su strutture insediative e realtà associative e culturali di lungo, quando non lunghissimo periodo, e il risultato che ci appare è il prodotto di una interrelazione fra il potere istituzionalizzato e una «articolazione complessa di risorse e popolazione» dagli esiti territoriali non scontati e non necessariamente omogenei.[31] An-

29. Anche in questo caso, la bibliografia su è assai ricca: per i processi istituzionali, basti fare riferimento generale a Varanini, *Dal comune allo stato regionale*; Corrao, *Funzionari e ufficiali*, e *Gli officiali*; per i processi documentari, Cammarosano, *Italia medievale*; Bartoli Langeli, *La documentazione*; Lazzarini, *Materiali* e *Scritture e potere*. In particolare, si rimanda al capitolo precedente.

30. Lazzarini, *Introduzione*.

31. Delle ricerche recenti di Della Misericordia, si veda almeno Id., *Divenire comunità*. Devo la citazione a Blanco, *Introduzione*, p. 8.

che limitandoci al solo campo della distrettuazione pubblica, queste reti non sono ovviamente neppure le prime che si iscrivono sul territorio: torneremo necessariamente alla fine del saggio sul succedersi dell'intreccio di disegni circoscrizionali di matrice pubblica negli spazi politici dell'Italia medievale e sui rapporti possibili di filiazione o di rottura degli uni rispetto agli altri, in particolare in rapporto al Duecento. Infine, non sono neppure le prime proiezioni territoriali di un centro insediativo o politico dominante trascritte e fissate in forma di lista, come gli studi più recenti di comunalistica hanno assai bene dimostrato. Ciò nonostante, i libri di offici, i compartiti fiscali, i quaderni delle rocche, gli inventari dei diritti e delle proprietà, gli elenchi dei giuramenti, i cartulari e i protocolli dei feudi o i catastri delle investiture fissano una geografia dettagliata del dominio a un momento dato, secondo una logica unitaria di ricognizione, divengono prassi corrente, diffusa, regolare, si applicano a contesti territoriali dalle dimensioni sovente inedite e pervadono in modo crescente gli ambiti della giurisdizione e del governo. L'attitudine originaria alla traduzione in elenco scritto di un insieme di fatti o di dati per darne ordine, nome e memoria sembra farsi, a cavallo tra Tre e Quattrocento, comune pratica di governo territoriale. Guardiamo in dettaglio qualche esempio di queste fonti: nella loro ricchezza infatti, esse certamente disegnano una carta che però non sempre rende conto di tutte le cellule reali di una data microregione.[32]

### 2.1. *I* libri officiorum

Partiamo dai *libri officiorum*. Grossolanamente, si tratta in genere di registri in cui vengono trascritte in forma più o meno completa le nomine agli offici della città o del territorio: comparvero tra la seconda metà del Trecento e i primi anni del Quattrocento, e la loro fisionomia subì aggiustamenti e modifiche in gradi e forme diverse sino almeno alla fine del XV secolo.[33] Pressoché ogni cancelleria signorile o repubblicana di qualsivoglia scala ne produsse serie intese come continue, di cui rimangono numerosi esemplari, anche se non sempre in sequenza.

32. Il termine "cellule" è preso in prestito dal processo di "incellulamento" delle comunità e dei lignaggi su punti definiti del territorio che Guerreau individua a partire dal XII secolo e Sergi retrodata al X-XI secolo: Guerreau, *Il significato*, pp. 232-233; Sergi, *La territorialità*, pp. 493-495.

33. Si veda il capitolo 1.

Fra i vari esempi possibili, prendiamo in esame un registro mantovano (il secondo libro gonzaghesco di patenti per il Quattrocento, il *liber officiorum* che copre gli anni 1444-1484), e la *tabula officiorum Sanctae Romanae Ecclesiae* dell'età di Paolo II (1464-1471).[34] Entrambi i testi rientrano pienamente, come fisionomia, nel gruppo dei *libri officiorum*: sono infatti volumi in cui vennero elencate le località più rilevanti dello stato, cui erano connesse una o più cariche; su ogni carta, vennero trascritte le patenti di nomina alle cariche relative alla località interessata, intere o abbreviate, le riconferme, le sostituzioni in officio (informazioni standard talora integrate da note diverse). Vale la pena di notare che in contesti repubblicani, come nei registri veneziani del Segretario alle Voci o nei registri fiorentini delle Tratte (più precoci degli omologhi prodotti da reggimenti signorili), l'organizzazione geografica degli elenchi per comunità soggette (e poi all'interno di ciascuna sottosezione geografica per cariche) emerse nel periodo che va dalla metà agli anni Ottanta del Trecento per Venezia, ai primi anni del Quattrocento per Firenze, sostituendosi significativamente a una organizzazione delle nomine per ordine cronologico delle estrazioni agli offici (giorno per giorno, o settimana per settimana senza distinzione per tipo d'officio), originariamente determinato con ogni probabilità dalle caratteristiche tecniche e rituali delle pratiche quotidiane di gestione dell'attività decisionale e di scelta negli organi collegiali di stati a reggimento repubblicano.[35]

Nella *tabula* romana l'ordine delle località è a grandi linee alfabetico e i centri si susseguono gli uni agli altri senza riconoscere formalmente alcuna gerarchia insediativa (per fare solo un esempio eclatante, i vari offici di Bologna vengono tra il podestà di Arignano e il podestà e castellano di Barbarano). Nel registro mantovano l'ordine sembra geografico: a partire da Mantova (e dai vari offici di città), vicariati e podesterie sono registrati in cerchi concentrici verso i confini. Nonostante la somiglianza delle due fonti – stessa struttura a base topografica, stessa forma di registrazione – si notano dunque dal nostro punto di vista differenze interessanti. La *Tabula* romana è evidentemente una scrittura a finalità amministrativa, pensata non per disegnare lo stato della Chiesa secondo la sua ossatura territoriale

34. ASMn, AG, Patenti 2, su cui da ultimo si veda Lazzarini, *Materiali*; Petrini, *La Tabula Officiorum*; nello stesso volume, si veda anche Poncet, *Les traces documentaires*. Di Poncet è utile anche *Les archives de la papauté*.

35. Si veda qui il capitolo 1.

(le località sarebbero ordinate per regione, o secondo linee geografiche diverse) o secondo una gerarchia delle circoscrizioni (i centri principali, i centri minori), ma per registrare le nomine e permettere di reperire rapidamente e funzionalmente uomini e lettere patenti ogniqualvolta si rendesse necessario: non una carta politica quindi, ma un registro di cancelleria, un repertorio di nomine e di nomi. Nel registro mantovano la trama dei luoghi è geografica, a spirale partendo dalla città: un repertorio di lettere patenti, ma anche, in qualche modo, un atlante, una mappa scritta del marchesato. In entrambi i casi, i pieni sono rappresentati dai centri sede di circoscrizione, che ospitavano stabilmente uno o più officiali centrali: i subsegmenti, pure insediamenti, pure in grado di esprimere gerarchie locali magari di più risalente tradizione, scompaiono.

La carta che ne esce è dunque quella del dispiegarsi del potere centrale sul territorio: le scritture in questo caso ci danno una messe essenziale di etichette circoscrizionali di matrice istituzionale (vicariato, podestaria, castellania, capitanato, per non fare che qualche esempio) applicate a una successione di toponimi maggiori; la selezione dei luoghi è il frutto di un concentrarsi di funzioni quanto meno innescato – quando non determinato – dal riconoscimento da parte del potere pubblico di una somma di centralità locali.[36] Questi registri, nella loro varietà, enfatizzano tuttavia l'esistenza di discorsi diversi sulla base dello stesso principio di descrizione analitica di una trama circoscrizionale a carattere pubblico: gli uni accentuano la rappresentazione dei luoghi in forma di inventario funzionale, gli altri suggeriscono una sorta di scrittura spaziale della trama dei luoghi a un dato tasso di intensità di potere pubblico, la mappa scritta e ordinata di una essenziale geografia istituzionale.

### 2.2. *I compartiti fiscali*

Per trovare la trama degli insediamenti minori, delle *ville*, dei *burgi*, dei *loci,* dei *casali* è necessario ricorrere ad altre fonti, come le procure per i giuramenti di fedeltà – in cui gli *homines* del vicariato, della podesteria, della terra sono elencati o scelgono procuratori o giurano per ville – o, nello stesso segmento documentario delle scritture pubbliche a registro, i rileva-

36. In merito alla dinamica insediativa locale, si vedano, oltre agli studi di Massimo Della Misericordia citati sopra, le ricerche di Giampaolo Francesconi, per quanto incentrate su un'età più risalente, fra cui in particolare si rimanda a Francesconi, Districtus, e Lazzarini, *Il linguaggio*.

menti fiscali.[37] Anche in questo caso, per brevità, consideriamo una fonte fra le tante possibili, la parte relativa alle entrate fiscali del bilancio dello stato di Milano del 1463. Si tratta di un documento di grande complessità e di indubbia rilevanza (Chittolini lo definisce un «*unicum* per l'organicità del quadro complessivo e per la ricchezza di notizie particolari», anche considerato che «non si conoscono bilanci analoghi per altri stati italiani quattrocenteschi»), su cui non mette conto di soffermarci qui in modo approfondito:[38] quel che ci interessa ora è l'ampiezza e la natura dello spettro di informazioni spaziali raccolte nella trascrizione organica e omogenea delle entrate, a fini in questo caso di sintesi finanziaria generale. La struttura formale del documento presenta la successione in colonna delle unità fiscali (singole località o aggregati di località) e dei coefficienti corrispondenti

37. In merito ai rilevamenti fiscali tardomedievali, la bibliografia è ricchissima, ma sovente legata a singoli episodi, e per lo più utilizzata per indagini prosopografiche, sociali, economiche: si consideri infatti come il profondo contenuto informativo sul territorio dei rilevamenti fiscali sia stato messo in luce soprattutto a partire dal Cinquecento (in rapporto allo stato di Milano, si vedano in merito le considerazioni di Letizia Arcangeli, che parla di «grande processo di conoscenza del territorio che si era attuato all'inizio degli anni Trenta con la rilevazione del perticato sforzesca», Arcangeli, *Nello Stato di Milano*, p. 499, ma anche p. 481, e bibliografia ivi, alla n. 8). Per un quadro al tempo stesso analitico e comparativo della fiscalità italiana tardomedievale si veda Ginatempo, *Spunti comparativi*; per uno studio esemplare su di un celeberrimo complesso omogeneo di grande ricchezza, il catasto fiorentino del 1427, si veda Klapisch Zuber, Herlihy, *Les Toscans*.

38. Il codice è conservato all'Ambrosiana, Bibl. Ambr. Ms Z 68 sup. Il bilancio è diviso in due parti, relative rispettivamente alle entrate e alle uscite. Nella parte che maggiormente ci interessa, quella relativa alle entrate, «per ognuna delle circoscrizioni fiscali in cui il ducato è diviso (le grandi province costituite dalle città e dai loro contadi; le terre separate e i loro territori; le comunità di valle alpine) sono indicati dettagliatamente i diversi proventi. Per le città in particolare sono elencati i vari dazi [...] e sono indicate le cifre delle entrate complessive per l'anno 1463. Per ognuna delle province, sono poi elencate le comunità rurali, infeudate e non infeudate, e sono registrati i tributi [...] cui esse erano soggette. [...] Per ognuna delle province, e poi per tutto il ducato, sono compilate tabelle riassuntive delle voci di entrata». A questa parte segue una seconda sezione che registra le uscite. Di questa fonte straordinaria è in corso un'analisi sistematica, di cui i passi citati di Chittolini appartengono a uno scritto preparatorio inedito. Se è indubbiamente vero che il bilancio del 1463 è un *unicum* per la sua completezza (ma parliamo di ciò che è rimasto, non di ciò che venne prodotto: si veda per esempio il bilancio del 1467, in ASMi, Miscellanea storica 6), esistono compartiti fiscali parziali per città e zone del ducato: è chiaro che queste registrazioni erano pratica corrente. In merito, si veda Covini, *"Alle spese di Zoan Villano"*, e ora Ead., *Cartografia fiscale* (tengo a ringraziare Nadia Covini per le informazioni e i materiali che ha avuto la gentilezza di mettermi a disposizione e per le stimolanti discussioni su questi temi).

(i compartiti veri e propri). Il coefficiente di ripartizione è in cavalli, vale a dire quanti cavalli era tenuta ad alloggiare ogni unità fiscale (si tenga conto che una lancia aveva tre cavalli: occupava cioè tre alloggiamenti); allorché gli alloggiamenti militari non erano effettivi, il "cavallo" corrispondeva a una somma di denaro da versare alla camera ducale (calcolata tra i 40 e i 50 soldi al mese).[39] I rilevamenti fiscali operavano per decrescenti unità contributive: Nadia Covini, che sta lavorando su queste fonti, mette in luce come, alla geografia per distretti – di fatto per città e distretto relativo – che ci aspetteremmo (Parma, Cremona, Piacenza, Pavia, Novara, Alessandria, Tortona, Ghiaradadda – l'unica area non urbana dotata di titolarità propria – Lodi, Milano e Como), organizzata secondo una blanda visione geografica da est a ovest e da sud a nord, si sovrapponeva poi nel dettaglio una geografia assai più minuta, di singoli, minori villaggi più o meno infeudati, o di grappoli di insediamenti che, per quanto fossero chiamati a contribuire solidalmente, erano in ogni caso elencati uno per uno. Per dare un'idea chiara del dettaglio, nel compartito di Cremona per esempio compaiono in un'unica voce «Viticeto, Cingia de Botis, Pieve Gurate, Cha de Turti, Cha de Chaliani, Fondo Roboana, Casteleto de Celanis, Dosso de Frati, S. Lorenzo de Multidinari, Campane, Torre di Copini, Motarole, Casalorzo de Boldori et Casalorzo de Geroldi» (tutti solidalmente tenuti a provvedere 61 cavalli). È questa una dimensione territoriale in cui, al pieno istituzionale della città o dell'unità circoscrizionale di riferimento (che risponde alla trama disegnata dai *libri officiorum*), si aggiunge una trama fittissima di minori punti locali, la cui toponomastica ci fa entrare nel cuore della microregione di volta in volta considerata.[40] L'infittirsi della concreta dimensione spaziale di questa fonte ci porta infatti a un livello profondo della realtà e della memoria insediativa dei luoghi: da questi toponimi è scomparso, o per lo meno è assai più raro, il riferimento distintivo al livello circoscrizionale, magari anche passato,[41] mentre essi rivelano la loro dipendenza di volta in volta dal carat-

39. Talora l'unità cavallo venne divisa in quarti o addirittura in ottavi: questa pratica dimostra come fosse più diffuso riscuotere somme di danaro che non prestazioni dirette; il versamento di frazioni di quota base rendeva infatti possibile, se necessario, alleggerire il carico fiscale.

40. Il *Compartito de tasse de cavalli de Cremonese* da cui è stato estratto questo breve esempio registra 281 località ripartite in 131 unità fiscali: dati in Covini, *Cartografia fiscale*.

41. Non sempre è così: si veda, per contrasto, la tenace memoria circoscrizionale del contado pisano tardotrecentesco, su cui Leverotti, *L'organizzazione*, e da ultimo Poloni, *Problemi concettuali*.

tere dell'insediamento, dal suo aggancio a elementi rilevanti del paesaggio rurale come pievi, enti ecclesiastici o torri, dal suo appartenere – presente o trascorso – a una parentela, dalle forme infine della conduzione della terra.[42] I compartiti dei cavalli disegnano, in elenchi composti di decine e decine di luoghi non ordinati per gerarchie insediative o circoscrizionali, ma disposti per afferenza geografica, una mappa locale degli insediamenti, densa, analitica, molto eloquente anche sulla lunga durata. La fitta spazialità fiscale si riversava nella geografia territoriale a base circoscrizionale urbana, ma la travalicava, imponendo all'attenzione dei cancellieri ducali una trama locale poligenetica e remota. L'attenzione degli officiali ducali al dettaglio della contribuzione, a causa della complicazione e della crucialità del riparto fiscale e dei suoi costi sociali, li induceva infatti a ricostruire una geografia molto più analitica e al tempo stesso storica rispetto all'atlante delle circoscrizioni pubbliche. Si tratta di questioni cruciali per il governo del territorio, su cui vale la pena peraltro continuare a riflettere: se, come sappiamo ormai bene, la fissazione dei riparti derivava da una ininterrotta negoziazione con le comunità dei contribuenti, è opportuno sottolineare come da questa dinamica e dal contatto necessario con la superiore esperienza degli uomini delle comunità derivasse anche agli officiali ducali e alla cancelleria una capillare conoscenza della costituzione minuta, topografica dello spazio locale. Tale conoscenza – che non era monopolio degli offici fiscali, come vedremo, ma che certo in essi assumeva proporzioni e sistematicità significative – filtrava nelle scritture cancelleresche e in esse si fissava per durare.[43]

## 2.3. *I registri dei contrassegni militari*

Alla ricerca di ulteriori elementi informativi sulla costituzione del territorio, passiamo ad analizzare un altro livello insediativo, quello relativo ai sistemi fortificati. I castellani o in genere i responsabili delle fortezze, delle torri, delle rocche disseminate nel territorio, al momento della loro presa di possesso delle strutture fortificate di cui sarebbero stati responsabili per i mesi o gli anni successivi, dovevano mostrare a quanti venivano a sosti-

42. Per la complessità di queste costruzioni di luoghi già nei secoli X-XII, si veda il caso della Val Polcevera studiata recentemente da Guglielmotti, *Linguaggi*.

43. In merito a queste dinamiche, si vedano i testi citati alle note 102, 108, 113: in particolare riguardo al biunivoco scambio fra conoscenze e modelli appartenenti a circuiti diversi (i notai o i *boni homines* locali, i cancellieri), si veda Della Misericordia, *Figure di comunità*, in particolare pp. 78-89, e Lazzarini, *Il linguaggio*, pp. 81-85.

tuire il giusto contrassegno per ottenere l'ingresso, le chiavi e ogni facoltà di comando. Al fine di gestire queste informazioni cruciali per il controllo militare e la difesa del territorio, venivano stilati degli elenchi dei contrassegni di tutte le rocche e fortezze di uno stato a partire dalle fortificazioni della città capitale: tali registri ci restituiscono dunque un quadro altamente analitico e dettagliato dell'ossatura difensiva dello stato considerato.[44] Le strutture fortificate sono tra le forme costruttive più mutevoli e articolate, anche qualora insistano su di uno stesso luogo, giacché modificano attraverso i secoli la loro struttura materiale e la loro vocazione funzionale e allacciano una dinamica complessa con gli abitati che sorgono nelle loro vicinanze e con le forme del potere politico che su tali abitati ruotano a vario titolo.[45] Il controllo di una rete coordinata di strutture fortificate ingenera dunque processi cruciali per la definizione del territorio:[46] fra essi, anche la scrittura in forma di elenco di luoghi della geografia militare di uno spazio politico, scrittura diversa in sé da altre scritture militari a contenuto comunque territoriale (come per esempio gli elenchi villa per villa degli uomini atti a portare le armi), proprio perché attenta all'analisi delle strutture della rete fortificata nella loro molteplice varietà materiale (rocche, castelli, torri, cinte murate, serragli, bastite, masti, e via discorrendo) e nella loro disposizione spaziale in rapporto ad altre forme insediative contigue. Un libro di questo genere è conservato a Mantova per l'anno 1414: dopo aver passato in rassegna le porte, i ponti, gli apparati fortificati della città, il libro registra – struttura per struttura – tutte le fortezze, rocche, castelli, rocchette, torri, ponti, bastite del sistema difensivo gonzaghesco, con un andamento geografico-strategico che parte dal fronte difensivo sul Po, per risalire lungo il Serraglio a ovest della città e continuare lungo il confine occidentale lungo l'Oglio, riprendere sul cruciale snodo Tartaro-Po a partire da Ostiglia, e concludere con le fortificazioni più vicine alla città.[47] Un libro di contrassegni come questo disegna una geografia composta da due diversi tipi di luoghi. Innanzitutto i centri politicamente e demicamente più rilevanti di un territorio, declinati però non come cellule istituzionali puntiformi, ma

44. Per un quadro comparativo recente su questi temi, si veda *De part à l'autre*.

45. Settia, *Castelli e villaggi*, e Id., *L'illusione*, da integrare con Covini, *Castelli*.

46. Basti qui richiamare l'ampio dibattito innescato dalla definizione del concetto di incastellamento grazie all'opera di Pierre Toubert, per cui si vedano almeno i saggi raccolti in Toubert, *Dalla terra ai castelli*, e Wickham, *Il problema*.

47. Bellù, *I contrassegni militari* (fascicolo conservato in ASMn, AG, b. 3668).

come grappoli di elementi fortificati: il complesso fortificato della podesteria di Ostiglia nel 1414 era composto dal *castrum*, dalla *rocha*, dalla *bastita*, dalla *Turris Gonzage*, dalla *Turris de medio*, dalla *Turris Pontis Molini* e si articolava lungo una strada, due fossati, il Tartaro, il Po, alcuni ponti. In secondo luogo, gli elementi fortificati del territorio che non corrispondevano ad alcun insediamento, o che corrispondevano a un abitato minore: lungo la linea fortificata del Serraglio che proteggeva il fianco occidentale della piana di Mantova fra il Mincio e il Po, i centri sedi di vicariato erano Borgoforte – capolinea a sud, sul Po – e Buscoldo; citati analiticamente nel testo sono però anche la rocca e la rocchetta di Montanara, una *villa* del vicariato di Buscoldo, la rocca *a Canthono*, di cui non è noto un corrispettivo insediamento e la rocca di Curtatone, una *villa* alle porte della città. Anche in questo caso, la fonte racconta una geografia del territorio con i suoi specifici pieni, e insieme disegna un profilo analitico dei centri maggiori, in cui l'insediamento sul territorio prende concretamente corpo in elementi architettonici e difensivi articolati. Il territorio declinato *sub specie castri* è un territorio composito, dispiegato nello spazio naturale, consapevole della struttura geomorfologica della regione, attento a elementi altrimenti per lo più muti e potenzialmente transitori come ponti, argini, canali.[48]

## 2.4. Extentae, *protocolli, catastri delle investiture*

Per concludere la serie delle scritture in registro, possiamo infine considerare i volumi di investiture o di omaggi feudali. Si tratta, come è ben noto, di fonti di risalente tradizione e di flessibile applicabilità a contesti assai diversi: la fattispecie tardomedievale che ci interessa qui è quella in cui i registri di ricognizioni, omaggi, fedeltà componevano a un momento dato e in modo unitario una geografia feudale che faceva capo a un *dominus* che era al tempo stesso un principe. La loro redazione era innescata da eventi particolari, come la successione di un principe a un altro e/o si costruiva come una pratica abituale e continua.[49] Non tutti i principati italiani produssero serie organiche di registri feudali: a fronte dei catastri ferraresi,

48. Per ritrovare un'attenzione analoga alla descrizione di questi elementi del paesaggio occorre rifarsi a tutt'altre forme di rappresentazione, i carteggi, gli itinerari o le carte: si veda oltre.

49. Si tratta di una tipologia documentaria assai risalente e diffusa in tutta Europa: per la situazione italiana tardomedievale, si rimanda ai contributi contenuti in *Poteri signorili e feudali*. Un caso esemplare è rappresentato dalla successione di registri ricognitivi della

dei protocolli e delle *extentae* sabaudi o dei relevi napoletani (peraltro solo latamente assimilabili ai precedenti data la loro natura di ricognizioni fiscali alla successione del feudo), mancano per esempio volumi simili a Mantova, dove un peculiare *usum feudi* assimilava il feudo all'enfiteusi, disperdendone quindi l'assegnazione in registri misti; a Milano, nella carenza documentaria seguita alla distruzione nel 1447 della gran parte delle carte viscontee, e nella difficoltà di ricostruire le serie superstiti prodotte dai singoli uffici dopo il massiccio riordinamento sette-ottocentesco, non abbiamo che qualche indizio della possibile esistenza – sia in età viscontea, sia nella prima età sforzesca – di un particolare officio produttore di scritture di materia feudale o dell'interesse di taluni offici a raggruppare gli atti per materia.[50]

Il caso sabaudo è particolarmente interessante: la tipologia delle scritture atte a censire e raccogliere le soggezioni di signori e comunità ai Savoia cambiò infatti nel corso del periodo delle loro prime attestazioni, gli anni Sessanta del Duecento, sino alla loro formalizzazione quattrocentesca, e le tappe di tale evoluzione, rappresentate dai cartulari, dai protocolli e dai registri di *extentae* (in verità soprattutto liste di diritti signorili), narrano una articolata e complessa vicenda di registrazione e di trascrizione del territorio *sub specie feudi*, che non è inutile riepilogare sulle tracce di una recente ricerca di Bernard Andenmatten e Guido Castelnuovo.[51] La prima forma assunta da queste ricognizioni è quella del cartulario, le cui più precoci attestazioni sono tardoduecentesche.[52] Se sino agli anni Trenta del Trecento i cartulari sabaudi (per lo più in forma di rotolo) si accontentavano di enumerare senza troppo ordine i diritti feudali acquisiti dai Savoia dei

feudalità ferrarese tra l'XI e il XV secolo, per cui si vedano in successione Trombetti Budriesi, *Vassalli e feudi*; Dean, *Land and Power*; Folin, *Rinascimento estense*.

50. In merito alla situazione mantovana, si veda Lazzarini, *Fra un principe e altri stati*, pp. 158-163; per il caso milanese, si veda Cengarle, *Immagine di potere* (in particolare la *littera* di Filippo Maria Visconti ai maestri delle entrate del 9 luglio 1443 in virtù della quale sappiamo che questi ultimi avrebbero dovuto registrare tutti i rinnovi o le conferme di investiture «super uno libro dicti officii», p. 36), e Ead., *Feudi e feudatari*; ringrazio Federica Cengarle per i chiarimenti che ha avuto l'amabilità di darmi in merito a questo problema.

51. Sulla società politica sabauda tardomedievale si vedano almeno, da ultimi e in merito a questi temi, Castelnuovo, *Ufficiali e gentiluomini*, Id., *Les officiers princiers*, Id., *«Contra morem solitum»*, e Andenmatten, *La Maison de Savoie*. La ricerca cui si fa esplicito riferimento è Andenmatten, Castelnuovo, *Produzione*: a questo studio si rimanda per una più esaustiva bibliografia sabauda.

52. In merito alla tradizione d'area francese dei *cartulaires des fiefs*, si veda almeno Bautier, *Cartulaires*.

diversi rami nelle varie regioni del loro dominio, la situazione venne cambiando intorno alla metà del Trecento. Il secondo cartulario di Ludovico II di Savoia, signore del Pays de Vaud (non un rotolo, ma un codice, redatto nel 1339 con aggiunte sino al 1343), venne infatti organizzato secondo una logica topografica ben identificabile, raggruppando i 188 atti registrati in nove distinte aree geografiche. La logica topografica e geopolitica – come in qualche modo indubbiamente ci aspetteremmo – prevale qui su altre possibili strategie ricognitive, dinastiche, cronologiche, o gerarchiche.[53] Il cartulario del 1339 è l'ultimo: la costruzione del dominio territoriale dei Savoia dalla metà del Trecento si avvalse infatti dei protocolli, una forma documentaria più flessibile destinata a sostituire i cartulari. I protocolli erano le registrazioni notarili, redatte apparentemente secondo un ordine meramente cronologico, degli omaggi prestati dai vassalli al nuovo principe, raccolte in volumi.[54] Queste scritture non sembrano il risultato di una rielaborazione documentaria costruita sulla base di un materiale archivistico più o meno ordinato, ma paiono costituire la semplice registrazione di atti stesi in ordine cronologico: testimonierebbero dunque – per dir così – un passo indietro in un'ipotetica trascrizione territoriale della geografia delle fedeltà. In realtà la situazione è più complessa: nel quaderno vassallatico realizzato all'avvento del conte Edoardo, fra il 1323 e il 1325, i documenti redatti da Jean Reynaud ripercorsero sulla carta la *tournée* feudo-vassallatica del nuovo conte. La costruzione della lista di omaggi sembra qui il risultato di una vera strategia di rielaborazione formale, determinata dalla necessità di rendere conto della continuità feudale del potere sabaudo. I vari omaggi non si susseguirono infatti più secondo un ordine prettamente cronologico-amministrativo, rispettoso delle singole tappe della *tournée* comitale nei luoghi centrali del potere sabaudo e legato alla correlata distribuzione di feudi e vassalli nella zona: essi vennero riorganizzati e coerentemente raggruppati secondo un ordine geopolitico che traeva origine non già dalla geografia dei feudi, ma da quella per balivati e per castellanie, di matrice principesca e amministrativa. Per chiarire meglio, si prendano gli omaggi prestati per il balivato di Savoia: si inizia con il titolo del balivato (*Ballivia Sabaudiae*) seguito dall'elenco sintetico delle castellanie che lo componevano. Nei fogli successivi, castellania per castellania del balivato

53. Andenmatten, Castelnuovo, *Produzione*, pp. 296-297.

54. La questione del sostituirsi dei protocolli ai cartulari è strettamente legata in Savoia al complesso tema dell'influenza più o meno radicata e diffusa della cultura notarile in aree francofone: si veda a proposito Andenmatten, Castelnuovo, *Produzione*, pp. 299-300.

vennero ordinati e trascritti i feudatari e gli omaggi da loro prestati in uno dei luoghi di potere del conte (molti nel castello di Chambéry). La carta di sintesi iniziale di ogni balivato organizzava la lista delle castellanie secondo una rappresentazione grafica peculiare (non un semplice elenco, inquadrato magari da righi diritti come il precedente protocollo del 1323-1324, ma una colonna di toponimi racchiusa in una sorta di regione romboidale) che suggerisce una sperimentale resa grafica della spazialità concreta della circoscrizione balivale.[55]

Andenmatten e Castelnuovo, seguendo lo sviluppo di questi registri sino al XV secolo, evidenziano come l'ordine delle fedeltà si declinasse e si organizzasse sempre più chiaramente in ordine circoscrizionale: questo stesso ordine circoscrizionale, verrebbe da aggiungere, talora si disegnò anche con espedienti grafici intesi a suggerirne la riconoscibile spazialità. Quel che scompare da questi testi è la minuta geografia feudale, i cui dettagli non vengono trascritti nei protocolli (sole scritture considerate degne di conservazione e memoria negli archivi ducali), ma restano al contrario confinati nei più volatili strumenti singoli di omaggio. Dal punto di vista della loquacità geografica e territoriale delle scritture, dunque, questi registri risolvono le informazioni possibili proprie alla geografia feudale nel solo e significativo duplice riferimento agli uomini (coloro che prestavano l'omaggio) e alle circoscrizioni del potere pubblico sabaudo in cui i vassalli dei Savoia si trovavano a esercitare, grazie al riconoscimento del principe, i propri più o meno risalenti poteri signorili e feudali (le castellanie, raccolte in balivati). La carta dei feudi sabaudi e la storia complessa del loro risolversi in soggezione al potere ducale si scioglievano dunque in elenchi di uomini e – geograficamente – nella carta assai più sintetica delle castellanie.

## 3. *I linguaggi delle scritture: i trattati e la geografia del potere*

Altri gruppi di fonti pubbliche restituiscono un'immagine più formalizzata e globale della geografia del potere, talora organizzando anch'essi le informazioni in forma di lista, inserita nel corpo del documento o a esso allegata, talora definendo lo spazio considerato in modi diversi: sono i trat-

55. Andenmatten, Castelnuovo, *Produzione*, fig. 3, p. 347 (Protocollo ducale del 1323-1324), e soprattutto fig. 4, p. 347 (Protocollo ducale di Jean Reynaud [1329-1330]).

tati generali e particolari di colleganza e aderenza, le tregue, le leghe, i capitolati o gli accordi peculiari stipulati tra stati, signori, città tra la seconda metà del Trecento e la fine del Quattrocento, o di un altro gruppo di fonti in qualche misura assimilabili,[56] gli atti imperiali e pontifici di riconoscimento dell'autorità di principi e repubbliche sui propri territori. Sono atti spesso editi e in molti casi assai studiati da diversi punti di vista: entrambi questi gruppi di scritture pubbliche hanno peraltro anche un qualche interesse per la nostra indagine, e arricchiscono la nostra ricerca sul contenuto territoriale delle fonti tardomedievali italiane di ulteriori tasselli, su cui non è fuori luogo soffermarci brevemente.

### 3.1. *Trattati diplomatici e aderenze*

I trattati diplomatici nelle loro varie accezioni e nel ventaglio più o meno ampio della loro estensione sono testi assai noti: sono stati in qualche caso studiati a vari fini, anche recentemente, sia per ricostruire nel dettaglio la storia politica di un mondo che rispondeva alla sindrome aggressivo-difensiva generata dall'espansione territoriale e alla complementare fluidità degli assetti territoriali del potere con una ininterrotta costruzione di mutevoli assi combinatori,[57] sia per individuare potenziali modelli di interrelazione fra i diseguali protagonisti della dinamica politica della penisola,[58] sia infine per approfondire analiticamente gli elementi costituivi e i meccanismi di funzionamento di un sistema che univa simbioticamente (ma non stabilmente) grandi e piccoli poteri in una geografia complessa, mutevole e vulnerabile.[59] La struttura formale dei trattati venne evolvendo a partire dal secondo Trecento grazie alla comparsa nella penisola di una nuova fattispecie di raccordo fra soggetti politici di diversa autorità, e alla sua integrazione parziale nel contesto di accordi e leghe. Già Giovanni Soranzo notava l'affiorare, con la metà del XIV secolo, «in testi di pubblici accordi o in patti d'interesse interstatuale» di termini peculiari (*accomendati*, *adhaerentes*, *seguaci* e via seguitando) indicanti un raccordo politico tra soggetti diversi e di rango di-

56. Seguo in questo accostamento, con altri intenti, le tracce di un cruciale saggio di Riccardo Fubini dedicato alla costruzione dello stato territoriale quattrocentesco, Fubini, *"Potenze grosse"*. In merito ai trattati, si veda qui il capitolo 11.

57. Si pensi a classici della ricostruzione politica del tardo medioevo italiano come Simeoni, *Le signorie*, e Valeri, *L'Italia*.

58. In merito, si veda lo studio pionieristico di Soranzo, *Collegati*.

59. Basti il rimando a Fubini, *Italia quattrocentesca*, e Id., *"Potenze grosse"*; Chittolini, *Ascesa e declino*; Somaini, *Le «declarationes colligatorum»*.

seguale, non definito da un preciso significato giuridico e meno vincolante dei rapporti di sudditanza o di dipendenza vassallatica,[60] ma connotato da un netto contenuto politico e in origine utilizzato per vincolare tanto membri minori dello stato al centro, quanto entità esterne e non unite fra loro da alcuna soggezione formale.[61] L'emersione e la diffusione notevolissima di questi trattati di aderenza (o colleganza o accomandigia) per regolare i rapporti di superiorità/dipendenza in un mondo in cui «le terre e gli uomini si aggregavano e si disaggregavano giorno dopo giorno»[62] implicarono anche il nuovo proliferare di puntigliosi e analitici elenchi di seguaci e aderenti, almeno inizialmente inseriti all'interno degli accordi di pace e delle leghe fra potenze. Era infatti giuridicamente necessario che gli aderenti venissero nominalmente indicati (e ratificassero singolarmente l'accordo entro una certa data dalla sua stipulazione) perché fosse loro possibile godere degli effetti del trattato. Sono questi – e cito da Chittolini – «elenchi preziosi»: ci danno infatti un quadro, seppure a un momento dato, e quindi di volta in volta mutevole e incerto, non solo dello spettro d'influenza, concreta o auspicata, dei potentati maggiori, ma anche degli elementi costitutivi della minore geografia politica italiana, vale a dire di quella galassia di «piccole signorie, aggregazioni di terre, castelli, *domini et fideles*» della cui esistenza altrimenti avremmo assai più discontinua testimonianza.[63]

Al di là della valutazione dell'evoluzione politica dell'aderenza, dell'uso che ne venne fatto da reggimenti diversi e del peso sempre più territoriale che le è stato riconosciuto,[64] l'interesse di queste fonti per la presente indagine sta nella loro estrema analiticità da un punto di vista geopolitico.

60. Soranzo, *Collegati*, p. 3. Si pensi alle definizioni di Baldo, che a proposito dell'aderenza scrive «nihil commune habet feudum cum adhaerentia» o ancora, in merito degli *adhaerentes*, «Isti quandoque vocantur adhaerentes, quandoque complices, quandoque seguaces, qui caudas habent colligatas, licet nomina sint diversa», o di Bartolo: «illi proprie dicuntur adhaerentes, qui sunt eiusdem velle cuius est principalis»: per le citazioni, e per un inquadramento della questione, si veda Petronio, *«Adhaerentes»* (cit. alle pp. 70, 62, 68).

61. Fubini, *"Potenze grosse"*, pp. 95-96; Chittolini, *Ascesa e declino*, pp. 486-487; Arcangeli, *Piccoli signori*.

62. Petronio, *«Adhaerentes»*, p. 50.

63. Chittolini, *Ascesa e declino*, p. 490.

64. Riccardo Fubini enfatizza nel processo considerato una netta tendenza politica al raggruppamento dei poteri: egli nota infatti come l'aderenza passi da una trecentesca dimensione «trasversale ai rapporti di dominio territoriale», di carattere essenzialmente personale, a una sorta di riconfigurazione quattrocentesca territoriale dell'istituto, attraverso il riconoscimento dell'esistenza di «entità statali definit[e] attorno all[e] qual[i] gravitano individualità politiche minori», Fubini, *"Potenze grosse"*, p. 96.

Il trattato di Sarzana del 1353 fra Firenze e Giovanni Visconti, la lega di Pisa del 1389, come d'altro canto gli *instrumenta sociorum et adhaerentium* dei contraenti della pace di Lodi e della successiva Lega italica (per non citare che qualche caso recentemente riconsiderato dalla storiografia), da questo punto di vista sono testi di grande ricchezza.[65] In primo luogo, essi ci danno, tanto negli elenchi trecenteschi, quanto in quelli quattrocenteschi, insieme una carta e un lessico estremamente dettagliati della minuta geografia signorile dei diversi territori che ruotano attorno all'uno o all'altro dei maggiori contraenti degli accordi. Le varie regioni che costituiscono la sfera d'influenza delle "potenze grosse"[66] si potevano declinare infatti non solo nell'elenco dei rispettivi maggiori aderenti (il duca di Savoia il 22 gennaio 1455 enumera l'intera dinastia regia di Francia e i membri più rilevanti del proprio domini, come il Pays de Vaud o il Valais), ma anche in una successione impressionante dei gruppi consortili radicati nel territorio (proprio o interstiziale).[67] Laddove accade, la loro enumerazione in forma di elenco rivela una varietà definitoria che illumina e testimonia il persistere

65. Per la pace di Sarzana, si veda l'appendice alla *Cronica* di ser Bartolomeo di ser Gorello, pp. 212-294; per la lega di Pisa del 1389, si veda Favale, *Siena*; infine, per i trattati relativi alla stipulazione della Lega italica fra 1454 e 1455, si veda Lünig, *Codex*, voll. II e IV *ad indicem.*

66. "Potenze grosse" o "potentie maggiori" sono espressioni sinonimiche in uso nel lessico politico quattrocentesco: per la prima, si veda Nicodemo Tranchedini a Francesco Sforza, Roma, 22-23 novembre 1451, ed. in Rossi, *Niccolò V*, cit. in Fubini, *"Potenze grosse"*, p. 91; per la seconda, Niccolò Machiavelli a Giovanni Ridolfi, 12 giugno 1506 (in Machiavelli, *Lettere*, pp. 151-156: 155), cit. in Chittolini, *Ascesa e declino*, p. 475, n. 6.

67. In questo senso, vale la pena notare – ma l'analisi andrebbe condotta con più dettaglio per capire se si tratta di un'eccezione – come le *declarationes* di collegati e aderenti di Firenze e Venezia nel 1454 siano limitate all'elenco dei collegati principali (per Firenze, Borso d'Este, Bologna, Lucca, Perugia, Sigismondo Pandolfo Malatesta, Emanuele Appiano di Piombino, Astorgio e Taddeo Manfredi signori di Faenza e Imola, i Malaspina di Lunigiana, Caterina di Campofregoso signora di Sarzana, *Preronfrino* [sic in Lünig, f. 1792] di Montedoglio, Cerbone di Montemaria, gli Alidosi, i della Sassetta; per Venezia, in modo ancora più essenziale, re Alfonso, il duca di Savoia, il duca Sigismondo d'Austria, Borso d'Este, il marchese di Monferrato, il vescovo di Trento, Sigismondo Pandolfo Malatesta, il conte di Montefeltro, Malatesta Novello di Cesena, Siena, Lucca, Bologna, Ancona, il conte di Gorizia, Carlo Gonzaga, Caterina e Cecco Ordelaffi di Forlì, i da Correggio, Giovanni *Vegliae*, i conti di Lodrono). Milano invece distinse un primo gruppo di *colligati et confoederati*, di respiro e importanza analoga a quelli enumerati da Firenze e Venezia (quattordici tra signori e città), e un secondo gruppo di *adhaerentes et recommendati*, una cinquantina almeno fra signori, consorzi signorili, comunità. Questo secondo gruppo è, ovviamente, quello in cui troviamo il dettaglio analitico più ricco di contenuto topografico.

e il moltiplicarsi tutt'altro che residuale di molteplici forme di radicamento locale. Si tratta di una varietà lessicale trascritta ovviamente dalle cancellerie centrali, ma probabilmente a esse derivata dalla minuzia autodefinitoria dei singoli patti di aderenza originari: essa stessa frutto dunque dell'incontro di due diversi saperi locali. Basti un esempio fra i tanti, un estratto dell'ultima parte dell'elenco degli aderenti e *recommendati* del duca di Milano in occasione della ratifica della pace stipulata il 30 agosto 1454 fra Francesco Sforza, la repubblica di Venezia e la repubblica di Firenze. La successione dei dominati locali si presenta come un elenco di uomini, per lo più signori legati fra loro da vincoli consortili (*condomini*) la cui esistenza definisce e impegna il luogo grazie a un lessico signorile assai sfumato (*pro loco Carosii*, o *pro adhaerentia Zuccharelli, Bardaneti et caeterorum castrorum suorum*, o *pro quarta parte Carii et toto Rocheto*, o *pro loco Sallarum partium Langharum*, o *pro adhaerentia vallis Burmude, Cerreti et Argnello*, o infine genericamente *pro locis et terris suis*).[68] Ritroviamo qui un livello di dettaglio analogo a quello dei rilevamenti fiscali, ma in senso signorile, tra l'altro quindi in grado di fissare e tramandare memoria di assetti territoriali locali di origine anche assai risalente.[69] Il lessico che questi elenchi formalizzano illumina le varie fattispecie del dominato e insieme disegna una minutissima geografia innervata insieme di uomini e luoghi, in cui il nesso del potere locale (l'enumerazione differenziata dei rapporti che legano ciascun signore o gruppo signorile a un dato luogo, o a una somma di luoghi) è l'elemento chiave della definizione spaziale e insieme la base del raccordo tra poteri locali e potenze maggiori. Gli elenchi dei collegati non mutarono formalmente fra secondo Trecento e secondo Quattrocento in modo sostanziale, se si fa eccezione, ma è un'impressione che andrebbe verificata in modo sistematico, per una accentuazione, nei testi trecenteschi, della centralità del consorzio piuttosto che del luogo su cui gli uomini esercitavano il loro potere. Nel testo della pace di Sarzana, per intendersi, i *coherentes et sequaces vel subditi* di Giovanni Visconti vennero elencati come

> omnes de domo Ubertinorum et sequantibus eorum [...], Rinaldo et Galeotto de Modiglana et omnes de domo eorum et eorum sequaces, dominus Manfredus de Paççis Vallis Arni et omnes de domo sua et sequaces eorum [...], omnes illi de Ubaldinis generaliter et fideles et sequaces sui [...].

68. Lünig, *Codex*, II, ff. 603-606, LXXXVI (cit. f. 605).

69. Non a caso Giorgio Chittolini accosta a queste fonti le *Descriptiones* fiscali tardotrecentesche dello stato della chiesa: Chittolini, *Ascesa e declino*, pp. 491-492: la *«Descriptio Romandiole»*; *«Descriptio Marchiae Anconitanae»*.

Nel 1454 troviamo fra gli aderenti del duca di Milano uomini la cui identità venne formulata piuttosto come *Antonius de Scarampis de Cario pro quarta parte Carii et toto Rocheto.*[70] Quest'ultimo elemento, suggerendo una crescente messa a fuoco dei luoghi, più che degli uomini, come tasselli costitutivi di un dominio a vocazione sempre più territoriale, ci riporta alla considerazione del tendenziale raggruppamento delle realtà politico-sociali di cui le trasformazioni dell'aderenza sembrano dare conto nel corso del Quattrocento, almeno attraverso quelle peculiari scritture pubbliche che sono i trattati diplomatici.[71] In questa direzione sembra puntare – oltre ovviamente all'evoluzione formale e giuridica delle formule diplomatiche analizzata da Fubini – anche lo spostamento progressivo degli elenchi di collegati dal corpo del documento di alleanza (come nel trattato di Sarzana più volte citato, composto di ben 164 articoli in cui la spartizione in rispettive regioni d'influenza milanese e fiorentina venne regolamentata «puntigliosamente»)[72] a singoli *instrumenta* sempre più sintetici e allegati in modo formulare al testo della pace (come nel caso delle grandi paci del secondo Quattrocento, dalla pace di Lodi sino alla lega stretta nel 1495 contro Carlo VIII di Francia).[73] Nella dialettica ancora irrisolta fra un quadro del territorio a tendenziale unicità di dominio e al contrario un'immagine «composita e poliarchica dello spazio statale»,[74] scritture pubbliche di grande visibilità come i trattati e le paci generali – frutto di mesi di negoziazione, fissate in varie versioni, copia-

70. Si vedano in merito anche le considerazioni di Chittolini, *Ascesa e declino*, p. 492, che nota il rilievo delle coesioni parentali negli elenchi trecenteschi. La prima citazione è tratta dal testo della pace di Sarzana, p. 213; la seconda dalla *declaratio* dei collegati milanesi, f. 604.

71. Raccogliamo in questo senso senz'altro le precauzioni metodologiche generali espresse da parte della ricerca più recente riguardo alla legittimità di interrogare fonti di questo genere per avere risposte esaustive in merito alla composizione territoriale degli stati italiani quattrocenteschi, per cui si veda in particolare proprio in merito a questi trattati Gentile, *La formazione*, p. 53. È infatti chiaro e innegabile che trattati e accordi come la Lega italica assecondavano formalmente e traducevano in patti e convenzioni le vocazioni territoriali più forti: detto questo, in una ricerca dei discorsi sulla costituzione materiale dei poteri tardomedievali italiani non si può non registrare in queste scritture una «tendenza, più o meno formalizzata, al raggruppamento dei poteri» (Fubini, *"Potenze grosse"*, p. 94), pur nel mantenersi vivace ed essenziale della molteplicità delle forze politiche a livello locale.

72. Fubini, *"Potenze grosse"*, p. 94.

73. La perdita di interesse e di centralità di questi elenchi nel secondo Quattrocento è sottolineata anche da Chittolini, *Ascesa e declino*, p. 496.

74. Mannori, *Il "piccolo stato"*, p. 51: ma si veda anche Chittolini, *Ascesa e declino*, p. 491.

te innumerevoli volte nelle cancellerie, proclamate infine pubblicamente nei diversi luoghi – nel secondo Quattrocento iniziavano dunque a presentare e a imporre, tramandandola, una sintesi politico-diplomatica della penisola che risolveva in poche unità di dominio una realtà territoriale sovente «spaventosamente variegata e polimorfa».[75]

## 3.2. *Investiture imperiali*

Questa stessa intenzionale semplificazione operata dalle cancellerie centrali delle "potenze grosse" emerge anche dagli atti di investitura rilasciati dall'imperatore ai nuovi principi imperiali, duchi e marchesi, o alle città dominanti, cui mette conto di fare almeno un cenno. Anche in questo caso, siamo in presenza di atti noti e studiati, giacché rappresentarono il fondamento ultimo dell'autorità dei vari dominanti, costituendo al tempo stesso un raccordo essenziale fra poteri territoriali di ampiezza e respiro diseguale.[76] Non ci soffermiamo su di essi che per evidenziare un paio di elementi. Se guardiamo alle investiture ducali viscontee degli anni 1395-1397, constatiamo come la fisionomia del ducato di Milano si dipanasse (soprattutto nell'atto del 1396) in una «sorta di mappa dettagliata dei domini ducali» su base regionale, città per città, comunità per comunità, resa necessaria dall'incipiente carattere territoriale del ducato, eversivo in questo caso – nonostante gli equilibrismi interpretativi dei giuristi viscontei – degli equilibri imperiali.[77] Non si trattava di un'eccezione dovuta alla costituzione principesca del regime visconteo: la reazione fiorentina, formalizzata nel diploma di *confirmatio terrarum* concesso da Roberto di Baviera al *popolus et commune* di

75. Mannori, *La nozione di territorio*, p. 27.

76. In merito, oltre ai già citati Fubini, *"Potenze grosse"*, e Chittolini, *Ascesa e declino*, si vedano per il secondo Trecento Faverau-Lilie, *Reicheshersrschaft*, e Gilli, *Empire*; per il ducato di Milano, si veda Somaini, *Les relations*.

77. Fubini, *"Potenze grosse"*, p. 109. Non sembra inopportuno riportare parte del testo dell'investitura (tra parentesi quadre si sono saltate per brevità le pur dettagliatissime descrizioni delle pertinenze): Gian Galeazzo venne investito di «terras quoque civitates, oppida, castra, villas, munitiones, provincias, districtus, colles et plana videlicet civitatis Brixiae, Bergomi, Comi, Novariae, Vercellarum, Alexandriae, Terdonae, Bobii, Placentiae, Regii, Parmae, Cremonae, Laudae, terras quoque prope Tridentum, Cremae, Soncini, Burmii et Burgi S. Donnini, Pontremuli, Masii, Novi Feliciani, terrae et rochae Aratii, et ea quae tenes seu quasi, seu quae ad te pertinent in diocesi Astense, Seravalis [...] ac civitate Veronae, Vincentiae, Feltri et Blenii, terrarum Basane [...] terra quoque Sarzane, Laventiae, Carrarae, S. Stephani et cetera quae sunt in diocesi Lunensi [...]», Lünig, *Codex*, I, ff. 426 e segg., n. XIX (Praga, 13 ottobre 1396).

Firenze nel 1401, si chiude con una "mappa" delle città e dei luoghi soggetti a Firenze («nomina vero dictarum civitatum terrarum et provinciarum et ipsarum designationum sunt hec»), in cui si mescolavano le città con i loro contadi, le *province*, le terre, i domini signorili e feudali dei grandi consorzi appenninici.[78] Un secolo più tardi, nell'investitura che Ludovico il Moro ricevette da Massimiliano d'Asburgo – la prima dopo quella di Filippo Maria Visconti del 1426 –,[79] il diploma imperiale del 1494 risolse la questione parlando del *ducatus Mediolani et Lombardiae* e facendo riferimento ai diplomi precedenti per la specificazione dettagliata della costituzione materiale del ducato; l'anno successivo, il diploma fu ancora più sommario, e sintetizzò all'estremo la formale geografia ducale, riconfermando Ludovico nel *ducatus Mediolani*.[80] È interessante notare come la dicitura "regionale" scomparve nel secondo diploma di Massimiliano, lasciando posto a una definizione apparentemente più arcaica, legata alla sola Milano, una volta di più una città. In realtà – se non sovrainterpreto – il ducato degli Sforza alla fine del Quattrocento non era più una somma di città, contadi, dominati signorili, comunità, ma non era nemmeno una regione, un territorio individuato da confini geografici regionali: era un dominio risolto lessicalmente nella titolarità della capitale.[81]

78. Per l'analisi del testo, si veda Fubini, *"Potenze grosse"*, pp. 114-118 (l'edizione del diploma, a cura di Lorenzo Tanzini, è ivi, pp. 121-126). Assai interessante dal nostro punto di vista la mappa dei feudi, se comparata agli elenchi di aderenti di cui abbiamo parlato sopra. In questo caso infatti, i toponimi dei dominati e i nomi precisi dei consorzi e dei loro rami si dettero per noti, costituendo di fatto a essi soli l'intera *provincia Tuscie*: «omnes terre que tenebantur vel essent alicuius vel aliquorum de Ubaldinis, Ubertinis, Paçis vel Tarlatis, aut aliquo vel aliquibus vel aliquibus de progenie que dicitur Petramala; que terre forent in Alpibus montibus aut vallibus sive planis province Tuscie, quarum omnium nomina habeantur pro expressis» (ivi, p. 124). Sui dominati signorili toscani nel tardo medioevo, Pirillo, *Signorie dell'Appennino*.

79. Per l'annosa questione della legittimità sforzesca e del suo riconoscimento da parte imperiale, si vedano Cusin, *I rapporti*, e Id., *L'impero*. La delicatezza della questione fu alla base della insolita ampiezza del preambolo sui meriti dell'investito, in cui l'atto ripercorse le vicende del ducato dall'età di Gian Galeazzo e i meriti personali di Francesco Sforza – pure detto solo *princeps* – per finire con un'esaltazione delle personali qualità di Ludovico il Moro, presentato come coordinatore e garante del sistema degli stati italiani.

80. Lünig, *Codex*, I, XXXVII, ff. 483-494 (Antwerpen, 5 settembre 1494); XXXIX, ff. 493-494 (Worms, 5 aprile 1495). Il significato politico dell'intera questione dell'elevazione di Milano a principato imperiale è sintetizzato in Somaini, *Processi costitutivi*, in particolare alle pp. 710-728.

81. Si vedano in questo senso le considerazioni di Arcangeli, *Nello Stato di Milano*, p. 485.

Un ultimo dettaglio: se dall'investitura di una "potenza grossa" si passa all'erezione – sempre a principato d'Impero – di uno stato minore (seppure comunque non il dominio di un «signorotto de homini e de castella»),[82] la Mantova di Gian Francesco Gonzaga, ci avvediamo che il diploma concesso dall'imperatore nel 1432 scomponeva la geografia per città del ducato milanese in una assai più analitica carta regionale, in cui il distretto di origine comunale e diocesana veniva descritto ed enumerato, con notevole attenzione allo spazio geografico e politico locale, per centri maggiori e reticoli fluviali ai confini.[83] Parrebbe di concluderne che se l'evoluzione delle investiture milanesi ci riconduce al quadro di sintesi della penisola composto da poche "potenze grosse" che abbiamo riconosciuto nei grandi trattati, ideologicamente pilotato dalla vocazione egemonica degli stati maggiori e formalmente definito dalle loro cancellerie in un lessico geografico ormai scarno, la perdurante analiticità dell'investitura gonzaghesca testimonia al contrario della persistente, composita spazialità delle unità di base che componevano buona parte del panorama politico quattrocentesco, in questo caso

82. I Gonzaga erano, dopo i Visconti e in conflittuale alternanza con gli Este, tra i «signori et potentie grosse» cui era in mano Lombardia: la definizione dei "signorotti" è del cronista lucchese Giovanni Sercambi, cit. in Gamberini, *La città assediata*, p. 123.

83. In merito, si veda Lazzarini, *«Un bastione di mezo»*. Per il testo dell'investitura, si veda Lünig, *Codex*, I.X, ff. 1371-1372 (Parma, 6 maggio 1432). Anche in questo caso non sembra inopportuno citare dall'atto di erezione della signoria in marchesato, per comparazione con gli atti milanesi: Gian Francesco venne investito della «civitatem quoque Mantue ejusque territorium, diocesim et districtum, [...] in inferiori Lombardie constitutam [...] cum infrascriptis castris, locis, et terris, villis juribus regalibus honoribus jurisdictionibus et pertinentiis quibuscumque, videlicet castrum Sermedi cum tota curia sua, atque cum omnibus et quibuscumque suis villis, locis, terris, vallibus, pascuis, nemoribus, piscariis, cannalibus, aquis, aquaeductibus, aquarum decursibus, cum omnibus suis ultra citraque ripis, riparum juribus et cum toto mero et mixto imperio superius et inferius usque in Buranam vivam; item et cum castro Reveri et cum sua insula et curia; item et cum castro Quistelli totaque ejus curia et cum flumine Situlae ab utraque ripa prout labitur et se extendit superius et inferius per totum territorium, diocesim et districtum Mantue [...] item et cum castro Suzzarie cum tota sua curia; item et cum castro Marcharegie cum tota sua curia et territorio citra ultraque flumen Olii, et cum ipso flumine Olii ab utraque ipsius ripa prout labitur et decurrit a superiori parte per totum territorium mantuanense usque in Padum; item et cum toto libero flumine Padi cum omnibus suis ultra citraque ripis, castris, fortaliciis atque locis prout labitur et decurrit a fluminibus sive cannalibus sive aquis Taliate, Zari et Olii usque in Buranam vivam et usque, Vesanum cum omnibus et singulis vallibus, paludibus, pascuis, piscinis et piscariis ultra citraque dictum flumen Padi quantumcumque dilatentur [...] cum toto flumine Mincii et suis adiacentiis ab utraque ipsius ripa, prout se extendit et labitur a Vallegio usque in Padum» (ivi, f. 1373).

rappresentate non da una regione di signorie, dominati e feudi (la *provincia Tuscie* del diploma fiorentino del 1401, per esempio), ma dal caso, altrettanto esemplare e altrettanto variegato, di una città e del suo contado.

## 4. *I linguaggi delle scritture: le lettere e la trama discorsiva*

Ci sono infine fonti pubbliche che non danno dati in forma di lista, ma discorrono degli eventi, e nel farlo possono lasciare filtrare nel testo o negli elementi formali del documento una attenzione peculiare allo spazio. Sono in particolare alcune tipologie di missive: sappiamo ormai da una ricca messe di studi in materia che nell'Italia tardomedievale si assistette all'esplosione di una vera e propria cultura della comunicazione epistolare, dello scambio cioè di testi scritti con contenuto comunicativo e struttura formale riconoscibile e condivisa insieme da mittente e destinatario.[84] A molti livelli e secondo varie tonalità i carteggi iniziarono ad affollare le cancellerie e gli archivi più o meno embrionali di stati, gruppi, famiglie, individui, assolvendo a funzioni nei dettagli assai diverse fra loro, ma consolidando una fisionomia comunicativa predominante, quella della massima circolazione di informazioni, nonostante i loro vuoti – dovuti ai tempi e alle modalità della loro trasmissione materiale – e la loro ambigua funzione, che grazie alla ricchezza talora contraddittoria di dati che fornivano le trasformava talvolta, da strumento per risolvere le dispute, in concausa di un loro complicarsi e confondersi.[85] Lo scopo di ottenere e fare circolare il maggior numero possibile di informazioni passava attraverso l'apertura e il mantenimento di canali comunicativi scritti: tali canali vennero elaborati secondo un codice formale comune e riconoscibile al proprio interno, scritti in una lingua e con un lessico in buona parte omogenei indipendentemente dai mittenti e dai destinatari e per lo più materialmente prodotti, conservati, utilizzati da un gruppo di professionisti della scrittura, pur essendo

84. Accettiamo qui la definizione larga data a queste scritture da Armando Petrucci: «qualsiasi comunicazione scritta autonoma, di natura informativa, petitiva, polemica, accusatoria, affettiva, di saluto, di augurio, di convenienza e così via, che sia inviata da un mittente a un destinatario; essa non è propriamente un documento, in quanto non è mai direttamente costitutiva di diritti; è in genere eseguita nel rispetto di determinate consuetudini formali e materiali, da intendersi come comuni al mittente e al destinatario», Petrucci, Ammannati, Mastruzzo, Stagni, *Lettere originali*, p. IX.

85. Si veda da ultimo Petrucci, *Scrivere lettere*; *I confini della lettera*.

ormai comprensibili e accessibili a un più vasto arco di utenti della parola scritta.[86] Sono cose sin troppo note: oggi, mossi da un interesse collaterale rispetto all'indagine sulla struttura formale della missiva tardomedievale e sul suo ruolo come strumento di mediazione comunicativa, proveremo a cercare i riposti linguaggi del territorio di due diversi gruppi di missive di cancelleria, le lettere diplomatiche che parlavano di guerra[87] e il carteggio interno di un particolare gruppo socio-professionale, gli ingegneri.[88]

### 4.1. *I carteggi diplomatici tra Napoli e Milano (1458-1465)*

Grazie da ultimo agli studi di Francesco Senatore e Francesco Storti e all'edizione dei carteggi degli oratori sforzeschi da Napoli per gli anni 1458-1465, abbiamo una conoscenza capillare della guerra scoppiata nel Regno alla morte di Alfonso V d'Aragona.[89] Sulla base di queste fonti, Senatore e Storti hanno ricostruito l'itinerario di re Ferrante nel Regno durante le operazioni belliche condotte contro il duca Giovanni di Lorena, figlio di Renato d'Angiò e pretendente al trono, e i suoi maggiori alleati, Marino Marzano, Antonio Caldora e Giovanni Antonio Orsini, illuminando l'enorme quantità di informazioni territoriali contenute in particolare nelle lettere dirette da Antonio da Trezzo, oratore milanese a Napoli, al duca Francesco Sforza (che conosceva personalmente i luoghi, per avervi combattuto nelle guerre degli anni Venti del Quattrocento, come anche li conosceva il suo

86. In merito, si vedano almeno Senatore, *«Uno mundo de carta»* e da ultimo Id., *Ai confini,* per una definizione forte della lettera cancelleresca; in merito al contenuto comunicativo delle missive, si veda anche Lazzarini, *La nomination* (qui capitolo 1).

87. Fra le missive tardomedievali, i carteggi diplomatici italiani sono tra le scritture più indagate, grazie anche a una massiccia per quanto discontinua messe di edizioni, fra cui si segnalano qui, per brevità, le più recenti collane di edizione dei carteggi Milano-Napoli (per cui si veda *infra*, alla n. 89); Firenze-Napoli (*Corrispondenza degli ambasciatori fiorentini*, coordinamento e direzione di B. Figliuolo), Milano-Mantova (*Carteggio degli oratori mantovani dalla corte sforzesca [1450-1500]*, coordinamento e direzione di F. Leverotti) e per l'esemplarità Lorenzo, *Lettere*. Su queste fonti, si vedano almeno Fubini, *Italia quattrocentesca*, Senatore, *«Uno mundo de carta»*, e Lazzarini, *Materiali*.

88. I carteggi interni sono stati assai meno indagati in modo sistematico, pur fornendo materia per innumerevoli ricerche sui temi più diversi. Per un'analisi specifica, si vedano Covini, *Scrivere al principe*, e Lazzarini, *"Cives vel subditi"*.

89. *Dispacci sforzeschi da Napoli*, I; *Dispacci sforzeschi da Napoli*, II; *Dispacci sforzeschi da Napoli*, IV (d'ora in poi, DSN I, II, IV); Senatore, Storti, *Spazi*. Per la ricostruzione degli eventi, rimangono comunque fondamentali le ricerche di Nunziante, *I primi anni*. In merito all'organizzazione militare aragonese nel secondo Quattrocento, si veda ora Storti, *L'esercito*.

primo segretario, Cicco Simonetta, calabrese). La guerra riempiva il territorio, pervadendolo: la necessità cruciale di comprendere da lontano il minuto andamento del conflitto faceva emergere dalle lettere che parlano di guerra tutta una geografia funzionale alle operazioni belliche che altrimenti resterebbe oscura, come le strutture geomorfologiche della regione, i nodi umani e politici, le gerarchie demiche, la natura materiale degli insediamenti.[90] Due diversi segmenti delle lettere diplomatiche inviate a Milano sono significativamente ricchi di informazioni spaziali. Le date topiche delle lettere ricostruiscono l'itinerario del sovrano e dell'esercito con un dettaglio geografico minuzioso, anche se talvolta non semplice da interpretare, considerando l'uso talora non omogeneo di termini come *prope*, *contra* o *apud* e la pratica di indicare centri sovente non troppo vicini al luogo di redazione della lettera come riferimento principale, perché più noti o più presenti alla memoria del segretario che redigeva la lettera.[91] La data topica appare dunque dettagliata, ma si rivela meno precisa di quanto ipotizzabile: si inscrive in ogni caso in una microgeografia locale che usava una scala assai piccola. Le lettere inviate da Antonio da Trezzo, al seguito del re, a Francesco Sforza a Milano, integrano e rendono vividi i nudi riferimenti topici, dando per esempio le distanze dei luoghi da altri luoghi più noti[92] e arricchendoli di dettagli sulla geografia locale[93] che il da Trezzo raccoglieva nel corso

90. Per un'analisi di queste stesse fonti nel contesto di uno specifico episodio della guerra, si veda anche Covini, *«Studiando el mappamondo»*. Covini analizza in particolare l'inseguimento del conte Jacopo Piccinino, capitano angioino, da parte di Federico da Montefeltro e Alessandro Sforza, capitani filoaragonesi, nella primavera del 1460, con un occhio attento alla interazione fra i movimenti delle truppe e la natura dei territori attraversati, pp. 234-243: l'analisi sottolinea con forza la continua, necessaria «interazione con il paese attraversato» che soggiaceva a ogni impresa militare che implicasse lo spostamento di uomini e mezzi, e che rendeva indispensabile una conoscenza pratica dei luoghi.

91. Qualche esempio dello spettro delle possibili formulazioni delle date topiche: *apud Gracianesium* (1461, febbraio 5, Ferrante a Francesco Sforza, DSN IV, 25); *Acerris* (1461, febbraio 14, Ferrante a Francesco Sforza, DSN IV, 37); *contra Luceriam* (1461, luglio 7, Ferrante a Francesco Sforza, Senatore, Storti, *Spazi*, p. 170); *in nostris felicibus castris apud Summam* (1461, gennaio 12, Ferrante a Francesco Sforza, DSN IV, 7).

92. Qualche esempio: «Essa maiestà hogi s'è mosta da Juliano et venuta ad alozare qua ad alcuni casali de Capua nel Mazone a canto del fiume, cioè Arnone, Gracinise et Sancta Maria da la Fossa, vicini a Castellammare circa VII miglia» (1461, febbraio 4, Antonio da Trezzo a Francesco Sforza, da Grazzanise, DSN IV, 21); «al Mazone, in questi casali, vicino a Capua ad cinque miglia, octo ad Aversa et cinque o sey a Castellammare» (1461, febbraio 4, Antonio da Trezzo a Francesco Sforza, da Grazzanise, DSN IV, 23).

93. «Heri matina, essa maiestà se levò da li casali de Montefuscolo, dove alozava, et venne ala Rotunda, in la valle de Montesarchio. Hogi è venuta qua ad Arienzo, et domane

delle sue missioni accanto a Ferrante o al momento di rivedere i testi delle missive (sovente scritte o abbozzate in tempi diversi e poi riviste nel loro complesso) a Napoli, probabilmente servendosi anche della superiore conoscenza dei luoghi dei cancellieri napoletani. Allorché le note geografiche raccolte dal da Trezzo non coincidevano esattamente con le date topiche delle missive di Ferrante, l'oratore si sentiva in dovere di motivare la discrepanza allo Sforza, ragionando sulla geografia locale.[94] La minuziosità dell'informazione bellica rese utile nel 1459 la redazione di un sommario dell'itinerario di Ferrante che da Trezzo allegò al fascio delle lettere datate 2, 5, 7 settembre 1459, e che si rivela prevedibilmente ricchissimo di informazioni non solo sulla geografia dei luoghi, ma sulla morfologia antropica della regione. Basti un esempio:

> A dì xxvii venne ad alozare sul fiume chiamato el Sino [Sinni] presso la Rocha Imperiale, dove stete el xxviii et xxviiii, ma, perché se havevano a cavalcare più de xxx miglia senza trovare aqua, chi non l'haveva per industria mandò inante al'Amandolara, dove sonno alcune fontanete per adaquare loro zardini de pomaranze, essa maiestà a fare recogliere dicte aque in tinazi [...] et in quello dì se intrò in Calabria per lo passo de la Petra de Rossito [Roseto Capo Spulico].[95]

Il dettaglio descrittivo arriva a comprendere anche la memoria storica dei luoghi, come quando Antonio citò al duca la quercia sotto cui si era fermato Ferrante nella valle del Crati, che i villani calabresi ricordavano ancora, a distanza di 37 anni, avesse ospitato sotto le sue ampie fronde di

andrà a Soma, et l'altro dì, non occorrendo altro, passarà al fiume de Sarno dove el conte de Sanseverino predicto se dice ha facto fare el ponte, et se parlarano et starano insieme quanto bisognerà» (1461, gennaio 6, Antonio da Trezzo a Francesco Sforza, da Arienzo, DSN IV, 2); «Essa maiestà a dì VII giunse ala tera de Soma, [...] et, giunti al loco ordinato [...] trovosse ch'el prefato conte non era ancora venuto lì, ma tracto certo schiopo de bombarda ad Sancto Marzano, terra de misser Giohanne Mirabali lì vicina, et vicina ad Nucera [...] essi conte e signor Roberto se ne vennero, et perch'el ponte non era facto sul fiume ma erangli solamente dui arbori tagliati che traversavano lo fiume, passarono a pede sopra dicti arbori» (1461, gennaio 12, Antonio da Trezzo a Francesco Sforza, da Napoli, DSN IV, 5).

94. «Ex felicibus castris regiis contra Vulturinum die X iulii 1461. Bench'el el dato de queste lettere dica "contra Vulturinum", così poteria dire "contra Luceriam" [...sta]mo nel mezo tra l'una et l'altra et equalmente le danegiamo tute due» (1461, luglio 10, Antonio da Trezzo a Francesco Sforza, contro Volturino, DSN IV, 144).

95. «Alogiamenti facti per la maiestà del signore re Ferdinando partendose da Aquavella [*corso d'acqua*] presso Venosa per andare in Calabria» (1459, settembre 4, di mano di Antonio da Trezzo, allegato alle lettere del 2, 5 e 7 settembre per Francesco Sforza, DSN II, 139).

luogo centrale della località lo stesso Francesco, poco più che ventenne capitano agli ordini allora di Luigi III d'Angiò.[96]

Lo spazio del Regno emerge dalle lettere e dai materiali di contorno a esse allegati, come l'itinerario del da Trezzo, come uno spazio «dominato dai cancellieri e dai militari»: i carteggi ce ne restituiscono un'immagine amministrativa, solcata da plurisecolari pratiche di governo del territorio, ma anche strategica. In questo senso, le necessità belliche rivelano nei professionisti della guerra (capitani e ingegneri), ma anche, all'occorrenza, nei professionisti della scrittura che seguivano l'esercito o narravano, lontani dagli eventi, le vicende del conflitto (cancellieri napoletani e oratori stranieri) una conoscenza capillare degli elementi costitutivi del territorio, dei quali assumevano rilevanza peculiare quelli di interesse strategico: «le strade, i passi, i castelli e i centri fortificati, le vie dell'approvvigionamento».[97] La conoscenza del territorio da parte dei capitani era un *topos* dell'arte militare, e veniva loro sia dall'ausilio di guide locali, sia dall'esperienza personale, sia probabilmente dall'uso di carte e mappe, di cui abbiamo poche notizie dirette, ma più di un indizio per supporre che venissero redatte e circolassero nelle cancellerie. Antonio da Cornazzano, nella sua *Arte della* guerra, ritrasse il capitano nella propria tenda, la notte, intento a studiare il territorio:

> Sappi le terre delle regioni,
> le strade e le stradelle e quante miglia
> gli sonno e quali e per quanti cantoni
> Qual più di spatio e qual mancho ne piglia
> i monti i ponti i passi i fiumi i fossi.[98]

Il rapporto fra conoscenza dei luoghi, pratiche di dominio e di difesa e spedizioni militari, che affiora con tanta evidenza dalle lettere diplomatiche, era all'origine di una variegata messe di strumenti diversi, scritti e

96. «A dì tri pasassemo de redente a Tarssia et intrassemo in la Valle de Gradi [*Crati*], et venemo ad alozare sul fiume al dricto de Bisignano, et la maiestà del re alozò presso una cerqua, dove li villani del paese disero che già lì alozò la vostra illustrissima signoria» (1459, settembre 4, di mano di Antonio da Trezzo, allegato alle lettere del 2, 5 e 7 settembre per Francesco Sforza, DSN II, 139).

97. Senatore, Storti, *Spazi*, p. 30. Questa capillare conoscenza dei luoghi, presupposto essenziale alle azioni di guerra, è anche base per la loro analitica ricostruzione storica: si veda in merito Squitieri, *La battaglia*.

98. Per queste considerazioni, si veda Covini, *«Studiando el mappamondo»*, pp. 250-253: la citazione da Antonio da Cornazzano, *Opera bellissima de l'arte militare*, Venezia 1493, c. 17r, è a p. 251, e n. 77.

disegnati, su cui torneremo: dalle carte agli itinerari militari, ai trattati di geografia politica e di arte militare.[99] E lo spazio della guerra era talmente importante per tutti che gli oratori estranei al teatro del conflitto, allorché non sapevano riconoscere o trascrivere con esattezza uno o l'altro toponimo, si affannavano a fare ricerche in cancelleria al fine di trovare una soluzione all'enigma, e giungevano a fare redigere veri e propri schizzi locali o più generali della regione coinvolta negli eventi bellici, che accludevano alle lettere a supporto del racconto.

### 4.2. *Il carteggio interno: le lettere degli ingegneri*

Quando abbiamo esaminato la fitta geografia dei compartiti dei cavalli del ducato di Milano, abbiamo notato come le fonti fiscali rendano visibile una minuta trama di insediamenti rurali: i carteggi interni dai paesi, o dal territorio, riempiono questa trama in forma di elenco e le restituiscono moto e dinamicità. Si tratta, anche qui, di cose ben note: a partire dal secondo Trecento gli officiali territoriali presero un po' dovunque a scrivere al centro per il loro «debito del officio», narrando quanto di rilevante accadeva nelle loro circoscrizioni e quanto disponevano in merito alla quotidiana gestione dello spazio locale e delle sue strutture essenziali, e attendendo dagli organi centrali conferma delle decisioni prese o avviso in merito alle questioni più spinose. Ovunque la fisionomia geomorfologica del territorio lo rendesse necessario, la manutenzione degli argini e la regolamentazione delle acque in tempo di pace e in tempo di guerra, il controllo delle strade e dei ponti, il funzionamento di strutture produttive come le fornaci o i mulini furono fra le incombenze più nevralgiche degli officiali, per l'oggettiva complicatezza di operazioni necessariamente collettive e per la loro incidenza sugli equilibri delle società politiche locali.[100] Risultato di questa duratura centralità, dai ritmi pressoché stagionali, sono centinaia e centinaia di lettere, che permet-

99. Basti qui segnalare il breve trattato francese scritto negli anni della discesa di Carlo VIII in Italia ed edito da Pélissier, *Un traité*; si veda ancora Covini, *«Studiando el mappamondo»*, pp. 251, 262-263.

100. Fra gli altri, due temi cruciali emergono da queste fonti: il controllo delle acque e la rete delle strade, entrambi profondamente legati all'antropizzazione del territorio e al controllo delle sue risorse: in merito alle acque, tema dalla bibliografia sterminata e assai minuta, bastino per l'area padana i rimandi a Menant, *Campagnes*, in particolare alle pp. 171-203, e a Raviola, *La strada liquida*; per l'alto medioevo, si vedano i contributi raccolti in *L'acqua*; per l'intersezione dei temi dell'acqua e delle strade, si veda almeno *Vie di terra*. In merito alle strade, basti ricordare la sintesi di Day, *Strade*, e le tre raccolte *Vie di*

tono – fra le altre cose – di cogliere la dimensione materiale, concreta del territorio: le opere di arginatura, il fitto reticolo di fiumi, fossi e canali, la gerarchia degli insediamenti i cui abitanti erano chiamati periodicamente a contribuire per difendere la terra dalle acque e per mantenerne funzionanti e agibili le strutture più necessarie alla vita associata, alla difesa locale e alla circolazione di uomini, merci e animali.[101] Nel Quattrocento, il moltiplicarsi dei carteggi e insieme un'attenzione più deliberata alla loro conservazione ci hanno restituito, oltre alle lettere di officiali e comunità, anche i carteggi degli ingegneri impegnati sul territorio, le cui competenze venivano utilizzate tanto in tempo di pace, quanto in tempo di guerra. Gli ingegneri tardomedievali erano infatti figure dai tratti socio-professionali ancora in bilico fra quelli dell'officiale e del tecnico, del mastro artigiano e dell'architetto, e i loro compiti spaziavano, tra guerra e pace, dal tracciare carte al progettare fortezze, dal disegnare canali al coordinare l'azione collettiva degli uomini nel riparare argini e ponti e nel ripristinare strade, fortificazioni, cinte di mura, dal sovrintendere i cantieri dei palazzi principeschi del contado al prestare la propria competenza a operazioni di guerra come la rottura degli argini dei fiumi a scopi militari o il trasferimento di pezzi di artiglieria.[102] Da queste fonti, missive anch'esse, ma non diplomatiche, emerge una geografia rurale e locale di grande – per quanto minutissima – corposità.

*comunicazione*, *Luoghi di strada* e *Viaggiare nel medioevo*; intorno al nodo fra strade, stati e guerra, si veda anche Meyer, *États*.

101. Per un esempio tardotrecentesco di questa abbondanza, si vedano le lettere di Andrea Painelli da Goito, edite in Schizzerotto, *La carriera*, in particolare alle pp. 49-72, e Lazzarini, *La difesa della città*.

102. Non mette conto soffermarsi sull'immensa bibliografia relativa a queste figure nell'età dell'Umanesimo e del Rinascimento: basti pensare all'attività di cartografo di Leonardo da Vinci (Kish, *Leonardo da Vinci*) o all'attività di architetti civili e militari di uomini del calibro di Brunelleschi, Alberti, Francesco di Giorgio Martini, che non solo scrivevano, ma disegnavano territorio. Si pensi a Francesco di Giorgio Martini, di cui sappiamo che avrebbe disegnato almeno due carte, una dell'intera Toscana nel 1479, l'altra della zona fra Montepulciano e Chianciano nel 1487, per dirimere questioni di confini: si veda in merito Rombai, *La nascita*, e Bouloux, *La géographie*. Per il quotidiano, stretto legame di questi uomini, sia i più celebri intellettuali sia i meno noti *magistri*, con la realtà territoriale e l'ampio spettro dei loro interventi, si vedano Covini, *«Studiando el mappamondo»*, p. 228, e Ead., *L'Amadeo*; per quanto riguarda il rapporto fra queste figure, i principi e la rappresentazione simbolica del potere, si vedano almeno Tafuri, *Ricerca del Rinascimento* e, per Milano, Boucheron, *Le pouvoir de bâtir*, e Id., *De l'urbanisme*. La figura dell'ingegnere si connota nell'età moderna di tratti al tempo stesso più scientifici e più funzionariali: si veda in merito, per il primo Cinquecento, Leydi, *Le cavalcate dell'ingegnero*.

Fra i vari esempi possibili di questo ispessirsi della percezione fisica dello spazio, soffermiamoci sull'abbondante messe di carteggi "tecnici" di vario livello prodotta dall'apertura dei cantieri idraulici e architettonici che Ludovico Gonzaga inaugurò a partire dai tardi anni Cinquanta del Quattrocento nel territorio mantovano.[103] In particolare, sono state recentemente studiate le missive di Giovanni da Padova, principalmente intento allo scavo del naviglio di Goito (una idrovia dotata di sette conche di navigazione che consentivano di superare il dislivello del terreno tra il Garda e la città), alla manutenzione della conca di Governolo (dove il Mincio entra in Po) e alla ristrutturazione delle rocche di Cavriana (1458-1462) e di Goito (1462-1467),[104] e soprattutto il carteggio di Luca Fancelli da Settignano, che oltre a essere l'esecutore materiale di Alberti e dello stesso Ludovico Gonzaga nelle grandi fabbriche urbane di S. Andrea e S. Sebastiano, sovrintese ai cantieri del palazzo gonzaghesco di Revere (1470-1477) e per trent'anni intervenne nel territorio ogniqualvolta fosse necessario.[105] Questi carteggi disegnano una mappa delle fornaci e delle cave di sabbia del marchesato, rintracciano il percorso dei canali di irrigazione, seguono le strade e i viottoli attraverso i campi, immaginano il percorso di bestie e uomini sugli argini e sulle sponde dei dugali:

> Ennanzi partisi da Saviola fecii chavar el fondamento del ponte, sichondo che quella mi commise, e feci pigliare el fondamento da una banda per tuto perfino allo engual del fondo del foxo, per forma non pò falar el maestro d'alquna choxa. Aliter el fondo di fuora io n'ò afondato una parte da uno chò a le 4 braza e cierto el mi pare andar tropo a scharpa aver brazo per brazo, però che facile si può traverxare, esendo aderbato, sserà anchor più facile, esendo suto, el bestiame lo paserà. Se la excellentia vostra diciese e' si fa così agli arzini di Po, egli è vero, ma gli arzini sono tuti di tereno movesto et paremi ch'egli stese bene a far chosì anche alle rive de' fosi votti dal lato dove si fa l'argine, ma dall'altra riva dove solo va chavo nel terreno fermo, mi paria de far mancho scharpa.[106]

In queste lettere lo scheletro formale della missiva cancelleresca veniva riempito di una narrazione dal registro peculiare, non solo per la più evidente prossimità del volgare utilizzato al parlato quotidiano, ma anche per la tona-

103. Si vedano per quest'età i contributi raccolti in *Il paesaggio mantovano*.

104. Rodella, *Giovanni da Padova*.

105. *Carteggio di Luca Fancelli*: si veda in particolare Carpeggiani, *"Io stimo anche più l'onore"*.

106. *Carteggio di Luca Fancelli*, l. 155, 10 ottobre 1471, Mantova, Luca Fancelli a Ludovico Gonzaga.

lità tecnica dei dettagliatissimi resoconti: nel caso degli ingegneri mantovani tra l'altro, negli anni Sessanta-Settanta essi si rivolgevano a un principe, il marchese Ludovico, le cui personali competenze tecniche erano più alte della media, e che quindi era in grado di seguire nei minimi particolari l'operato dei propri ingegneri. L'attenzione personale di Ludovico II, «gran fabricatore» secondo Teodoro di Sangiorgio e «intendentissimo» d'architettura per il Filarete, ai progetti tanto architettonici quanto idraulici mette in risalto, al di là del dato episodico, un nuovo atteggiamento del principe umanistico e protorinascimentale verso il territorio, e la sua capacità, ormai matura nel pieno Quattrocento, di vedervi non solo un dominio da controllare o una terra da sfruttare, ma un paesaggio da modellare in forme innovative.[107]

L'esperienza degli ingegneri e la loro conoscenza "tecnica" delle forme del territorio si rivelavano essenziali, come si è già in parte rilevato, anche in caso di guerra: Luca Fancelli nel 1482 venne inviato a fortificare la regione di Sermide in occasione della guerra di Ferrara, e la sua prima preoccupazione fu il reticolo idrico dei confini con il veronese e il ferrarese. Nelle lettere di quei mesi, la conoscenza dei luoghi, la sapienza tecnica, l'esperienza militare passata si tradussero in una narrazione dello spazio locale al tempo stesso dettagliata e storica:

> Io ho intexo da questi hommeni chome per altri tenpi viniziani menon armata qui a Sermito, ben esendo Mantova chon Milano, et che i prexono due pulesini, quali sono qui di sopra fra Chastelnuovo et Sermito, dove avendo bisognio di legniami per fortifichar el chastel qui, io ho principiato a tagliar i diti pulexini et anche perché questi pulesini sono a paro l'uno a l'altro, per modo che dividono il Po in tre rami, dove alquni ferarexi di là m'ànno fato un parlar che 'i presumo che, quando dovesi esere fato ponte da paxar Po, si faria qui ai diti pulesini, perché egli è più facile che in luogo alquno e masime perché el primo canale de verxo Sermito è 'l minore, dove, avendo loro la choperta d'i pulexini ai primi dui canali, facile seria pasar el terzo. Siché, per questo e per altre chagion, mi son mexo a tagliar.[108]

107. Si vedano in merito Carpeggiani, *"Io stimo anche più l'onore"* (cit. dal Sangiorgio a p. 14, dal Filarete a p. 25), e Lazzarini, *I Gonzaga*. Un solo esempio del carattere concreto e insieme abituale di questa attitudine: Marsilio Andreasi scriveva alla marchesa Barbara da Revere nel 1471 che «lo illustre signor mio [...] stette in casa a dessignare una colombara et ale 23 hore andoe ala corte a dessignare una stalla» (ASMn, AG, b. 2100, 10 febbraio 1471, cit. in Signorini, *Opus hoc tenue*, p. 47). Si tratta di un'attitudine anticipatrice dell'amore cinquecentesco per le ville rurali: *L'antico regime*.

108. *Carteggio di Luca Fancelli*, l. 380, 1 settembre 1482, Sermide, Luca Fancelli a Federico Gonzaga. Gli esempi dei rapporti stretti fra ingegneri e idraulica militare si

## 5. *L'itinerario e il viaggio: l'eccezione del racconto*

Siamo partiti, in questa esplorazione documentaria, dalla morte di Gian Galeazzo Visconti e dalla constatazione del fatto che i cronisti suoi contemporanei narrarono la sua grande avventura espansionistica declinandola come un catalogo di città. L'Anonimo fiorentino parlando del crescente senso di assedio e di insicurezza patito da Firenze alla fine del Trecento scrive: «li fiorentini, veggendo che l' Duca de Melano gli avea chiusi intorno, poi ch'ebbe la città di Perugia»; gli *Annales Genuenses* degli Stella ricordano che Gian Galeazzo «Lombardorum urbes, hisque proximis temporibus, Veronam, Vicenciam, Pisas, Senas, Perusium et Bononiam suo dominio adeptus est».[109] Il catalogo delle città era di fatto un *topos* per descrivere la potenza dei principi, anche se venne usato soprattutto per qualificare l'aggressivo espansionismo visconteo e l'apparente «articolazione per città» del dominio milanese, al punto che l'eco della struttura a trama urbana della Lombardia trecentesca, che ritroviamo ricordata a più riprese nel Villani o nell'Azario, si diffuse anche oltre i confini d'Italia. Allorché narrò il colpo di mano che Gian Galeazzo compì ai danni dello zio Bernabò nel 1385, Jean de Froissart riportò come alla morte del padre di quest'ultimo, Galeazzo, si rompesse l'equilibrio che aveva regnato sino ad allora fra i due fratelli cosignori, che avevano governato una Lombardia composta di venti città più Milano: «Messires Galeas et messires Bernabo, qui avoient esté frère et resgnè ensamble asés pasiblement et gouvrené fralement toute Lombardie, li uns i tenoit de seigneurie neuf cités, et li autres dis, et Melans aloit un an on gouvrenement de l'un, et puis retournoit à l'autre an on gouvrenement de l'autre».[110] La centralità delle città nella percezione della geografia politica da parte dei cronisti italiani emergeva talora anche al di

moltiplicano nell'Italia quattrocentesca: si veda Covini, *«Studiando el meppamondo»*, pp. 254-255, n. 88 (per qualche caso milanese) e p. 237, n. 25 (per un caso veneziano).

109. *Cronica volgare*, p. 249, a. 1399; Giorgio e Giovanni Stella, *Annales genuenses*, p. 258, 1402.

110. Villani, *Cronica*, I, pp. 326-327; Froissart, *Chroniques, livres I-II*, p. 994; per queste considerazioni, e per le citazioni dei precedenti autori, si veda Chittolini, *Ascesa e declino*, p. 484, n. 28. Si tratta di un *topos* presente non solo nella cronachistica, ma anche nella letteratura cortese: si pensi alla composizione in versi dedicata nel 1388 da Francesco di Vannozzo a Gian Galeazzo Visconti, in cui sette città (Padova, Venezia, Ferrara, Bologna, Firenze, Rimini e Roma), anche a nome di altre sette (Perugia, Siena, Arezzo, Lucca, Pisa, Fano, Ancona, Udine, Viterbo), si rivolgevano al signore di Milano come all'auspicato pacificatore d'Italia (Francesco di Vannozzo, *Le rime*, pp. 266-275, cit. in Ricci, *Cataloghi*, pp. 8-9).

fuori della figura retorica del catalogo di città: allorché infatti si parlava di leghe e trattati in occasione delle grandi guerre tardotrecentesche, se un Villani riproduceva con esattezza la trama degli aderenti secondo quanto testimoniato dai trattati diplomatici di cui aveva probabilmente conoscenza diretta,[111] altri la scioglievano, nella narrazione storica, in una semplificata lista di due gruppi di protagonisti, le città autonome e i signori di città. Si torni per un solo esempio all'Aliprandi, e alla sua descrizione dei partecipanti della lega antiviscontea del 1397. Nel presentare la lega contro Gian Galeazzo, il cronista elencò dapprima i condottieri (tutti signori di castelli e di uomini, talora membri minori di dinastie di signori di città), e poi passò ai «capi della liga», che erano, prevedibilmente, città libere e signori di città.[112] La percezione dello spazio si faceva più concreta e varia allorché dal piano politico si passava alla guerra narrata: sempre nell'Aliprandi, i mantovani e i condottieri della lega difendevano un territorio che prendeva corpo attorno a punti strategici rilevanti, e la cronaca nel narrare la guerra si attarda sul Serraglio, la linea fittamente fortificata a ovest della città, sul ponte di Borgoforte sul Po, sul castello di Governolo, sul complesso fortificato di Ostiglia. Allora il territorio si articola in luoghi, e i luoghi si animano e si sostanziano di contadini in fuga, di bestiame rubato, di campi allagati.[113]

111. Villani infatti non solo differenziava con attenzione il dominio dell'arcivescovo Giovanni (composto come si diceva per lo più di città, 17 tra Lombardia ed Emilia, più qualche città non nominata direttamente nelle «montagne verso la Magna» e alcune *castella* in Toscana), dal complesso dei suoi alleati, ma distingueva fra questi ultimi il gruppo dei suoi «comandati e ubidienti» («Cortona, Orbivieto, Cetona e Agobbio, e i Tarlati usciti d'Arezzo, i Pazzi e li Ubertini di Valdarno e li Ubaldini e que' da Faggiuola; e i conti da Montefeltro, e de' conti Guidi dal lato ghibellino, e il conte Tano di Mangona, e li altri caporali ghibellini di Toscana, di Romagna e della Marca») e il gruppo dei suoi «collegati» («E a ssua lega e compagnia avea il signore della Scala e di Mantova e di Padova, e il marchese di Ferrara in Lombardia, e 'l Comune di Genova e quello di Pisa [...] e il capitano di Furlì e il tiranno di Faenza, e il signore di Ravenna»), Villani, *Cronica*, I, pp. 326-327.

112. Aliprandi, *Aliprandina*, p. 157, cap. CLXXXIII, a. 1397: «La liga di presente scrivìa,/molta de zente d'arme lor asoldare,/chi fonno di cavalli ben se' milia./'Li condutori ti voio nominare:/lo conte Zoane da Barbiano,/lo conte da Carara non falare,/lo conte Ugo chi era elemano,/Malatesta di Malatesti fero,/Cora Prosper, Francischo da Cantiano./Antonio di Opizi bon schudero,/Bartolomeo da Gonzaga anchore/E molti che nominare non fa mistere./'Li capi de la liga dirò anchore:/A la santa Gesia dezo cominzare;/Fiorenza richa, Bologna di valore,/Malatesta Ravena acompagnare,/Forlì, Faenza e Imola secho avìa,/Quel da Ferara e di Padua notare».

113. In merito all'approccio dell'Aliprandi, si veda Lazzarini, *La difesa della città*.

In questo contesto, non è prioritario tentare di capire se la visione sovente "urbanosensibile" dei cronisti corrispondesse a una effettiva articolazione dei poteri italiani sulla base di un mosaico di città e di contadi, o se altri attori avessero, in una dinamica ormai sin troppo analizzata in modo talora combinatorio, un ruolo di maggiore rilievo come interlocutori del potere centrale o come protagonisti della dialettica politica territoriale. Quel che interessa qui, con l'intento di portare qualche elemento in più alla riflessione su questi temi, è – come si è più volte ripetuto – indagare come si parlava dello spazio politico e geografico nell'Italia tardomedievale: in particolare, in questo caso, verificata la prevalente propensione delle cronache a risolvere la geografia politica in un mosaico di città e di signori (di città), può non essere inutile andare cercando, fra le fonti non documentarie, eventuali spazi diversi, non composti di successioni di centri urbani, o non solo. A questo fine, è giunto il momento di occuparci, per quanto in sintesi, di testi che non sono cronachistici né documentari, ma si rivelano assai prossimi a queste fonti per la fisionomia sociale e professionale e la provenienza degli autori, nonché per la contiguità dei contenuti. Sono questi un ventaglio di scritture di viaggio e di memoria, itinerari e diari, la cui natura ancora in divenire e in bilico fra generi diversi si rivela in grado di arricchire e articolare il panorama dei linguaggi del territorio documentari e narrativi grazie alla pluralità della loro genesi, alla molteplicità delle intersezioni reciproche e alla probabile comune matrice di autori e fruitori.

In generale, i resoconti di viaggio vanno intesi in questo caso nel loro più vasto spettro, dagli scarni itinerari ai testi più elaborati e destinati a una circolazione meno strumentale. Si tratta di un'ampia gamma di scritture, dalle origini schiettamente medievali, di cui è difficile delineare caratteri comuni e precise tipologie proprio per la grande varietà delle forme in cui si presentano: d'altro canto, questo carattere sovente ibrido li rende di grande interesse per noi, giacché, collocandosi all'incrocio di generi diversi, possono rivelare in qualche caso intersezioni significative e gettare luce su procedure classificatorie e attitudini descrittive non immediatamente percepibili in testi – letterari come documentari – più codificati. Tra essi, gli itinerari (elenchi postali, militari, commerciali, devozionali di toponomi e di distanze) rappresentavano una tappa intermedia tra la scrittura in forma di lista e la carta o la mappa locale e regionale, assai più rare. I resoconti di viaggi a loro volta, nella variegata gradazione fra il ricordo personale e il testo costruito letterariamente e con qualche ambizione di circolazione pubblica, rappresentavano una sorta di terreno interlocutorio fra i semplici itinerari e altri generi di natura e vocazione più esplicitamente memorialistica, letteraria, encomiastica o scientifica, come i libri di ricordanze, i trattati di geografia (come quelli umanistici di Flavio Biondo e Leon Battista Alberti per il Quattrocento, o Leandro Alberti per il Cinquecento), le *laudationes urbium*, o infine tutta la vasta regione delle composizioni in versi o in prosa in cui capitoli più o meno lunghi potevano essere dedicati a viaggi effettivamente compiuti dai protagonisti.[114]

Gli itinerari, caratterizzati da una netta contiguità strutturale con le carte, sono, come si diceva, nudi elenchi di toponimi, percorsi, distanze, innervati su di una successione di luoghi essenziali al viaggio, come città e borghi, naturalmente, ma anche come stazioni di posta, asili, passi, ponti.[115] L'origine di questi testi è molteplice, come i loro fini: parte nati dalle concrete necessità di una società mercantile in perenne movimento e come tali legati concettualmente alle coeve tariffe di prezzi e cambi che circolavano in Europa e nel Mediterraneo, egualmente in forma di lista, e alle pratiche di mercatura;[116] parte resi necessari dalle esigenze della guerra o del governo;[117] parte derivati dalle pratiche di pellegrinaggio attraverso

114. Sulla letteratura di viaggio di questo periodo, si veda almeno, oltre a Hale, *Introduction*, Chittolini, *Il nome di 'città'*. In merito alla grande varietà tardomedievale delle forme dei resoconti di viaggio, si veda Tellenbach, *Zur Frügeschichte*. A proposito del genere delle *laudationes urbium*, si veda Occhipinti, *Immagini di città*. Per i libri di ricordanze, si veda almeno Cicchetti, Mordenti, *La scrittura*. In merito ai grandi trattati umanistici che si occupano di geografia e di cartografia si vedano Gambi, *Per una rilettura*, Petrella, *L'officina del geografo*, e ora *L'Italia dell'Inquisitore*, in cui in particolare per questi temi si consideri, oltre a Arcangeli, *Nello Stato di Milano*, anche Fubini, *Note su Leandro Alberti*; per quanto riguarda le riflessioni cartografiche di Leon Battista Alberti, si veda Harvey, *Local and Regional Cartography*, p. 495.

115. Un solo esempio: una delle carte più celebri dell'Inghilterra medievale, la carta di Matthew Paris, è di fatto costruita come un itinerario attorno a una singola strada, quella che conduce da Newcastle-upon-Tyne a Dover: *Four*; si veda in merito Harvey, *Local and Regional Cartography*, pp. 495-496.

116. Tucci, *Mercanti*. Tucci sottolinea, nella cultura degli uomini d'affari veneziani, l'esistenza di un sapere geografico ricchissimo di sostanza reale, e costituito dalla conoscenza empirica di luoghi, pratiche di scambio, usi locali: in una parola, quello che Priuli vedeva alla base dell'impulso a viaggiare e commerciare, il desiderio di farsi una «experientia delle chosse del mondo», Priuli, *I Diarii*, p. 50, cit. in Tucci, *Mercanti*, p. 318. Si vedano anche in merito le considerazioni di Collodo, *La geografia*.

117. Si vedano per esempio l'itinerario militare di Alberto da Vignate, conservato in Biblioteca Nazionale Braidense, ms. AG.XI.42 (*Itinerario Vignatense*, 1496-1516 circa) o l'*Itinerario...per Hieronimo Rozono*, un poco più tardo (1542 circa), ivi, ms. AD.XI.39: in merito, Covini, *«Studiando el mappamundo»*, pp. 263-266, Chittolini, *Il nome di 'città'*, pp. 491-492, e Arcangeli, *Nello Stato di Milano*, p. 502 e nn. 127-129.

l'Europa (Compostella, Roma) e verso la Terrasanta.[118] Si tratta, come si può immaginare, di scritture la cui struttura essenziale poteva facilmente arricchirsi di dettagli e trascolorare in testi più articolati e ricchi di particolari dei più vari, tanto scritti e narrati, quanto, in qualche raro caso, figurati. Non mette conto qui di compiere una rassegna, neppure minima, di questi testi: pare utile peraltro sottolineare la crescita, soprattutto in ambienti istituzionali (cancellerie, offici territoriali, diplomazia), di una sensibilità sempre più scopertamente affinata per la concreta realtà spaziale dei luoghi. Spia di questa sensibilità è la commistione di scrittura e disegno in un testo particolarmente interessante, il cosiddetto *Itinerarium cum syndicis Terraefirmae*, di Marin Sanudo. Diciottenne, il Sanudo accompagnò nella primavera-estate del 1483 il cugino Marco e i suoi due colleghi Giorgio Pisani e Pietro Vittori, auditori nuovi alle sentenze, in un viaggio d'officio attraverso la Terraferma veneta. Durante il viaggio, che durò quasi sei mesi (il piccolo drappello partì da Venezia il 15 aprile, e rientrò in laguna il 3 ottobre), egli trasse da quel che vedeva un primo *draft*, che più tardi elaborò in una sorta di itinerario e insieme *descriptio* delle regioni che attraversava.[119] Il giovane Sanudo si propose di descrivere le «terre, castelli, borgi, ville, campi, prati, boschi, fonti, lagi et fiumi» che avrebbe incontrato: di fatto, a seconda del luogo, Sanudo annotò una serie di dati significativi, come la posizione geografica («Lignago è situado sopra il fiume dil Adexe dala banda del polesene»), la distanza dagli abitati più vicini («E de qui [Malpaga] a Martinengo è mia tre, et mia do è la villa de Guidalba dove è castello de muro»), la forma dell'insediamento («questo locho è situado tuto in aqua, solum da una banda gli è poco di terra, et a do ponti levadori», Sirmione), le attività degli abitanti («qui è habitato di pescadori de carpioni e trute a uno loco davanti dove aqua vi entra par un arsenal fu facto per tegnir gabbie» e ancora «qui è uno mercado bellissimo de luni, nel qual zorno core lì tuti li circumstanti pocco luntà et Manerbe pocco luntà sopra il laco», Sirmione), i caratteri edilizi e architettonici («Malpaga, castello habitato olim dil Capitanio bergamasco [...] è quadro, à do man di fosse:

118. Richards, *Les récits*; Hale, *Introduction*, pp. 12 e 39-40.

119. Del testo del Sanudo – che meriterebbe uno studio più approfondito – sono rimasti due manoscritti autografi: uno, conservato in Marciana ed edito da Fulin, Sanudo, *Frammenti*, è probabilmente il primo *draft*; il secondo, conservato nella Biblioteca Universitaria di Padova, e edito da Brown, *Itinerario*, è una versione successiva del primo. Di questo testo, si veda ora la riedizione, Sanudo, *Itinerario per la Terraferma*. In merito, Hale, *Introduction*, p. 22.

la prima con mure di là et di qua, et dentro atorno è tuto stalle; poi, per un altro ponte levador, con fosse di aqua, è il castello, bello palazo con camere et salle adornato [...]», Malpaga, e ancora «E mia uno luntan è Cavernigo dove è palazo bellissimo: lì son retrati tuti li homeni et Capetanij illustri nostris temporibus fue»), talora infine qualche dato istituzionale, soprattutto di ordine militare («sta qua al presente castellano Faustino Contarini e uno cotestabellle con page 20 Tadio Lombardo, et 25 li sta dentro a far la guarda et è fornito de munitione benissimo», Castello di Bergamo).[120] Siamo negli anni della guerra di Ferrara: il conflitto entrò dunque come elemento cruciale della descrizione del paesaggio, accentuando i riferimenti alle fortificazioni e alle potenzialità strategiche dei luoghi (città, comuni rurali, castelli, ma anche per esempio passi sul Po, come Stellata e Ficarolo ai confini con il ferrarese). L'interesse di questo testo non sta peraltro solo nella ricchezza delle informazioni che fornisce: il dato cruciale è che la narrazione venne corredata da numerosi schizzi dei castelli e dei luoghi di cui Sanudo parlava, posti in apertura dei capitoletti dedicati ai diversi insediamenti. Le immagini, per quanto non in prospettiva, sono assai dettagliate e del tutto analoghe alla contemporanea produzione di carte locali. La loro presenza in entrambi i manoscritti sembra dimostrare che l'itinerario nacque sin da subito come una sintesi di testo e immagini.

Almeno in certi ambienti la consapevolezza geografica globale venne dunque aumentando nel corso del Quattrocento, come vennero diversificandosi le forme dell'attenzione allo spazio fisico e umano anche in contesti originariamente lontani dall'osservazione dello spazio. L'attitudine memorativa personale si declinò anche in forma di descrizioni più o meno ampie di paesaggi fisici e umani, coniugando insieme l'originaria categoria dell'itinerario e del catalogo di luoghi con quella del libro di ricordanze: nacquero così resoconti dei viaggi che descrivevano non solo i centri urbani o le stazioni di posta, ma anche le regioni, i popoli, le abitudini, gli usi, le leggi, i fatti, gli insiemi monumentali e gli elementi notevoli di un paesaggio ormai antropizzato, insieme agli incontri fatti dal protagonista durante il viaggio.[121]

120. Fulin, *Frammenti*, p. 6; *Sanudo, Itinerario per la Terraferma*, pp. 118, 170, 142, 162, 170.

121. Per la poligenesi di queste scritture si veda Hale, *Introduction*, in particolare alle pp. 33-34: ricapitolando con attenzione tutte le possibili occasioni e attitudini che erano alla base dell'evoluzione del genere dei giornali di viaggio come quello scritto da de Beatis, e quindi del riversarsi in scrittura delle esperienze acquisite viaggiando, Hale conclude «this is why we have been looking at narrative and descriptive forms which, taken together, stimula-

Se l'itinerario del Sanudo è un testo misto, come tecniche compositive e come concezione, lungo la stessa via di approfondimento e di elaborazione del principio della lista di toponimi troviamo anche più dettagliati e personali giornali di viaggio. L'attenzione a una sorta di riproduzione in scala del paesaggio insediativo non si serve solo della risorsa disegnata (che mi pare, anzi, un'eccezione), ma elabora altre forme singolari di espressione. In un testo assai concreto, in forma di guida-promemoria e del tutto privo di immagini come il diario di un anonimo mercante lombardo attraverso l'Europa negli anni 1516-1518, la trama dei luoghi si compose di una geografia di insediamenti maggiori e minori, descritti con variegata abbondanza di particolari (fisici, storici, classici, religiosi), ma definiti in una sorta di insieme coerente dal costante rimando a una scala mentale originaria costituita dalle città, quasi-città, borghi e villaggi della parte occidentale e meridionale del "ducato" di Milano, vale a dire del contado della capitale lombarda. Si guardi alle note relative a Lione e ai minori insediamenti vicini alla città francese:

> Lion, città grande come he Pavia, ma più spessa et più bella; per mezo li corre la Sona, fiume, in lattino Arar, sopra al quale per andare da una parte de la cità a l'altra li he uno pontte di preda, bello, quale ha novi archi et he longo 320 passi. El fiume è magiore di Ticino et minore di Po, et viene di Borgogna. Di cantto a Lion li passa il Rodano da la partte verso Milano [...] et come dicti fiumi sono fora de Lion subitto si congiongono insiema et da lì inantti la Sona perde el nome et tutto si domanda il Rodano, quale se ne va poi zo per el Delfinatto a Viena, a Valenza, a Santto Spiritto et in Avignone, et va in mare in Aqua Mortta, in Provenza [...] Lion è postto sotto un monticello, sopra al quale dicono che antiquitus era la città, et poi fu ruvinatta per certi infidelli et si è poi rehedificatta al basso [...]' non li he castello alchuno, salvo una certtta bichocha su uno colletto apresso alla città ad un quarto di miglio.
> Villa Francha, loco dil duca de Borbone, grande come Bustte Grande, ma bello.
> Bella Villa, loco grande come Buste.
> Machon, città in Bregogna, et è il primare loco che si trova in Borgogna a chi vene verso Lion, et he città et grande come Vigevano.[122]

ted conscious observation and methodical record». Non si trattò di un fenomeno unicamente italiano: si vedano i diari dei mercanti delle libere città imperiali tedesche studiati da Monnet, *Ville réelle*, testi in cui troviamo «une écriture qui décrit le parcours personnel, le territoire de la famille et de la mémoire avec un regard de géographe, ou tout au moins le souci de localiser l'action, de spatialiser le souvenir, de situer les étapes d'une vie», ivi, p. 591.

122. Si tratta di un testo conservato al British Museum, Add. MSS. 24180, ora edito (*Un mercante*), di cui si veda Monga, *Introduzione* (la citazione dal testo è alla p. 52): la

In questa direzione, non è utile fare distinzioni troppo rigide: tra testi come il giornale di viaggio dell'anonimo mercante milanese, il resoconto della missione di Andrea de Franceschi, coadiutore del segretario che accompagnò nel 1492 gli ambasciatori Giorgio Contarini e Paolo Pisani in Germania, presso l'imperatore Federico III d'Asburgo e suo figlio Massimiliano nel 1492,[123] le impressioni di viaggio del veneziano Andrea *Franciscius* diretto a Londra nel 1497,[124] il racconto del viaggio attraverso l'Europa del cardinale Luigi d'Aragona scritto da Antonio de Beatis,[125] infine il *Viaggio in Alamagna* di Francesco Vettori,[126] per non citare che

struttura del testo, su cui vedi anche Hale, *Introduction*, pp. 20, 53-55, e Chittolini, *Il nome di 'città'*, pp. 491-492, è una composita somma di elementi tradizionali e innovativi: il vero e proprio diario del viaggio (che condusse l'anonimo mercante da Milano sino alle Fiandre e a Londra, e poi a sud, a Santiago e in Spagna, facendolo rientrare in Lombardia per via di terra attraverso la Catalogna e la Provenza), senza titolo, è seguito infatti da una serie di paragrafi eterogenei di tema spagnolo (re e regine, elenchi di castelli e di gentiluomini spagnoli, offici regi e quant'altro), e si conclude con una serie di itinerari diversi attraverso l'Europa, non sempre coincidenti con quanto sperimentato e descritto dall'autore (Monga, *Introduzione*, pp. 19-20).

123. Andrea de' Franceschi, *Itinerario de Germania*... [1492]: si vedano in merito, oltre a Hale, *Introduction*, pp. 48-49, e Chittolini, *Il nome di 'città'*, p. 497, anche Voigt, *Italienische Berichte*, pp. 217-227, 245. I viaggi degli ambasciatori, al di là delle relazioni diplomatiche finali veneziane, per cui vedi *infra*, in più di un caso diedero origine a racconti di viaggio: si considerino almeno Guicciardini, *Diario*, e Navagero, *Viaggio* (Chittolini, *Il nome di 'città'*, pp. 492-494).

124. *Itinerarium Britanniae* (l'originaria versione latina è alle pp. 73-88): si veda Hale, *Introduction*, pp. 50-51. È possibile che l'autore sia lo stesso de Franceschi che scrisse l'*Itinerario* precedente, nel 1497 ventiseienne (già Hale lo ipotizza), considerata la pressoché totale omonimia e l'analogo procedere dei due resoconti: sul de Franceschi, divenuto più tardi il cancellier grande cui si deve il primo riordinamento della Cancelleria ducale veneziana durante il dogado di Andrea Gritti, si veda anche la voce dedicatagli da Zamperetti in DBI e il capitolo precedente in questo volume.

125. Il testo è stato più volte edito, per primo da Pastor, *Die Reise*, pp. 89-180; su di esso, si vedano, oltre al citato Hale, anche Chastel, *Luigi d'Aragona*.

126. Vettori, *Viaggio*: sulla struttura e i caratteri di questo testo peculiare, si veda da ultimo Pirovano, *Per l'edizione*. Il Vettori, che compose nel suo *Viaggio* un testo intenzionalmente letterario, ci dà, per la scelta di scrivere di viaggi, una giustificazione che riprende il tema della conoscenza del mondo, ma lo declina con accenti del tutto nuovi di personale soddisfazione: «Però volentieri ritorno alle mie narrazioni, le quali se non diletteranno chi le leggerà, dilettano me che le scrivo. Perché intra gli onesti piaceri che possino pigliare li uomini, quello dello andare vedendo il mondo credo sia il maggiore, né può essere perfettamente prudente chi non ha conosciuto molti uomini e veduto molte città. Ma a volere che questo succeda bene, bisogna che chi ha a ire a torno abbi più condizioni: e prima che sia robusto e sano, che sia ricco et abbi compagnia facile e sollazzevole [...] E oltre a tutte

alcuni dei testi più noti di questo genere, e solo quelli scritti da italiani (si tratta infatti di un fenomeno in buona misura europeo: si pensi al giornale di viaggio di Albrecht Dürer tra 1520 e 1521),[127] esistono ovviamente differenze essenziali in termini di intenzionalità, sapienza interpretativa, spessore intellettuale, ma dal nostro punto di vista possiamo considerarli come un'unica regione di scritture, in cui l'attenzione alle forme dello spazio, seppure declinata in modi diversi in rapporto all'ambizione e ai fini del singolo testo e al livello culturale e all'identità socio-istituzionale dell'autore, è un tratto qualificante dell'intenzione di scrivere.[128] Mercanti, cancellieri, ecclesiastici, intellettuali, artisti produssero in misura sempre maggiore testi di viaggio in cui l'attenzione «alle chosse del mondo» e la propensione ai libri di memorie, entrambe attitudini tipicamente mercantili, approfondite nel corso del Quattrocento grazie all'ampliarsi del mondo legato al crescente raggio dei viaggi oceanici, e un'esperienza sempre più affinata nell'osservazione della realtà geografica, mediata vuoi dalla tratta-

queste cose, bisogna esser libero, né avere faccenda alcuna, e poter stare quindici dì in una città, andar per terra, andar per acqua, e non esser ubrigato a niente» (Vettori, *Viaggio,* pp. 122-123).

127. Dürer, *Diary*. Dürer partì da Norimberga con due quadernetti: nell'uno scrisse spese e impressioni di viaggio (soprattutto attento ai monumenti e alle cerimonie, o all'accoglienza fattagli dai suoi più diversi ospiti, più che allo spazio naturale o abitato), nell'altro disegnò schizzi, per lo più di luoghi ed edifici, in una interessante divaricazione di strumenti espressivi.

128. Come precisa Giorgio Chittolini, si tratta di testi la cui struttura di base è costituita, in modo relativamente uniforme, da «una registrazione delle diverse tappe e delle distanze fra esse, una definizione del luogo di tappa (villaggio, castello, centro urbano), una descrizione di quest'ultimo, di misura diversa (qualche riga o alcune pagine), talora l'illustrazione anche dei monumenti principali; si segnalano poi con maggiore o minore ampiezza le occorrenze del viaggi, gli incontri con personaggi significativi, etc.», Chittolini, *Il nome di 'città'*, p. 491. Va in ogni caso sottolineato come la recente fortuna di cui godono questi testi sembra riservata prevalentemente all'analisi delle loro modalità di rappresentazione delle città, o in generale degli insediamenti di carattere e proporzioni urbane (all'interno di un intenso dibattito intorno alla natura e alle forme della città in Italia e in Europa tra tardo medioevo ed età moderna), allorché essi si rivelano testi ricchi di informazioni spaziali delle più varie: vale la pena di anticipare per molti di questi testi tardoquattrocenteschi e primocinquecenteschi le considerazioni di Arcangeli a proposito del più tardo Alberti, che proponeva un'immagine – nella fattispecie della Lombardia – «voluttuosamente» scomposta in quasi settecento centri abitati, Arcangeli, *Nello Stato di Milano*, pp. 496-500: 497. Lo stesso Vettori dichiarava in esordio al suo *Viaggio* «scriverò adunque tutti e' luoghi dove sono stato, e non solo le città e castelli, ma li borghi e minime ville, e quello mi sia accaduto, e con chi abbi parlato, e di che», Vettori, *Viaggio*, p. 13.

tistica di matrice umanistica,[129] vuoi dalla complementare evoluzione della cartografia, vuoi dalla pratica di governo[130] e dal forzato ampliarsi dello scenario politico italiano a comprendere in modo pressoché quotidiano e inevitabile attori e protagonisti europei ed extraeuropei,[131] si tradussero in un'attenzione costante e sempre più sofisticata alla ricca varietà degli elementi costitutivi dello spazio attraversato e conosciuto. A questa stes-

129. Su cui, oltre alle ricerche citate alla n. 114, si veda anche Ricci, *Sulla classificazione*, in particolare pp. 5-8, a proposito della complessa relazione fra i testi di Biondo e Alberti con la tradizione classica.

130. Si consideri che l'attenzione degli officiali e delle cancellerie alla geografia del territorio non era necessariamente una specificità italiana: si vedano in merito un paio di testi prodotti nei primi decenni del Quattrocento nella cancelleria regia francese, il formulario di Odart Morchesne, chierico, notaio e segretario di Carlo VII, che nel 1427, compilando un formulario di cancelleria, ai modelli delle lettere cancelleresche aggiunse una lista bilingue (latino-francese) delle grandi regioni del regno di Francia (divise in circoscrizioni, cui si sovrappone la geografia dei domini regi, infeudati o meno), e un indice anonimo del 1420, il *Grand répertoire des layettes et registres du Trésor des chartes et des Mémoriaux de la Chambre des Comptes*, che indicizzò in 266 rubriche i luoghi della geografia pubblica del regno. Su queste due fonti di grande interesse, si veda Desjardins, *Les savoirs*.

131. Si pensi alle istruzioni che il Consiglio dei Dieci di Venezia dava ai suoi ambasciatori perché redigessero le celebri *relazioni*: «Queste cose si ricercano per fare una relazione. Prima descrivere il sito della provincia nella quale sarà stato, anteponendo principalmente il nome antico e moderno della detta provincia, mostrando in qual parte del mondo ed in che disposizione del cielo si ritrovino i suoi confini dalle quattro parti, la sua larghezza e circuito, in quanti e quali regni o province minori sia divisa, nondimeno enumerando le città principali, le fortezze, arcivescovati e vescovati, gli fiumi principali e villaggi, gli monti e selve e gli passi circonvicini ad essa pertinenti. Bisogna trattare delle qualità di essa provincia, come sarebbe a dire della temperatura dell'aere, bontà e tristitia; della fertilità o sterilità di biade ed altre cose, se pertinenti al vivere umano; delle miniere, degli animali; se il paese è montuoso, piano, selvoso, paludoso, e dove; qual parte sia meglio abitata ed in qual parte siano selve o paludi, che impediscono l'abitarvi e se vi è alcun meraviglioso effetto di natura. Conviene ragionare degli abitatori suoi, mostrando gli loro costumi ed abiti, di che colore, statura o disposizione siano; se sono religiosi, superstiziosi e di altra particolare religione, l'ordine e l'apparato delle guerre per terra e per mare. Delle loro arti, ed in che più si esercitano e vagliano; quali commerci mandano fuori e pigliano da forestieri; del governo delli primi principi o padroni, di loro ricchezze, nobiltà e seguito; delle nature e condizioni della plebe. Bisogna venire al particolare del principe e narrare la genealogia sua, descrivendo la persona, la vita che fa ed i costumi suoi, come sia amato dai suoi sudditi, quante siano le sue entrate e quante spese facci; la guardia che tiene, la grandezza della sua corte e con qual principe abbia amicizia o inimicizia», edito in Donazzolo, *I viaggiatori*, e citato in Monga, *Introduzione*, pp. 44-45. Le celebri relazioni veneziane sono state edite in *Le relazioni*. In merito, si veda Ventura, *Genesi*, e Id., *Scritture politiche*. Si aggiunga ora, in merito in particolare alla analisi della definizione di città, Chittolini, *Le città tedesche*.

sa temperie può ascriversi anche un ultimo gruppetto di testi, i resoconti, sovente in poesia, dei viaggi dei principi, al momento della loro presa di potere o in occasioni particolari.[132]

È però sempre necessario ricordare che questa attitudine memorativa e descrittiva non era ancora generalizzata: John Hale notava giustamente che se «the act of travelling could be spontaneous [...] writing about travel never was». Alcuni viaggiatori, pure abituati alla speculazione, non trassero dai propri viaggi stimolo per scrivere di essi, ma anzi, come Erasmo da Rotterdam, deplorarono l'attitudine a sottrarre tempo a riflessioni più serie con il descrivere luoghi e paesi, accennando ai propri viaggi solo come a sostanziali e disagevoli perdite di tempo; analogamente, non sempre umanisti, cancellieri, persino diplomatici vennero sviluppando una consapevole attitudine all'osservazione e al ricordo scritto dei luoghi: molti carteggi politici e letterari del Quattrocento inoltrato continuarono a essere assai più attenti a «personalities rather than places, news rather than views».[133]

## 6. *Disegni, non scritture: l'eccezione delle mappe*

Per concludere in merito alle forme e agli elementi essenziali di questa pur crescente attenzione allo spazio inteso in modo globale come territorio e come paesaggio, vale a dire come insieme di luoghi e usi, città e insediamenti minori, circoscrizioni pubbliche e strutture fisiche, è però

132. Manca un censimento completo di questi testi che sembrano per ora comprendere soprattutto i viaggi dei principi di sangue imperiale e borgognone (da Filippo il Buono tra 1464 e 1465, a Massimiliano d'Asburgo e Maria di Borgogna nel 1477, a Filippo il Bello d'Asburgo nel 1501, infine a Carlo V nel 1517-1518), e una serie, minore, di viaggi di principesse italiane: Isabella d'Este nel 1517 (per cui si veda Hale, *Introduction*, pp. 25-27), e Isabella del Balzo, moglie di Federico d'Aragona, per quanto il suo viaggio in Puglia sia inserito in un testo formalmente diverso, il *Balzino* (per cui si veda Silvestri Baffi, *Di Isabella del Balzo*; il testo è inedito: *Rogerii de Pacientia dela cità de Nerito – Incomenza el libro seu tractato nominato lo Balzino[...]*, e conservato a Perugia, per cui si veda Mazzatinti, *Inventari*, V, pp. 19-20); ringrazio Anna Airò per avermelo segnalato.

133. Per entrambe le citazioni, si veda Hale, *Introduction*, pp. 33, 40: ma si consideri la consistente eccezione dei carteggi in periodi di conflitto, su cui si è discorso sopra, e qualche caso di particolare rilievo, come i carteggi diplomatici di Pandolfo Collenuccio, ambasciatore estense, inviato in Corte Cesarea nel 1493 e nel 1497, in cui l'attenzione ai luoghi, alla loro storia ma anche alla loro fisionomia è vivissima: Negri, *Milano* (dispacci editi alle pp. 510-549).

necessario considerare quel che potremmo definire il campo della descrizione non scritta, il mondo cioè delle rappresentazioni cartografiche. Non mette certo conto di entrare in questo contesto nel tema più generale della cartografia storica, delle forme e dei tipi delle mappe medievali, della loro interpretazione e del loro uso da parte dei geografi e degli storici.[134] Nostro intento, assai meno ambizioso, è di riordinare alcuni spunti relativi alle rappresentazioni disegnate nella pratica quotidiana dello spazio dell'Italia tardomedievale e protomoderna, riconnettendo tali rappresentazioni alle scritture documentarie e narrative di cui si è detto.

È ben noto come le diverse forme di rappresentazione disegnata della realtà spaziale nel medioevo, dalle *mappae mundi* ai portolani, dalle carte locali e regionali alle piante delle città, nascevano da una complessa matrice in cui la cartografia di origine classica e le concrete esperienze successive si combinavano in proporzioni assai diverse: fini, tempi, regioni e centri di sviluppo di esperienze cartografiche di qualunque genere nell'Europa medievale furono vari e diversificati, così come lo spettro e il consapevole uso di tecniche specifiche di rappresentazione grafica della realtà spaziale.[135] Si tratta di temi di un considerevole interesse: al di là della interpretazione sull'evoluzione della cartografia, entrano qui in giuoco anche questioni teoriche più generali, legate alle modalità di rappresentazione/costruzione della realtà, e quindi sia al rapporto fra scrittura, numeri, diagrammi, disegni, sia ai modelli della percezione e dell'interpretazione dello spazio.[136] Al di qua dei dibattiti teorici, un solo esempio, di chiarezza esemplare, della fecondità concreta di questi intrecci per i temi che ci interessano qui: un estimo di proprietà immobiliari urbane redatto a Gloucester nel 1455 (una *town survey*) venne costruito in forma di una lista su due colonne di nomi e di proprietà. Inframmezzati alle registrazioni fiscali, disegni minuti ma dettagliati dei principali monumenti cittadini (le chiese, le croci pubbliche, i pilastri) vennero tracciati sulla carta nella esatta posizione in cui si trovavano nella realtà rispetto agli immobili censiti. Nulla ricorda qui la mappa

134. Per cui basti ricordare, per l'Italia, la grande lezione di Lucio Gambi, sul cui lascito da ultimo si rimanda a *Una geografia per la storia*, e in particolare Mangani, *Rintracciare l'invisibile*; si veda anche Gardi, *I ritardi*.

135. Si vedano almeno, per un primo orientamento, Harvey, *Local and Regional Cartography*; Id., *The History*; Tucci, *Credenze geografiche*, e Broc, *La géographie*. Si considerino anche le stimolanti osservazioni di Gautier Dalché, *De la liste à la carte*.

136. Si pensi in questo caso alla lezione di John Brian Harley, i cui scritti metodologici sono ora raccolti in Harley, *The New Nature of Maps*, e alla successiva elaborazione di Farinelli, *Geografia*.

cittadina, in scala o a volo d'uccello, ma la rappresentazione degli edifici cittadini si dispone in una forma composita – di scrittura e disegno – che dà della città una immagine complessa.[137]

In questa occasione ci concentreremo su alcune rappresentazioni cartografiche regionali o locali di ambito settentrionale e di redazione quattrocentesca, gemmate da ambienti vicini a – quando non coincidenti con – le cancellerie signorili o repubblicane, e prodotte come concreti strumenti di sapere sul territorio: di esse si cercherà di individuare gli eventuali rapporti con le contemporanee e diversificate forme di "scrittura" dello spazio di cui si è sin qui parlato.

Nell'Italia tardomedievale troviamo tre gruppi di mappe locali o regionali di un certo interesse (non va dimenticato che l'Italia, insieme con l'Inghilterra, è stata a lungo la regione d'Europa a maggiore abbondanza di mappe, generali e locali):[138] si tratta delle mappe di città (pittoriali, a volo d'uccello, in scala: Roma, Venezia, Verona, Firenze); di mappe locali di aree piccole o piccolissime, generate da necessità concrete come operazioni idrauliche o militari o controversie giudiziarie o giurisdizionali in materia d'acque, proprietà, confini; di mappe infine di una regione più o meno coincidente con un dominio unitario, o di un distretto urbano, a fini di governo e di difesa. Tralasciando il primo gruppo, di cronologia più risalente, tipologia in questo caso meno significativa e fini sovente culturali,[139] mette conto soffermarci con più attenzione sugli altri due tipi di mappe.

È necessario premettere un paio di avvertenze metodologiche, prima di considerare questi gruppi di rappresentazioni come insiemi coerenti e potenzialmente inseribili in un discorso generale sulla consapevolezza cartografica e spaziale precinquecentesca. Gli studi più recenti in materia infatti non solo ci ammoniscono a non ritenere, come si è detto in esordio, che nel tardo medioevo disporre informazioni spaziali su di una mappa, anziché ordinarle in una lista, fosse un modo diffuso e relativamente spontaneo di pensare lo spazio: è necessario anche essere consapevoli che non sembra fondato

137. *Rental*; *Local Maps*, p. 17; Harvey, *The History of Topographical Maps*, p. 91 (con riproduzione). In questa stessa zona grigia tra scrittura e rappresentazione figurata, ancorché in modo assai più approssimativo, sembra potersi collocare anche lo schizzo sabaudo citato sopra alla n. 55.

138. Harvey, *Local and Regional Cartography*, p. 482: «Italy was by far the most map-conscious part of medieval Europe».

139. Per una ricognizione di queste mappe urbane, si veda Harvey, *Local and Regional Cartography*, pp. 476-478.

parlare per il Quattrocento di «a gradual but steady increase in mapmaking, with growing awareness of the value of the maps», nonostante il panorama attuale dei rinvenimenti di mappe pragmatiche, più o meno elaborate, possa essere arricchito – anche considerevolmente – da una ricerca archivistica mirata.[140] Detto ciò, sembra poco contestabile il fatto che nel tardo medioevo, e in particolare a partire dai primi decenni del Quattrocento, nell'Italia settentrionale, per una somma di motivi legati a fattori diversi si sviluppasse una produzione significativa, anche se non necessariamente correlata e interdipendente, di rappresentazioni cartografiche analiticamente attente a un territorio composto da elementi naturali e umani di diversa scala e natura.[141] Si tratta di un gruppo di undici mappe quattrocentesche: di esse, due rappresentano l'intera Lombardia, una la Terraferma veneta; tutte le altre sono centrate su di una città e si spingono a coprirne in modo più o meno esteso il distretto; di tre di esse (le carte del padovano di Francesco Squarcione e di Annibale Maggi da Bassano e la carta Pisato) sappiamo l'autore.[142] Sono

140. Harvey, *Local and Regional Cartography*, p. 465. Adotto qui la definizione di "carte pragmatiche", assumendola dagli studi sulle scritture, per indicare tutte quelle elaborazioni cartografiche, dagli schizzi alle carte dipinte, in pergamena o in affresco, la cui origine e i cui fini erano legati a esigenze concrete di governo, di gestione e di difesa.

141. Per i pochi precoci episodi due-trecenteschi (una mappa dell'area attorno Albi e Asti del 1291, presente anche in copia trecentesca, e le attestazioni di mappe trecentesche del padovano e della Lombardia), si vedano Almagià, *Un'antica carta*, Id., *Monumenta*, p. 5, c. VII, e Lazzarini, *Di una carta*. Si consideri peraltro che, per quanto più rari, gli episodi trecenteschi sono assai significativi: un cronista contemporaneo infatti così descrisse la carta fatta da Jacopo Dondi e gli effetti immediati di un suo possibile uso politico: «Questa si fo una carta facta per man de un maistro Jacopo di Dondi fisico, el qual fo subtilissimo homo in l'arte de pinger, e così questa carta era facta in description con pentura, con lo terren de Pava, com i fiumi e com i discursi dele aque et con i paludi et con le aque da mare et con gli argeri su i dicti paludi, et era a questo modo assai ben facta, et specialmente ale confine de Chiogia et de Cavarçere o' che ello era sta gran tempo et di quali luogi alora era question, ben che ella fosse contra l'intention del signor messer Francesco da Carrara, l'animo del qual pur se mosse contra el monstraor de la dicta carta, perché la nose più che la no çovò al Comun de Pava», cit. in Lazzarini, *Di una carta*, p. 119. Che in qualche caso i signori trecenteschi avessero consapevolezza dell'utilità – o della pericolosità – di queste mappe è dimostrato anche dal fatto che Francesco da Carrara si fece fare a Genova, grazie alla mediazione dell'oratore genovese a Padova durante la guerra di Chioggia, Marchisio Calvo, una carta della Lombardia: fra le spese per l'ambasciata del Calvo registrate a Genova infatti si trova la voce «Item die VII februarii [1379]. Pro una carta ubi est designata Lombardia quam feci fieri pro domino Padue…lib.II, s. X», cit. ivi, p. 120, n. 2. Si veda in merito da ultimo Bouloux, *Culture*.

142. Per uno studio sistematico di tali mappe tra Trecento e Quattrocento, Almagià, *Monumenta*, pp. 1-13, e Harvey, *Local and Regional Cartography*, appendix 20.1, con la

rappresentazioni elaborate e colorate, su pergamena: mostrano una notevole quantità di dettagli topografici locali, innanzitutto naturali (monti, laghi, fiumi, boschi), ma anche umani (insediamenti e fortificazioni, oltre a strade, ponti, mulini), e la rappresentazione grafica si serve del sussidio di una minutissima scrittura dei toponimi; in qualche caso vennero indicate le distanze fra i luoghi principali, o si rappresentarono elementi di particolare rilievo militare, come la Fossa Bergamasca che segnava il confine fra Bergamo e Milano, o celebri imprese militari, come il memorabile trasporto di sei navi da guerra veneziane dall'Adige al lago di Garda nella guerra contro Filippo Maria del 1437-1441.[143] L'enfasi sulle fortificazioni e sui centri circoscrizionali ci riporta a quanto si diceva in merito all'uso di mappe nelle cancellerie per scopi militari e alla circolazione di simili materiali in circuiti pubblici di cancellieri, officiali, ingegneri, oratori.

Queste mappe formano un gruppo di rappresentazioni spaziali con una fisionomia comune, ma non si riscontrano rapporti diretti di filiazione le une dalle altre: pur presentando talora minori tratti simili, il loro principale *traît d'union* risiedette non in un carattere tecnico, ma piuttosto in un elemento strutturale, vale a dire la soggiacente idea che «maps could serve a practical purpose in administration and government».[144] A riprova della verosimiglianza di quest'idea, un dato assai significativo: nel 1460 il Consiglio dei Dieci ordinò ai podestà e agli officiali di Terraferma di far fare mappe delle aree sotto loro controllo (città per città), e di trasmetterle al centro.[145] Il

bibliografia essenziale; per una loro analisi, della quale le presenti riflessioni sono ampiamente debitrici, si veda ivi, pp. 478-482. Le due mappe lombarde sono conservate a Parigi (BNF, Rés. Ge.C.4990) e a Treviso (Museo Comunale), e riprodotte in Almagià, *Monumenta*, 9, c. VIII; la mappa veneziana è a Istanbul, in Topkapi Sarayi Muzesi, e riprodotta e commentata in Gallo, *A Fifteenth Century*. Le tre carte di autore noto sono a Padova (Museo Civico: Almagià, *Monumenta*, p. 12, Squarcione, su cui vedi anche Lazzarini, *Di una carta*), Milano (Biblioteca Ambrosiana: Almagià, *Monumenta*, p. 12, Maggi – a proposito del quale si veda Lazzarini, *Un architetto*), Treviso (Museo Comunale: Almagià, *Monumenta*, 9, pl. VIII, Pisato).

143. Sui rapporti fra il testo disegnato e il testo scritto nelle mappe medievali, si veda Arnaud, *Image et représentation*.

144. Harvey, *Local and Regional Cartography*, p. 480.

145. *Ibidem*; Almagià, *Monumenta*, pp. 11-12, e Id., *Scritti geografici*, p. 613; Lazzarini, *Di una carta*, p. 121. Il testo recitava: «Pro omni bono respectu providendum est habere in Cancellariam nostra aut in Camera Consilii nostri Decem in vera pictura formam et exemplum omnium civitatum terrarum castellarum proviciarum et locorum nostrorum, ut quicumque volens consulere et providere super predictis habeat veram et partcularem noticiam ad concilium et non ad opinionem alicuius»; per ottenere questo scopo, si ordina-

peculiare interesse della Serenissima per la descrizione spaziale dei luoghi, nutrito delle secolari attitudini marinare e mercantili dei veneziani (alle cui manifestazioni più diverse si è spesso accennato, dalle tariffe mercantili alle istruzioni per gli ambasciatori, dai portolani all'itinerario del Sanudo, corredato – e qui si sarebbe tentati di dire non a caso – da una ricca serie di disegni), si tradusse in questo caso in un accentuato interesse a "governare con le carte".[146] A dissuaderci dall'enfatizzare troppo la "venezianità" di questa attitudine, oltre ai riferimenti di ambiente milanese cui si è già accennato,[147] intervengono almeno altri due casi di carte regionali con un altissimo livello di descrittività spaziale: una carta toscana della metà del XV secolo, di cui Almagià sottolinea il carattere regionale (tratto in questo senso distintivo e peculiare, a fronte delle carte settentrionali, che coprivano un'area ampia, ma non coincidente con un singolo dominio regionale o una riconoscibile regione successiva, o il contado di una città) e la rara esattezza,[148] e una serie,

va ai Rettori che «designari faciant terram locum et districtum suum per signa ventorum, et orientis et ponentis, castella flumina planiciem et distantiam de loco ab locum et loca vicinia eorum et distantiam eorum» (cit. in Lorenzi, *Monumenti*, doc. 184, p. 82). Su questo testo e sul senso di questo provvedimento, si veda ora Milanesi, *Cartografia*: Milanesi interpreta questo provvedimento come l'intenzione di costruire, grazie all'accorpamento delle singole mappe, una carta unitaria, «tecnica», dello stato di Terraferma oppure un «archivio cartografico», una serie di carte delle sue diverse componenti (ivi, p. 202): io propenderei per la seconda ipotesi, per la prima mancando – a mio giudizio – ancora proprio il senso di uno stato territoriale disegnato e compreso da confini precisi e unitariamente "visto" in un'unica carta geopolitica.

146. La definizione "governare con le carte" è adattata da Milani, *Il governo*. Si veda in merito all'uso di mappe come strumenti di governo, in proiezione, anche Marino, *Administrative Mapping*.

147. Si sa per esempio che il duca Galeazzo Maria Sforza commissionò a Bartolomeo Gadio nel 1471 una mappa delle regioni di confine con lo stato veneto, con «Lodi Bergamo Crema Bressa et Mantua con li fiumi et altre circonstantie», Covini, *«Studiando el mappamundo»*, p. 252 (da Beltrami, *Il castello di Milano*, pp. 114-115). In merito al rapporto fra principi e carte, si vedano ora le considerazioni di Bouloux, *La géographie à la cour*: la ricca collezione di mappe di Lorenzo de Medici comprendeva, tra le altre, una carta di Lombardia (in questo caso io però riconoscerei, oltre all'indubbia matrice umanistica di questi interessi, comune anche a Federico di Montefeltro e a Francesco Gonzaga, anche l'influsso di quella concreta serie di saperi che pertineva alla cultura mercantile e di viaggio di Firenze).

148. Almagià, *Una carta*, e Id., *Monumenta*, 12, c. XIII; Harvey, *Local and Regional Cartography*, pp. 480-481. In merito alla "non-regionalità" delle carte settentrionali vale la pena rimarcare due dettagli: le carte settentrionali più ampie del singolo distretto cittadino non sono carte del ducato di Milano o della Terraferma veneziana, ma di una somma di porzioni dell'uno e dell'altra (così come manca – *mutatis mutandis* – nelle investiture imperiali, se non in un unico caso immediatamente abbandonato, il riferimento a una qua-

dalla complicata *traditio*, di mappe dei confini del Regno di Napoli, ordinata da Ferrante d'Aragona su suggerimento o patrocinio del Pontano, che si colloca nella tradizione classica dell'agrimensorio, della delimitazione dei confini, apportandovi però una inedita compiutezza topografica.[149]

Questa sorta di linguaggio cartografico di matrice pubblica genera echi – o quanto meno riflessi – in almeno altre due forme di rappresentazione spaziale dai connotati parzialmente diversi, cui non possiamo qui che fare un cenno, perché si tratta di temi vuoi di fatto ancora tutti da esplorare, vuoi al contrario assai analizzati in contesti disciplinari diversi. Il primo si incentra su uno dei tre gruppi di rappresentazioni topografiche da cui eravamo partiti, quello costituito da mappe, disegni, schizzi minori dedicati a microregioni talora minutissime, e prodotti per affiancare altre forme di discorso scritto, come le inchieste giudiziarie. Si tratta di rappresentazioni per le quali non esistevano di fatto modelli, neppure lontani, e talora nemmeno alcun precedente. È questo perciò, e non solo per l'Italia, un campo ancora pressoché tutto da dissodare. Ricerche sistematiche d'area britannica hanno mostrato come disegni e schizzi fossero tra secondo Trecento e pieno Quattrocento relativamente comuni in appoggio a *local surveys* di grandi domini laici o ecclesiastici, o in occasione di interventi edilizi (per esempio, allorché si costruivano edifici di un certo rilievo architettonico, o si canalizzavano le acque: l'uso di allegare piante ai contratti di costruzione è testimoniato a partire dal 1380 circa);[150] l'indagine pionieristica di François de Dainville sulle carte allegate alle cause giudiziarie private e pubbliche in materia di confini e d'uso d'acque, di foreste, di pascoli, nel Delfinato del XV secolo ha rivelato una messe di varie decine di carte locali di diverso livello di elaborazione;[151] un'altra regione ricca di mappe di que-

lunque dimensione regionale unitaria del dominio sforzesco); l'unica mappa attualmente disponibile della Terraferma veneta nel suo complesso è una mappa che ne raffigura sostanzialmente la rete fortificata, fatta fare per ordine di Maometto il Conquistatore: nata dunque a scopi militari e in circostanze del tutto particolari.

149. Almagià, *Monumenta*, 13, c. XIII.2: si tratta di mappe che vennero viste e consultate nella loro interezza a Parigi nel Settecento dall'abate Galliani, e di cui rimangono, a detta di Almagià, quattro fogli dei confini settentrionali del Regno.

150. Harvey, *Local and Regional Cartography*, pp. 470-471 (inventario ivi, appendix 20.2, pp. 498-499): per una analisi dettagliata e la riproduzione della maggior parte delle mappe pragmatiche inglesi, si veda *Local Maps*; per gli usi edilizi inglesi, si veda ancora Salzman, *Building*, pp. 14-22.

151. de Dainville, *Cartes*. Si tratta di documentazione quattrocentesca: de Dainville puntualizza infatti che soltanto a partire dalla fine del Trecento i testi giuridici francesi am-

sto genere si sono rivelati i Paesi Bassi.[152] Il quadro peraltro potenzialmente potrebbe mutare in modo anche considerevole: nei carteggi italiani del secondo Quattrocento, come si è detto, gli schizzi sommari che gli oratori includevano alle loro missive non sono certo stati censiti,[153] come non lo sono le rappresentazioni di porzioni di territorio contestato in caso di cause giudiziarie, o di dispute confinarie nei fondi giudiziari, territoriali, d'acque e confini.[154] Questa disseminazione, in effetti più supposta che verificata, dà però l'idea che in tutta una consistente serie di casi notai, cancellieri, officiali, ingegneri, architetti, oratori avessero ormai capacità e attitudini sufficienti a iniziare a considerare il territorio come una struttura che non solo si elenca nelle sue componenti, ma anche si disegna, impossessandosene dunque in modi più articolati e analitici e costruendone immagini complesse. Questa attitudine, maturata lentamente tra la metà del Trecento e i primi anni del Cinquecento,[155] sembra innovativa e – verrebbe da aggiungere – connessa a una crescente consapevolezza pubblica di uno spazio sempre più "territorio": una prova *e silentio* viene dalla constatazione, in parte sorprendente, che non troviamo, fra le carte che abbiamo definito

misero prima, imposero poi, il ricorso alle *figurae debati* nella soluzione di cause di questo genere. Jehan Boutillier dichiarò per primo verso il 1395 che se per una causa davanti al balivo regio era sufficiente una relazione orale dei commissari e dei sergenti coinvolti, per il placito dinnanzi alla Corte del Parlamento «tout est mis par escript. Et si s'en fait rescription que envoyee est en la Court de Parlement pour en ordonner sur ce et escript et exemple figure et pourtraict après la situation de heritage au plus pres quon peut pour mieux entendre par les Seigneurs la veue et le cas», cit. ivi, p. 117. Ma già nel 1355 Bartolo da Sassoferrato nel trattato *De fluminibus seu tiberiadis* chiariva che i conflitti generati dal controverso uso delle acque potevano essere risolti con l'uso di figure, anche se semplici diagrammi, ivi, pp. 117-120. In merito alla giurisprudenza italiana in materia di confini, si veda Marchetti, De iure finium.

152. Per un censimento delle mappe fiamminghe, si veda Harvey, *Local and Regional Cartography*, appendix 20.3, pp. 499-500; su di esse, si rimanda a Gottschalk, *Historische Geographie*.

153. Si veda per un solo esempio lo schizzo degli accampamenti di re Ferrante di Napoli e del duca Giovanni d'Angiò allegato il 26 ottobre 1461 alla lettera di Antonio da Trezzo a Francesco Sforza (edito in DSN, IV, p. XXIII).

154. Si veda la bellissima carta primocinquecentesca dei possedimenti del monastero di San Benedetto in Polirone conservata in ASMn, AG, b. 90, n. 35 (riprodotta in Ferrari, *Mantova nelle stampe*, *ad indicem*). In merito, si vedano anche gli esempi citati sopra di carte disegnate da Francesco di Giorgio Martini.

155. Sulla svolta cartografica cinquecentesca, si vedano almeno Almagià, *Monumenta*, pp. 14-32; Broc, *La géographie*, e Tucci, *Credenze geografiche*.

pragmatiche, mappe compilate come parti regolari degli inventari di terre e di beni, sempre declinati nella forma originaria di descrizioni scritte.[156]

Per concludere, un altro piccolo gruppo di rappresentazioni rafforza l'impressione del diffondersi di questa innovativa appropriazione grafica del territorio tra la fine del Trecento e il Quattrocento. Si tratta di carte non disegnate o schizzate, ma affrescate: pensate dunque per una più vasta fruizione, in edifici pubblici o privati, e visibili a molti.[157] Si tratta di più di un episodio di rappresentazione di una geografia politica o amministrativa, o signorile, di cui qui non si vuole certo fare un catalogo esaustivo, ma presentare almeno qualche evidenza.[158] Alla fine degli anni Settanta del Quattrocento, il cosmografo Antonio Leonardi aveva dipinto sui muri di una sala due mappe, entrambe perdute nell'incendio del 1483.[159] Le mappe vennero però poi ripristinate e integrate, dal momento che alla fine del Quattrocento i senatori erano in grado di seguire le descrizioni geografiche dei paesi europei inviate

156. Harvey, *Local and Regional Cartography*, pp. 492-493.

157. Non si considerano qui in generale né i casi – pure testimoniati – di affreschi o esposizione di *mappaemundi* (come quella che Mantegna avrebbe dipinto in una sala di Palazzo Ducale per Federico Gonzaga, vedi Broc, *La géographie*, p. 206), né i cicli di affreschi o rappresentazioni di città (su cui vedi Harvey, *Local and regional Cartography*, p. 493), come quelli delle grandi metropoli mediterranee fatti eseguire da Francesco Gonzaga nei suoi palazzi urbani e rurali, su cui si veda Bourne, *Francesco II Gonzaga and Maps*. Per queste mappe, vedi in generale Schulz, *Maps*.

158. Anche in questo caso, non mancano precedenti trecenteschi di grande peso: sappiamo che dai primi del Trecento a Siena e a Firenze era invalso l'uso di dipingere sui muri delle sale di rappresentanza dei palazzi pubblici le immagini dei castelli e delle città conquistate dal comune. Abbiamo notizie di affreschi simili dipinti fra il 1303 e il 1306 nel Bargello, e poi evidentemente degli affreschi senesi commissionati a Simone Martini e a Ambrogio Lorenzetti. Si vedano in merito Seidel, *«Castrum pingatur in palatio»*, Moretti, *Simone Martini*, e Maritano, *Paesaggi*, in particolare alle pp. 309-313.

159. La questione delle mappe ducali veneziane, che secondo una consolidata tradizione vedeva la presenza, negli anni Quaranta del Quattrocento, di due mappe murali, un mappamondo e una mappa d'Italia (si tratta di mappe che venivano fatte risalire alla fine del dogado di Francesco Dandolo, morto nel 1339) nella sala in cui venivano ricevuti gli ambasciatori, è stata di recente interamente rivista da Marica Milanesi, che ne mette in questione la fondatezza in Milanesi, *Cartografia*, enfatizzando la svolta del secondo Quattrocento e l'importanza delle mappe del Leonardi, le prime inequivocabilmente attestate. Le due prime mappe sarebbero testimoniate da un passaggio di un poema di Jacopo d'Albizzotto Guidi, citato in Gallo, *Le mappe*, in particolare alle pp. 50-51 (sul Guidi, si veda Rossi, *Jacopo d'Albizzotto Guidi*: al Rossi dobbiamo la datazione delle mappe al Trecento, p. 415). La notizia dell'esistenza delle mappe del Leonardi e della loro distruzione è nelle *Vite dei Dogi* del Sanudo (cit. in Lorenzi, *Monumenti*, p. 47, e Gallo, *Le mappe*, p. 48). Sul Leonardi, si veda ora Bianchi, *Notizie*.

loro dagli oratori all'estero, o, secondo quanto narra sempre il Sanudo, nel 1509 poterono vedere sul muro l'esatta posizione della fatale Agnadello.[160] A Mantova, fra la fine del Trecento e il primo Quattrocento la Masseria del Comune venne ornata con un affresco che correva per tutta la sala centrale e che raffigurava la città, fiumi, strade, castelli e borghi, nonché la linea fortificata del Serraglio.[161] Accanto ai contesti pubblici, un episodio di monumentalità principesca di grande interesse, il ciclo della «camera peregrina aurea» del castello rossiano di Torrechiara. Eseguita probabilmente nei primi anni Sessanta del Quattrocento, la rappresentazione del viaggio fra i castelli rossiani di Bianca Pellegrini d'Arluno, amante di Pietro Maria Rossi, combina alcuni dei tratti più peculiari dei linguaggi territoriali che abbiamo visto sin qui: il viaggio – e viaggio di una principessa, almeno nella sostanza –, la rappresentazione del territorio, la loquacità (in questo caso in forma di visibilità monumentale), l'attenzione culturale e sofisticata allo spazio rurale. In questo caso poi si tratta di un territorio non urbanocentrico, ma attento ad altre forme di organizzazione dello spazio, innervate su castelli e borghi.[162]

## 7. *I luoghi e i nomi: qualche cenno sulla territorialità*

È più che tempo di concludere questo ragionare di lessici dello spazio e del territorio, in forma, a sua volta, di itinerario fra le scritture italiane tardomedievali. In questo saggio si è analizzata una serie di testi disseminati su di un lungo Quattrocento nel tentativo di cogliere nelle fonti qualche possibile tratto della costruzione dello spazio in territori che fossero al tempo stesso più ampi e più coerentemente organizzati in senso pubblico di quanto non accadesse anche solo un secolo prima. Si è cercato, molto concretamente, innanzitutto di capire a quali luoghi venivano dati nomi:[163] quali erano cioè

160. Gallo, *Le mappe*, pp. 51-52; Hale, *Introduction*, p. 14 (Hale trae notizia dei due episodi dalla relazione di un anonimo veneziano da Londra nel 1498, *A relation*, e dai Diari del Sanudo, Sanudo, *I Diarii*, VIII, col. 247), e *Local Maps*, p. 8.

161. Toesca, *Un'antica*, e Marani, *La Masseria*.

162. Intorno al ciclo pittorico rossiano e alle decorazioni parietali dei palazzi e dei castelli quattrocenteschi si vedano Zanichelli, *La committenza*, Summer, *Considerazioni*, e più in generale Welch, *Painting*. Intorno al potere signorile dei Rossi, e alla sua lettura iconografica, si veda Wood-Marden, *Pictorial Legitimation*.

163. Riprendo qui un'espressione di Torre: «nel segmentato contesto piemontese, la riunione in cui si esprime la carità pentecostale, non riguarda necessariamente comunità amministrative, ma sembra capace di crearle: dà nome ai luoghi, nel senso che li trasforma

gli elementi dello spazio cui in contesti diversi le fonti attribuivano visibilità attraverso una loro registrazione (città, villaggi, castelli, borghi, fiumi, monti, ponti, fossi, guadi, argini, palazzi rurali, ville, torri, rocche, feudi, dominati signorili e quant'altro), quali erano le tessere identificative che a tali luoghi venivano di volta in volta attribuite (unità circoscrizionali, fiscali, militari, o semplici toponimi, e quali) e chi era in grado di fare affiorare e di registrare questi diversi gradi di conoscenza dei luoghi (cancellieri, officiali, tecnici, ma anche mercanti, notai o *boni homines* locali). Contestualmente, si è puntato a capire quale fosse il tasso di territorialità che le scritture venivano attribuendo ai luoghi che registravano: quale fosse cioè il grado di coordinamento che veniva inglobando tutti i luoghi "parlati" (escludendo, in quello stesso momento, tutti i luoghi taciuti) dalla scrittura in questione, scrittura prodotta a un momento dato da un potere pubblico di più o meno vasta estensione, più o meno solida sovranità e più o meno evidente o consapevole vocazione egemonica su di uno spazio politico, vale a dire un territorio.

Questa ricerca ha rivelato, al di là di una serie di dettagli e varianti, il coabitare di due diverse attitudini nei confronti dello spazio tardomedievale. Innanzitutto una crescente, capillare e diversificata consapevolezza dei luoghi: lo spazio divenne sempre più noto, presente, familiare nelle sue componenti fondamentali, sia nel senso che le fonti pubbliche raggiungevano e fissavano in scrittura e ricordo – laddove necessario – livelli minimi di dettaglio topografico e toponomastico (con quanto ne consegue di conservazione della memoria storica dei luoghi), sia nel senso che in una serie di ambienti socio-professionali connotati dal contatto con il potere pubblico veniva sviluppandosi – per quanto non necessariamente in modo progressivo e lineare – un'attitudine conoscitiva attenta alla più minuta realtà spaziale, e tecnicamente sofisticata. A questa crescente emersione scritta di luoghi diversi, al di là, attraverso, al di sotto di una trama essenziale di contadi urbani e di distretti signorili maggiori (dai villaggi alle strutture fortificate, dai dominati consortili all'insediamento sparso di tipo residenziale, dalle infrastrutture alle forme del paesaggio), in più di un testo corrispose peraltro una sorta di tendenziale semplificazione della geografia e della toponomastica del territorio. Fonti come i grandi trattati diplomatici, le investiture imperiali, le ricognizioni feudali o i registri delle patenti di nomina agli offici operavano, contestualmente o scorporando e via via omettendo le registra-

in ambiti in cui si istituisce un rituale *pubblico*, in cui cioè pubblicamente si distribuisce del cibo secondo esclusivi criteri locali», Torre, *La produzione*, p. 463 (sottolineatura mia, corsivo dell'autore).

zioni più analitiche, una crescente riduzione della molteplicità locale, pure esperita con nuovo dettaglio, a una geografia essenziale di matrice pubblica, sostenuta da una consapevolezza giurisdizionale e ideologica innovativa ed esercitata su domini di proporzioni regionali o sovraregionali. Si tratta, a ben vedere, di un processo in qualche misura sincrono e complementare, le cui apparenti incongruenze traducono la complessità delle dinamiche territoriali: non solo infatti questi diversi linguaggi del territorio erano espressi in testi prodotti all'interno di una cultura politica in gran parte condivisa (giacché uomini appartenenti alla medesima cultura politica e documentaria di fatto redigevano le une come le altre scritture, pur accogliendo in esse una memoria dei luoghi poligenetica), ma anche e soprattutto fondavano, seppure attraverso processi costitutivi anche accidentati, una peculiare consapevolezza dello spazio politico, tutt'altro che risolta o conclusiva, ma caratteristica di questa fase della storia peninsulare.

Nel lungo Quattrocento che si è qui considerato infatti, la rottura degli equilibri territoriali duecenteschi e l'innescarsi di vari e incoativi processi di aggregazione a respiro regionale o sovraregionale condussero al moltiplicarsi degli interlocutori possibili dei poteri a vocazione egemonica, e di conseguenza a una crescente – e in molti casi innovativa – attenzione ai luoghi dominati e alle forme del territorio. Il contemporaneo ampliarsi del ricorso alle scritture seriali di governo fornì uno strumento duttile e quotidiano all'autorità centrale, intenta a sperimentare modelli di dominio tendenzialmente ordinatori: al tempo stesso però permise anche l'emersione (o la ri-emersione) e la fissazione scritta, nel contesto di dinamiche politiche più ampie e complesse, di linguaggi della territorialità diversi e risalenti. Numerose forme aggregative locali i cui meccanismi e la cui fisionomia erano stati prevalentemente assorbiti e rimodellati nella logica bipolare città-contado, o che a essa si erano contrapposti, nella più ampia arena di territori sovracittadini ebbero modo di rendere di nuovo palesi strutture di organizzazione dello spazio locale o linguaggi politici in qualche misura diversi tanto dai precedenti linguaggi del territorio di matrice urbana o signorile, quanto dalle forme del dominio sperimentate dal governo della dominante o del principe.[164] Le scritture pubbliche, vale a dire le scritture redatte nelle cancellerie

164. Casi convincenti di linguaggi politici in parte estranei a forti contenuti di territorialità sono, per la Lombardia tre-quattrocentesca, in Gamberini, *La territorialità*, e Cengarle, *La comunità*; per un modello modulare e non polare di organizzazione del territorio, si vedano le comunità lombarde studiate da Della Misericordia, *Figure di comunità*, pp. 38-39.

centrali per gestire funzioni cruciali di governo (ma anche i resoconti di viaggio o le rappresentazioni cartografiche, a loro volta forme di narrazione dello spazio in gran parte nate negli stessi ambiti che generarono le scritture pubbliche), fecero affiorare realtà insediative, tessere dello spazio locale, principi di ordinamento della vita associata assai variegati e di origine diversa, riconoscendoli, dando voce alle loro dinamiche interne e fissandoli in testi intesi per durare. Il processo non fu neutro: il lessico cancelleresco tradusse e in parte rimodellò queste realtà in uno scambio biunivoco – anche se per lo più sbilanciato – di modelli e di saperi, e ne conservò traccia in complessi documentari sempre più costruiti in sistemi centrali di memoria, mirando a controllarle e a coordinarle in modo funzionale alle esigenze del dominio di cui facevano parte o verso il quale erano orientate. Se nel Duecento i distretti castrensi, che per primi tra X e XI organizzarono il potere attorno a un punto centrale riconfigurando l'eminenza aristocratica in topolignaggi,[165] vennero riuniti, rimodellati e riconcepiti all'interno dei contadi urbani attraverso la scrittura di un innovativo linguaggio del territorio di matrice urbana (le *inquisitiones*, i patti di dedizione, le liste fiscali),[166] in un Quattrocento lungo che partiva dalla seconda metà del Trecento e giungeva sino al primo Cinquecento venne gradualmente maturando un linguaggio del dominio che, in ambiti territoriali che oltrepassavano e alteravano le precedenti giurisdizioni, sperimentava nuove forme di configurazione e riorientamento degli spazi locali attraverso diverse combinazioni di elementi antichi e strumenti e saperi nuovi.[167] Le fonti che abbiamo analizzato danno voce a questo linguaggio *in fieri* della territorialità: la molteplicità di immagini del dominio che sembrano suggerire – di volta in volta fittamente analitiche o asciuttamente sintetiche, attente a una puntigliosa geografia locale o sommariamente ridotte a cataloghi di città o elenchi di uomini o liste di tappe – testimonia la complessità del processo di costruzione territoriale in atto, la difficoltà di interpretare la costituzione materiale dei nuovi spazi politici quattrocenteschi, e insieme la volontà di principi e reggimenti di assorbire, coordinare, controllare (conoscendole e traducendole in scrittura o in disegno) le diverse componenti della multiforme società politica territoriale.

165. Guerreau, *Il significato dei luoghi*; Sergi, *La territorialità*.

166. Francesconi, *Scrivere il contado*; Milani, *Città e territorio*.

167. L'andamento tutt'altro che lineare del processo di costruzione di questo linguaggio di dominio è testimonianza del fatto che «the production of spatial distinctions and territorialities is always a struggle over the right to put forward (new) definitions», Paasi, *Territories*, p. 28.

# 3. La geografia dei registri

## 1. *Il paesaggio delle scritture in registro: i contesti*

Il ducato territoriale di Milano, il marchesato monocittadino di Mantova e i domini dei marchesi/duchi di casa d'Este, che riuniscono le città episcopali di Ferrara, Modena e Reggio, sono nel Quattrocento tre principati caratterizzati da vicende e dimensioni diverse. Malgrado tali differenze, testimoniano però dal punto di vista politico e ideologico di una storia condivisa: il potere dei loro signori deriva dalla medesima matrice costituzionale, si nutre dell'eredità documentaria della cultura urbana e notarile del Duecento, e nel suo processo di crescita, definizione e legittimazione è esposto all'influenza della diplomatica imperiale, pontificia e regia dei secoli XIII e XIV.[1]

Partendo da tale osservatorio, l'obiettivo di questo capitolo è dunque, assai semplicemente, di procedere a un primo censimento comparativo degli insiemi documentari costituiti dalle lettere dei principi registrate in volume a Milano, Mantova e Ferrara, cercando laddove possibile di rilevarne gli elementi comuni e le differenze.

Il fuoco cronologico della ricerca verte sulla metà del Quattrocento, ma le pratiche documentarie considerate sono radicate nella seconda metà del Trecento: sarà dunque necessario tornare, per quanto rapidamente, alle loro origini trecentesche.[2] La natura, le forme, l'evoluzione dei registri di

1. Del Tredici, *Il quadro politico*; Dean, *Ferrara e Mantova*; Lazzarini, *Fra un principe e altri Stati*; Folin, *Rinascimento estense*; Lazzarini, *I domini estensi*.

2. Sulle radici di tali pratiche nel Due-Trecento, si veda Bartoli Langeli, *La documentazione* e, da ultimo, Varanini, *I notai e la signoria cittadina*, e Id., *La documentazione*.

lettere, viste nella loro tipologia diversificata (*clausae* e *patentes*, ricevute e inviate, lettere di giustizia, lettere di nomina agli offici, mandati, decreti, rescritti...) e nella loro varia cronologia, compongono un quadro complesso e differenziato. Evoluzioni politiche e giuridiche, strategie documentarie, tecniche di governo, strumenti di legittimazione, scelte di conservazione si incrociano e influenzano reciprocamente in modi fluidi nella costruzione di questi insiemi documentari; le modalità della loro dispersione o della loro conservazione nelle età successive alla loro produzione aggiungono un ulteriore elemento di complessità al quadro.[3]

Questo capitolo dunque considererà innanzitutto – per quanto rapidamente – le strutture di produzione documentaria, vale a dire le cancellerie, puntando a ricapitolarne le tappe evolutive e la natura, rileggendo allo stesso tempo la storia dei loro archivi e le loro avventure e disavventure in materia di conservazione; in un secondo momento, si passerà ai registri di lettere, analizzandoli sistematicamente nelle loro diverse forme, per concludere infine con qualche considerazione sul rapporto fra scrittura pubblica e costruzione di un ordine politico.

## 2. *Le cancellerie, gli archivi e l'ordine (o il disordine) archivistico*

### 2.1. *Le cancellerie*

La storia e l'evoluzione delle cancellerie signorili di Milano, Mantova e Ferrara sono state oggetto di numerose ricerche tanto classiche che recenti: sarà qui sufficiente riassumerne alcuni elementi direttamente legati al tema della nostra indagine, tenendo sempre presente peraltro il rischio calcolato della semplificazione.[4]

La cronologia delle trasformazioni è a grandi linee la stessa nei tre principati: le fasi di definizione e i momenti di mutamento si riassumono in tre periodi. La fine del Trecento e i primi anni del Quattrocento sono un'età di sperimentazione, durante la quale un processo non lineare di innovazione, di differenziazione e di definizione documentaria risponde al compito non facile di legittimare sempre più l'autorità signorile di fronte alla società politica interna e ai poteri esterni. Gli anni 1450-1460 a loro volta rappresentano un

3. *Scritture e potere*; Varanini, *Le scritture pubbliche*; si tenga anche presente quanto indicato qui nel capitolo 2.

4. Lazzarini, *Le pouvoir de l'écriture*.

momento forte di normalizzazione della messa in registro degli atti sciolti. Alla fine del Quattrocento, infine, il processo di standardizzazione documentaria elaborato nei decenni precedenti deve fronteggiare la crisi politica del sistema e i mutamenti della congiuntura storica.

Due elementi strutturali entrano in gioco in questo processo: d'un lato, la fisionomia della cancelleria e la dinamica che si sviluppa fra le sue componenti, derivata a sua volta dal processo parallelo e complementare di definizione della natura e delle forme del potere del principe; dall'altro, i rapporti fra la cancelleria e gli altri centri di produzione documentaria dello stato principesco, vale a dire innanzitutto la camera (l'insieme degli individui e degli offici che gestiscono le finanze, la fiscalità, il patrimonio dinastico) e i consigli (politici e giudiziari). In questo campo, la fisionomia originaria delle dinastie principesche e la struttura dei loro domini pesano notevolmente.[5]

A Milano nel Trecento la pluralità dei signori conduce a una pluralità di cancellerie (quelle di Galeazzo e Bernabò sono gli esempi più noti) e a una molteplicità di sedi fisiche degli archivi (Milano, Pavia, i palazzi e i castelli urbani), che si riducono progressivamente a partire dall'età di Gian Galeazzo, non senza eccezioni talora importanti. La cancelleria unitaria di Filippo Maria, infine, si moltiplica e si divide in branche più o mano formalizzate in età sforzesca. L'eterogeneità territoriale del dominio dei duchi di Milano genera a sua volta una dinamica complessa e instabile nel giuoco fra la cancelleria centrale e i centri di produzione documentaria del territorio, tanto urbani che rurali.[6]

Mantova si trova all'altra estremità dello spettro che va dall'unità alla molteplicità: anche nel Trecento e durante il governo collettivo dei Gonzaga, una dinastia nata dalla società politica locale, la cancelleria nasce e si forma in modo unitario e si rivela strettamente legata al collegio dei notai urbani che lavoravano anche per i Bonacolsi; questo carattere non fa che rafforzarsi durante il secolo successivo, che non vede alcuna annessione territoriale di rilievo.[7]

Ferrara presenta una situazione intermedia: l'emergere di una cancelleria principesca è qui in apparenza lento e poco definito, compresso com'è dall'inizio fra la documentazione ipertrofica della camera – che corrispon-

5. Per un approccio globale, si veda *Chancelleries*.

6. Si veda, da ultimo, Leverotti, *«Diligentia»*; Ead., *La cancelleria segreta*; Ead., *La cancelleria dei Visconti*; Covini, *La trattazione*, ed Ead., De gratia speciali; Gamberini, *Lo Stato visconteo*, in particolare *Istituzioni e scritture*.

7. Si veda, da ultimo, Lazzarini, *Pratiques d'écriture*.

de al carattere patrimoniale e "feudale" della dinastia e della sua dominazione – e il controllo delle carte dinastiche (investiture, matrimoni, omaggi vassallatici). Lo stato embrionale della cancelleria si traduce tanto nell'indistinzione prolungata dei registri che in un rapporto complesso con gli archivi delle altre magistrature centrali e dei domini territoriali della dinastia, il cui insieme rimane molto frammentario per tutto il Quattrocento.[8]

Se gli archivi dei consigli di governo o di giustizia e delle magistrature minori restano in generale separati dagli archivi di cancelleria, la gestione concreta del potere, in forma delle numerose reti di eccezioni, grazie, interferenze clientelari e di *patronage*, e la sua traduzione in scrittura confondono le carte del giuoco documentario. In particolare gli archivi camerali, in tutte le branche possibili, si mescolano frequentemente con quelli di cancelleria, sia per il controllo e lo sfruttamento dei beni dinastici, sia a causa della centralità, economica come politica, della gestione delle finanze e degli incroci continui fra finanze e giustizia.[9] Questi incroci si traducono in altrettanti scambi e prestiti di tecniche di registrazione, di strategie documentarie, di saperi giuridici. Per chiarire la questione, è necessario volgere lo sguardo ora agli archivi e alla loro storia.

## 2.2. *Gli archivi storici*

Il quadro della messa in registro degli atti nelle cancellerie dei signori italiani, nel suo rapporto reciproco e costitutivo con le oscillazioni del potere principesco, si riflette nella struttura dei depositi documentari, prima che le tappe della loro conservazione successiva, fatta di ordine e talora di disordine, di accumulazione o di dispersione, non vengano poi a complicare il disegno.[10]

Nel contesto italiano, Milano rappresenta un caso celebre. Gli archivi signorili e principeschi medievali hanno conosciuto una storia «a mosaico» a causa della ripartizione del potere fra consanguinei nel Trecento e delle convulsioni dinastiche e costituzionali tra Trecento e Quattrocento.[11] Se, come

8. Valenti, *Profilo storico*, e Id., *Note storiche*; Di Pietro, *La cancelleria*; Folin, *Rinascimento estense*, pp. 156-169.

9. Due esempi milanesi: Ferorelli, *L'Archivio Camerale*, e Id., *L'Ufficio*.

10. Varanini, *Le scritture pubbliche*.

11. Natale, Stilus cancellariae, pp. XI-XIII; si veda anche *Archivi e archivisti*; *I registri viscontei*; Cognasso, *Ricerche*, e Baroni, *La cancelleria*. La questione è completamente ripresa da Leverotti, *L'archivio*.

scriveva Alfio Rosario Natale nel 1976, nel Trecento «tanti dovettero essere gli archivi quante furono le cancellerie»,[12] le rotture traumatiche dell'ordine degli archivi dei Visconti nella fase successiva, cui si aggiunge la probabile distruzione delle scritture di governo di Bernabò nell'incendio della sua residenza milanese nel 1391, e infine la nota perdita degli archivi viscontei tra 1447 e 1450, la cui estensione non è misurabile, gravano pesantemente sulla tradizione e la consistenza delle scritture della o delle cancellerie milanesi, come anche sulla storia, complessa e tutt'altro che lineare, della loro ricostruzione artificiale da parte di Francesco Sforza nei primi anni del suo dominio, di cui basti ricordare che il nuovo duca fa redigere non meno di tre inventari dei documenti del castello di Pavia, nel 1450, 1454 e 1456.[13] È una storia di distruzione, ma anche di uso misto quando non incompleto dei documenti: anche quando (come all'epoca di Gian Galeazzo) il duca riunisce una buona parte degli archivi dinastici e di governo a Pavia, questo non significa automaticamente che questi stessi archivi siano concepiti e usati come un insieme organico.[14] Si tratta qui soprattutto di una storia di dispersione e di disseminazione, accidentale o intenzionale, dei frammenti di una unità perduta che a sua volta peraltro tutto era tranne che compiutamente operativa. La ricostruzione almeno parziale degli archivi ducali in età sforzesca si rivela dunque una operazione di vera e propria "archeologia documentaria" attraverso archivi pubblici e privati che hanno raccolto i registri, i volumi, le carte «chi trafugate in qua e in là, chi brusate».[15]

A Mantova, al contrario, una storia esemplare di continuità di governo e di attenzione agli scritti dinastici e di stato, attestata dalla serie progressiva e sempre più regolare degli inventari dei documenti e dei registri conservati in diversi luoghi del palazzo e del castello di San Giorgio tra la fine del Trecento e l'inizio del Cinquecento (1367, 1430, 1456, 1481, 1530), testimonia della crescita quantitativa delle scritture di cancelleria e della loro crescente centralità al cuore della decisione politica.[16]

Ferrara risponde alla varietà e all'indeterminatezza delle sue fonti di cancelleria e della loro formalizzazione con la duratura dispersione dei

12. Natale, *Archivi milanesi*, p. 281.

13. Leverotti, *L'archivio*. Sugli inventari degli archivi principeschi, Lazzarini, *Materiali*.

14. Gamberini, *Istituzioni e scritture*, pp. 52-62.

15. Francesco Sforza al marchese di Monferrato, Milano, 4 novembre 1454, ASMi, RM 20, c. 387v, citato in *I registri viscontei*, p. XI.

16. *Antichi inventari*.

suoi archivi, che riflette a sua volta l'eterogeneità dei suoi domini. La situazione nel Quattrocento è piuttosto confusa: gli archivi dinastici dei principi d'Este sono senz'altro conservati nell'*archivio de la Tore*, mentre l'*archivio de la Grotta* ospita le corrispondenze e i registri di cancelleria (almeno di questo siamo certi per il Cinquecento) e i registri contabili sono tenuti nella *libraria de la Camara*; a questi fondi vanno poi aggiunti gli archivi delle magistrature urbane e quelli del dominio, conservati localmente.[17] Quando nel 1861 Francesco Bonaini arriva a Modena per ispezionare gli archivi ducali e iniziare a pensare a come riordinarli «alla maniera toscana», si trova di fronte tredici insiemi diversi di «archivi di governo».[18] Secondo Marco Folin questa frammentazione, sicuramente non solo medievale, «mostra con immediata evidenza la disorganicità che caratterizzava e tuttora caratterizza gli archivi ducali», archivi che non hanno mai conosciuto il processo di concentrazione in un deposito centrale così tipico di altri principati.[19] Questa situazione testimonia, e insieme deriva da, una lenta messa a punto della cancelleria a partire dal momento della sua costituzione, fenomeno su cui sarà opportuno tornare.

### 2.3. *L'ordine – o il disordine – successivo*

L'ultimo punto che occorre considerare, per quanto rapidamente, prima di entrare nell'analisi dettagliata delle scritture è quello dell'ordine archivistico che è stato imposto successivamente, in qualche caso anche molto recentemente, a questi insiemi documentari. Non è certo qui il caso di ripetere una volta di più la storia della conservazione archivistica e delle sue fasi tra ordinamento per materia e ordinamento storico. Mette solo conto ricordare – per banale che sia – che le tappe diverse e spesso contraddittorie di separazioni e di ricomposizioni successive dei documenti e dei fondi sovrappongono nuovi veli alla comprensione dell'ordine originale delle scritture. Lo svelamento della stratigrafia archivistica che deriva dai tentativi di restaurare l'ordine perduto e di tracciare un quadro attendibile dell'evoluzione delle

17. Valenti, *Profilo storico*. Ringrazio Laura Turchi per le sue precisazioni in merito a una questione ancora piuttosto oscura, Turchi, *Fonti pubbliche*.

18. Bonaini, *Gli archivi*, pp. 106-140, in particolare pp. 107-109.

19. «Gli archivi estensi non erano solo gli archivi di una famiglia. Ma non erano neppure gli archivi di una città [...] e nemmeno pienamente gli archivi di uno Stato territoriale», Folin, *Rinascimento estense*, pp. 122-128; a questo proposito, si veda anche Turchi, *Fonti pubbliche*.

tipologie documentarie originali rappresenta un'indagine a sé, preliminare a ogni altra considerazione, ed esige molta finezza.[20]

Gli archivi milanesi, una volta di più, offrono un caso esemplare di questi processi di mascheramento multiplo. La ricerca dei resti e delle tracce degli archivi viscontei disseminati tra biblioteche e archivi pubblici e privati, in Italia e all'estero, si combina in questo caso agli sforzi condotti, a partire da Luigi Fumi (direttore dell'Archivio milanese dal 1907 al 1920), per ristabilire il quadro originale dei fondi d'archivio dopo che Luca Peroni (direttore tra il 1812 al 1832) e i suoi collaboratori avevano disperso e riordinato i documenti milanesi, raccolti dopo il 1781 nell'ex-collegio dei gesuiti di San Fedele, in serie metodicamente organizzate per materie, e dopo che Luigi Osio (direttore tra il 1851 e il 1873) completò la disarticolazione dei fondi cedendo alla sua passione di collezionista e creando raccolte artificiali di autografi, di sigilli, di miniature e di quant'altro.[21] Il risultato più importante per quel che ci riguarda qui fu la raccolta, nel XX secolo, dei registri di cancelleria conservati negli archivi milanesi nelle due grandi serie dei *Registri ducali* e dei *Registri delle missive*: partendo, naturalmente, da un benemerito e necessario censimento dei volumi, l'operazione finì però inevitabilmente per celare in parte la varietà diplomatistica dei registri e per non fornire che una testimonianza superficiale sulle partizioni della cancelleria e sui meccanismi della produzione documentaria, oltre a una serie di inevitabili errori concreti di classificazione.[22]

## 3. *I registri delle lettere*

Ma è tempo di arrivare ai registri. Essi costituiscono un corpo documentario di estrema ricchezza, nonostante le perdite e i silenzi, e tale ricchezza va ben al di là della enorme massa di dati concreti che contengono. Nel quadro di una evoluzione decisiva tra tradizione notarile e formule di cancelleria, tra *state-building* e costruzione di legittimità, le forme di

20. Guyotjeannin, Morelle, *Tradition et réception*. La tradizione archivistica nutre a sua volta – in un rapporto biunivoco – gli studi: si veda per Ferrara, ma con una portata metodologica più generale, Turchi, *Modelli durevoli*.

21. *Archivi e archivisti*, in particolare Natale, *Sommario*, e Fumi, *Relazione*. Su Fumi si veda *Luigi Fumi*.

22. Si vedano gli inventari dattioscritti delle due serie dei registri nell'archivio di Milano: ASMi, AS, Inventario Registri ducali; Inventario Registri missive.

creazione e di formalizzazione di questi vettori d'autorità li collocano al centro del processo costitutivo del potere signorile e principesco di fronte a sudditi, alleati, nemici, facendo di essi altrettanti rivelatori delle dinamiche politiche che alimentano i circuiti di costruzione del consenso al signore. Al tempo stesso, questa medesima dinamica innovatrice stabilizza le forme documentarie di una nuova «diplomatique seigneuriale».[23]

Le innumerevoli varianti di questi sistemi documentari costringono a fare una scelta preliminare, vale a dire a concentrare lo sguardo sui registri di lettere, lasciando da canto le serie contabili (laddove la distinzione è chiara) e i registri prodotti dagli altri offici centrali nel caso – del resto raro – in cui siano stati conservati, anche se l'instabilità tipologica di queste scritture rende talora la distinzione difficile o non utile. Fra i registri di lettere, si terrà conto dei registri di *litterae clausae* come di quelli di *litterae patentes* prodotti dalle cancellerie centrali perché la distribuzione e la consistenza dei due gruppi nei tre principati sono reciprocamente legate. Questa distinzione di tradizione diplomatistica, nella sua natura tecnica, risulta infatti essenziale per orientarsi all'interno di un *mundo de carta* costituito da prodotti documentari difficili a definirsi, in trasformazione, talora mutili, dalla conservazione limitata o quantitativamente incontrollabile.[24] L'analisi si propone anche di tenere conto degli elementi insiti nelle tracce giunte sino a noi, vale a dire di considerare le tappe della definizione dei registri, la loro diminuzione o il loro abbandono; la loro forma materiale; la selezione e la qualità delle copie; gli agenti scrittori e l'organizzazione del lavoro; infine i rapporti fra i registri considerati e le altre serie documentarie.

### 3.1. *I registri di* litterae clausae

Alfio Rosario Natale definisce le lettere chiuse (*litterae clausae*) come le lettere «destinate alla corrispondenza», in cui il mittente e il destinatario

23. Uso qui la definizione adottata di recente da Olivier Guyotjeannin in rapporto alle lettere reali di grazia in Francia e che, *mutatis mutandis*, si adatta bene ai registri italiani, per sottolineare che «par leur formation, leur formalisation, leur argumentaire [...] ils promettent de faire pénétrer au cœur même du processus, non seulement de décision, mais encore de révélation du pouvoir souverain et de construction de l'État», Guyotjeannin, *Entre persuasion et révélation*, pp. 88-89.

24. In generale, si veda Tessier, *Observations*, e Id., *L'enregistrement*; infine Guyotjeannin, Morelle, *Tradition et réception*, pp. 384-385 (con la bibliografia segnalata); per le cancellerie principesche italiane, Natale, Stilus cancellariae.

sono chiaramente riconoscibili.[25] Fra queste, le *missive*, vale a dire le lettere inviate dalla cancelleria a nome del signore, nel Quattrocento sono registrate in volumi cui sono stati dati dagli archivisti successivi nomi diversi (copialettere a Mantova, registri delle missive a Milano, registri di lettere a Ferrara), ma che è meglio riunire sotto l'etichetta latina di *libri litterarum*, che si trova un po' ovunque quando la titolatura antica dei registri è sopravvissuta. La portata del termine *libri litterarum* è tuttavia generale, quando non generica: le tappe della messa a punto dei registri di lettere chiuse e della loro distinzione progressiva dai registri delle lettere patenti sono complesse e contraddittorie, e i risultati non sono ovunque o sempre omogenei.

a. *Mantova*

Partiamo dal caso "semplice", quello di Mantova. La serie dei registri detta dei *Copialettere* conosce una evoluzione complessa: dopo un primo gruppo di tre registri (Trecento), che si interrompe apparentemente in modo deliberato alla morte di Ugolino Gonzaga (1362), la serie riprende nel 1400 per due anni (un solo registro diviso in due). Dopo il 1401, un vuoto totale – per cause, sembrerebbe, più accidentali che deliberate, visto che lo stesso vuoto si ritrova anche in altre serie documentarie altrimenti continue – sino al 1443: a partire da quest'anno, la serie riprende per non interrompersi più. Alla fine del Quattrocento poi i registri aumentano in modo significativo: se tra il 1443 e il 1478, gli anni del marchesato di Ludovico III, i registri sono 91, tra il 1491 e il 1519, vale a dire dall'arrivo del primo segretario Jacobo Probo d'Atri alla morte di Francesco II, i registri diventano 169. A partire dal 1491-1492, anche la marchesa Isabella d'Este ha diritto ai suoi copialettere personali, mentre a lato della serie ordinaria la cancelleria inaugura anche una serie di registri di lettere *reservatae secretae* del marchese Francesco II.[26]

A queste diverse tappe nella produzione e nella conservazione corrispondono diversi mutamenti di forma e di contenuto.[27] I registri del Trecento sono volumi in latino, su carta, di grande formato, in cui si riconoscono

25. Natale, Stylus cancellariae, p. CXXVI; Bartoli Langeli, *La documentazione*; Senatore, *«Uno mundo de carta»*, pp. 161-249.

26. Questi registri sono in ASMn, AG, Copialettere, b. 2881, regg. 1-3 per il Trecento; 4-5 per gli anni 1400-1401; bb. 2882-2895, regg. 6-87 per gli anni 1443-1478; bb. 2895-2901, regg. 88-119 per il marchesato di Federico, 1478-1484; bb. 2901-2925, regg. 120-257 per gli anni 1478-1519; bb. 2991-3000, regg. 1-53, copialettere d'Isabella d'Este per gli anni 1491-1535.

27. Lazzarini, *Pratiques d'écriture*.

mani diverse. La loro struttura è regolare: i cancellieri vi copiano essenzialmente la corrispondenza tra i Gonzaga e qualche interlocutore particolare, sia all'esterno (Visconti, della Scala), sia all'interno (per lo più officiali territoriali). Le lettere vi sono spesso trascritte in serie: a ogni lettera corrisponde la sua risposta e solo qualche patente di nomina agli offici del territorio viene a interrompere la successione delle missive e delle responsive. Questi volumi testimoniano un processo crescente di organizzazione delle informazioni politiche in compilazioni sistematiche: questa pratica conosce una lunga interruzione dopo l'assassinio di Ugolino Gonzaga, il protagonista politico degli anni 1350-1360, ma la crescita e la formalizzazione delle raccolte di documenti epistolari riprende negli ultimi anni del Trecento grazie anche all'importanza che Galeazzo Buzoni, cancelliere di Francesco Gonzaga dal 1384, referendario dal 1390 circa e infine consigliere, assume nella cancelleria mantovana. Il solo copialettere del 1400-1401 mostra chiaramente l'avvenuta evoluzione: il registro ha ormai il formato, le dimensioni e la struttura tipici dei registri quattrocenteschi. In un *quaternus* in carta di un centinaio di fogli, i cancellieri del signore registrano le lettere inviate da Francesco ai suoi officiali, sia territoriali, sia centrali; non ci sono più lettere patenti di nomina, né lettere ricevute, che non vengono più copiate ma solo conservate in originale. Si tratta di un registro di copialettere del tutto simile alle centinaia di registri successivi, omogeneo nel suo contenuto, fisso nella struttura documentaria, prodotto da una cancelleria ormai articolata e abbastanza avanzata tecnicamente per immaginare e produrre con continuità dei volumi specializzati, ciascuno destinato a registrare atti diversi.[28] Quando ricompaiono, nel 1443, i registri sono in effetti dei *quaterni* in carta, di 100-150 carte ciascuno, con una semplice coperta in pergamena. Il cancelliere responsabile del registro, o gli anni compresi nel volume, sono talora indicati sulla coperta al momento della redazione o immediatamente dopo. I registri si sovrappongono spesso per la cronologia e il loro contenuto, seppure sempre composto da lettere chiuse, è misto sia dal punto di vista del mittente (il marchese o la marchesa), sia del destinatario (gli officiali della città e del territorio, i membri della dinastia, i sudditi, e chiunque fuori dal marchesato, dai sovrani ai grandi prelati), anche se a partire dagli anni Sessanta iniziano ad apparire i primi segnali di una crescente specializzazione funzionale tra le lettere interne e la corrispondenza diplomatica. Jacopo Probo d'Atri, il primo segretario di origine napoletana

28. Archivio di Stato di Mantova, *Copialettere*.

che arriva a Mantova nel 1491, introduce in cancelleria uno stile regio: in questo periodo, vediamo all'opera in cancelleria una consapevolezza teorica più matura del potere principesco, che si traduce in una tecnica più fine di registrazione. Il primo dei registri di *litterae reservatae secretae* del marchese Francesco, che non ha una semplice coperta in pergamena, ma una copertina più sontuosa in velluto rosso, presenta un *incipit* di stile molto originale, inquadrato con attenzione nello spazio del libro, al centro di una decorazione di linee incrociate e scritto in elegante umanistica:

> Anno humanae salutis M CCCC LXXXXIII, die iulii primo, bonis avibus. Archana Divi Francisci mantuani Principis et veneti exercitus Imperatoris, quisquis es non tangas, non legas, non laceres. Huiusmodi etenim Principum misteria ob tantam et tanti ponderis molem ad omnes non pertinent. Et hoc a te Jacopus Hadriacus, vir a secretis fidissimus, iussu Domini sui efflagitat, rogitat precaturve. Liber etenim sacer est nec est vulgarium manu pertractandus. Vale, sine prevaricatione.

Il testo non ha bisogno di commento: il linguaggio dell'autorità e la forma del documento annunciano un cambiamento dello stile del potere.[29]

b. *Milano*

A Milano la situazione è innanzitutto complicata – o semplificata – dalle perdite documentarie. I materiali del Trecento sono infatti perduti, come anche quelli dell'età di Filippo Maria (i registri "ritrovati" dei Visconti non sono registri di *litterae clausae*).[30] La serie dei *Registri delle missive* comincia in effetti con Francesco Sforza, ma anche in questo caso le disavventure della conservazione complicano il quadro e spingono a riflettere sulla struttura di quel che oggi si chiama l'Archivio Sforzesco Ducale. L'insieme documentario d'età sforzesca, a partire dalla riorganizzazione intrapresa sotto la direzione di Luigi Fumi, è stato diviso in due sezioni, il Carteggio, vale a dire i documenti sciolti e non in registro («in filza, in filo, in mazzo, in cartella»),[31] e i Registri, a loro volta divisi in *Registri delle missive* e *Registri ducali*. La divisione fondamentale fra lettere e registri, anche a dispetto della probabile unità concettuale originaria dei fondi, è giustificata, secondo il Natale, dal fatto che sappiamo che all'epo-

29. ASMn, AG, b. 2961, reg. 1: Luzio, *L'Archivio Gonzaga*, p. 74; Lazzarini, *Pratiques d'écriture*, pp. 96, 101-110, e Ead., Cives vel subditi.

30. *I registri viscontei*; Bognetti, *Per la storia dello stato*; Natale, *Archivi milanesi*; Id., *Per la storia dell'archivio visconteo*, e Id., *Per la storia dell'archivio visconteo signorile*.

31. *Archivio di Stato di Milano*, p. 925.

ca i copisti erano fisicamente separati dai minutanti. I *Registri ducali* erano ripartiti fra *libri instrumentorum* (*capitula*, *sacramenta et iuramenta*, atti patrimoniali) e i registri di *litterae patentes* (*decreta*, *privilegia*, *litterae officiorum*, *rescripta*, *mandata*).[32] Fra i registri di missive, Natale indica che sono stati collocati i volumi della «corrispondenza spedita dalla Cancelleria segreta alle magistrature dello Stato [...] e con gli oratori accreditati alle Corti estere». Ammette tuttavia che fra i registri di questa grande serie ricostruita sono finiti anche registri «diversi».[33] Inoltre, fra i registri delle lettere di cancelleria si trovano molti registri di patenti di ogni genere, qualche registro che dovrebbe evidentemente stare tra i *Registri ducali* e qualche copialettere personale dei cancellieri o degli officiali ducali come Angelo da Rieti, Cicco Simonetta, Lorenzo da Pesaro, Sagramoro da Rimini.[34] Il processo di ricostituzione delle serie ducali, anche nella forma più possibile aderente al sistema originario, sovrappone una griglia a volte pesante di lettura al paesaggio documentario: le strutture documentarie richiedono un surplus di attenzione e di flessibilità nell'analisi tipologica.[35]

L'attuale inventario per gli anni 1450-1499 indica un totale di 34 registri *extra dominium* e di 141 registri *intra dominium*, ma la ripartizione è lungi dall'essere precisa. Un altro insieme di registri designati come *Lettere diverse* conta altri 28 registri tra il 1450 e il 1499: questo ultimo gruppo è composto da registri molto diversi fra loro, fra cui si trova qualche volume di *litterae iustitiae* (come il RM 40, per esempio), ma soprattutto dei volumi di missive dirette a destinatari diversi (officiali, feudatari, città, ambasciatori); la loro distribuzione nel periodo considerato è regolare. L'assenza nella quasi totalità dei casi delle coperte originali e il carattere evidentemente artificiale della classificazione successiva suggeriscono che una loro analisi sistematica, registro per registro, sarebbe indispensabile per arrivare a qualche conclusione attendibile.[36]

32. I *Registri ducali* a loro volta contengono, secondo Natale: «privilegi, investiture, giuramenti, procure, trattati e ratificazioni, atti di matrimonio e appannaggi fiscali», *ibidem*; Santoro, *I registri*.

33. *Archivio di Stato di Milano*, p. 928; Archivio di Stato di Milano, *Archivio ducale sforzesco*.

34. Santoro, *Gli uffici del dominio sforzesco*: ringrazio Nadia Covini per quest'ultima referenza.

35. A proposito delle grazie, si veda Covini, De gratia speciali, pp. 194-195.

36. Per non fare che un esempio, il cosiddetto registro di cancelleria ASMi, RM 73 (1466) è in realtà un insieme di quinternelli di sommari delle lettere diplomatiche ricevute e inviate nel 1466.

Comprensibilmente, i primi volumi di età sforzesca recano traccia delle fasi più confuse della presa di potere da parte del nuovo duca, ma i registri della cancelleria segreta in generale costituiscono un insieme documentario assai diversificato e in trasformazione, marcato da rotture e da sperimentazioni continue.[37] Dal punto di vista della composizione materiale e della natura diplomatica delle lettere, questi volumi formano un gruppo ben definito e formalizzato di registri, standardizzato nelle sue forme e del tutto simili ai copialettere mantovani: si tratta di *quaterni* cartacei, con un numero di carte che varia tra le 400 e le 500 e il cui formato e struttura materiale non cambiano nel periodo considerato. Per quel che riguarda il testo delle missive, fatta eccezione per i primissimi volumi, a partire dagli anni 1451-1452 anche la sua forma è standard: il testo è preceduto dal nome del destinatario e seguito dal nome abbreviato del cancelliere incaricato della redazione della lettera;[38] a partire dal 1454 circa, alla firma del cancelliere, al centro della riga che segue l'ultima del testo, si aggiunge una sigla che designa il primo segretario, Cicco Simonetta (C) o Bartolomeo Calco (BC), posta a destra, sotto o accanto alla firma del cancelliere.[39]

c. *Ferrara*

La situazione ferrarese è la più incerta e fluttuante: alla «disorganicità» degli archivi ducali, che Marco Folin deplorava ancora nel 2001, si aggiunge una povertà inusuale di registri di cancelleria (a meno che quest'ultima non derivi dalla prima). Se le fonti camerali e contabili sono a Ferrara di una ricchezza senza pari, se il Carteggio – perdite accidentali incluse – somiglia alle altre corrispondenze principesche, la totalità dei registri di cancelleria

37. Sul primo periodo, si veda Leverotti, *«Diligentia»*; per un esempio della complessità di queste serie, si veda Covini, *La trattazione*, sui registri dell'auditore. Un altro caso molto interessante è rappresentato dal primo registro della duchessa Bianca Maria Visconti Sforza (ASMi, RD 152, 1453-1454), che nello stesso volume ospita un copialettere di missive (cc. 1-167) e un libro di lettere patenti (*litterae patentes*; *boletini*; *licentie*; *litterae capellaniae* etc.). In merito alle duchesse, Franca Leverotti ha ritrovato tutti i registri di Bianca Maria (RD 152, 43, 128, 54, 129, 100, 164, 9); ma di Bona non rimane, a quanto sembra, che il RD 176, Leverotti, *«Diligentia»*, p. 313, n. 31; si veda anche Covini, *Tra* patronage *e ruolo politico*, alle pp. 256-257, n. 31.

38. Per il primo gruppo si veda, tra gli altri, il ASMi, RD 96; per i primi registri con la sottoscrizione del cancelliere, si veda per esempio ASMi, RD 146 (1449), Leverotti, *«Diligentia»*, pp. 311-312.

39. Si vedano per esempio i registri dei benefici, ASMi, RD 52, 97 e 156 (1451-1460, in successione), Leverotti, *«Diligentia»*, p. 313.

per il Tre-Quattrocento non conta che trentuno volumi, cui possiamo aggiungere un ultimo registro di lettere del duca Alfonso I (1506-1511), prima di una interruzione lunghissima, che giunge sino al 1689, e due registri di *decreta* (1505-1534 e 1534-1559). La riorganizzazione parziale degli archivi ducali in età contemporanea non facilita il compito: l'Archivio segreto estense (con la Camera ducale, uno dei due principali componenti della memoria archivistica della dominazione estense) è oggi costituito da tre insiemi diversi, le carte relative ai titoli di legittimazione e d'autorità dei principi (lo *Hausarchiv*, definito come Carte di casa e Stato), i materiali prodotti in cancelleria e i pochi insiemi documentari delle diverse magistrature che sono finiti in cancelleria a partire dall'età moderna. Anche Filippo Valenti ha sottolineato il grado di frammentazione e di incoerenza degli archivi ducali: l'assenza di una organizzazione centralizzata dei fondi si combina alla debolezza intrinseca di insiemi documentari «poveri sin dall'origine di fondi organici, a causa altresì del particolare stile di governo privatistico ed accentratore che fu sempre caratteristico degli Estensi».[40] Se la ricerca più recente ha certamente abbandonato il concetto rigido di un governo "privatistico" dei domini ducali, non ha ancora modificato significativamente, o per meglio dire, non ha nemmeno provato a spiegare davvero il quadro e la natura della produzione documentaria ferrarese o i caratteri della sua formalizzazione e i criteri della sua conservazione.

Ma torniamo ai nostri registri. La *Guida generale degli Archivi di Stato* stila una lista di tre gruppi di registri di cancelleria: i libri *officiorum publicorum* (6 tra 1363 e 1465), i libri *decretorum* (tra cui 13 volumi per il periodo che ci interessa, il Tre-Quattrocento) e infine i libri delle lettere (14 dal 1443 al 1500).[41] Questa classificazione riprende, cercando di chiarirlo, un ordinamento del 1927. Umberto Dallari riunì allora i due primi gruppi di registri sotto l'ambigua definizione di Leggi e decreti, mentre il terzo componeva da solo la serie delle Lettere; a giudicare dalle rilegature ottocentesche dei volumi, si tratta di una distinzione che rimonta almeno ad allora.[42] Indipendentemente da quando sia stata introdotta, questa distinzione non ha alcuna evidente ragion d'essere: il contenuto dei tre gruppi è infatti vario e disomogeneo come la loro composizione materiale, e la classificazione è

40. *Archivio di Stato di Modena*, in particolare alle pp. 1002-1003.

41. Ivi, p. 1006. Angelo Spaggiari ha ripreso questa distinzione senza approfondire: Spaggiari, *Rapporti*, p. 100.

42. Dallari, *Inventario*.

molto imprecisa. Per non fare che due esempi, il primo dei pretesi registri di Lettere, che copre gli anni di marchesato di Leonello (1443-1450) e di Borso (1450-1459), è di fatto un registro di lettere inviate e ricevute dai fattori generali e non dalla cancelleria, un registro che dovrebbe piuttosto essere classificato fra i registri camerali; stessa cosa per il preteso *Borsii epistolarum register* degli anni 1463-1464, che è al contrario un *Liber registri Camere ducalis Mutine*, vale a dire un registro di corrispondenza fra Borso e il massaro di Modena.[43] Nella sua imprecisione, la vaghezza della classificazione archivistica riflette bene la difficoltà di categorizzazione dei registri, come anche la fluidità delle forme documentarie: le titolature solenni nascondono sotto una apparente uniformità una grande varietà di scritture.

Le più antiche tracce del lavoro di diverse *équipes* di notai al servizio degli Este rimontano alla metà del Trecento e il primo registro a esserci giunto è una raccolta composita. Si tratta di un volume cartaceo in cui sono registrate le *litterae illustris et magnifici domini domini Nicolai Estensis marchionis*, in latino. Il registro contiene tanto lettere patenti di ogni genere (*litterae familiaritatis, fidanciae, officiorum*; *decreta*) che lettere *clausae* inviate soprattutto all'esterno, ai poteri italiani o agli ambasciatori dei marchesi. Il titolo della lettera (per esempio, *littera missa Magnificis dominis de la Scala*, o *littera pro mercatoribus blade*) è trascritto in cima, al centro; il testo termina con la data cronica e topica (ma l'anno è scritto una volta per tutte in alto alla pagina). Sui margini esterni delle carte si trova, sino al 1365, la menzione *ad cancellariam* o *ad cameram* (per indicare l'istituzione che era incaricata della redazione dell'atto); dal 1365 al 1372 compare solo l'indicazione *ad cameram*, insieme a lettere senza alcuna menzione; dopo il 1372, ogni menzione a margine scompare.[44] Paola di Pietro, che ha studiato questo registro, ne conclude che dopo il 1372 si assiste a un probabile processo di differenziazione di registri diversi per contenuto e per meccanismi di redazione.[45] Se è così, si è comunque trattato di un processo assai lento; ci torneremo.

43. ASMo, Registri di lettere, C.1 (1443-1459); C.2.bis (1463-1464): è interessante notare che nell'ultima carta di quest'ultimo registro una mano contemporanea ha scritto «già in Camera Ducale», e ha aggiunto sulla prima carta «ora in Cancelleria Ducale». È evidente che la natura di questo registro era ed è problematica, e sarebbe interessante sapere di più su questo spostamento di collocazione.

44. ASMo, Leggi e decreti, A.1 (1363-1381); sulle menzioni, si veda qui il capitolo 9.

45. Di Pietro, *La cancelleria*.

Il secondo registro in ordine cronologico (1379) contiene le *littere illustris et magnifici domini Nicolai marchionis Estensis etcetera, tam misse quam recepte per eum, ac decreta per eundem concessa.*[46] Nonostante questo *incipit*, il volume come ci è arrivato non consiste di un solo registro originale, ma è piuttosto il risultato di un assemblaggio successivo di più fascicoli diversi: il primo è il preannunciato *liber* di Niccolò II (1361-1388), l'ultimo è un *liber quaternus sive registrum super quo descripte sunt litere et concessiones facte per illustrem et magnificum dominum dominum Albertum marchionem Estensem etcetera*, dunque di Alberto (1388-1393), compilato tra il 1392 e il 1393; in mezzo, accanto a un piccolo numero di originali inseriti e legati, un fascicolo che non è che l'indice-regesto delle lettere contenute nel *liber* di Alberto. I diversi fascicoli che compongono questo registro comprendono tanto lettere patenti che lettere *clausae*: quel che è scomparso in confronto al volume precedente sono le lettere indirizzate agli officiali camerali. I tre registri successivi, i libri di *epistolae et decreta* di Niccolò III (1393-1432, 1441), hanno lo stesso carattere: la loro natura materiale è eterogenea: sono composti da diversi *libri* o *quaterni* rilegati insieme in un secondo tempo difficile da precisare e continuano a inframmezzare lettere *clausae* a lettere patenti, anche se queste ultime sono la maggioranza.[47]

Per gli anni tra il 1445 e il 1471 ci restano solo due presunti registri di lettere. La prima segnatura riunisce in una scatola quattro piccoli registri, in pessimo stato di conservazione, che risultano dall'assemblaggio di carte varie, superstiti da veri e propri copialettere. La seconda segnatura copre gli ultimi mesi di vita del duca Borso e i primi anni di Ercole, e raggruppa due fascicoli di lettere missive e di mandati in cui sono state legate, più tardi, un numero significativo di lettere originali o di minute (che probabilmente dovevano integrare il registro sin dall'inizio).[48]

È tuttavia necessario attendere l'epoca del duca Ercole I perché l'idea di operare una distinzione regolare fra i diversi registri cominci a penetrare in cancelleria. A partire dal 1476 troviamo – finalmente, verrebbe da dire – dei registri di lettere *clausae* di forma e contenuto standardizzati: una serie riconoscibile di *quaterni* cartacei che registrano le lettere inviate dai marchesi/duchi ai sudditi, agli officiali e ai poteri italiani che prosegue pressoché regolarmente per tutto il ducato di Ercole I sino ai primi anni di Alfonso

46. ASMo, Leggi e decreti, B.1 (1379-1393).

47. ASMo, Leggi e decreti, B.2 (1393-1400), B.3 (1401-1409), B.4 (1419-1432, 1441): le lettere missive sono pochissime in questi registri.

48. ASMo, Registri di lettere, C.2 (1445; 1469-1471), C.3 (1471-1475).

(C. 14, 1506-1511), anche se il numero totale di questi registri, undici, è notevolmente inferiore tanto a quelli milanesi, che a quelli mantovani.[49] L'esistenza di un registro della duchessa Eleonora (1482) durante il primo anno della guerra di Ferrara, che si apre presentandosi come la *Prosecutio registri litterarum illustrissime et excellentissime domine nostre domine Heleonorie de Aragona, ducisse Ferrarie*, lascia supporre che, se la crisi degli anni 1482-1484 spinge la duchessa verso un ruolo personale più evidente (da cui forse l'apertura di una serie di registri personali), è ben possibile che le perdite documentarie giuochino un ruolo non irrilevante in questa vicenda: il registro è il solo di Eleonora a esserci arrivato.[50] Dopo gli anni 1506-1511, in ogni caso, la serie si interrompe per non riprendere che dopo il 1689: una perdita di queste proporzioni sembra difficile da sostenere.

La strana vicenda dei registri ferraresi – la loro labilità tipologica, la loro scarsità, le loro oscillazioni formali – si potrebbe spiegare facilmente supponendo una perdita documentaria (anche le serie di corrispondenza presentano dei vuoti che potrebbero derivare da un accidente di conservazione). Filippo Valenti cita Pellegrino Prisciani, che piangeva già negli anni Novanta del Quattrocento «tanta ruina et dilaceratione del già copiosissimo archivio» dei principi d'Este, conservato nella Torre di Rigobello, in Castello; nel Cinquecento una grande *roina* avrebbe fatto crollare la torre e provocato il trasloco degli archivi segreti in un altro locale del castello.[51] Lo stato dei fascicoletti conservati in C.2 sembra suffragare questa ipotesi. Ciò detto, considerando i registri superstiti, il loro numero e il loro carattere potrebbero altrettanto bene confortare l'ipotesi di una originalità strutturale delle tipologie documentarie ferraresi in confronto a quelle dei principati vicini, originalità che potrebbe risalire alle tradizioni proprie della casa d'Este, dinastia di origine ottoniana di radicamento rurale, dalle forme del potere più domaniali che signorili. Non sembra azzardato ipotizzare che la produzione di registri di lettere patenti e *clausae* non sia del tutto familiare a un centro di produzione documentaria più attento alle scritture relative alla gestione del patrimonio dinastico. I "nuovi" duchi Borso ed Ercole, la cui consapevolezza del mutamento di stato politico e dinastico compiuto dai domini estensi con la doppia erezione ducale è ben nota, avrebbero

49. ASMo, Registri di lettere, C.4-14: da C.4 (1476) a C.13 (1498-1500) sono registri di Ercole (tranne C.8); C.14 è il solo registro di Alfonso I (1506-1511).

50. ASMo, Registri di lettere, C.8: sul ruolo cruciale di Eleonora alla corte di Ferrara si veda Folin, *La corte della duchessa*, in particolare alle pp. 511-512.

51. Valenti, *Profilo storico*, p. XV.

cercato di modificare quando non di eliminare questa alterità documentaria assimilando degli usi scrittori più adatti ai principi, adottati sul modello dei vicini principati di Mantova e di Milano. Ponendosi però la centralità della cancelleria al cuore del potere principesco in modo più politico (vale a dire più legato alla gestione degli equilibri interni e delle relazioni esterne) che documentario (vale a dire mirato alla costruzione coerente di un ordine scritto del potere), queste esperienze rimasero senza seguito.[52]

### 3.2. *I registri di lettere patenti (*libri officiorum, *lettere di giustizia,* decreta, mandata*)*

Il secondo gruppo di registri che ci interessa qui copre un grande numero di categorie documentarie: le lettere patenti danno voce all'autorità del principe *de plenitudine potestatis* grazie all'inclusione di un atto di autorità di ampiezza variabile in un oggetto documentario al tempo stesso flessibile e complesso, e ancora in fase sperimentale. Nel concreto, comprendono un vasto spettro di atti in forma di lettera pubblica che, con un formulario multiplo di cui anche il contenuto linguistico potrebbe essere oggetto di una sottile analisi specifica,[53] stabiliscono ed esprimono pubblicamente la volontà del principe: dalle concessioni (di cittadinanza, di tratta, di porto d'armi) alle *litterae familiaritatis*, dalle nomine agli offici alle esenzioni, dalle grazie ai *mandata*. In questo senso, il crescente ricorso alla concessione di una diposizione di grazie, vale a dire di un privilegio derogatorio enunciato nella forma di una lettera patente, alimenta i circuiti di costruzione del consenso al signore e al tempo stesso stabilizza le forme documentarie di una nuova «diplomatica signorile».[54] La gamma delle lettere patenti copre una moltitudine di situazioni e di testi in forma epistolare: il formulario dei Visconti pubblicato da Alfio Rosario Natale ci offre tutta una panoplia di questi documenti per la Lombardia ducale del primo Quattrocento su cui non abbiamo il tempo di fermarci.[55] In generale, dal nostro punto di vista, queste diverse categorie di lettere patenti possono

52. A proposito della «trascuratezza nell'uso e nell'archiviazione delle scritture pragmatiche» che caratterizza i principati in opposizione alle repubbliche si veda Gamberini, *Istituzioni e scritture*, ripreso in particolare per Ferrara in Turchi, *Fonti pubbliche*: andrei anche più lontano, ipotizzando una specificità ferrarese ancora più spinta in questa direzione.

53. Guyotjeannin, *Entre persuasion et révélation*.

54. Covini, De gratia speciali.

55. Natale, Stilus cancellariae.

sia essere incluse in un solo registro, sia dare vita a registri diversi. Il processo di creazione di un libro specifico per ogni tipo di lettera si rivela, non sorprendentemente, come un moto complesso, flessibile, dai risultati molto diversi caso per caso e dal ritmo vario. I *métissages*, le soluzioni miste, le innovazioni parziali, i compromessi sono la maggioranza, soprattutto sino alla metà del Quattrocento. I testi ci indicano talora che le distinzioni necessarie alla redazione e alla autenticazione di tutti questi documenti non erano altrettanto necessarie alla loro organizzazione pratica: a Milano i registri ci sono giunti nella maggior parte dei casi senza le loro sovracoperte originali, ma nei pochi casi in cui queste sono sopravvissute si limitano a definire i registri semplicemente come *libri leterarum patentium.*[56]

In ogni caso, l'estrema varietà delle soluzioni ci costringe a una rapida sintesi, a rischio di annullare le sfumature. Tra le lettere patenti, un gruppo di scritture sviluppa assai presto una propria traiettoria diplomatistica e una propria storia documentaria: si tratta delle *litterae officiorum*, le lettere di nomina agli offici. Anche se la loro importanza e la loro esemplarità sono significative, rimandiamo per la loro analisi al capitolo 1 del presente volume. Qui ci concentreremo al contrario sui registri di *mandata* (termine utilizzato a Milano e a Mantova, anche se in questo ultimo caso in concorrenza con il termine seguente) o *decreta* (Ferrara), attribuendo a queste parole un senso largo di autorizzazione graziosa concessa a una persona fisica o morale, che non ha valore normativo,[57] e ancora su registri di lettere di giustizia, vale a dire sulle disposizioni prese dall'autorità in materia giudiziaria, spesso in risposta a una supplica.[58]

a. *Mantova*

A Mantova, il momento decisivo si colloca intorno alla fine del Trecento e ai primi anni del Quattrocento: nel 1396 e nel 1407 rispettivamente Francesco Gonzaga e il suo referendario Galeazzo Buzoni lanciano due

56. ASMi, RD 98: *registrum litterarium patentium de anno MCCCCLVII*; si veda Covini, *La trattazione*, p. 114, n. 14.

57. Vale a dire, secondo le parole di Gabriele Verri, i rescritti *ad personam*, che «dirimunt privatorum controversias», e dunque non le *gride* (a Mantova e a Ferrara) o i *decreta* (a Milano), vale a dire le disposizioni normative di portata generale (i decreti generali che «iura generalia faciunt»): si veda Covini, De gratia speciali, n. 1, che riprende appunto l'introduzione del Verri alle *Constitutiones dominii Mediolanensis*, p. CXXIX; si veda anche Natale, Stilus cancellariae, p. XCVI.

58. Varanini, *"Al magnifico e possente segnoro"*; Covini, *La trattazione*; Lazzarini, *Il diritto urbano*.

nuove serie di registri piuttosto diversi nel formato, nella composizione materiale e nella natura. I più antichi testimoni di questo mutamento sono i fascicoli delle *gride*, sia di portata generale (sulla natura di questo o quell'officio, o di tutti, sulla fiscalità e via enumerando), sia di carattere più locale e quotidiano (sui mercati settimanali, sulle imposte esatte alle porte della città eccetera). La serie, in pergamena e di grande formato, viene tenuta con regolarità per tutto il Quattrocento, anche se il numero totale dei volumi non è elevato (nove registri tra il 1396 e il 1501) e il loro uso diventa sempre più episodico.[59]

La seconda serie giuoca al contrario un ruolo essenziale nella vita del principato e soprattutto si rivela più significativa dal nostro punto di vista. I *mandatorum libri* cominciano nel 1407 e sono compilati per tutto il secolo: per gli anni 1407-1500 restano trentadue registri, il cui formato è simile a quello dei copialettere ed è costituito da quaderni cartacei che, assemblati, possono contare dalle cento alle trecento carte circa; le mani dei cancellieri sono diverse; le lettere, in latino, sono precedute dalla formula *de consensu nostro*; il copista non è mai nominato.[60] A partire dagli anni Cinquanta del Quattrocento si aggiunge, sul margine esterno, anche il beneficiario della grazia, della concessione, dell'esenzione. Il testo dell'atto è contrassegnato dalla sigla del responsabile dell'esecuzione della volontà del principe: un consigliere, se si tratta di giustizia; un officiale camerale (maestro delle entrate, massaro, fattore generale, tesoriere); un officiale locale. Durante il marchesato di Francesco II, la struttura delle lettere registrate cambia: l'*incipit de consensu nostro* scompare, sostituito dalla sola formula abbreviata *mandato etcetera*; il testo si chiude con la menzione del circuito del mandato e l'indicazione dei responsabili della gestione della questione; vi si aggiunge talora l'indicazione della supplica all'origine della decisione.[61] La materia è molto varia: questi registri raccolgono tutte le lettere patenti

59. ASMn, AG, b. 2038-9, fascc. 1-9: Lazzarini, *Il diritto urbano*.

60. ASMn, AG, Decreti, 1-32 (1407-1500): Lazzarini, *Il diritto urbano*; Ead., *L'enquête*.

61. Per non fare che qualche esempio, il segretario sottoscrive sia dopo il mandato del principe e l'intervento di un altro magistrato («Johannes Carolus Scalona prefati Ill. Domini Marchionis Mantue secretarius ad eius mandatum relationem spectabilis Antonii Scatiani thesaurarii suscripsit»), sia, più brevemente, dopo l'autorizzazione di un consigliere o di un officiale finanziario («Diomedes Tridapalus secretarius visa infrascripta signatura Donini subscripsit»). La formula relativa alla supplica è, come d'abitudine, *visa supplicatione signata opportune / fiat / etc.*

che rispondono alle suppliche più diverse, di giustizia, come di *patronage*, con la sola esclusione delle lettere di nomina agli offici che, a loro volta, iniziano a essere registrate a partire da questo stesso anno 1407.[62]

Gli anni 1396-1407 rappresentano una fase di costruzione normativa, politica e documentaria della signoria dei Gonzaga sulla città di Mantova; a partire dagli anni Ottanta del Quattrocento, dopo la morte prematura del marchese Federico, il marchesato di Francesco II è di nuovo un momento forte di definizione del potere del principe, che cambia le sue forme tanto simboliche che documentarie in risposta alla crisi del sistema politici italiano.[63]

b. *Milano*

Il materiale milanese, nonostante la perdita massiccia delle novità introdotte dai Visconti, è molto interessante, per non dire esemplare. Fatta eccezione per i primi registri sforzeschi, come abbiamo visto, il processo di differenziazione tipologica viene intrapreso, negli anni Cinquanta del Quattrocento, con più chiarezza e decisione che a Mantova. In più, sembra essere il risultato di una scelta politica deliberata del nuovo duca. Franca Leverotti ha sostenuto che la cancelleria segreta dello Sforza, a partire dagli anni 1451-1454, inizia ad affidare la redazione dei diversi tipi di lettere patenti a dei segretari precisi, specializzati, che scelgono i loro collaboratori e si vedono ben presto affidare la responsabilità diretta degli atti di loro competenza. La prima di queste branche semiautonome sembra la cancelleria ai benefici ecclesiastici, seguita dalla cancelleria giudiziaria che lavora sotto la responsabilità dell'auditore e risponde alle suppliche in materia giudiziaria o procedurale, e in materia di reati, fughe, debiti. L'ultima a rendersi autonoma sembrerebbe la cancelleria finanziaria, sotto la direzione di Zannino Barbato, a partire dal 1456. La cancelleria politica resta sotto l'autorità di Cicco Simonetta e si occupa dei rapporti politici e della gestione delle reti di *patronage* interne al ducato.[64]

Il processo è stato, con evidenza, ben più fluido di quanto lasci supporre questa breve sintesi: questa trasformazione conosce negli anni 1450-1460 una successione di accelerazioni e di rallentamenti, presa nel giuoco complesso di una dinamica entro il tutto e le sue parti, soggetta ai ritmi diversi dell'urgenza politica e finanziaria, dell'attività degli uomini del prin-

62. Si veda il capitolo 1.

63. Lazzarini, *Un "bastione di mezo"*, e Ead., Cives vel subditi.

64. Si vedano gli studi citati alla n. 6.

cipe, dello stato delle fonti. Sembra che occorra attendere la fine degli anni Ottanta del Quattrocento per vedere formalizzata l'autonomia delle diverse branche della cancelleria ducale originaria.[65] Due caratteri vanno comunque sottolineati: d'un lato, il cambiamento profondo avvenuto sotto la direzione dei duchi Sforza in rapporto al periodo precedente, quando i diversi centri di produzione documentaria agivano agli ordini di uno o dell'altro dei due consigli principeschi e dove un gruppo di cancellieri e di segretari posti alle dirette dipendenze del duca era responsabile collettivamente e in modo più o meno indifferenziato della scrittura degli atti ducali;[66] d'altro lato, la topografia dei registri che deriva da questa trasformazione.

I registri di lettere patenti sono integrati, in modo assai flessibile, sia fra i *Registri ducali*, sia fra i *Registri delle missive*: in generale, i registri di concessioni (del duca, ma anche della duchessa, o almeno di Bianca Maria) e i *libri officiorum* si trovano fra i *Registri ducali*; i registri di giustizia e i pochi volumi della cancelleria finanziaria sono uniti ai registri di lettere *clausae* che compongono la maggior parte della serie dei *Registri delle missive.* Detto ciò, la classificazione archivistica attuale non risponde, nemmeno a Milano, a una logica definitiva, sia per i registri di lettere patenti, quanto per quelli di lettere *clausae.* Un esempio basterà: se i registri di lettere beneficiali sono per lo più raccolti fra i *Registri ducali*, i volumi prodotti dalla cancelleria di giustizia, vale a dire dai cancellieri dell'auditore (1450-1464, 1468-1499), si trovano sparpagliati in mezzo ai *Registri delle missive* (almeno una ventina fra di essi) e fra i *Registri ducali* (tredici).[67]

Il materiale è immenso: i registri delle lettere patenti, nella seconda metà del Quattrocento, contano, tra le due serie che li conservano, circa duecento volumi. Qui ci occuperemo di esaminare brevemente i registri prodotti dalla branca della cancelleria che era incaricata della gestione delle cause giudiziarie, delle grazie per omicidio e delle ingiunzioni contro i debitori e i fuggitivi – una branca autonoma negli anni 1451-1464 e poi di nuovo a partire dal 1468. I registri delle lettere di giustizia – come li

65. Leverotti, *La cancelleria segreta.*

66. Oltre a quanto già segnalato, si veda Cengarle, *Immagine di potere*, pp. 33-59.

67. Secondo le ricerche recenti di Nadia Covini, i registri sono: ASMi, RD 98, 126, 130, 131, 132, 133, 154, 155, 161, 162, 166; RM 8, 10, 11, 17, 22, 23, 24, 27, 28, 30, 31, 35, 36, 40, 41, 45, 49, 56, 66. Il RM 56 è un copialettere personale dell'auditore Angelo Cappellari da Rieti e il RD 96 ha giuocato lo stesso ruolo per il suo predecessore, Giovanni Cressolini da Amelia. Si veda Covini, *La trattazione*, pp. 113-114.

definisce l'inventario dattiloscritto – cominciano nel 1451: si tratta di volumi cartacei, del formato dei registri delle lettere *clausae*, ancora dotati della loro numerazione originaria, ma spesso rilegati più tardi. Le lettere di giustizia sono indirizzate agli officiali competenti (come, per esempio, il *Capitaneus Domudussule sive eius locumtenentis*, *Potestas Papie*, etc.), il testo della lettera è in latino e si apre, secondo il formulario tipico delle lettere, con l'*intitulatio* del principe e l'indirizzo all'officiale, definito *dilecte noster*; sul margine esterno è indicato il nome del beneficiario del mandato, preceduto da *pro*; la sottoscrizione completa del cancelliere è rara, ma a margine si trovano regolarmente una o due lettere che segnalano informazioni di ordine finanziario (per esempio, *N* per *nihil*, "nulla da pagare per questo atto"). A partire dalla fine degli anni Cinquanta del Quattrocento, accanto al beneficiario appare sempre più frequentemente la menzione della supplica che ha innescato la procedura e di cui si segnala che è "in filza" (*supplicatio est in filza*).[68]

c. *Ferrara*

Come si è già rilevato, i registri ferraresi hanno una struttura fluida e una consistenza fragile. Se dai copialettere passiamo ai registri di lettere patenti, la situazione non si chiarisce e la classificazione contemporanea da imprecisa diventa decisamente frustrante: il solo dato certo è che i due gruppi di lettere sono mescolati senza distinzione sino al principato di Borso, quando non di Ercole. La natura mista dei registri della fine del Trecento raggruppati nei tre insiemi A, B, C continua durante il Quattrocento e diventa particolarmente evidente nei gruppi A e B di Leggi e decreti. Fra gli otto volumi inventariati in A, vale a dire fra i pretesi registri *epistula* [sic] *et officia*, alle missive sono mescolate lettere di nomina agli offici, ma anche mandati di ogni genere (concessioni, esenzioni, *litterae civilitatis*, etc.). In particolare, a partire dal secondo volume della serie( A. 2, 1392-1396)[69] sino al 1422 (A. 5), troviamo dei registri che, per quanto di contenuto disparato, sembrano essere maggiormente dei registri camerali che dei registri di cancelleria: la designazione originaria data a questi volumi, quando è sopravvissuta, è assai chiara (*Registrum litterarum et aliarum scripturarum spectantium ad factoriam illustris et excelsi domini domini Nicolai marchionis Estensis etcet., inceptum anno Domini nostri Iesus*

68. Per esempio, ASMi, RM 30 (1456) o 40 (1458).

69. Il primo (ASMo, Leggi e decreti, A.1, 1363-1380), di cui abbiamo già parlato, ha una natura ancora molto embrionale.

*Christi 1397, indictione quinta*).[70] Una prova complementare della fragilità dell'oggetto documentario, come delle incertezze dell'archiviazione successiva, deriva dall'osservazione che i volumi in questione si inseriscono all'apparenza molto meglio nelle serie camerali piuttosto che in quella attuale, tanto per il loro contenuto che per la successione cronologica.[71] Torneremo fra un minuto ai tre ultimi registri della serie A.

Fra i registri classificati come B, i volumi che vanno dal 1379 al 1446 contengono a loro volta un miscuglio del tutto simile di lettere patenti e di lettere *clausae*, che inizia a definirsi lentamente a partire degli anni di Leonello.[72] Il registro B. 3 (attualmente descritto come *Nicolai III epistole et decreta, 1401-1409*, ma privo di titolo originale) è esemplare di questa sovrapposizione di tipologie in una forma documentaria al tempo stesso molto fine come prodotto cancelleresco, e indifferente a ogni principio di distinzione, evidentemente inutile. Si tratta di un volume cartaceo, di formato standard (un *quaternus*), scritto da mani diverse, dalle carte con numerazione originale (da 1 a 201). Contiene copie di diversi gruppi di lettere: le lettere degli ambasciatori fiorentini e le risposte del marchese; dei salvacondotti, delle lettere di nomina agli offici (con i corrispondenti *ordines officii*); dei mandati emessi in seguito a suppliche che talora sono registrate a loro volta. Questi primi registri formano una serie diseguale, discontinua e a volte sovrapposta di volumi di composizione variabile, di formato diverso, di ricomposizione talora artificiale: riuniscono, secondo l'abituale principio di indistinzione, testi diversi che tuttavia sono tutti chiusi entro il perimetro della diplomatica delle lettere di cancelleria, sia chiuse, sia patenti. Probabilmente a partire dal principato di Leonello, ma sicuramente dall'età di Borso, il gruppo dei registri B vede precisarsi progressivamente i suoi contorni come serie di registri di *decreta*, vale a dire di mandati individuali: la loro successione – come ci è pervenuta – si rivela irregolare, ma la loro struttura si precisa e i frequenti rinvii da un

70. ASMo, Leggi e decreti, A.3.

71. Per quanto diversi fra loro per contenuto (A.2 e A.4-5 contengono in maggior parte lettere di nomina agli offici, soprattutto camerali; A.3 è composto per lo più da lettere missive inviate da Niccolò ai suoi fattori generali), sono in successione precisa fra loro e con alcuni registri coevi conservati nell'archivio della Camera: A.2 (1392-1396), A.3 (1397-1404), A.4 (1405-1414), A.5 (1415-1422); Camera ducale, Computisteria, Mandati, 1 (*registrum litterarum et mandatorum*, 1422-1424), 2 (*registrum Camare*, 1424), etc.

72. ASMo, Leggi e decreti, B.1 (1379-1393); B.2 (1393-1400); B.3 (1401-1409); B.4 (1419-1432, 1441); B.5 (1442-1446).

libro all'altro testimoniano della regolarità della loro produzione e del loro uso.[73] La serie B comprende anche, a partire dal 1453 e con una solo rottura di continuità, un gruppo di registri di *archetypa*, vale a dire di minute originali, che copre il ducato di Borso e una parte di quello di Ercole.[74] Questi registri sono particolarmente interessanti perché ci danno un'idea di come si lavorava alla cancelleria ducale. Sono infatti composti grazie all'inserimento di numerosi *dossiers* di lettere e di suppliche (di formato e dimensioni diverse) attaccati a un primo *quaternus* di minute (non di copie); sui testi originali inseriti il referendario Ludovico Casella appone di sua mano le sigle abituali dei circuiti delle suppliche al principe. Il registro di mandati di Ercole per gli anni 1486-1489, in cui gli atti sono trascritti in un volume unitario, ci mostra, in contrappunto, la tappa finale del processo di produzione documentaria: in questo caso, è evidente che siamo davanti a massicce perdite di documentazione.[75] A partire dal 1505, i registri di *decreta* formano una serie continua e cominciano a moltiplicarsi secondo criteri tipologici: fra i *decreta*, i mandati di *civilitas* e le esenzioni hanno diritto a volumi a parte.

Ma torniamo brevemente agli ultimi volumi del gruppo A, tre registri di lettere di nomina agli offici del marchesato/ducato estense.[76] Negli anni di Borso, che diventa duca di Modena e Reggio nel 1452 e duca di Ferrara nel 1471, il principe interferisce con gli usi della sua cancelleria facendo

73. ASMo, Leggi e decreti, B.6 (1447-1454: Leonello e Borso); B.7 (1454-1460: Borso); B.12 (1486-1489: Ercole); B.14 (1505: Alfonso I); B.15 (1505: Alfonso I); B.16 (1506: Alfonso I); B.17 (1506: Alfonso I). I rinvii sono a mandati precedenti (B.6, c. 166, la *confirmatio decreti comunis et hominum Castellarani*, senza data ma dell'epoca di Borso, lascia nella pagina lo spazio per il testo di un mandato di Leonello registrato, secondo una nota a margine, in un libro *decretorum inchoatum 1442, ubi ad c. 5 invenies hoc decretum de quo in presenti decreto fit mentio*), o a conferme successive (B.7, gli statuti dei *casari* di Ferrara [1456] vengono inseriti all'altezza della c. 21 e una nota a margine raccomanda di «require aliud decretum huius artis et universitatis sibi concessum per magnificum dominum nostrum dominum Erculem ducem etc., de quo apparet in libro adamantis 1472, indictione quinta, die 27 julii»). È interessante, di passaggio, notare che i registri perduti degli anni di Leonello erano evidentemente noti grazie alla sola data di registrazione, mentre quelli dell'età di Ercole cominciano ad avere un nome preciso, talvolta dotato di un senso particolare (il *liber adamantis* fa riferimento al diamante, uno delle divise di Ercole).

74. ASMo, Leggi e decreti, B.8 (1453-1461: Borso); B.9 (1473-1482: Ercole); B.10 (1483-1490: Ercole); B.11 (1486-1489: Ercole).

75. ASMo, Leggi e decreti, B.12 (1486-1489), di cui si è già parlato.

76. ASMo, Leggi e decreti, A.6 (1450-1465: Borso: su questo registro si veda quanto scritto nel capitolo 1); A.7 (1505-1534: Alfonso I); A.8 (1534-1559: Ercole II).

redigere un libro molto particolare, dedicato alle lettere di nomina agli offici delle città e del territorio, officio per officio, a partire da Ferrara. Questa compilazione assomiglia da vicino ai registri dei Gonzaga e ai tre registri ordinati da Cicco Simonetta, altrettanto originali per gli usi cancellereschi, a Milano.[77] Dopo questo primo registro, occorre attendere il 1505 perché un nuovo duca, Alfonso I, faccia compilare un registro identico. Il terzo di questo tipo copre il ducato di Ercole II (1534-1559), ed è l'ultimo.

## 4. *Scrivere, distinguere, conservare: strategie documentarie e processi di costruzione politica*

Due considerazioni finali si possono formulare. A Milano, un gruppo di registri di lettere patenti, i registri della cancelleria dell'auditore di giustizia, rappresentano il prodotto documentario maturo di una delle branche in cui la cancelleria ducale viene divisa in modo sempre più formalizzato a partire dagli anni Cinquanta del Quattrocento. L'auditore e i suoi cancellieri rispondono alle suppliche in materia giudiziaria o procedurale e deliberano in materia di reati, di fuggitivi, di debiti. Aperta nel 1451, la serie dei registri e dei *dossiers* dell'auditore si interrompe nel 1464, alla morte di Angelo Cappellari da Rieti, il giudice che ne era responsabile. Francesco Sforza lascia che la cancelleria politica di Cicco Simonetta recuperi questa attività e i collaboratori di da Rieti sono dispersi in altri offici. Una specializzazione efficace, parte integrante di un progetto deliberato di controllo e di governo associato a un sistema al tempo stesso politico e documentario e a un uso ragionato di strumenti, uomini e funzioni può vedersi dimenticata, abolita, assorbita.

A Ferrara, le logiche della conservazione confondono le carte di un paesaggio documentario molto particolare in rapporto alle logiche della scritturazione a Milano o a Mantova, che si iscrivono abbastanza chiaramente in una tendenza a sviluppare una loro specificità all'interno di un quadro comune e condiviso. L'organizzazione della documentazione pubblica ferrarese si complica ancora – o, al contrario, forse si chiarisce – se si considera la precocità e la ricchezza delle serie della camera dei marchesi/

77. ASMn, AG, Patenti 1 (1407-1444); 2 (1444-1484); 3 (1484-1516); ASMi, RD 149 (1450-1468: castellani); 150 (1450-1468: officiali); 159 (1468-1471: castellani e officiali). Su questi registri, si veda il capitolo 1 e la bibliografia.

duchi.[78] I ranghi serrati e la varietà dei registri patrimoniali e contabili dei fattori generali – dai catastri ai memoriali, dai libri del conto ai memoriali del soldo, dalle bollette dei salariati ai registri di mandati dei fattori generali – ci lasciano intravvedere una strategia documentaria che traduce in scrittura la lunga durata del potere locale, o meglio la combinazione di un controllo leggero – episodico e poco formalizzato – nella sfera politica, e una sorveglianza ben più capillare e sofisticata delle risorse economiche e dei legami di *patronage* e dei rapporti sociali che derivano dalla gestione della terra e del denaro. Ai signori della casa d'Este si applicano perfettamente i versi ironici di Fazio degli Uberti che, nel *Dittamondo*, oppone i «signor moderni / che stan co' suoi quaterni / en camera dì e notte a far ragioni» agli antichi signori dagli speroni d'oro («spiron aurato»), che governavano con la spada in mano.[79] Il sistema documentario che ne deriva è pesantemente sbilanciato nelle sue componenti. Tale disparità si riflette assai chiaramente nell'organizzazione generale dell'ordine documentario del principato: ogni tentativo di cambiare questo stato di fatto nei suoi tratti formali, come le sperimentazioni di Borso e di Ercole, sembra essere destinato al fallimento.

Nel quadro instabile e fragile del sistema degli stati italiani, sempre in deficit di legittimità e alla ricerca di solide basi di consenso, confrontati a una serie di crisi politiche e militari ricorrenti fra le quali l'invasione francese degli anni Novanta del Quattrocento non fu che la più traumatica, le strategie documentarie sono duttili strumenti di governo: i saperi che presiedono senza rigidezza alla loro elaborazione e che veicolano i linguaggi dell'autorità e le forme della dinamica politica e sociale contribuiscono anche – se non soprattutto – a tradurre una scelta politica più o meno deliberata e più o meno coerente. Ma l'efficacia delle soluzioni documentarie non è legata necessariamente alla durata della loro sopravvivenza e la gamma di sperimentazioni non si arresta per tutto il periodo che qui consideriamo.

78. Si vedano Tuohy, *Herculean Ferrara*, e Id., *Struttura*.
79. Citato in Varanini, *Le scritture pubbliche*, p. 358.

# 4. Le reti documentarie della diplomazia

## 1. *Diplomazia e scritture*

La diplomazia tardomedievale italiana – classico campo di studi di storia dello stato – è stata profondamente rinnovata negli ultimi decenni. Lungi dal ridursi alla sola ricerca della nascita delle prime ambascerie residenti come antesignane di un'ipotetica diplomazia moderna, gli studi recenti sulla diplomazia nella penisola si sono concentrati sul nesso tra trasformazione del potere e interazione diplomatica. La complessa definizione dell'autorità dei vari poteri italiani – più o meno statuali, più o meno territoriali, più o meno autonomi, più o meno legittimi – si compì tra Tre e Quattrocento attraverso un processo reciproco di riconoscimento e di legittimazione, a sua volta legato a un profondo mutamento delle pratiche diplomatiche.[1] Spostando il fuoco dai singoli cambiamenti della pratica ai processi politici, le ricerche sulla diplomazia rinascimentale ne riconoscono ormai il carattere di flessibi-

1. La questione è risalente: oltre ai classici ottocenteschi von Reumont, *Della diplomazia italiana* e de Maulde la Clavière, *La diplomatie*, si veda la celeberrima sintesi novecentesca di Mattingly, *Renaissance Diplomacy*; per una critica alla diplomazia come mero strumento della politica, si veda Febvre, *Contre l'histoire diplomatique*; come punti fermi della riconsiderazione recente della questione, si vedano infine Fubini, *La figura politica* e Id., *Classe dirigente*; Senatore, *«Uno mundo de carta»* e ora Lazzarini, *Communication and Conflict*. La revisione degli studi sulla diplomazia medievale non ha riguardato la sola penisola italiana né si è limitata ai secoli finali del medioevo: al di là delle considerazioni in Senatore, *«Uno mundo de carta»*, pp. 28-50, si vedano anche Péquignot, *Berichte und Kritik* e, per la prima modernità, Watkins, *Towards a New Diplomatic History* (introduzione a un numero monografico di «Journal of Medieval and Early Modern Studies» con saggi di Douglas Biow, Denis Crouzet, Anthony Cutler, Daniela Frigo, Timothy Hampton e Russell E. Martin).

le azione politica a tutto tondo e si sono ampliate a comprendere i suoi diversi piani (dalla negoziazione alla comunicazione politica e alla circolazione dell'informazione), concentrando l'attenzione sulla costruzione di pratiche e linguaggi peculiari, sul loro impatto sulla prassi politica e sulla loro sistematizzazione in teoria e scritture di storia.[2]

In questo processo, passi avanti sostanziali sono stati compiuti grazie all'analisi delle pratiche scrittorie e documentarie messe in atto dai professionisti della comunicazione scritta che vennero sempre più coinvolti nell'azione diplomatica. L'elaborazione dei molteplici linguaggi diplomatici a disposizione di soggetti politici di vario potere e legittimità è stata infatti illuminata dallo studio, ormai raffinato, consapevole e diversificato a seconda delle tradizioni storiografiche dei diversi paesi, delle forme e delle fasi di scrittura, registrazione e conservazione degli imponenti carteggi diplomatici e di tutti i materiali relativi alla circolazione dell'informazione (minute, sommari, registri, cifrari, copie, originali, autografi), il cui ruolo nella costruzione di una pratica innovativa del discorso diplomatico si è rivelato cruciale.

La rivisitazione critica di tanta parte del mito storiografico della nascita della diplomazia moderna nell'Italia del Rinascimento ha dunque beneficiato moltissimo dell'attenzione rinnovata alle scritture, agli scriventi, ai laboratori di scrittura e alle pratiche di produzione e di conservazione delle varie forme documentarie legate alla prassi diplomatica. In questo senso, prendendo il tema della pratica diplomatica dell'Italia quattrocentesca come caso di studio, il presente contributo si propone di seguire le intersezioni e le convergenze fra storia, paleografia, diplomatica, archivistica e *cultural history*.[3] La trasformazione – legata, in Italia ma non solo, in particolare al nome di Armando Petrucci – della paleografia in una «storia della cultura scritta»,[4] come anche l'attenzione crescente degli storici agli studi paleografici (e alle scienze del documento latamente intese) sono in-

2. Lazzarini, *Communication and Conflict*: anche gli studi contemporanei di *International Relations* e *Diplomatic Studies* – da tutt'altra angolatura – giungono a conclusioni metodologiche e analitiche simili: si vedano Der Derian, *On Diplomacy*; Jönsson, Hall, *Essence of Diplomacy*; *The New Public Diplomacy*.

3. Nel senso inteso da Peter Burke per esempio in Burke, *Languages and Communities*, pp. 1-2.

4. Si veda Petrucci, *Prima lezione di paleografia*, p. VI: Petrucci di seguito aggiunge che la paleografia così intesa (sulla scia di Jean Mallon) si deve occupare «della storia della produzione, delle caratteristiche formali e degli usi sociali della scrittura e delle testimonianze scritte in una società determinata», *ibidem*.

fatti il portato di un complesso, cruciale e spesso convergente processo di riconsiderazione della scrittura (documentaria, ma anche testuale: si pensi al rinnovamento importante degli studi di storia del libro) come oggetto di analisi in sé e non puro vettore di dati.[5]

Questo saggio dunque punterà in un primo momento a riepilogare brevemente gli elementi costitutivi della trasformazione delle pratiche e dei linguaggi diplomatici nell'Italia di un lungo Quattrocento che va dalla metà almeno del Trecento sino al primo Cinquecento, per poi indagare i modi e i temi in cui l'incrocio delle ricerche di storia e delle scienze del documento ha portato alla messa a fuoco – e favorito l'interpretazione – di alcuni snodi cruciali del fenomeno.

## 2. *Per una "nuova" diplomazia: i protagonisti, le pratiche, gli strumenti dell'interazione diplomatica nell'Italia tardomedievale*

La revisione del quadro tradizionale della diplomazia italiana del primo Rinascimento si è compiuta negli ultimi due decenni attraverso un duplice processo di indagine sulle forme del potere e della legittimità degli stati italiani e di edizione sistematica dei grandi carteggi diplomatici del secondo Quattrocento. Il primo di questi due campi di analisi, interrogandosi sulle forme dell'autonomia e della legittimazione di sistemi politici solo parzialmente indipendenti e in buona misura illegittimi, ha finito per mettere a fuoco il ruolo cruciale del riconoscimento reciproco di regimi e governi grazie a una interazione diplomatica sempre più fitta e continua, al tempo stesso flessibile e selettiva.[6] Le edizioni di fonti, lavorando in modo sistematico e quantitativamente rilevante sui carteggi diplomatici dei vari poteri italiani fra loro e con altri poteri europei, non solo hanno messo a disposizione degli studiosi un materiale ricchissimo, ma hanno anche imposto la necessità di prestare una crescente attenzione al fenomeno documentario della *littera*

5. In questa direzione, si pensi ai numerosi lavori dedicati alla storia della cultura scritta in Europa, tra cui Clanchy, *From Memory to Written Record*; *Pragmatische Schriftlischkeit*; *Écrire, compter, mésurer*; *Culturas del escrito*. In merito alla storia del libro, si vedano tra gli altri, oltre all'opera pionieristica di Roger Chartier, di cui si ricorda almeno Chartier, *Culture écrite et société*, le ricerche di Nuovo, Sandal, *Il libro*, e Braida, *Stampa e cultura libraria* e – per la circolazione dei manoscritti letterari o epistolari – quanto citato alla n. 32.

6. In questa direzione, le ricerche di Riccardo Fubini sono state cruciali: a parte quanto citato alla n. 1, si veda anche Fubini, *Italia quattrocentesca*.

*clausa*, della sua natura diplomatistica, della sua strutturale flessibilità come strumento comunicativo, aprendo poi il campo a una attenta considerazione del sistema documentario che ruota attorno alla lettera.[7]

Il punto di partenza è la molteplicità dei protagonisti dell'interazione: nella penisola italiana il concreto esercizio del potere e dell'autorità era, fra Tre e Quattrocento, meno frammentato che nel secondo Duecento, ma comunque disperso in mille rivoli istituzionalmente e costituzionalmente diversi. Il mosaico di quanti erano in grado di esprimere una qualche iniziativa diplomatica si componeva infatti di repubbliche (più o meno sovracittadine, dotate o prive di proiezioni marittime importanti), principati nati da città comunali, domini feudali o signorie ecclesiastiche, la peculiare monarchia papale, i regni meridionali. A questi attori in qualche misura formalmente e giuridicamente definiti andavano aggiunti segmenti dei singoli governi o delle diverse società politiche (per esempio, un regime interno alla repubblica, come il regime mediceo, o gruppi di esiliati uniti dall'appartenenza generale a una parte, in particolare la Parte guelfa) e soggetti politici meno autonomi o meno territorializzati (baroni regnicoli e signori padani, comunità parzialmente autonome e città dominate, condottieri).[8] Alla molteplicità degli attori della diplomazia rispondeva la molteplicità degli agenti dell'interazione diplomatica: procuratori, commissari e ambasciatori muniti di mandato e incaricati di missioni di breve o lungo periodo per conto degli uni o degli altri si affiancavano ad agenti occasionali caratterizzati da una grande varietà personale e sociale e da identità politiche diverse (dalle principesse ai cardinali, dai militari ai mercanti, dagli intellettuali agli ecclesiastici).[9]

7. A parte le prime edizioni parallele, a cura di Sestan e Pontieri e di Kendall e Ilardi, dei carteggi milanesi con la Francia e la Borgogna (1987, 1978 e 1970-1981), l'onda delle edizioni ha preso il via a partire dagli anni Novanta del secolo scorso, coinvolgendo sia serie intere (vari carteggi "italiani" tra Milano, Mantova, Firenze, Venezia, Roma e Napoli e la magistrale edizione delle lettere di Lorenzo de' Medici), sia carteggi particolari (come i dispacci di Zaccaria Barbaro da Napoli, a cura di Gigi Corazzol o il carteggio da Bologna del milanese Gerardo Cerruti a cura di Tommaso Duranti). Elencare tutte le edizioni sarebbe troppo lungo: per un'analisi complessiva, si rimanda a *Diplomazia edita* (in particolare al saggio di Senatore, *Filologia e buon senso*).

8. Sul sistema dei poteri nella penisola, per brevità, mette conto richiamare solo pochi testi recenti di riferimento e di sintesi: Lazzarini, *L'Italia degli Stati territoriali*; Somaini, *Geografie politiche italiane*; *Lo Stato del Rinascimento*.

9. Lazzarini, *Communication and Conflict*, pp. 31-48 e 123-145; sui commissari-ambasciatori fiorentini si veda ora Piffanelli, *Entre crises*. Il lettore noterà che si è tenuta intenzionalmente *a latere* in questo breve riepilogo l'annosa – e in parte artificiosa – questione della nascita delle ambasciate permanenti. Si tratta di una scelta storiografica: in un

A partire dalle grandi leghe di metà Trecento come la pace di Sarzana del 1353, questi diversi protagonisti, nel costruire la propria peculiare via al consolidamento interno e al riconoscimento esterno, vennero progressivamente mettendo in opera una rete sovrapposta di circuiti di comunicazione politico-diplomatica per canalizzare interazioni e conflitti più o meno locali in un processo ininterrotto di negoziazione. Ambasciatori residenti e temporanei e agenti diversi muniti di mandati di varia ampiezza vennero utilizzati da una vasta gamma di poteri per accedere a uno spazio negoziale condiviso in cui si puntava non solo a concludere un accordo per un fine preciso – stipulare una lega o un matrimonio, ottenere un beneficio ecclesiastico e via enumerando – ma anche, se non soprattutto, a partecipare di un sistema politico che riconosceva e legittimava i propri interlocutori dando loro voce nella negoziazione.[10]

Il sistema, inclusivo al suo massimo tra la fine del Trecento e il primo Quattrocento, iniziò a irrigidirsi a partire dai decenni centrali del Quattrocento, disciplinando l'accesso diretto all'arena diplomatica di pochi attori principali e confinando gli altri a ruoli da comprimario. La prima di queste grandi sistemazioni a vocazione gerarchizzante è la Lega italica: i cinque poteri maggiori (Milano, Venezia, Firenze, Roma e Napoli) raccolsero qui sotto di sé una serie di collegati e aderenti di vario spessore, meno potenti se italiani (come i principati minori o i mille diversi casati signorili), più potenti ma lontani se europei (come i diversi rami della casa reale di Francia). Tali poteri figurarono nel testo principale del trattato non nominalmente e uno per uno (come, ad esempio, nelle leghe tardotrecentesche), ma sotto l'etichetta generica di collegati dell'una o dell'altra delle potenze maggiori. Il processo di riorganizzazione della geografia politica peninsulare era, beninteso, tutt'altro che definito o concluso: nella stessa lega le sovrapposizioni erano frequenti, come anche si davano città o signori rimasti fuori, e i regimi al potere a Milano, Firenze e Napoli avrebbero dovuto difendere quotidianamente un'egemonia ancora fragile e controversa. L'orientamento però era chiaro.[11] Il progressivo

contesto così strutturato, e in merito alle questioni che interessano qui, si tratta di un tema che non ha più il ruolo centrale che gli venne a lungo attribuito; in ogni caso, e per completezza, oltre a quanto citato alla n. 1, si aggiunga Queller, *The Office of Ambassador*.

10. Sulla trasformazione delle grandi leghe tra Tre e Quattrocento, si vedano Fubini, *"Potenze grosse"*; Chittolini, *Ascesa e declino*; e qui i capitoli 2 e 11.

11. In merito al «sistema di regimi» a base territoriale che si adoperò nel secondo Quattrocento per egemonizzare la scena politica italiana a spese di altre possibili soluzioni (come per esempio il raccordo sovraterritoriale della Parte guelfa) e all'esito tutt'altro che scontato di questo confronto, si vedano *Guelfi e ghibellini* (in particolare Ferente, *Soldato di ventura*)

convergere dell'attenzione dei grandi attori europei come l'impero e i regni iberici e di Francia verso la penisola a partire dagli anni Ottanta del Quattrocento finì per alterare definitivamente la natura inizialmente inclusiva del sistema, introducendo un ulteriore, e ben più forte, disciplinamento dei rapporti. La discesa in Italia di Carlo VIII, infine, spinse questa alterazione oltre un punto di non ritorno, sostituendo almeno temporaneamente il codice negoziale delle interazioni con la guerra guerreggiata.[12]

Questo rapido *excursus* sulla trasformazione della prassi diplomatica italiana tra tardo medioevo e primo Rinascimento è funzionale a mettere a fuoco in particolare le questioni cruciali per cui gli storici si sono volti sempre più a interrogare la *facies* documentaria di questi processi. Interpretare l'interazione diplomatica come la costruzione di un sistema negoziale stratificato e ininterrotto, alimentato da una crescente circolazione e manipolazione dell'informazione e articolato in un complesso sistema di rituali e di pratiche induce a porre un'enfasi particolare sugli strumenti di tale costruzione comunicativa, vale a dire i carteggi e la documentazione scritta che li accompagna.

Questa stessa interpretazione estensiva della pratica diplomatica come sistema negoziale multipolare porta anche a considerare come "diplomatiche" interazioni che tradizionalmente si iscrivono nel campo del governo interno a un dominio territoriale, come per esempio le relazioni negoziali tra capitali e comunità e città dominate. In questa direzione, l'analisi paleografica e diplomatistica dei testi documentari – carteggi, lettere credenziali, mandati, registri di copialettere – rintracciando similarità importanti e modelli comuni in un *continuum* documentario che solo le classificazioni successive hanno interrotto e frammentato, rappresenta un elemento essenziale dell'interpretazione.

## 3. *La pluralità dei protagonisti*

Si è detto che si considera qui la prassi diplomatica come un sistema negoziale complesso, stratificato, tendenzialmente ininterrotto e messo in

e Ferente, *Gli ultimi guelfi*. La definizione «sistema di regimi», contrapposta intenzionalmente a «sistema di stati» è in Ead., *La sfortuna di Jacopo Piccinino*, p. 184.

12. Come si rese conto uno stupefatto Ludovico il Moro parlando con l'ambasciatore fiorentino Giovan Battista Ridolfi nel settembre del 1494, «la guerra viene a casa nostra e non vogliono essere tenuti più in parole», in Lazzarini, *Communication and Conflict*, p. 1; si veda anche Ead., *News from Mantua*.

opera da una serie varia e diversificata di protagonisti dell'interazione che dall'investimento in questo dialogo negoziale si aspettavano vantaggi sia in termini concreti (alleanze, protezione, difesa), sia in termini più genericamente relazionali (riconoscimento reciproco). In tale quadro, la molteplicità degli attori e degli agenti della negoziazione porta alla luce una serie di questioni relative alla natura e alle modalità di scrittura, registrazione, autenticazione e circolazione dei testi documentari che permettevano e alimentavano l'interazione discorsiva. In un contesto fluido e di fisionomia istituzionale assai varia, le pratiche documentarie dovettero adattare la struttura formale ereditata dalla tradizione alle nuove necessità e le strutture che producevano documentazione si trovarono a dover rispondere al mutare dei casi e degli interlocutori e alla diversa qualità dell'autorità da cui promanavano.

Un caso esemplare di adattamento complesso di una forma documentaria è rappresentato dall'evoluzione delle istruzioni agli ambasciatori. Mano a mano che si accrebbe l'autonomia dell'ambasciatore grazie al prolungarsi della sua missione, l'originale mandato in latino e in terza persona, contenente in modo formulare i margini della sua azione, venne trasformandosi in un testo cancelleresco in volgare, in cui l'autorità che lo mandava si rivolgeva direttamente all'agente diplomatico (espresso alla seconda persona singolare) articolando davanti ai suoi occhi i diversi scenari cui avrebbe potuto e dovuto fare fronte.[13] L'istruzione, memoria o commissione si distanziò quindi dal mandato per sviluppare una vasta gamma di documenti flessibili e inclusivi, sconfinando talora nella relativa informalità della *littera clausa.*[14] Accanto a tale flessibile gamma di testi, la lettera credenziale rimase distinta a certificare del legittimo ruolo dell'ambasciatore. Il che non viene a dire che la lettera di credenza fosse formale ed emessa solo da principi e governi: lettere credenziali in volgare e in

13. Per il primo caso, si veda ad esempio il mandato emanato a favore di Pietro Cornaro, ambasciatore veneziano a Milano, il 20 gennaio 1379, edito in *Dispacci di Pietro Cornaro*, appendice, doc. II, pp. 158-159. Per avere un'idea di una tipica commissione quattrocentesca in volgare non c'è che da sfogliare l'edizione delle *Commissioni*.

14. Il confine tra lettera con istruzioni e vera e propria istruzione si assottiglia nel corso del secolo: si veda per esempio la lettera inviata dai Dieci di Balia a Giovanni Lanfredini il 13 settembre 1485 in cui i Dieci ingiungevano all'ambasciatore di non tenere conto della commissione ufficiale, troppo generica, ma di considerare la loro breve lettera, in cifra, come la propria vera commissione, edita in *Corrispondenza di Giovanni Lanfredini*, I.34, pp. 53-54. In merito alle diverse forme delle istruzioni negli stati italiani si vedano Queller, *Early Venetian Legislation*; Senatore, *«Uno mundo de carta»*, pp. 174 e segg.; Taddei, *La lettre d'instruction*; per una sintesi, si rimanda infine a Lazzarini, *The Preparatory Work*.

forma di *littera clausa* erano rilasciate da ogni sorta di potere a protezione dei propri agenti diplomatici.[15]

Una questione cruciale che deriva dalla diversa natura costituzionale, per così dire, dell'autorità dei protagonisti dell'interazione diplomatica, e quindi della loro discutibile legittimità, è poi quella relativa alla redazione di documenti diplomatici autentici, in grado di essere riconosciuti incontrovertibilmente e utilizzati efficacemente in interazioni talora giuridicamente vincolanti.[16] In questa direzione, la valorizzazione diplomatistica delle componenti meno strutturali e sistematiche del testo come le *mentions de chancellerie* contribuisce anche, nello specifico, alla comprensione dei meccanismi documentari che permettevano e costruivano la negoziazione. In particolare lo studio delle *mentions hors teneur* è doppiamente rivelatore: apposte al termine di una lettera nella forma di firme autografe e/o sottoscrizioni, valevano a certificare che la lettera è autentica; apposte ai margini del testo, rivelano le modalità della registrazione e quindi, in filigrana, la costruzione del sistema documentario che ruotava attorno alla prassi diplomatica (minute, lettere, copie, registri).[17] L'apposizione di una firma autografa (individuale, nel caso di regimi principeschi e di ogni altro potere personale, collettiva nel caso di reggimenti repubblicani) e/o delle sottoscrizioni dei segretari o cancellieri sotto la cui personale responsabilità la lettera era stata redatta autenticava senza ombra di dubbio la lettera inviata direttamente (sostituendo di fatto l'uso del sigillo, poco diffuso e comunque utilizzato per documenti molto formali).[18] Altra cosa era ovviamente l'autografia integrale della lettera, assente nelle repubbliche e

15. Si veda per esempio la missione del condottiero Troilo da Rossano, inviato il 16 marzo 1442 da Francesco Sforza (che si firmò come conte di Cremona, avendo sposato Bianca Maria Visconti l'anno prima), al marchese Ludovico Gonzaga: «ho comesso alcune cose al spectabile et strenuo mio genero et conductero Troilo da Rossano presente portadore che debia dire ala vostra illustrissima signoria per mia parte, la qual pregho li piaccia darli piena fede et credulità in quello li dirà quanto che a mi proprio», ASMn, AG, b. 1607, l. 44.

16. Sul problema della duratura fragilità della legittimità degli stati e dei poteri italiani, ci si limita a richiamare da ultimo il recente volume dedicato alla messa in contesto dell'egemonia medicea su Firenze nell'Italia del Quattrocento, *The Medici* (in particolare i saggi di Chittolini e Zorzi, pp. 13-26 e 39-50).

17. Si veda da ultimo *Le discret langage du pouvoir* e più nello specifico qui il capitolo 9.

18. L'attenzione alla forma del testo documentario porta a scoprire dettagli inaspettati: per esempio, il fatto che negli ultimi anni della sua vita Ferrante d'Aragona non firmasse più lettere di mano propria dirette ai principi e ai governi italiani, ma la cancelleria aragonese avesse approntato un timbro che riproduceva la firma del sovrano. Per qualche esempio,

assai più rara anche nei principati, fatte salve alcune eccezioni particolari.[19] Nelle interazioni diplomatiche quattrocentesche, peraltro, la parte degli scambi affidata a lettere inviate direttamente dai governi o dai protagonisti dell'azione diplomatica venne diminuendo rispetto al Trecento, lasciando il posto alle missive degli agenti diplomatici, la cui autenticità era meno rilevante: nel caso delle lettere degli ambasciatori quindi la questione della firma o della sottoscrizione autografa era meno importante dato che le missive erano o autografe o redatte dai segretari degli ambasciatori. Nel secondo caso, vale a dire l'apposizione sulle missive o sui registri di copialettere di *mentions de chancellerie* di mano di terzi e successive ed estranee al processo di redazione dell'atto, le note a margine e le sigle che indicavano l'avvenuto ricevimento per le lettere in arrivo, o la registrazione nei volumi di copialettere per le lettere in partenza, rivelano l'architettura degli scambi epistolari e le pratiche di cancelleria che soggiacevano al crescente volume di corrispondenza.[20] In forme documentarie meno frequenti, come i sommari di lettere ricevute e di notizie da una regione particolare (su cui

si veda ASMn, AG, b. 802 (Corrispondenza Estera da Napoli, Lettere Reali ai principi di Mantova) o ASMo, Napoli e Sicilia, b. 1245. Si veda qui il capitolo 5.

19. Fra le eccezioni, agli estremi opposti della scala costituzionale, i re aragonesi di Napoli, che ricorrevano sovente alla scrittura di mano propria di lettere politiche e diplomatiche probabilmente assecondando una tradizione dinastica iberica, e Lorenzo de' Medici, che continuò a scrivere di mano propria, per quanto sempre meno, in omaggio a sua volta alla tradizionale familiarità con la penna delle *élites* fiorentine di radici saldamente mercantili e bancarie. In merito all'autografia di Ferrante d'Aragona si veda Montuori, *Gli autografi di un re*; sull'autografia e l'epistolarità dei sovrani aragonesi, si veda Gimeno Blay, *Escribir, leer y reinar*; in merito a Lorenzo de' Medici e alla «testualità epistolare che emana dalla persona del Magnifico» nell'ambiente grafico della Firenze tardoquattrocentesca, si veda da ultimo Mastruzzo, *Epistolografia*.

20. Negli anni 1450-1460 le lettere sforzesche in partenza da Milano recavano non solo la sottoscrizione di Cicco Simonetta, responsabile della cancelleria segreta, ma anche, dopo la data, la lettera *R*, seguita dalla sigla del cancelliere che le aveva registrate nel *liber litterarum* corrispondente e all'angolo destro in basso un numero arabo, accompagnato talora dalla noterella *f.* o *in f.* o *in folio*, che corrispondeva con buona probabilità alla carta di questo stesso registro (si veda per esempio in ASMn, AG, b. 1607, la lettera 201, mandata da Milano il 13 febbraio 1462 da Francesco Sforza a Ludovico Gonzaga). Anche la cancelleria ricevente a partire dagli ultimi decenni del Quattrocento registrava, sul verso delle lettere in entrata o delle copie di lettere straniere, la data di ricevimento e il mittente (si veda, per qualche esempio mantovano, Lazzarini, *Pratiques d'écriture*). Intorno all'uso delle *mentions hors teneur* nelle cancellerie italiane si veda Senatore, *Les mentions hors teneur*; sulle pratiche sforzesche di registrazione, si veda anche Id., *«Uno mundo de carta»*, pp. 104-105 (per i dettagli, si rimanda qui al capitolo 9).

si tornerà), questi rimandi si moltiplicavano. Non si tratta, è chiaro, di pratiche relative alla sola corrispondenza diplomatica esterna, ma i carteggi diplomatici – data la loro importanza politica e la loro abbondanza – sono un esempio precoce e rivelatore della messa in opera di un sistema documentario complesso e correlato.[21]

La varietà dell'identità politica dei protagonisti dell'interazione diplomatica comporta anche la necessità di sviluppare pratiche documentarie e cancelleresche simili e quindi riconoscibili in un contesto negoziale condiviso: si tornerà su questo punto, analizzando la natura della *littera clausa* e dei *libri litterarum* che la registravano (in entrata e/o in uscita), nel prossimo paragrafo. Qui mette conto solo ricordare qualche caso in cui l'attenzione alle logiche di costruzione di sistemi documentari riconoscibili e legittimi ha permesso di svelare significativi meccanismi di assimilazione alle forme del potere da parte di soggetti politici solo parzialmente integrati al (o riconosciuti dal) sistema loro contemporaneo. Si pensi alla vera e propria archeologia della tradizione voluta da Francesco Sforza in merito alle pratiche documentarie del disperso archivio visconteo al suo accesso al ducato o all'imitazione innovativa operata dai cancellieri personali di Lorenzo de' Medici delle forme di registrazione delle lettere in partenza e in arrivo in uso alla cancelleria fiorentina.[22] L'attenzione alla diplomatica di questi fondi documentari porta qui alla luce i meccanismi e le strategie di imitazione o di reinvenzione delle forme precedenti o coeve in due casi, diversi ma paralleli, in cui una presa di potere più o meno scoperta aveva

21. Si veda a titolo d'esempio quanto scriveva Cicco Simonetta nei suoi *Diari*, per esempio nel 1473: «1473, Mediolani, die lune 2 may. Consignatio facta ad me Cecho de le cose del nostro illustrissimo signore per Jachomo Alphero ad dì novi de marzo 1473 in Abiate: In primis, una filza de lettere recevute et mandate ad Roma ad messer Augustino Rosso, ad Nichodemo et ad altre persone ne l'anno 1469 et alcune resposte de li suprascripti; [...] item, una filza de lettere con alcune istructione mandate al Christianissimo signore Re de Franza ne l'anno 1469», Simonetta, *I Diari*, I, p. 26: in merito, si veda Senatore, *«Uno mundo de carta»*, pp. 106-107: qui si rimanda al capitolo 10.

22. In merito a Francesco Sforza e al suo ossessivo richiamo all'«ordine come era al tempo dell'illustrissimo signore passato» (lettera dell'anziano Lancillotto Crotti al duca, citato in Comani, *Usi cancellereschi viscontei*, pp. 407-408) si vedano almeno Natale, Stilus cancellariae; Leverotti, *«Diligentia»*; Senatore, *«Uno mundo de carta»*, pp. 89 e segg.; Lazzarini, *Power beyond the rules*. In merito a Lorenzo e all'organizzazione della sua cancelleria personale, si vedano le considerazioni di *Protocolli del carteggio*, pp. XI sgg.; Arrighi, Klein, *Dentro il Palazzo*; Fubini, *L'edizione delle 'Lettere'*; riprende e sintetizza la questione da ultimo Mastruzzo, *Epistolografia*, pp. 138-140.

urgenza di una assimilazione legittimante. I processi di assimilazione di modelli documentari efficaci e riconosciuti sono visibili anche nelle lettere prodotte dalle cancellerie, dai cancellieri, dagli agenti diplomatici di soggetti politici dall'autonomia, territorialità e legittimità ancora più dubbie: si pensi alla corrispondenza diplomatica di personaggi come i condottieri o i grandi signori (nella Pianura padana, sugli Appennini, nel regno).[23]

## 4. *La negoziazione*

Si è detto che al cuore del mutamento delle pratiche diplomatiche italiane tardomedievali era la trasformazione della negoziazione da un evento volto a trattare una questione specifica a un ininterrotto dialogo politico in grado di includere attori diversi e di canalizzare in un confronto verbale le interazioni, quotidiane e/o conflittuali, fra gli attori politici della scena peninsulare.[24] Tale enfasi sulla negoziazione si fonda sull'analisi dei carteggi diplomatici che la mettono in scena: la costruzione del testo epistolare (nel doppio senso diplomatistico e discorsivo), le scritture utilizzate (e il loro processo più o meno esasperato di corsivizzazione), il ciclo di minuta/originale/copia che articola la vita e l'uso di una *littera clausa*, e via enumerando. In questa direzione, gli studi di Francesco Senatore hanno rappresentato per gli storici un passo avanti cruciale. Studiando il sistema diplomatico sforzesco attraverso i carteggi con Napoli e ponendo in contesto gli usi della cancelleria sforzesca (fra recupero della tradizione viscontea, adattamento a nuove necessità e formalizzazione di modelli innovativi d'altra origine) con quelli dei coevi poteri italiani, Senatore ha messo sul tavolo dello storico della diplomazia l'idea che i testi documentari – singolarmente presi o messi in sistema – gettano luce sullo svilupparsi delle pratiche, facendo compiere agli studi su queste ultime un passo altrettanto essenziale di quello che dobbiamo a Fubini in merito ai meccanismi istituzionali di questa stessa trasformazione.[25]

23. Si pensi per esempio ai gentiluomini di Lombardia o ai principi di Taranto: per i processi reciproci di assimilazione di modelli documentari dei primi con i duchi milanesi e i principi dell'area padana, si veda Gamberini, *Oltre le città*; per i secondi, si veda Alaggio, *La produzione* (a preludio dell'edizione dei documenti cancellereschi dei principi del Balzo-Orsini, per i tipi dell'Istituto storico italiano per il Medio Evo).

24. Lazzarini, *Communication and Conflict*, pp. 86-103.

25. Si ricordano qui almeno Senatore, *«Uno mundo de carta»*; Id., *Ai confini* e Id., *Filologia e buon senso*: va da sé che a partire dai primi anni Novanta l'esperienza simultanea e

Il primo elemento che mette conto ricordare in quest'ottica è l'attenzione alla *littera clausa* come elemento essenziale dello scambio diplomatico: l'analisi della struttura diplomatistica della "lettera complessa di cancelleria" ne ha rivelato negli ultimi anni l'evoluzione dello scheletro formale a partire dalla missiva medievale, le modalità di composizione (l'alternanza *thema/rhema*, la paragrafazione, l'unitarietà o la molteplicità dei contenuti), la flessibilità come veicolo di informazione alla portata di tutti e insieme immediatamente riconoscibile, l'ambigua natura documentaria fra pubblico e privato (la «varietà delle tipologie epistolari e delle situazioni testuali», come dice Mastruzzo parlando dell'epistolario laurenziano), il tenore linguistico, gli stili narrativi e le strategie discorsive.[26]

La lettera non è però solo l'originale spedito e variamente conservato: è anche la minuta e le copie che ne venivano fatte. I diversi elementi della composizione, redazione e circolazione della missiva sono altrettanto eloquenti, seppure in modi diversi o intorno a questioni diverse. La minuta è significativa in merito sia alle pratiche della presa di decisione (se si tratta della minuta di una missiva inviata da un principe o da un organo di governo) sia dell'organizzazione dell'informazione (se si tratta della minuta della lettera di un agente diplomatico). Nel secondo caso (sul primo si tornerà tra un istante), la minuta si confondeva con appunti, memorie, sommari della negoziazione in corso. Nelle *Commissioni* di Rinaldo degli Albizzi non è infrequente trovare gli appunti di Rinaldo su di un *entretien* diplomatico cui segue a ruota la copia sul registro della lettera ufficiale mandata poco dopo dall'Albizzi alla Signoria o ai Dieci. Nella maggior parte dei casi, la prima memoria contiene una versione più dettagliata e insieme vivace del colloquio o degli eventi rispetto alla versione ufficiale, ripulita e riordinata, fornendo preziose informazioni non solo sui fatti, ma soprattutto su quanto della realtà veniva ritenuto utile annotare e su come,

collettiva di edizione di carteggi diplomatici da parte di studiosi di formazione storica (e non necessariamente anche paleografica) ha d'un lato innescato la messa a fuoco da parte degli storici della specificità dei carteggi diplomatici nella loro materialità e nella loro concretezza grafica, dall'altro aperto e imposto agli studiosi, grazie alla varietà, alla ricchezza e alla potenzialità narrativa di questi testi, innumerevoli piani di analisi né scontati, né previsti.

26. Rapidamente, si rimanda per questi diversi temi ai saggi di Senatore citati alla nota precedente (per la definizione di «lettera complessa di cancelleria» si veda in particolare *Ai confini*, pp. 243-251), cui si possono aggiungere Lazzarini, *Materiali* e Ead., *Le scritture*; Mastruzzo, *Epistolografia*, pp. 138-139 (cit. n. 3, p. 139), e infine Ferente, *Reti documentarie*, pp. 112-113.

da questa serie di informazioni, si traesse poi una narrazione riordinata.[27] Malauguratamente, il registro delle *Commissioni*, perduto in originale, è noto solo nell'edizione del Guasti (che pure, per l'epoca, ebbe un occhio attento alle mani e ad alcuni dettagli del testo): a Milano o a Ferrara, dove le minute delle lettere sono meglio conservate, i testi permettono di indagare la materialità concreta della loro redazione (mani, tempi, scritture).[28] Laddove si passi a considerare le minute delle lettere dei principi o degli uomini di stato, si può, se si sono conservate, tentare un'analisi anche più fine. Si prenda l'epistolario di Lorenzo de' Medici (epistolario peraltro, come si è detto più volte, assai particolare): sia le cosiddette *istruzioni*, in particolare per Niccolò Michelozzi, sia l'intero processo di elaborazione della minuta autografa, dettata, rielaborata liberamente, in pulito, da un segretario permettono di cogliere non solo il lavoro compiuto da Lorenzo sulla sua presa di decisione politico-diplomatica, ma le pratiche multiple di redazione e di elaborazione delle intenzioni laurenziane da parte dei suoi segretari, nonché l'estrema flessibilità funzionale della scrittura usata dall'uno e dagli altri (su questo punto si tornerà a breve).[29] Le lettere infine venivano copiate non solo sui registri (di cui in parte si è già detto),[30] ma anche in carte sciolte destinate alla circolazione in versioni più o meno tagliate, modificate, alterate: tale fenomeno non solo aveva riflessi evidenti sulle modalità di manipolazione dell'informazione,[31] ma dal punto di vista

27. Nel maggio 1424 Rinaldo degli Albizzi venne inviato, con Vieri Guadagni e Michele Castellani, a Bologna, Ferrara e Venezia (*Commissioni*, II.42): il 12-13 maggio l'Albizzi annotò, in una lunghissima memoria, il suo colloquio con il doge, aggiungendo poi vari dettagli del suo viaggio di ritorno su Bologna (doc. non numerato, pp. 62-63). A questo testo fece seguito la copia della lettera ai Dieci (doc. 516, 13 maggio 1424), in cui il materiale della nota precedente venne sintetizzato; tale materiale peraltro venne poi ripreso e utilizzato nel rapporto finale della missione (doc. 518, 22 maggio 1424). Si veda in merito Lazzarini, *Argument and Emotion*. Qualche libro personale di ambasciatori è rimasto (si pensi al noto "libro-archivio" di Nicodemo Tranchedini, su cui Sverzellati, *Il libro-archivio*, o i "quadernucci" di Luca di Maso degli Albizzi, su cui Mallett, *The Florentine Galleys*), ma come ricchezza non è comparabile alle *Commissioni*.

28. In merito si rimanda per Milano a Senatore, *«Uno mundo de carta»*, pp. 105-108 (si veda qui al capitolo 6).

29. Seguo, in questi rilievi, la magistrale analisi di Mastruzzo, *Epistolografia*, pp. 148-150.

30. In merito ai registri, anche se non necessariamente solo *libri litterarum*, si veda *L'art médiéval du registre*.

31. Si vedano, per un esempio, le modalità della diffusione da parte sforzesca della notizia della vittoria del partito aragonese a Troia, il 18 agosto 1462, sia dando pubblica

della lettera giungeva a scomporre e modificare il concetto stesso di testo epistolare anche nell'epistolografia di governo.[32]

L'attenzione alla lettera nella sua dimensione concreta di scritto caratterizzato da una serie di elementi materiali ricorrenti ha dato anche origine, in ambito angloamericano e per una cronologia poco più tarda, a studi e ricerche incentrati sulla cosiddetta *social materiality* della missiva, vale a dire sulla «social and cultural practice of letter-writing and the context in which letters were composed, delivered, read and preserved».[33] Per quanto, agli occhi di un medievista, in parte condizionate da una minore attenzione disciplinare agli aspetti formali e grafici del documento (e quindi propense a ri-scoprire e ri-definire, in un lessico più culturale che tecnico, l'importanza strutturale di elementi come l'autografia o l'organizzazione formale del testo epistolare)[34] e in parte legate agli studi di storia del libro, queste ricerche hanno il merito di considerare le lettere, private e pubbliche (quindi anche le lettere diplomatiche) alla stregua di ogni altro testo moderno e di presentarne i caratteri materiali alla luce di una relazione sociale fra testi fluidi e aperti, ambiti diversi di ricezione e varie modalità di uso (lettura ad alta voce, copiatura, circolazione).[35]

lettura a Milano delle lettere dei capitani e degli ambasciatori sforzeschi dal regno, sia inviandone copie di cancelleria a tutti i collegati di Francesco Sforza: in merito, Ianziti, *Humanistic Historiography*, pp. 160-161; per la circolazione di copie di lettere diplomatiche alla corte di Napoli, si veda Senatore, *Fonti documentarie*, in particolare alle pp. 296-297; per la loro manipolazione e falsificazione, si veda Id., *Falsi e "lettere reformate"*.

32. La recente storiografia britannica sull'epistolarità cinque-seicentesca ha sottolineato la similitudine esistente fra l'insieme delle lettere e delle loro diverse copie e l'autorialità fluida e collaborativa, complicata dai processi sociali della stampa, di taluni testi letterari o raccolte epistolari a stampa, enfatizzando l'inadeguatezza dell'idea di uno scambio binario per descrivere la scrittura epistolare e la natura aperta di questi testi: si vedano *Material Readings* (in particolare Daybell, Hinds, *Introduction*, e Gordon, *Copy/copia*).

33. Daybell, *The Material Letter*, p. 85. Riferimenti teorici importanti alla questione in Thomas Tanselle, *A Rationale*, in particolare alle pp. 39-66 (*Reproducing the texts of documents).*

34. Annoverando per esempio in ordine sparso fra i *physical features* di una lettera elementi come «handwriting, paper, layout»: Daybell, *The Material Letter*, p. 11.

35. Oltre ai testi citati alle nn. 31-32 e 40, si vedano anche Brown, *Losing and Regaining* e Steen, *Reading Beyond the Words*. In merito alla lettura ad alta voce, si veda anche il concetto di *aurality*, definito in ambito letterario da Joyce Coleman come «the reading of books aloud to one or more people» (Coleman, *Public Reading*, p. 1) e la sua contestualizzazione in ambito diplomatico in Lazzarini, *Communication and Conflict*, pp. 190-197. Per un adattamento del concetto di *social materiality* a una situazione diplomatica di primo Cinquecento, si veda ora Giudici, *Information Conveyors*.

Il tema della natura testuale della lettera e dei caratteri materiali della sua redazione nelle diverse fasi della sua composizione e della sua circolazione apre infine la porta all'indagine sui laboratori di scrittura rappresentati dalle cancellerie, da cui proveniva parte del personale diplomatico e in cui il sistema documentario alimentato dall'interazione diplomatica e dalla negoziazione aveva origine e sbocco.[36] In questa direzione si muove l'attenzione paleografica alle scelte grafiche dei cancellieri, dei segretari, degli scribi, degli ambasciatori, all'analisi delle scritture e della diffusione dei modelli grafici attraverso i diversi livelli della cultura quattrocentesca, alle pratiche grafiche (come la digrafia/poligrafia della maggior parte di questi scriventi professionali, o la scelta dell'autografia da parte degli uomini di stato), ai fenomeni di corsivizzazione. La ricerca su questi aspetti delle scritture pragmatiche quattrocentesche non è molto sviluppata ed è per lo più polarizzata dagli snodi problematici dettati dallo sviluppo della grande cultura umanistica e dei suoi canali di diffusione, dalle questioni relative all'autorialità dei testi letterari e delle loro copie manoscritte o dal vivacissimo dibattito sulla mercantesca.[37] Nei pochi casi in cui però si è entrati nel merito di questi aspetti della pratica diplomatica i risultati sono di grande interesse, soprattutto se messi in rapporto con l'uso da parte di questi gruppi di scriventi di altre risorse comunicative, come le tecniche narrative o la scelta linguistica (volgare/latino/latino umanistico) e calati nel contesto nell'ininterrotta pratica negoziale e nella sua *mise en texte*. Si prenda il solo esempio del multigrafismo di cancellieri, segretari e ambasciatori nel caso (a Firenze ma non solo) di missioni diplomatiche affidate a personale di cancelleria o di governo di cultura umanistica: la capacità di utilizzare varianti di cancelleresca, umanistica o mercantesca più o meno corsivizzate o calligrafizzate getta luce su almeno due altri aspetti della molteplicità delle pratiche e delle strategie comunicative della cultura politico-diplomatica quattrocentesca. La prima riguarda la flessibilità nell'adattare anche stilemi e scelte grafiche

36. Intorno alle cancellerie italiane la ricerca si è esercitata moltissimo negli ultimi decenni: si rimanda qui per brevità a Lazzarini, *Materiali* e Ead., *Records, politics and diplomacy*; in merito alle molte facce politiche e culturali delle cancellerie, si veda Simonetta, *Rinascimento segreto*.

37. Si pensi agli studi sull'autografia di intellettuali e letterati, su cui si veda almeno *"Di mano propria"* (in particolare Bartoli Langeli, *Autografia e paleografia*, con i fondamentali rimandi ad Armando Petrucci) e la sezione monografica di «Medioevo e Rinascimento» dedicata a *Paleografia e critica*; in merito alla mercantesca, si rimanda da ultimo a Ceccherini, *Tradition cursive* ed Ead., *La genesi*.

al contesto e agli interlocutori, dal momento che le diverse scelte grafiche, laddove possibili, erano in molti casi deliberatamente calibrate.[38] La seconda investe a sua volta il tema più generale dell'ampiezza di strumenti e risorse a disposizione dei professionisti della comunicazione scritta e della flessibilità e della spregiudicatezza con cui queste risorse venivano strategicamente impiegate in un contesto, giova ricordarlo una volta di più, di fragile legittimità dell'azione diplomatica. Le scelte grafiche si combinano dunque con le scelte linguistiche e stilistiche per assecondare l'interazione negoziale. Contro l'uso più praticato, Giannozzo Manetti, come anche il meno famoso Pellegrino Prisciani, ricorsero al volgare nelle loro orazioni di presentazione alla Signoria veneziana «facendo zentilhomini venetiani aperta professione de una eloquentia volgare».[39]

## 5. *L'informazione*

Il negoziato come singolo evento si trasformò in un processo comunicativo di negoziazione ininterrotta anche a causa dell'importanza crescente della raccolta delle informazioni nella gestione delle interazioni diplomatiche. Non si tornerà su questo tema, abbondantemente studiato dalla recente storiografia, se non per introdurre un'ultima serie di questioni in cui l'incrocio fra storia e scienze del documento ha portato un contributo essenziale.[40] L'enfasi sulla raccolta e sulla circolazione delle notizie porta infatti ad indagare le modalità di gestione concreta dell'informazione tanto nella direzione dell'uso di una mole di notizie sempre più grande quanto della progressiva consapevolezza dell'inevitabile dimensione sistemica del loro controllo.

La prima questione ha diversi risvolti. La ricerca recente, infatti, interessata da più lati alla questione dell'informazione,[41] sta iniziando a ri-

38. Per tornare al caso laurenziano, su cui si dispone di una rara abbondanza di dati, «schiette mani mercantili» affiorano di quando in quando e sembrano motivate da scelte precise (Mastruzzo, *Epistolografia*, pp. 144 e segg, con molteplici esempi).

39. Su Manetti a Venezia, si veda ora Albanese, Figliuolo, *Giannozzo Manetti a Venezia*; sull'oratoria diplomatica fiorentina, Maxson, *The Humanist World*. La citazione del ferrarese Pellegrino Prisciani (Pellegrino Prisciani a Ercole d'Este, Venezia, 27 novembre 1491) è in Covini et al., *Pratiche e norme*, a p. 155.

40. Si rimanda, per brevità, a Lazzarini, *Communication and Conflict*, pp. 69-85, ma si veda almeno il pionieristico saggio di Hyde, *The role of diplomatic correspondence*.

41. In merito al tipo di domande che l'ampliarsi dell'informazione (non necessariamente politica) disponibile alle soglie dell'età moderna può innescare, basti rimandare a tre ricerche,

volgere la propria attenzione agli aspetti concreti della elaborazione di tecniche di presa di dati, anche se per ora in campi diversi dall'informazione politico-diplomatica.[42]

Poco più praticato, ma almeno altrettanto promettente sembra essere il campo dell'invenzione (o dell'adattamento) di forme documentarie o testuali in grado di organizzare, riassumere, registrare l'informazione. L'organizzazione delle informazioni nelle cancellerie, a partire dalla seconda metà del Quattrocento, prese infatti forme diverse. I sommari quattrocenteschi erano bastardelli di cancelleria in cui venivano riassunte le notizie principali contenute in lettere dello stesso ambasciatore o provenienti dallo stesso luogo, in qualche caso legati fra loro a formare un *liber*.[43] Con il Cinquecento, questi strumenti presero forme ancora più interessanti. A Ferrara, a partire dal 1559, la forma semplice del bastardello si trasformò dando vita a veri e propri repertori in registro, organizzati per "capi" (vale a dire per questioni), a loro volta indicizzati in rubriche alfabetiche (ognuna delle quali, per lettera alfabetica, poteva contenere più capi), in cui venivano riassunte e ordinate le corrispondenze in entrata e in uscita da Ferrara.[44] L'idea di "lavorare" sull'informazione conobbe a Venezia un altro, diverso capitolo d'età moderna nelle filze e nei registri delle *Esposizioni*: le udienze pubbliche degli ambasciatori al doge e al Collegio venivano registrate dai segretari di cancelleria a partire dagli appunti presi in diretta ed elaborate in forme più ripulite.[45] In questo caso non si tratta di sommari di informazioni mandate da ambasciatori o agenti, ma della registrazione

pur molto diverse fra loro: Blair, *Too Much to Know*; de Vivo, *Patrizi, informatori, barbieri* e Petitjean, *L'intelligence des choses*. Per una sintesi sul tema, Blair, Fitzgerald, *A Revolution*.

42. Si vedano le stimolanti osservazioni proposte da Blair, sulle orme di Foucauld, in Blair, *Note Taking*, utilmente adattabili allo studio delle modalità di redazione e di presa di dati in scritture come i *Diari* di Cicco Simonetta o i libri/registri d'ambasciatori citati alla n. 26. In merito a un loro primo censimento in Italia, si veda Senatore, *«Uno mundo de carta»*, pp. 127-138; per una prima ricognizione europea di questi testi si veda Péquignot, *Les «journaux d'ambassade»*.

43. Un gruppo di questi sommari è conservato in ASMi, Sforzesco, bb. 1560-1565; altri sono sparsi nelle buste del carteggio; alcuni infine sono raccolti in RM, 75 (1465-1466): si veda in merito Senatore, *«Uno mundo de carta»*, p. 108 e Id., *Ai confini*, p. 288; riprende ora la questione sul più lungo periodo de Vivo, *Archives of speech*.

44. ASMo, Carteggio di referendari, consiglieri, cancellieri e segretari, appendice, bb. 150-154 (10 registri, 1-10): si veda Turchi, *Un archivio scomparso*, pp. 220-227.

45. Si tratta di una massa imponente di registri e di filze che, dopo qualche primo episodio medio-cinquecentesco, iniziarono a venire redatti e raccolti in modo regolare a partire dagli anni Sessanta del Cinquecento, divisi in due serie: ASVe, Collegio, Esposizioni prin-

delle udienze degli ambasciatori a Venezia, poi letti in consiglio per permettere una presa di decisione meditata: nel complesso sovrapporsi di pratiche documentarie tra oralità e scrittura, tra registrazione in presa diretta e diversi livelli di rielaborazione scritta, si rivelano non solo (come preme in particolare sottolineare a de Vivo, che ha portato di recente l'attenzione su questi testi) le dinamiche fra oralità e scrittura, ma anche, dal punto di vista che maggiormente interessa qui, la duttilità dei testi documentari che coabitano nel flusso informativo e la tensione fra tale duttilità funzionale e la tendenza alla fissazione in forme regolari e continue.

Il passo fra lo studio di queste forme documentarie in qualche modo trasversali e la ricezione e l'uso dell'informazione in testi diversi come le scritture di storia non è lungo. Lettere e informazioni diplomatiche entrarono progressivamente nel corpo di quella vasta "zona grigia" di scritture di storia di varia natura che maturarono nelle cancellerie, negli offici, nelle città italiane tardo quattrocentesche in forme più o meno letterariamente definite dalla «volontà narrativa» e della «curiosità per la storia» di un gruppo di uomini legati fra loro dalla prossimità alle camere del potere, dalla familiarità con la scrittura – innanzitutto documentaria, ma anche, in qualche modo, storica –, dall'inquietudine più o meno esplicita e consapevole infine in merito alla contemporaneità.[46] Questi diversi testi – dai *Diari* di Cicco Simonetta ai *Diari* di Marin Sanudo passando per le cronache napoletane di fine Quattrocento – sono connotati da una innegabile eterogeneità tipologica e intenzionale, ma anche da una altrettanto innegabile volontà di annotare, ordinare, tramandare informazione. Nel farlo, usano materiali documentari, tra cui in molti casi fonti diplomatiche – lettere, sommari, minute – non solo inserendoli trasformati nel testo, ma anche copiandoli e mantenendone i caratteri testuali, linguistici e in qualche caso persino diplomatistici.[47]

cipi (1541-1795, regg. 128; 1541-1797, filze 179) e Esposizioni Roma (1567-1794, regg. 56; 1567-1797, filze 63): in merito e per i dettagli si veda de Vivo, *Archives of speech*.

46. La citazione viene da Senatore, *Fonti documentarie*, p. 328. Per l'uso del concetto di "zona grigia" in questo contesto, mi permetto di richiamare a Lazzarini, *Scritture di storia*.

47. In merito a questi temi, che arricchiscono e ampliano il filone classico di studi sulle contaminazioni documentarie della cronachistica italiana d'età comunale e post-comunale inaugurato da Girolamo Arnaldi, basti qui richiamare per Napoli gli studi di Chiara De Caprio, di cui si veda almeno *Scrivere la storia* ed Ead., *Spazi comunicativi*; per Venezia di Neerfeld, *«Historia per forma di diaria»* (di particolare interesse per quanto si tratta qui

La pervasività dell'informazione e l'urgenza del suo controllo portarono poi a una crescente consapevolezza della natura necessariamente sistemica della memoria documentaria. In questo senso, un ultimo grande campo di studio che incrocia la ricerca sulla diplomazia tardomedievale e rinascimentale è quello della storia degli archivi, vale a dire delle strategie e delle strutture per la conservazione d'uso e di memoria delle crescenti masse di documenti che la pratica diplomatica, tra le altre funzioni pubbliche, veniva generando.[48] Si è visto come i sistemi documentari tardomedievali avessero progressivamente maturato strategie di autoriferimento (per esempio, le *mentions hors teneur*), che forniscono allo studioso elementi preziosi per comprenderne il funzionamento. A tali strategie si aggiungono poi quelle derivate dalla messa in ordine dei diversi gruppi di documenti per l'uso sul medio periodo e per la costruzione di una memoria identitaria del potere in seguito: sono temi che stanno godendo di una notevole fortuna e su cui non mette conto dilungarsi. Quel che importa qui è sottolineare come nel riordinamento archivistico coevo e soprattutto successivo, a un complesso documentario dato vennero ripetutamente sovrapposti o imposti modelli e definizioni non necessariamente rispondenti alla realtà della sua redazione originaria. Queste inevitabili operazioni, eloquenti in sé in merito ai processi culturali che le hanno generate, condizionarono e condizionano però la ricerca successiva non solo nel senso, ovvio, di indirizzare l'indagine su questa piuttosto che su quella serie archivistica, ma in quello più sottile di creare gruppi "artificiali" di fonti scorporando e rimettendo insieme elementi dei complessi documentari secondo logiche diverse da quelle originarie e soprattutto definendoli in modi non neutri, frutto della cultura storica coeva all'inventariazione. Ba-

le pp. 137-173). In merito ai *Diari* di Simonetta e alla cronachistica settentrionale, si veda Lazzarini, *A 'New' Narrative?*.

48. L'attenzione a questi temi è cresciuta di recente attorno al doppio interesse per la natura dei documenti come rivelatori delle dinamiche politiche e sociali, e per gli studi tardo ottocenteschi e primo novecenteschi alla base dei riordini postunitari: basti qui per la prima questione fare riferimento a Varanini, *Le scritture pubbliche*, e per la seconda al recentissimo convegno *Fonti documentarie ed erudizione cittadina. Alle origini della medievistica italiana (1840-1880)*, Verona, 22-24 ottobre 2015, nel contesto del PRIN su *Concetti, metodi e istituzioni di una disciplina. La medievistica italiana (1840-1940)*, coordinamento nazionale Roberto delle Donne, al volume *Archivi e archivisti* (in particolare de Vivo, Guidi, Silvestri, *Introduzione a un percorso di studio*, pp. 9-39) e al recentissimo *Fonti per la storia*. In merito agli apporti della cultura umanistica a questa attitudine alla conservazione, si veda Margolis, *After Baron*, in particolare alle pp. 43-44.

sti qui considerare il processo di scorporo delle lettere "estere" dalla massa delle lettere ricevute in cancelleria a partire dal secondo Cinquecento e del loro riordinamento nei secoli a costituire *la* fonte privilegiata per lo studio di una diplomazia vista come strumento fondamentale di costruzione del potere politico centralizzato.[49]

## 6. *Una nota conclusiva*

Questo ultimo rilievo introduce una riflessione con cui questa veloce enumerazione di temi e di snodi disciplinari potrebbe concludersi. L'analisi sempre più attenta e multidisciplinare che lo storico è ormai in grado di compiere sulle fonti che testimoniano delle interazioni diplomatiche tra Tre e Cinquecento sta iniziando a portare tasselli essenziali a questioni di fondo di notevole rilievo anche da un punto di vista metodologico. In particolare, la consapevolezza del carattere successivo e in qualche modo retroattivo non solo dei riordini archivistici degli enormi patrimoni di carteggi, minute, registri "diplomatici" d'età tardomedievale e protomoderna, ma anche della definizione – meglio, della delimitazione – che di tali scritture si è data nei secoli, combinata con l'analisi sempre più fine dei caratteri diplomatici, paleografici, materiali di queste medesime scritture, sta sfumando il confine fra diplomazia e politica e fra "dentro" e "fuori". Due esempi basteranno. Francesco Senatore, nelle sue ricerche più recenti dedicate alla città di Capua e al suo sistema documentario nel rapporto con la monarchia aragonese prima, spagnola poi, sottolinea l'omogeneità delle forme documentarie – tanto sciolte (la *littera clausa*) quanto in registro – di Capua e del Regno: le ambasciate del complesso sistema urbano che ruota intorno a Capua inviate al re a Napoli e, nel Cinquecento, a Madrid, per chiedere conferma di privilegi, esenzioni varie o quant'altro, non rivelano profonde differenze sostanziali o formali con le ambasciate aragonesi coeve dirette a Milano o ai re iberici, scolorendo in modo significativo l'idea di un confine tra una diplomazia intesa come rapporti "internazionali" e una politica intesa come governo "interno".[50] Il carteggio laurenziano a sua volta rivela con evidenza la «permeabilità tra uffici pubblici e gestione del

49. In merito, e intorno alla questione dell'invenzione di fonti e fenomeni, mi permetto di rinviare qui ai capitoli 10 e 11.

50. Si veda in merito Senatore, *Diplomazia dentro e fuori*, e Id., *Una città e il Regno*.

carteggio privato», rivelando un altro versante del *continuum* del politico almeno in età premoderna.[51]

Le modalità della negoziazione, i linguaggi del confronto, le forme documentarie sembrano dunque smentire, nei secoli considerati, l'esistenza di un confine rigido e – mi si passi il termine – ideologico fra dinamiche interne ed esterne a un sistema politico sempre più evidentemente composto da attori a diverso gradiente di autorità, in cui la sovranità e la territorialità non sono un prerequisito fondamentale dell'interazione.[52]

51. Si veda quanto citato alla n. 28: la citazione è in Mastruzzo, *Epistolografia*, p. 139, n. 1.

52. In questa direzione, la riflessione sugli sviluppi della *New Diplomacy* di ambito contemporaneo può fornire spunti interessanti e concettualizzazioni utili per mettere in contesto pratiche e linguaggi tardomedievali. Si veda quanto scrive Ansell in merito al nodo sovranità-territorialità-sistema internazionale di rapporti: «Sovereignty is a powerful concept because it connects the organization of 'domestic' authority to claims about the autonomy and authority of one territorial state vis-à-vis others. Conceptually, and in practice, it connects the organisation of modern democracy with the organization of the international system». Proprio per questo però è un concetto problematico qualora si applichi a sistemi pre- o post- Westphalia: «One important reason for focusing on authority rather than sovereignty is that sovereignty is almost inextricably linked to territoriality», Ansell, *Restructuring Authority*, pp. 4, 7.

# II
# *Le reti delle lettere*

# 5. Lessico familiare

## 1. *Epistolarità e autografia*

### 1.1. *Epistolarità*

Nell'agosto 1458, Francesco Sforza, duca di Milano, scrive al cardinale Domenico Capranica, candidato al soglio pontificio alla morte di Callisto III, una lettera di mano propria in cui gli manifesta tutto il suo sostegno. Alla fine della lunga lettera, decisamente esplicita, lo Sforza conclude: «io son stato el cancellero mi stesso de tucta questa littera: si la littera è trista, mi rincresce, ma li soldati sanno mal scrivere, come la signoria vostra sa».[1]

Nell'Italia del secondo Quattrocento si assiste all'esplosione di una vera e propria cultura della comunicazione epistolare, tramite diretto di una crescente ossessione informativa, strumento di governo ed elemento chiave nella definizione e nel mantenimento di canali attivi di comunicazione fra persone e gruppi.[2] La lettera missiva, intesa qui come «qualsiasi comunicazione scritta autonoma [...] inviata da un mittente a un destinatario; [...] in genere eseguita nel rispetto di determinate consuetudini formali e materiali, da intendersi come comuni al mittente e al destinatario»,[3] diviene una sorta di grammatica comunicativa condivisa, grazie al convergere di tre distinte tradizioni di epistolografia, mediate dalla tradizione classica e dalle *artes dictaminis* medievali: l'abitudine quotidiana, propria dei gruppi mercantili e finanziari italiani, di scrivere lettere in volgare; l'arte professionale di scri-

1. Francesco Sforza a Domenico Capranica, Milano, 2 agosto [1458], ASMi, SPE, Roma, b. 1303, citata in Simonetta, *Il duca alla dieta*, p. 252, n. 15. Simonetta normalizza il testo sforzesco, perdendo dal nostro punto di vista alcuni elementi significativi delle capacità – o dei limiti – scritturali del duca, su cui torneremo più oltre.

2. Petrucci, *Scrivere lettere*; Fubini, *Italia quattrocentesca*; *I confini della lettara.*

3. Petrucci, Ammannati, Mastruzzo, Stagni, *Lettere originali*, p. IX.

vere lettere diplomatiche; le scritture umanistiche redatte in forma di lettera, ma con una struttura fittizia, generalmente intese per una più vasta circolazione, e organizzate in collezioni.[4] Formalmente, la missiva che Senatore definisce la "lettera cancelleresca" nella sua forma "complessa", tra XIII e XVI secolo sembra essere un modello ampiamente generalizzato a contenere la quasi totalità dell'epistolarità quattrocentesca: le apparenti eccezioni risultano atti linguistici di semicolti che tentano di adeguarsi a un modello che non padroneggiano perfettamente. L'aderenza formale della missiva rispetto a un modello, la sua convenzionalità, invitano infine alla cautela rispetto alla naturalità apparentemente spontanea dei suoi contenuti.[5]

## 1.2. *Autografia*

La capacità e la propensione a scrivere di mano propria, soprattutto nelle *élites*, ci danno diversi tipi di informazioni in grado di arricchire il quadro di epistolografia diffusa sommariamente disegnato sopra, spaziando dalla storia della cultura a quella della famiglia, dai linguaggi politici alla costruzione del potere.[6]

Innanzitutto, evidentemente, permettono di verificare le capacità scrittorie di principi e uomini di stato che, se pure da un certo momento in poi ricevettero in generale un'educazione raffinata e approfondita, non è detto perfezionassero tale educazione con una analoga profondità di apprendimento della tecnica scrittoria soprattutto dal momento in cui potevano contare su cancellieri per risolvere il massiccio volume di corrispondenza resa necessaria sia dall'attività politica, sia più in generale dall'attività relazionale, esterna e interna al circuito familiare.[7] Se

4. Najemy, *Between Friends*; Witt, *"In the Footsteps"*; Alessio, *L'*Ars dictaminis; McLean, *The Art of the Network*; Grévin, *Rhétorique du pouvoir médiéval.*

5. Senatore, *Ai confini*. Del resto, Attilio Bartoli Langeli ci ricorda con nettezza che «i fenomeni dello scrivere non appartengono mai al campo del naturale, ma a quello della convenzione; e le modifiche che vi si introducono si devono a scelte», Bartoli Langeli, *La scrittura dell'italiano*, p. 17.

6. In merito alla alfabetizzazione e alla scrittura di mano propria, su cui la bibliografia potrebbe essere estesissima se selezionata in rapporto al problema della *literacy* nell'Europa medievale (per cui basti citare Clanchy, *From Memory to Written Record*) per gli scopi che qui ci interessano basti rifarsi ad *Alfabetismo e cultura scritta* e Bartoli Langeli, *La scrittura dell'italiano.*

7. Si vedano almeno la raccolta *Il pensiero pedagogico*, Grendler, *La scuola* e, in generale, *Storia dell'educazione*. Per le intersezioni fra intellettuali e potere nello specifico campo dell'educazione dei principi, Tognon, *Intellettuali e educazione.*

considerata nel contesto dei *network* parentali e dinastici, poi, l'autografia disegna e modella la geografia relazionale all'interno della rete della corrispondenza concretamente scambiata fra i membri della parentela: agisce infatti come segno di vicinanza, sintomo di enfasi relazionale, testimonianza intenzionale di intensità, e gradua la gerarchia delle generazioni, del *gender*, dei ruoli.[8]

In termini di comunicazione politica infine, la scrittura di mano propria enfatizza la confidenzialità, reale o auspicata, del rapporto, sottolineando insieme la segretezza – anch'essa sinonimo di confidenzialità, dell'esistenza di uno spazio privilegiato di relazione – garantita dalla scrittura diretta, senza l'intermediazione del cancelliere. Interviene poi nella costruzione dell'autorità sovrana in molti modi, e in particolare tramite l'assimilazione della firma autografa al *signum regis*.[9] Infine, ma ne accenniamo soltanto, l'autografia lascia emergere elementi singolari nella già complessa dinamica fra oralità e scrittura dei testi epistolari, permettendo non solo affondi diretti in merito ai caratteri della lingua parlata, ma anche analisi assai fini sulle modalità di composizione di un testo epistolare.[10]

Questa comunicazione si inserisce in una ricerca comune che vengo conducendo da anni con Monica Ferrari, e più recentemente con Federico Piseri, a partire da un primo studio sull'autografia infantile dei giovani principi e delle giovani principesse di casa Gonzaga. Questo saggio si muove invece a considerare gli scambi fra adulti.[11] Mi propongo infatti di analizzare il lessico, il contesto e le forme dell'epistolarità di mano propria, vale a dire delle lettere missive integralmente o parzialmente autografe, o con firma autografa, delle *élites* di governo dell'Italia quattrocentesca, comparando, laddove possibile, contesti principeschi (Mantova, Ferrara, Milano, Urbino) e contesti repubblicani (Firenze).

8. Lazzarini, *Un dialogo fra principi*. Un'attenzione peculiare alle dinastie principesche come reti familiari è offerta recentemente da una ricca storiografia germanica sui principati tardomedievali: si vedano a titolo di esempio Nolte, *Familie, Hof und Herrschaft* e Antenhofer, *Briefen*.

9. In merito all'autografia "politica" delle *élites* italiane abbiamo davvero poco: si vedano Senatore, *Ai confini*, e Montuori, Senatore, *Discorsi riportati*.

10. Montuori, Senatore, *Discorsi riportati*: il caso ferrandino è complicato ulteriormente dal multilinguismo del sovrano; Montuori e Senatore stanno curando l'edizione degli autografi del re napoletano per gli anni 1458-1467: Montuori, Senatore, *Ritratto di Ferrante*.

11. Lazzarini, *Un dialogo fra principi*; si veda anche Ferrari, Piseri, *Una formazione epistolare* e Ferrari, Lazzarini, Piseri, *Autografie dell'età minore*.

## 2. *Fonti, geografia, cronologia*

### 2.1. *Fonti*

Un'analisi sull'autografia delle *élites*, ancora in buona misura da fare in modo sistematico, non può condursi che per sondaggi, anche quando si passano a pettine fitto le serie, in molti archivi ricostruite, degli autografi o delle lettere originali, dal momento che lettere autografe o sottoscritte di mano propria, o con inserti di mano propria si possono trovare in tutte le serie di carteggi di una cancelleria, estere e interne, come anche nelle serie degli atti sovrani. I fondi esaminati in questa ricerca spaziano dunque dalle serie di autografi e lettere originali o lettere dei principi fra loro, laddove ci sono, ai carteggi esteri nei casi principeschi e al *Mediceo Avanti al Principato* per le *élites* fiorentine.

### 2.2. *Geografia*

Verranno considerate le dinastie principesche dell'Italia centro-settentrionale (Sforza, Este, Gonzaga, Montefeltro), che sono le sole di fatto a permettere, a questa altezza cronologica, non solo un'indagine sui fondi politici, ma anche un affondo sull'epistolografia interdinastica e intergenerazionale. Completano il quadro le pratiche d'autografia degli Aragonesi di Napoli nel secondo Quattrocento, ricostruite attraverso gli osservatori gonzaghesco ed estense. Gli Aragonesi rappresentano un modello di principe evidentemente eccentrico nel quadro italiano sia perché sono re – vale a dire, autorità sovrane di legittimità e formalità assai più durature e canonizzate – sia perché sono al crocevia di pratiche scrittorie e linguistiche, e culture di cancelleria italiane e iberiche. Il caso fiorentino, seppure per affondi, fornirà un utile controcanto al quadro delineato dalle fonti principesche e rege: i regimi albizzesco e mediceo, in particolare la corrispondenza di Rinaldo degli Albizzi (1399-1434) e di Lorenzo de' Medici (1469-1489/92), saranno un punto di riferimento significativo per approfondire e sfumare, in un contesto di eminenza non sovrana, ma cittadina, gli usi della scrittura autografa adulta.[12]

### 2.3. *Cronologia*

L'analisi verterà su di un Quattrocento lungo (1380-1520), con un fuoco particolare sulla seconda metà del secolo a causa della maggiore disponibi-

12. *Commissioni*; Lorenzo, *Lettere*.

lità documentaria, anche se saranno opportune proiezioni sul primo Quattrocento, laddove possibili: i ritmi e le forme dell'autografia infatti non coincidono necessariamente con i ritmi e le forme della crescita dei carteggi, in particolare di quelli diplomatici, fenomeno che per motivi sia strutturali, sia conservativi, può in buona parte ascriversi al secondo Quattrocento.[13]

## 3. *Forme e significati dell'autografia*

Nell'entrare nel merito del significato delle diverse occorrenze dell'autografia delle *élites*, conviene procedere per episodi e per temi: non seguiremo perciò né un ordine cronologico, né tantomeno una qualche classificazione per dinastie o generazioni.

### 3.1. *L'attitudine alla scrittura autografa*

La prima questione di cui si terrà conto è l'attitudine alla scrittura di mano propria nel contesto delle dinastie principesche, dove confluisce nella più vasta e crescente attenzione all'educazione dei principi. In un contesto di crescente «riconoscimento dell'autografia come forma di legittimazione pubblica dell'individuo», l'autografia dei principi intesa come capacità di scrivere si tinge di connotati ancora più evidenti di costruzione intenzionale dell'identità autoritativa, su cui l'investimento culturale e ideologico prende forme sempre più esplicite e consistenti.[14] Così, nel caso dei Gonzaga, all'autografia rapida e sommaria dei messaggi di Gian Francesco Gonzaga alla moglie Paola negli anni Venti e Trenta del Quattrocento, connotati dall'assenza di formule cancelleresche, dall'uso del monogramma preposto al testo piuttosto che della firma, dalla corsiva veloce e inaccurata (fig. 1),[15] si sostituiscono, nei figli e nelle figlie cresciuti alla scuola di Vittorino da Feltre, l'uso abituale di una umanistica di piccolo modulo e più accurato disegno, nonché il conformarsi a una più esatta cornice cancelleresca del testo.[16] Di tale preci-

13. Senatore, *«Uno mundo de carta»*; Lazzarini, *Diplomazia rinascimentale*.

14. Bartoli Langeli, *La scrittura dell'italiano*, p. 60.

15. Preciso che le note che seguiranno hanno solo un valore indicativo; analogamente, non mette conto qui per ragioni di spazio e di congruità dare una bibliografia di riferimento sui personaggi considerati e sulle vicende politiche sullo sfondo: ASMn, AG, b. 2094, l. 68, Gian Francesco Gonzaga a Paola Malatesta, Governolo, 13 settembre 1418.

16. Ludovico, Carlo e Alessandro Gonzaga: ASMn, AG, bb. 2094bis-2095 (per Ludovico, i cui autografi rimasti sono davvero pochissimi, si vedano le lettere 320 e 322 in

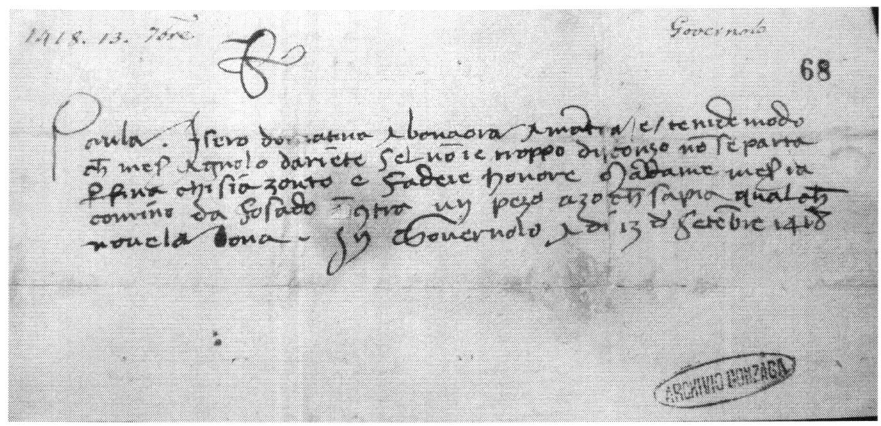

Fig. 1. Gian Francesco Gonzaga a Paola Malatesta Gonzaga, Governolo, 13 settembre 1418, ASMn, AG, b. 2094, l. 68.

sione umanistica danno prova ormai molti principi educati negli anni Venti-Trenta del Quattrocento, da Leonello d'Este a Oddantonio da Montefeltro.[17] È questa la prima generazione in cui l'autografia dinastica è praticata non solo dai maschi, ma anche dalle femmine: nelle generazioni successive l'uso si generalizza, sino all'autografia disinvolta e abituale di principesse come Isabella d'Este, che nello scrivere "in famiglia" al marito, alla cognata Elisabetta o al figlio primogenito Federico dilata lo schema della *infrascriptio* con l'uso di formule personalissime di *recomandatio*, che trasformano l'abituale manifestazione di affetto e soggezione in una sorta di vero e proprio motto individuale e inconfondibile, sapientemente graduato.[18] In almeno un caso, quello aragonese, l'attitudine dinastica all'autografia nelle generazioni "na-

2094bis). Margherita Gonzaga, moglie di Leonello d'Este: ASMn, AG, b. 1181, ll. non numerate (1435: sono 5); Lazzarini, *Un dialogo fra principi*.

17. Leonello d'Este: ASMn, AG, b. 1181; Oddantonio da Montefeltro: ASMn, AG, b. 1066.

18. Al marito Francesco: «quella che ama la signoria sua più che se stessa, Isabella da Este da Gonzaga»; alla cognata Elisabetta: «quella sorella che v'ama quanto sí medesima, Isabella da Gonzaga de mano propria»; al primogenito Federico: «toa madre che te ama quanto l'anima». Lettere autografe di Isabella sono disseminate in tutte le buste di *Lettere originali* conservate a Mantova a partire dai primi anni Novanta del Quattrocento: le espressioni citate vengono in particolare da ASMn, AG, bb. 2106, 2119.

poletane" (re Ferrante e i suoi figli) si traduce nell'elaborazione di una grafia così uniforme da far pensare a una consapevole imitazione reciproca: le lettere di mano propria di Ferrante e dei figli infatti sono assolutamente simili, dispiegando l'uso disinvolto, a volte disordinato nell'impostazione del testo, di una corsiva nervosa a base umanistica.[19] L'*imitatio* si spinge al punto da coinvolgere anche Ercole d'Este, che trascorse a Napoli vari anni della sua giovinezza e che, sposando una figlia di Ferrante, Eleonora, sposò apparentemente anche una serie di usi grafici peculiari.[20] Il livello di diffusione di una attiva capacità di scrittura in qualche caso è sofisticato al punto da prevedere l'uso relativamente naturale di più di una scrittura alla volta.

Gli uomini di stato che principi non sono nati, o non sono, scrivono meno, o scrivono peggio: meglio, sostengono di scrivere peggio, ricorrendo al *topos* dello scrivente rozzo in una *excusatio* formulare che non fa che confermare l'inevitabilità del ricorso alla scrittura.[21] Così Francesco Sforza, come si è visto in apertura, si scusa costantemente della sua ineleganza, talora rifugiandosi con falsa modestia nel suo statuto militare. Così, in contesto fiorentino – anche se basti solo un cenno qui alla reale familiarità con la scrittura di *élites* politiche ed economiche abituate, come scrive Leon Battista Alberti, a «così spesso tutto rivedendo, quasi sempre avere la penna in mano»[22] – la fretta e la subalternità dello scrivente rispetto al destinatario diventano pretesto per innumerevoli autodeprecazioni della qualità della scrittura. Basti per tutte una frase di Vieri Guadagni a Rinaldo degli Albizzi, nel 1423: «maravigliatevi di sì lungo scrivere: abbiatene pazienza: e se non la sapete leggere, non sarete il primo alle mie lettere gli sia intervenuto».[23] Le deprecazioni si volgono anche ai caratteri formali della lettera, al suo ordine strutturale e alla costruzione del testo. Piero di ser Mino, già cancelliere fiorentino, si scusa con Rinaldo degli Albizzi nel 1412 in questi termini : «sì che se vi scrivo all'aviluppata e non ordinate, abbiate pazienza».[24] Nel caso dello Sforza, peraltro, dietro alla sua riluttan-

19. ASMn, AG, b. 802; ASMo, Napoli e Sicilia 1 e 2. Sulla scrittura autografa e sulla costruzione formale del testo scritto da parte di Ferrante, si veda Montuori, Senatore, *Discorsi riportati*, pp. 536-537.

20. ASMo, Principi Estensi, bb. 68, 69.

21. Montuori, Senatore, *Discorsi riportati*, pp. 536-537.

22. Alberti, *I libri della famiglia*, p. 266.

23. *Commissioni*, II, l. 401, Vieri Guadagni a Rinaldo degli Albizzi, Firenze, 5 ottobre 1423.

24. *Commissioni*, I. l. 205, Pietro di ser Mino a Rinaldo degli Albizzi, Roma, 21 febbraio 1412.

za a scrivere si intravvede una mancanza reale di confidenza e di istruzione sistematica, come dimostra la sua difficoltà nel dividere correttamente le parole: nel parlato vernacolare le unità di emissione delle parole non coincidono infatti con le parole grammaticali, e solo la norma insegna la versione corretta.[25]

## 3.2. *Autenticità e segretezza*

Cosa spinge dunque i principi e gli uomini di governo a prendere la penna in mano in quello che anche per i più disinvolti di loro rimane un esercizio che può "rincrescere"? Innanzitutto un complesso di motivi legati a momenti cruciali del dialogo politico a distanza: la confidenzialità e la necessaria segretezza dello scambio di informazioni politiche, e la correlata autenticità del testo che le veicola, tanto in contesti principeschi quanto, prevedibilmente, in contesti repubblicani, in cui pure l'uso di scrivere di mano propria, a giudicare dall'abbondanza di attestazioni nei carteggi di personaggi del calibro di Rinaldo degli Albizzi o dello stesso Lorenzo de Medici, è assai più diffuso. Francesco Sforza, cui lo scrivere è, come si è visto, piuttosto penoso, scrive nel 1459 a Ludovico Gonzaga a proposito della scottante questione di cosa fare del condottiero Jacopo Piccinino (fig. 2):

> et messer Tiberto volite chel dicto Diotesalve zurasse de non parlare de questa chosa senon chon mi, et chi nonne parlasse senon chon voi o abocha o per lectera de mia mano et chosì fò [...] ben che son certo chel non bisogna, io vechon forto [ve chonforto] che di questo nonne parlati chon persona.[26]

Sovente questa esigenza di autenticità si allarga a rassicurare sulle buone condizioni dello scrivente in caso di malattie o incidenti, indipendentemente da motivi di segretezza o confidenzialità, seppure, trattandosi di principi, sempre enfatizzando il problema politico sottinteso al benessere personale. Nella maggior parte dei casi, si tratta di un uso formulare: le deroghe sono perciò tanto più interessanti. Nell'estate del 1471, Borso d'Este, duca di Ferrara – le cui lettere di mano propria sono rarissime, al contrario di quanto avviene per il più colto Leonello – scrive, seppure ormai malato (sarebbe morto in agosto) una lettera irata a Ludovico Gonza-

25. Bartoli Langeli, *La scrittura dell'italiano*, pp. 34-35; in generale, si vedano D'Achille, *Sintassi del parlato*; Mancini, *Oralità e scrittura*.

26. ASMn, AG, b. 1607, l. 65, Francesco Sforza a Ludovico Gonzaga, Milano, 8 marzo [1459]. Abbiamo mantenuto il testo senza modifiche.

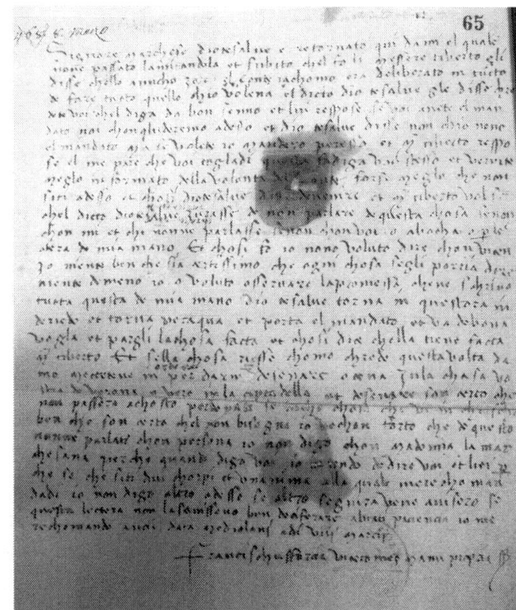

Fig. 2. Francesco Sforza a Ludovico Gonzaga, Milano, 8 marzo [1459], ASMn, AG, b. 1607, l. 65.

ga, zio come lui di Nicolò di Leonello, che aspirava al ducato contro gli interessi del terzo zio, Ercole, per sconsigliare il Gonzaga dall'appoggiare i piani ambiziosi del comune nipote sino a quando lui, Borso, non fosse morto davvero: e firma di mano propria, con uno svolazzo che taglia quasi il foglio a metà. Verrebbe da definire il volitivo scatto della penna, a dispetto dei facili psicologismi, davvero rivelatore (fig. 3).[27]

## 3.3. *Familiarità e confidenza*

L'autografia esprime peraltro anche la familiarità e la confidenza, tanto all'interno del lignaggio, quanto nel contesto dell'amicizia politica; fra i soli adulti, come anche fra bambini, giovani e adulti. All'interno della rete dinastica e di lignaggio, l'apprendimento alla scrittura di mano propria per i giovani principi rappresenta un tassello della costruzione della loro

27. ASMn, AG, b. 1182, Borso d'Este a Ludovico Gonzaga, Ferrara, 21 giugno 1471.

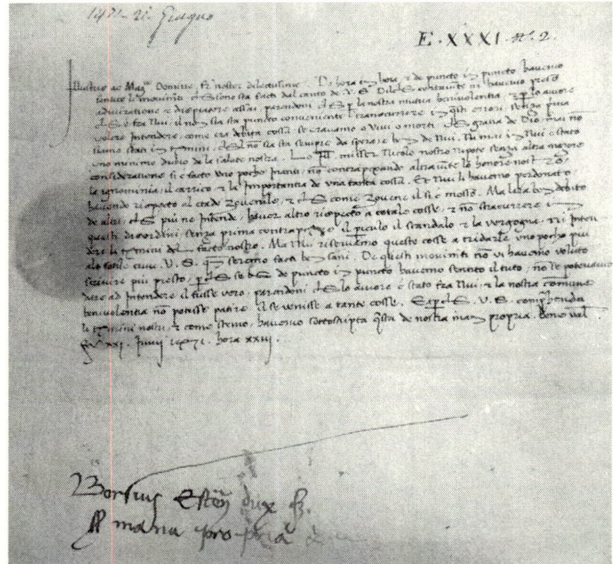

Fig. 3. Borso d'Este a Ludovico Gonzaga, Ferrara, 21 giugno 1471, ASMn, AG, b. 1182.

identità pubblica anche in giovane età, e scandisce una ritualità di rapporti con i genitori e fra fratelli che disegna una geografia dinastica e relazionale precisa.[28] Con il raggiungimento di un'età più matura, la scrittura di mano propria inizia a rispondere a logiche politiche più generali, e – allorché i giovani diventano a loro volta genitori – a logiche interdinastiche di enfatizzazione dell'affetto naturale, seppure non necessariamente spontaneo, e di disciplinamento dei ruoli. Come sottolinea Christina Antenhofer a proposito degli scambi epistolari interdinastici, «emotions may not have been the sentimental sensations of modern understanding, yet they were powerful elements in kinship discours».[29] In questo caso, il ricorrere all'autografia, sottolineando il carattere affettivo del legame fra mittente e destinatario, rende più pressante l'esortazione o l'ammaestramento, come in occasione di una lettera autografa – perduta nella sua versione originale – inviata da Ludovico Gonzaga al figlio Francesco, neoeletto cardinale nonostante la giovane età. La lettera, tanto importante da essere mandata in copia anche

28. Ferrari, *"Per non manchare"*.
29. Antenhofer, *Letters across the Borders*, p. 107.

alla marchesa Barbara (è la versione che ci rimane), ridisegna i rapporti fra padre e figlio secondo la nuova dignità del più giovane (di cui il marchese si dice padre in natura, ma figlio in Cristo), e insieme si vuole ammaestramento paterno alla nuova dignità, sia dal punto di vista spirituale, sia dal punto di vista temporale.[30]

Nonostante il contesto dichiaratamente familiare e personale dei carteggi interdinastici, il tono emozionale, il "lessico familiare" di questi testi epistolari rimangono molto controllati e non escono dal canone che molto raramente. Un esempio di grande evocatività è rappresentato dall'unico caso superstite – a mia conoscenza – di autografia di Barbara di Brandeburgo, moglie di Ludovico Gonzaga. L'ormai anziana marchesa scrive infatti nel 1479, sotto il peso dell'emozione e della stanchezza, al figlio, il marchese Federico, per annunciargli la morte di Margherita di Wittelsbach, nuora dell'una e moglie dell'altro. La composizione del testo senza alcuna formula, la sua costruzione senza stacchi, la firma senza epiteti, il messaggio in cui la desolata stanchezza del finale oltrepassa i canoni formali della normale informazione e della rituale esortazione ad accettare la volontà di Dio, rendono questa letterina un episodio singolare per i codici del tempo.[31]

La familiarità enfatizzata dall'autografia ha un ruolo di primo piano anche nel disegnare ed esprimere l'asimmetria inevitabile di rapporti poli-

30. ASMn, AG, b. 2097, l. 148, Ludovico Gonzaga a Barbara di Brandeburgo, Goito, 12 agosto 1462. Sui giuochi di ruolo fra il marchese e il cardinale si veda Chambers, *A Defence of Non-Residence*. Il cardinalato di uno dei fratelli-principi introduce nelle gerarchie familiari un elemento di problematicità. Taluni lo prendono con ironia: il cardinale Francesco nel 1482 scherzò sul sovvertirsi della gerarchia naturale fra lui e il fratello marchese Federico, allorché, allo scoppiare della guerra contro Venezia, Federico, capitano sforzesco, si trovò ad obbedire al cardinale, legato pontificio, «quella haverà ad stare sotto la obedientia nostra [....] et bisognerà che vui obediate o voreti o no [...] Hor assai habiamo motezato», ASMn, AG, b. 544, l. 112, Bologna, 18 dicembre 1482. Altri innescano conflitti che durano tutta una vita, come il cardinale Ascanio Maria Sforza e i fratelli duchi Galeazzo Maria e Ludovico il Moro: Pellegrini, *Ascanio Maria Sforza*.

31. ASMn, AG, b. 2104, l. 318, Barbara di Brandeburgo a Federico Gonzaga, Porto, 14 ottobre 1479 (Lazzarini, *Un dialogo fra principi*, p. 69, con riproduzione). Il lutto in particolare porta scriventi altrimenti sorvegliati a oltrepassare il canone, come nella lettera autografa in cui Ferrante d'Aragona annuncia alla figlia Eleonora della morte prematura della nuora Ippolita Sforza (ASMo, Napoli e Sicilia 1: Ferdinando a Eleonora, Napoli 19 agosto 1488) o quella (di mano di Giovanni Antonio d'Arezzo) in cui Lorenzo de' Medici annuncia a Ercole d'Este la scomparsa della madre Lucrezia, «che solo a ricordarla me crepa il core» (Lorenzo, *Lettere*, VI, l. 567, Firenze, 25 maggio 1482).

tici confidenziali e necessari: età, potere e ruoli familiari reali o fittizi giuocano con autografia e lessico un complesso rituale. Nel caso di rapporti fra coetanei, l'elemento meno potente del dialogo assume un ruolo "filiale", anche se non è necessariamente il più giovane, né si tratta di una parentela reale. È in parte il caso di Lorenzo de' Medici nel suo carteggio con i duchi di Milano, anche se, soprattutto con Ludovico il Moro, l'ossequio formale non nasconde il ruolo in realtà sbilanciato dei due in una complessa dialettica di reputazione pubblica e prestigio personale.[32] Nel caso di generazioni nettamente diverse, laddove il più giovane dei due sia di fatto il più potente, l'autografia testimonia una soggezione formale, di cortesia, alla reputazione, all'età più matura, al ruolo "paterno" dell'interlocutore. È il caso, chiarissimo, di Ferrante d'Aragona nei confronti di Francesco Sforza: se quando era in vita Alfonso, Ferrante si dichiarava "fratello" del duca di Milano, assai più maturo di lui d'età, visto che lo Sforza a sua volta si diceva "figlio" ad Alfonso, alla morte del padre Ferrante, nonostante la sua nuova dignità regia, si dichiara "figlio" allo Sforza per un complesso viluppo di gratitudine personale e soggezione alla superiore esperienza politica dell'altro.[33] Il giuoco è ancora più scoperto se alleanze familiari esplicite hanno condizionato la costruzione della gerarchia, come negli scambi epistolari fra Ludovico il Moro e il suocero Ercole d'Este, o fra Galeazzo Maria Sforza e Ludovico Gonzaga.[34]

L'autografia assume infine connotati particolari nel dialogo fra uomini che il contesto repubblicano rende formalmente pari: in questo caso, è una conferma in forma affettiva della tenuta del rapporto politico e personale, anche se il tono complessivo della corrispondenza rimane sottilmente asimmetrico. Un esempio lampante è la fitta corrispondenza fra Vieri Guadagni

32. Per i rapporti fra Lorenzo e Galeazzo Maria, si veda lo scambio, autografo da entrambe le parti, in Lorenzo, *Lettere*, I, l.171 (Lorenzo a Galeazzo Maria, Firenze, 6 agosto 1474: il Medici si rivolge al duca con il voi), e la risposta di Galeazzo Maria, a p. 8 (Milano, 11 agosto 1474: lo Sforza si rivolge a Lorenzo con il tu). Per un esempio dell'asimmetrica disparità di statuto formale e sostanziale fra Lorenzo e Ludovico il Moro, si veda quanto scrive Lorenzo a Francesco Gaddi, ambasciatore a Milano, nel 1485 (Lorenzo, *Lettere*, IX, l. 793, Firenze, 14 ottobre).

33. Montuori, Senatore, *Discorsi riportati*, pp. 529-531.

34. Si veda la letterina totalmente autografa di Ludovico il Moro al suocero in data 27 settembre 1487, in cui lo Sforza firma semplicemente come «Ludovico vostro fiolo» (ASMo, Milano 2) o la lettera, pure totalmente autografa, che Galeazzo Maria indirizza a Ludovico Gonzaga, «signor marchese como padre», nel 1471 (ASMn, AG, b. 1607, l. 559, Monza, 5 agosto 1471).

e Rinaldo degli Albizzi negli anni Venti del Quattrocento: i due, alleati ma di peso politico diverso, si scrivono sovente di mano propria. Vieri, come si è visto, giuoca la carta della difficile leggibilità contando sull'indulgenza dell'altro; Rinaldo, dal canto suo, moltiplica le espressioni di affezione per l'amico, affezione che gli permetterebbe di superare agevolmente l'ostacolo della cattiva scrittura dell'altro: «le vostre lettere leggo io molto bene, e maxime perché le veggo volentieri».[35]

### 3.4. *Autorità*

Un ultimo significato dell'autografia delle *élites* su cui vale la pena soffermarsi seppur brevemente è il ruolo che un tipo particolare di autografia, la firma di mano propria, riveste nel processo di costruzione dell'autorità politica. Oltre a tutti i significati di cui si è parlato sin qui, infatti, l'apposizione della firma autografa al termine di una lettera si carica di una valenza particolare qualora sia la firma di un principe.[36] I sovrani napoletani, angioini come aragonesi, sviluppano già nel Trecento, in linea con quanto accade nelle maggiori monarchie europee, qualche forma canonizzata di sottoscrizione autografa, ma è con Alfonso il Magnanimo e il figlio Ferrante che l'uso diviene assolutamente regolare. Senatore rileva come Alfonso detti un canone che viene accuratamente imitato una generazione dopo l'altra: i particolari grafici della soluzione alfonsina, soprattutto il ricciolo conclusivo sotto il nome, giungono sino a influenzare la firma autografa dei grandi dignitari di corte come Diomede Carafa. In questa insistita conservatività, emerge una «simbolica rappresentazione della continuità e legittimità della dinastia, tanto spesso messa in pericolo dalle contingenze politiche».[37] Nel caso di Ferrante, la cancelleria aragonese alla fine degli anni Ottanta ritiene così essenziale la firma riconoscibile del re da predisporre addirittura un timbro che la riproduca.[38]

Il contesto dei principati dell'Italia settentrionale presenta una situazione assai più incerta, come incerte sono le basi su cui poggia la legittimità

35. *Commissioni*, II, l. 403, Rinaldo degli Albizzi a Vieri Guadagni, Roma, 12 ottobre 1423, e lettera citata alla n. 24. Giuoco analogamente complesso nei rapporti epistolari tra il figlio di Rinaldo, Ormanno, e Averardo de Medici nel 1429: McLean, *The Art of the Network*, pp. 136-144.

36. Per la Francia, Jeay, *La naissance*; per l'Aragona, Gimeno Blay, *Escribir*.

37. Senatore, *Ai confini*, p. 251.

38. ASMn, AG, b. 802; ASMo, Napoli e Sicilia 1.

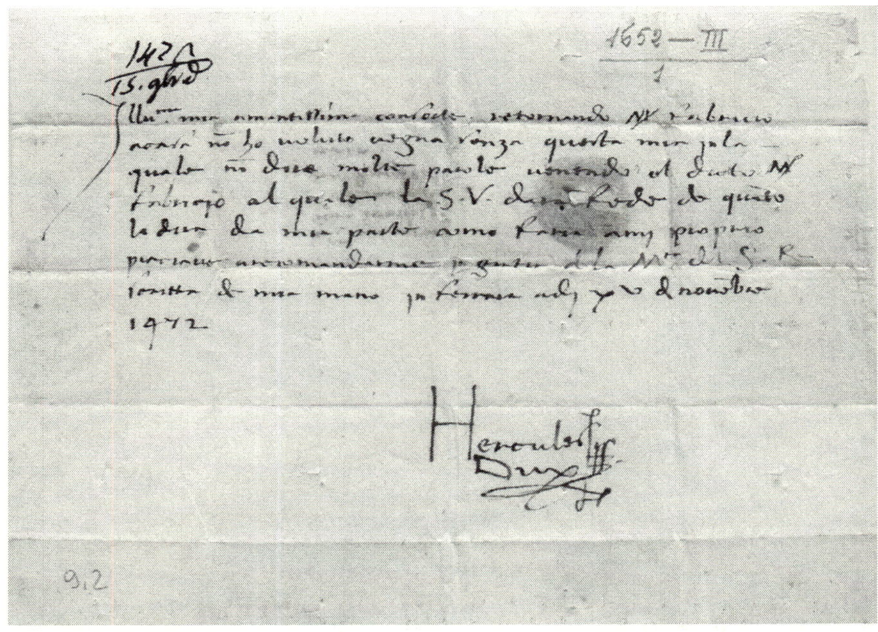

Fig. 4. Ercole d'Este a Eleonora d'Aragona, Ferrara, 15 novembre 1472, ASMo, Principi Estensi, b. 67.

del dominio delle dinastie principesche, e in generale sono flessibili e ibride sin dai primordi le soluzioni diplomatistiche "inventate" o re-inventate da professionisti della scrittura in grado di padroneggiare tanto la tradizione notarile, quanto gli usi cancellereschi.[39] L'adozione regolare della firma autografa al fine di autenticare in linea di principio tutte le lettere inviate è fenomeno assai più lento e irregolare, e sviluppa nel suo complesso forme diplomatistiche più sperimentali. Così, se Ercole d'Este – per evidente imitazione del modello aragonese – prende a sottoscrivere di mano propria con regolarità le lettere che indirizza ad altri principi arrivando a copiare persino il ricciolo alfonsino (fig. 4),[40] altri principi non si risolvono a fare altrettanto che assai tardi. Di fatto, l'uso entra nel canone cancelleresco

39. Bartoli Langeli, *La documentazione*.

40. ASMo, Principi Estensi, bb. 68, 69: si tratta di una scelta personale di Ercole, che non diventa modello nei figli (ASMo, Principi Estensi, bb. 70, 71 [Alfonso], 135 [Ippolito]).

soltanto con la generazione al governo alla fine del Quattrocento. In questo senso, le cancellerie più organizzate, come quella milanese, sperimentano soluzioni interessanti al problema dell'autenticazione delle lettere principesche, lavorando dapprima sulle firme autografe o sui monogrammi dei cancellieri, e assimilando soltanto in un secondo momento, e lentamente, l'uso dell'autografia di firma del principe.[41]

Nel 1389, Francesco di Marco Datini da Prato, a proposito della lettera che sta scrivendo a Cristofano di Bartolo Carocci, ammette apertamente che «e d'altra parte io l'òe fatta [*la lettera*] in tanta fretta che non so quello ch'io m'abia iscritto : àe iscritto l'animo, e non la mano».[42] Nel 1471, Ludovico Gonzaga confessa al figlio Francesco che «se guardassi alla voluntà, io scriveria tri dì, specialmente scrivendo littera corsiva como ho facto, perché havendoti a scrivere dele altre volte non ne ho voluto usare la littera migliore, aciò che manco me rincresca il scrivere».[43] Nel 1484 infine, un esausto e amareggiato Lorenzo intima a Niccolò Michelozzi:

> mandami manco lettere che tu puoi, perché, poi che ci sono, non ho mai facto altro che leggere e scrivere lettere, et se pure durassi questa fatica con qualche fructo, me ne comporterei, ma io sono ogni dì amonito de darmi poca briga, maxime perché l'amore et la fede degl'amici non dura quando io sono absente di costì più che dieci miglia.[44]

L'atto della scrittura è una fatica ingrata, e il controllo del testo costringe a un esercizio complesso anche chi, come un mercante, ha sempre le dita sporche d'inchiostro. È d'altro canto un esercizio necessario, talora piacevole: tra la fine del Trecento e la fine del Quattrocento diviene, nella fatica e nel piacere, un esercizio diffuso anche ai più alti livelli del potere politico. Gemmato nei reggimenti repubblicani a prevalente cultura mercantile dal quotidiano esercizio di conti e memoria, connotato nelle corti dei principi da una originaria impronta autoritativa e politica sempre più venata di sovranità, l'uso di scrivere lettere, e di scriverle in molti casi di propria mano tutte o in parte, viene maturando fra le *élites* politiche italia-

41. Si vedano, per esempio, le firme dei cancellieri di Bianca Maria Visconti negli anni Sessanta: ASMn, AG, b. 1607: qui, si rimanda al capitolo 9.

42. Francesco di Marco Datini a Cristofano di Bartolo Carocci, Prato-Pisa, 9 ottobre 1389, cit. in Nanni, *Ragionare tra mercanti*, p. 56.

43. ASMn, AG, b. 2097, l. 148, Ludovico Gonzaga a Barbara di Brandeburgo, Goito, 12 agosto 1462.

44. Lorenzo, *Lettere*, VIII, l. 783, Lorenzo de' Medici a Niccolò Michelozzi, Poggio a Caiano, 19 settembre 1484.

ne da una serie di elementi comuni: l'urgenza quotidiana di una informazione reciproca costante e capillare, che si traduce in complesse pratiche di scrittura (lettere autografe, lettere cancelleresche, minute, copie di cancelleria); l'epistolarità come ideale strategia comunicativa in grado d'un lato di soddisfare la necessità di informazione, dall'altro di definire schemi relazionali complessi all'interno del lignaggio e nelle reti di interazione politica e sociale esterne a esso; l'autografia come chiave peculiare di una consapevole enfasi relazionale e di una altrettanto consapevole costruzione autoritativa e di sovranità; la lettera infine come strumento non solo di comunicazione fra i soggetti, ma anche di insegnamento fra le generazioni all'interno dei reticoli parentali e di formalizzazione dei ruoli.

# 6. Scrivendo *littera corsiva*

## 1. *Corsiva, corsività, corsivizzazione*

Nell'aprile del 1462 Ludovico Gonzaga, marchese di Mantova, scriveva al diciassettenne figlio Francesco, neoeletto cardinale e in viaggio per la curia di Roma, una lunga lettera di ammonimenti paterni, considerazioni etiche e religiose, e richiami – "ricordi" – al tempo stesso sobri e affettuosi. I ruoli fra padre e figlio mutavano: chi era stato sino ad allora padre nella carne e principe, diveniva figlio nello spirito, e fedele; al giovane prelato si apriva una strada illustre, ma anche complessa e potenzialmente pericolosa per lui stesso, per i suoi, per la reputazione della dinastia.[1] La lettera di mano propria del marchese non ci è purtroppo arrivata in originale: abbiamo una copia coeva di mano cancelleresca di quella che pare una prima versione, che Ludovico decise di mandare comunque alla moglie Barbara perché anch'ella la leggesse.[2] In questo contesto un passo, quello finale, è di particolare interesse per noi. Ludovico infatti conclude scrivendo: «Se guardasse ala voluntà, io scrivaria tri dì, *specialmente scrivendo littera corsiva como ho facto*, perché havendo a scrivere de le altre volte non ne ho voluto usare littera migliore, *aciò che manco mi rincresca il scrivere*, et pareme

1. Su Francesco Gonzaga cardinale, si veda Chambers, *A Renaissance Cardinal*; sui rapporti interdinastici in casa Gonzaga, si vedano Lazzarini, *Un dialogo fra principi* e qui, il capitolo 8.

2. ASMn, AG, b. 2007, l. 58 (Ludovico Gonzaga a Francesco Gonzaga, Goito, 27 aprile 1462: era firmata «vester pater Ludovicus Marchio Mantue manu propria»): scriveva Ludovico a Barbara «nì altro ne accade se non che qui alligata ve mandiamo la littera che scrivemo al cardinale nostro, la quale habiamo poi reconza in alcuni logi, ma domane ve ne mandiamo la copia aciò vediati quello ge scriviamo», ASMn, AG, b. 2097, l. 59 (Ludovico a Barbara, Goito, 27 aprile 1462).

bastare per questa volta». *Littera corsiva*: Ludovico era un principe colto cresciuto alla scuola di Vittorino da Feltre, che sapeva di latino e di greco e che maneggiava scritture diverse, in questa e in altre occasioni; che dava infine segno di avere un'idea precisa di cosa fosse la *littera corsiva*: una scrittura veloce, magari più trasandata e meno chiara di altre "migliori", ma che non stanca la mano, che permette di scrivere molto.[3] Se estendiamo il quadro e usciamo dalla biografia esemplare del marchese umanista, cosa dobbiamo intendere – nella Mantova quattrocentesca – per uso della *littera corsiva* propria delle cancellerie e dei notai, quella *littera* di cui elementi chiave sono la fittezza di plurimi legamenti e le frequenti abbreviazioni?[4]

Un sistema di scritture[5] quale quello di un principato quattrocentesco di origine comunale si articolava ormai visibilmente su diversi piani – scritture pubbliche e private, di cancelleria, di camera e personali, di uomini e donne, di scrittori autografi e di delegati di scrittura – ma al tempo stesso rappresentava un complesso integrato e relativamente unitario di espressioni. I suoi sistemi grafici, le sue funzioni documentarie, le sue tipologie scrittorie non si corrispondevano secondo rapporti rigidamente reciproci, ma comunque componevano un tutto unitario, e al fondo coerente.[6] In un simile contesto, come sostiene Malcolm Parkes, «changes in the signs are sign of change»:[7] vale la pena di puntare a individuare dunque qualche linea di continuità per fare risaltare gli eventuali segni di mutamento. Le questioni sul tavolo sono molte, e investono innanzitutto il tasso di corsività dei diversi livelli di scrittura nel tempo.[8] È infatti inte-

3. "Corsivo" è in effetti termine dai molteplici significati, tanto antichi quanto contemporanei: per una chiara classificazione dei sensi possibili da attribuirsi al termine "corsivo" per la scrittura medievale, si veda Ceccherini, *Tradition cursive*, pp. 178-179.

4. Petrucci, *Prima lezione*. Uso contestualmente i termini "cancellieri" e "notai" nella consapevole semplificazione di una questione risalente: si veda Cencetti, *Lineamenti*, p. 201.

5. Una premessa terminologica è necessaria: nel presente articolo il termine "scritture" (al plurale) viene usato nell'accezione – corrente fra gli storici e i diplomatisti – di scritture pragmatiche, vale a dire di scritture/*scritti* della pratica di governo e di amministrazione; il termine "scrittura" al singolare viene invece utilizzato per indicare la *scrittura* come categoria grafica. Si veda in merito alla distinzione fra *scrittura, scritti* e *scrivere*, Petrucci, *La scrittura descritta*, p. 8, e alla definizione di scritture pragmatiche Lazzarini, *De la "révolution scripturaire"*.

6. Petrucci, *Prima lezione*, p. 66. Sempre Petrucci insegna che le testimonianze scritte di una data civiltà storica compongono «un tessuto inseparabile, che va affrontato sempre con una consapevolezza globale», Petrucci, *Medioevo da leggere*, p. VIII.

7. Parkes, *Pause and Effect*, p. 40, cit. in Petrucci, *Prima lezione*, p. 52.

8. La questione del *ductus* è cruciale in paleografia e non mette certo conto qui darne il contesto se non per cenni: si parta dall'importante proposta di Casamassima, *Tradizio-*

ressante, nel caso specifico, accertare se si possa parlare di una accentuata corsivizzazione delle scritture pubbliche a Mantova tra la fine del Trecento e la fine del Quattrocento, vale a dire un incremento della corsività intesa in senso ampio. In caso di risposta affermativa, è poi necessario indagare tempi, modalità, ambiti documentari, autori di tale trasformazione. L'analisi dovrebbe tenere conto anche della possibilità che un simile processo investa l'intero sistema di scrittura, coinvolgendo cioè testi documentari diversi fra loro, per esempio non direttamente pubblici.

## 2. *Il contesto*

La documentazione tardomedievale prodotta dalle cancellerie e dagli offici camerali delle signorie e principati dell'Italia settentrionale rappresenta un *corpus* complesso e articolato di testi documentari di una ricchezza estrema, il cui valore va ben oltre la massa innumerevole di dati che contengono. Registri e lettere, patenti o chiuse, sono le forme di una "diplomatica signorile" che trasforma il sistema documentario d'età comunale per rispondere al mutare di un potere territorializzato, di un'autorità le cui basi formali – di legittimità quanto meno sperimentale – sono giocoforza multiformi, mimetiche, flessibili, di una scritturazione infine che viene centrandosi su cancellerie sempre più al cuore del processo decisionale, o – là dove ci è dato vedere – su offici camerali e contabili la cui attività si sviluppa in un contrastato rapporto di simbiosi con la cancelleria o alcune delle sue branche.[9] Una serie di studi importanti di Attilio Bartoli Langeli e di Gian Maria Varanini e di ricerche recenti sulle signorie trecentesche hanno mostrato con evidenza come la creazione e la formalizzazione tardo-duecentesche e trecentesche di questi "vettori d'autorità" – tanto gli atti quanto i registri – rappresentino altrettante tappe cruciali nell'evoluzione della documentazione pubblica, in un giuoco dinamico fra tradizione nota-

*ne corsiva* e, per contestualizzarla, Mastruzzo, Ductus; in merito allo studio della *littera cursiva* nel contesto degli studi di paleografia e in generale sugli sviluppi della paleografia latina in Italia *Un secolo* (in particolare, per quel che ci interessa qui, i saggi di Petrucci, Supino Martini, Muzerelle e Gilissen); si veda da ultimo Ceccherini, *Tradition cursive* e, soprattutto in un contesto librario, Derolez, *The Palaeography* (a p. 123 Derolez commenta ironicamente che «no term has given rise to so much debate in palaeography in general, and in late medieval palaeography in particular, as cursive») e Parkes, *Their Hands*, pp. 57-62 e 71-85.

9. Lazzarini, *Le pouvoir de l'écriture* e qui il capitolo 2.

rile e forme cancelleresche, tra costruzione dell'autorità e fondazione della legittimità.[10] Queste scritture si collocano al cuore del processo costitutivo del potere del principe di fronte ai cittadini-sudditi, degli alleati, degli antagonisti interni ed esterni: diventano rivelatori complessi delle dinamiche politiche che alimentano i circuiti della costruzione del consenso, conducendoci – come dice Guyotjeannin allorché parla delle lettere di grazia dei re di Francia – «au cœur même du processus, non seulement de décision, mais encore de révélation du pouvoir souverain et de construction de l'État».[11] Va poi sempre ricordato che questi corpi documentari conoscono una storia conservativa complessa, che si intreccia con le vicende politiche del potere che li produce, con le strategie coeve di ordinamento e conservazione, e con le avventure – o le disavventure – coeve e successive della trasmissione e dell'archiviazione. Il panorama a nostra disposizione è cioè naturalmente complicato da una originaria tortuosità di produzione e definizione delle diverse forme di testi, ma il *corpus* originario è poi ridotto o alterato ai limiti dell'intelligibilità da perdite, scorpori, distruzioni, riordini volontari o meno.[12]

In questa complessa vicenda di trasformazione e di creazione di strumenti documentari in grado di interpretare e fissare i mutamenti politici e le dinamiche sociali, i modelli grafici giuocano un ruolo non secondario: la loro evoluzione, sia nelle forme, sia nelle modalità di esecuzione, risponde a una serie di bisogni e di istanze che si collocano in modi non scontati all'incrocio di tendenze politiche come di cambiamenti culturali, di pratiche e di saperi.[13] Gli storici dei linguaggi, delle pratiche e delle istituzioni del potere si sono gradualmente avvicinati alle trasformazioni del panorama documentario dell'Italia tardomedievale: in questa occasione, l'idea è di sondare – da una sponda storica e non propriamente paleografica – il ruolo del processo di velocizzazione delle varie forme della scrittura d'uso

10. Bartoli Langeli, *La documentazione*; Id., *Cancellierato*; Varanini, *La documentazione*; Id., *I notai e la signoria cittadina*; Cengarle, *Le arenghe*; Merati, *Elementi*. Su questi sviluppi, si veda Lazzarini, *De la "révolution scripturaire"*; Francesconi, *Potere della scrittura*.

11. Guyotjeannin, *Entre persuasion et révélation*, pp. 88-89; *Scritture e potere*.

12. Basti in merito un richiamo a Cammarosano, *Italia medievale*.

13. Si pensi al mutamento umanistico, su cui Petrucci, *La scrittura descritta*, pp. 9-10, o alle considerazioni di Irene Ceccherini in merito al fatto che «dans la riche et complexe tradition cursive du Moyen Âge tardif, donc, écrire *currenti calamo* ou au trait relève d'une décision, d'un acte conscient : c'est un choix de style», Ceccherini, *Tradition cursive*, p. 179.

al cuore del più generale processo di trasformazione e fissazione del sistema documentario dei principati italiani del Quattrocento.

Il caso mantovano, per le sue caratteristiche di lungo periodo, ben si presta a essere interrogato da vari punti di vista in merito a una tale rosa di questioni. Fra la fine del Trecento e il primo Cinquecento, Mantova è una signoria monocittadina di matrice comunale che si sta trasformando in un principato rinascimentale senza alterare la propria dimensione territoriale sino almeno al 1530 e alla problematica annessione dinastica del Monferrato. Dominio in successione di due dinastie di origine e ambizioni locali, i Bonacolsi prima, i Gonzaga poi (questi ultimi *milites* canossani inurbati nel Duecento), Mantova e i suoi signori, forti di una rara continuità dinastica e della posizione strategica – un «bastion de mezo» – fra Milano e Venezia, superano tanto i convulsi conflitti innescati nel tardo Trecento-primo Quattrocento dall'espansionismo visconteo-veneziano, quanto il precipitare del fragile equilibrio del secondo Quattrocento nelle guerre d'Italia grazie a una combinazione efficace e fortunata di legami internazionali, reti di comunicazione, flessibilità politica e ridotte ambizioni.[14]

La simbiosi fra la città, la dinastia, il territorio diviene così uno scenario ideale per l'analisi del processo di costruzione documentaria del potere signorile e principesco tardomedievale. Lo sviluppo della cancelleria, cui fanno da contraltare sia la produzione documentaria in parte conservata degli offici camerali, sia l'abbondanza di scritture notarili, tanto nella forma delle estensioni depositate anno dopo anno nel tardotrecentesco officio del registro, quanto nella forma, più episodica, dei registri personali dei notai, si colloca al cuore delle dinamiche fra costruzione del potere e invenzione dell'autorità di un principe che se non vanta radici particolarmente illustri, può contare su di un solidissimo radicamento nella società politica locale, complementare a una enorme esposizione internazionale grazie a reti di comunicazione politico-diplomatica altamente sviluppate sin dalla fine del Trecento. Notai, cancellieri e notai-cancellieri costruiscono un sistema documentario pubblico che assorbe anche le competenze di un piccolo gruppo di tecnici delle finanze e del diritto e di qualche politico, intellettuale e diplomatico di origine non mantovana. Ricchezza documentaria, continuità conservativa, inevitabile permeabilità a tradizioni scrittorie e testuali diverse, relativa limpidezza delle tipologie documentarie, di volta in volta ereditate,

14. Mi permetto di rimandare da ultimo a Lazzarini, *"Un bastione di mezo"* (e bibliografia risalente).

create, trasformate, non da ultimo un volume documentario ampio e vario, ma comunque dominabile fanno di questa signoria padana di media importanza un esemplare caso di studio: come tale lo useremo qui.[15]

## 3. *Cronologia*

È necessario precisare preliminarmente le coordinate cronologiche e tipologiche dell'indagine. Il paesaggio documentario e l'evoluzione dei centri di produzione documentaria della signoria/principato impongono infatti alcune scelte: se d'un lato una cronologia ampia sembra necessaria, dall'altro considerare il secolo lungo che va dalla fine del Trecento al primo Cinquecento pone lo studioso di fronte a una conservazione non continua e a ritmi non sincroni di trasformazione.[16] È stato quindi necessario isolare tre periodi campione caratterizzati insieme da una sufficiente ricchezza documentaria (qualitativa e quantitativa), e da una relativa tipicità. Si tratta di decenni politicamente importanti. L'ultima età del governo di Francesco Gonzaga IV capitano (1398-1410 circa) vede la messa in opera del panorama documentario e dello scheletro normativo della signoria: le serie principali dei registri si definiscono e i carteggi politici (tanto interni quanto esterni) assumono per la prima volta con continuità lo spessore e il rilievo che divengono poi caratteristici dell'intero secolo.[17] I pieni anni Cinquanta del Quattrocento corrispondono all'età d'oro del marchesato di Ludovico II (1444-1478) e sono un'età in cui la regolarità documentaria si precisa e si fissa.[18] Gli anni Novanta del Quattrocento infine sono i primi anni di governo autonomo di Francesco II (IV marchese) e di Isabella d'Este e insieme gli anni delle prime guerre d'Italia: le trasformazioni documentarie assecondano e definiscono il mutare della natura del potere del principe e insieme tentano di fissare quelli che Guicciardini chiama «i modi del governare», sconvolti dalla discesa dei francesi di Carlo VIII.[19]

15. Lazzarini, *Fra un principe*, pp. 1-88; Ead., *Pratiques d'écriture*.

16. Il fenomeno più macroscopico è rappresentato da una sorta di buco nero documentario, non meglio definibile, che decimò soprattutto la corrispondenza – interna ed estera – per i decenni tra il 1410 e il 1440 circa: si veda Torelli, *L'Archivio Gonzaga*, pp. XIX-XLIV e LXXX-XC; Luzio, *L'Archivio Gonzaga di Mantova*.

17. Vaini, *Ricerche gonzaghesche*; Lazzarini, *Il diritto urbano*; Ead., *Pratiques d'écriture*.

18. Lazzarini, *Fra un principe*.

19. Mallett, Shaw, *The Italian Wars*: per la citazione da Guicciardini («era entrata in Italia una fiamma e una peste che non solo mutò gli stati, ma e' modi ancora di governargli

## 4. *Registri e lettere: il sistema delle scritture*

Il tasso di corsività della scrittura cancelleresca del sistema documentario mantovano è, nel contesto di questo saggio, inteso ed esaminato non in senso strettamente paleografico, ma piuttosto come un tassello – importante nella misura in cui correlato ad altri – del complesso processo di trasformazione del sistema delle scritture pubbliche gonzaghesche. È dunque sembrato necessario partire da una, seppur rapida, presentazione del panorama documentario considerato, che comprende sia scritture in registro, sia scritture sciolte nella forma di lettere (in particolare, carteggi interni). Questi gruppi di fonti appartengono a un mondo regolato da alcuni parametri comuni, quali una diffusa, per quanto multipla, cultura grafica e – ancora più significativo – una condivisa scelta di comunicare con un potere politico al tempo stesso articolato e sempre più "scritturale" attraverso una qualche forma di comunicazione scritta. I registri (i *libri*) sono la forma in volume che raccoglie, ordina, preserva e possibilmente trasmette le forme documentarie sciolte della nuova diplomatica signorile. In questo senso, sono collettori di testi diretti e orchestrati da professionisti della scrittura, per giunta nel momento in cui agiscono sul piano più pubblico – controllato, formalizzato – possibile. E se è vero che – come scrive Armando Petrucci – «le più importanti modificazioni che si verificano all'interno di ciascun sistema grafico avvengono sempre per influenza di coloro che sanno e possono scrivere (e leggere) e che nella maggior parte dei casi sono veri e propri professionisti della scrittura e dello scritto»,[20] una volta osservata la norma, può essere interessante cercare la discrepanza dell'uso.[21] Per farlo, in questo caso, il modo migliore è sembrato volgersi poi al carteggio interno, che raccoglie le lettere scritte alla cancelleria signorile dagli officiali, dalle *élites* e dai cittadini gonzagheschi e indirizzate ai signori della città (maschi e femmine), ma anche alle figure centrali della cancelleria, i referendari o i primi segretari, o talora ad altri officiali di rilievo, come i maestri delle entrate o i consiglieri. Torneremo sulla natura ingannevolmente spontanea di queste lettere e sulla loro "autografia": vale la pena peraltro di sottolineare che una loro analisi allarga il ventaglio degli scriventi, sfumando i contesti di scrittura.

ed e' modi delle guerre»), si veda Guicciardini, *Storie fiorentine*, p. 117; sull'età di Francesco, si veda ora Bourne, *Francesco II Gonzaga and Maps*.

20. Petrucci, *Prima lezione*, p. 65.

21. Petrucci, *Funzione della scrittura*, p. 29.

### 4.1. *I registri*

Partiamo dai registri: di cancelleria, di camera, di offici centrali dunque, laddove possibile, che trascrivono, raccolgono e disciplinano in ordine di scritture sia il mondo delle *litterae patentes* e *clausae*, vale a dire gli atti d'autorità (che investono e regolano tanto le risorse quanto gli uomini), e i carteggi (che testimoniano il dialogo fra le componenti del corpo politico, interno – il marchesato – e esterno – il sottosistema italiano nel sistema europeo e mediterraneo), sia il mondo dei conti (i flussi di beni e di danaro). La maggior parte dei registri superstiti sono prodotti e conservati in cancelleria: essi rappresentano un insieme documentario articolato e cospicuo e a partire dalla metà del Quattrocento coprono con continuità le diverse aree del potere del principe, con importanti anticipazioni tardotrecentesche e primo quattrocentesche. Fra i registri di *litterae patentes* si è tenuto conto delle nomine agli offici e dei decreti.[22] I volumi di lettere patenti di nomina agli offici coprono – in tre volumi – tutto il secolo: sono registri "aperti", vale a dire, libri d'uso, che accolgono forme documentarie diverse, sono corredati da indici di lavoro e scritti da molte mani diverse. L'alto tasso generalizzato di corsività lungo tutto il periodo corrisponde alla funzione pragmatica di questi veri e propri strumenti di governo; l'estrema varietà della scrittura si spiega con la molteplicità delle mani.[23] I libri dei decreti costituiscono un *corpus* documentario assai più consistente. Iniziati negli ultimi anni di governo di Francesco IV capitano, sono anch'essi libri "aperti" e d'uso: registrano infatti le lettere patenti di grazie, concessioni, esenzioni, cittadinanza, licenze di porto d'armi, di esportazione, di pesca. La *mise en page* è relativamente – e progressivamente – più ordinata e la diversità delle molte mani non interviene nel corpo del singolo atto: il tasso di corsività è alto, pur nella variabilità della scrittura.[24] I volumi di lettere *clausae* infine, chiamati a Mantova copialettere, contengono varie combinazioni di corrispondenza interna ed estera e conservano, da un certo momento in poi anche separatamente, le lettere inviate tanto dai marchesi quanto dalle marchese. La loro comparsa e la loro distribuzione nel tempo non corrispondono esattamente a quelle dei registri di patenti: appaiono precocemente, ma fratture

22. In merito, mi permetto di rimandare a Lazzarini, *Pratiques d'écritures*.

23. ASMn, AG. Patenti 1 (1407-1444), 2 (1444-1479), 3 (1456-1516): qui si veda il capitolo 1.

24. ASMn, AG, Decreti 1-32 (1407-1499): vista l'abbondanza dei registri, un'analisi dettagliata è stata condotta sui volumi 1, 12 e 36 che coprono rispettivamente gli anni 1407-1411; 1450-1453; 1492-1495.

di continuità anche importanti interrompono la sequenza, alterando anche le modalità della loro redazione.[25] Tra i registri correnti, questi sono i più regolari nelle forme: alla molteplicità delle mani corrispondono una *mise en page* e una struttura formale invariata, e un alto tasso di corsivizzazione. Ho poi tenuto conto di tre registri di cancelleria che appartenevano all'antico archivio dinastico, il *thesaurus Grotte*: si tratta di libri e fascicoli di formato diverso che – a partire dal secondo Trecento – raccolgono trattati, investiture e atti particolarmente significativi ma di natura diversa (dalle bolle papali alle leghe, dai giuramenti di fedeltà alle condotte militari) di interesse della dinastia.[26] Per questa natura episodica e non sistematica, a modo loro, questi sono libri dal molteplice significato diplomatistico, documentario e grafico: gli atti che trascrivono e tramandano sono infatti cruciali per la quotidiana costruzione della legittimità e del funzionamento del potere signorile e i registri in sé diventano di fatto *monumenta* all'autorità del principe e alla sua progressiva costruzione identitaria. Ciascuno secondo l'età sua, sono dunque, al contrario dei precedenti, prodotti formali di una cancelleria in cui i registri lussuosi non abbondano: l'ultimo in particolare, in cui gradualmente poemi e celebrazioni prendono il posto dei trattati, denota un'attenta cura grafica, e qui – ci torneremo – l'italica è così calibrata ed elegante da lasciare poco spazio alla corsivizzazione.

La cancelleria non era il solo centro scrittorio del potere gonzaghesco, anche se il complesso delle scritture degli altri organi centrali è stato decimato dalle disavventure, più o meno volontarie, della conservazione successiva. Ho quindi cercato di accostare a questa rosa di *libri* prodotti in cancelleria quanto ho potuto trovare di scritture pubbliche d'altri centri scrittori gonzagheschi, autonomi fra loro e non necessariamente autoctoni. La documentazione camerale mantovana, prodotta da diversi organi centrali (masseria, tesoreria, maestrato delle entrate, spenditoria) è stata

25. ASMn, AG, Copialettere, bb. 2881-2909 (1340-1499). Un primo gruppo di tre registri copre gli anni 1340-1353; 1348-1358; 1359-1361 (b. 2881, 1-3); per il biennio 1400-1401 rimangono due registri (b. 2881, 4-5) e la serie riprende a ritmo elevato e costante a partire dal 1443 (b. 2882-); da quest'anno sino al 1499 i registri di copialettere sono 159. Vista la mole del materiale, si è tenuto conto dei primi registri, per poi scegliere gli anni 1447-1451, 1455-1457, 1495-1497 (ASMn, 2881.1,5; 2885.26-31; 2907.154-157). Sui copialettere, si veda qui il capitolo 3.

26. Si tratta dei registri ASMn, AG, 85.12 [1392-1401]; 13, indice [redazione fra il 1470 e il 1491, atti che coprono gli anni 1398-1491]; 16, indice [1485-1510]: fanno parte di una serie "artificiale" di *libri e registri miscellanei*, nella sezione dedicata al *Dominio della città e stato di Mantova* (per qualche cenno in più, si veda qui il capitolo 11).

decimata dagli scarti documentari di inizio Ottocento, e rispetto per esempio ai fondi camerali ferraresi coevi è ben poca cosa.[27] Fra i pochi registri superstiti di entrate e uscite dei primi decenni del Quattrocento, spicca il *liber spenditorie generalis* per gli anni 1442-1444: dotato di indice, è un *liber* consuntivo delle spese per i consumi della corte, ordinate per *camere* dei singoli principi, e per branche della Spenditoria generale. Essendo un registro contabile e riassuntivo, è redatto con una certa cura formale, anche se resta, una volta di più, un registro d'uso, aperto e continuo: la mano che inaugura le diverse sezioni è prevalentemente una, ma poi, sia nell'indice iniziale, sia carta per carta, come nei registri di lettere patenti di nomina le diverse voci di uscita successive sono trascritte da mani diverse.[28] Per finire, ho preso in esame una serie di fascicoli cartacei di sentenze della corte del podestà – redatte dunque dai notai non mantovani dei diversi podestà di Mantova – tra gli anni 1450 e 1499. Anche in questo caso, si tratta di residui: sono fascicoli cartacei sciolti, redatti mese per mese da mani anonime, di struttura fluida ma ordinata e ad alto tasso di corsività.[29]

## 4.2. *Le lettere*

Come si diceva, se i registri sono l'espressione grafica e documentaria più o meno alta dei centri pubblici di scrittura della signoria, i carteggi presentano un quadro assai più vario e sfumato, arricchendo dal punto di vista che qui interessa il ventaglio della scrittura d'uso. Nel prendere in considerazione i carteggi, per vari motivi tanto qualitativi come quantitativi è stato necessario compiere una scelta precisa,[30] vale a dire privile-

27. Quanto resta sono frammenti isolati, che non riescono a restituire in alcun modo il senso del sistema documentario e contabile, serratissimo, che regolava la registrazione dei flussi di danaro e di beni del marchesato: ASMn, AG, serie D (in particolare le bb. 322-323, 396-400 e 409-411), su cui si veda Lazzarini, *Prime osservazioni*.

28. ASMn, AG, b. 410.30 (1442-4): è probabilmente di mano di Bonaventura Beletti, uno dei contabili dello spenditore, Battista da Villanova, che su una delle ultime carte sostiene di avere trascritto e computato tutte le spese della corte tra il 1442 e il 1443.

29. ASMn, AG, b. 3453, 1450-1499: anche in questo caso, si tratta di residui, ma di residui in serie continua. Sono fascicoli cartacei sciolti, redatti mese per mese, in cui venivano trascritti in breve nella colonna centrale gli accusati e il reato, a destra la condanna (pecuniaria o corporale), a sinistra la condizione del sentenziato (comparso con fideiussore, contumace, carcerato); si veda Lazzarini, *L'enquête*.

30. Si sono intenzionalmente trascurati tanto il *Carteggio estero* (ASMn, AG, sez. E) per l'ovvia ragione che – a parte gli ambasciatori e agenti gonzagheschi (per lo più cancellieri) – le lettere che lo compongono non erano scritte da mantovani, quanto – nel contesto

giare quel che dalla fine del Cinquecento si è preso a definire il "carteggio interno": probabilmente ordinato in sequenza cronologica con le lettere dai diversi centri del territorio nel generale riassetto della corrispondenza voluto dal duca Guglielmo a partire dagli anni Ottanta del Cinquecento, venne poi ulteriormente riordinato dagli archivisti sette-ottocenteschi a comporre una serie artificiale che isolasse le lettere della città da quelle dei "paesi".[31] Anche in questo caso, il volume delle lettere scritte e conservate ha imposto una drastica selezione: tolte una prima busta che comprende materiale classificato tra 1366 e 1399,[32] e una seconda che raccoglie oltre 600 lettere disseminate inegualmente tra 1400 e 1459, le buste in sequenza delle lettere da Mantova tra il 1460 e il 1499 sono 20, per un totale di oltre 16.000 lettere.[33] In questa massa di lettere ho selezionato dunque gli anni 1390-1407, 1444-1458, 1495-1497.[34] Officiali, privati, ecclesiastici (maschi e femmine), donne di diverso stato sociale, scriventi abituali e scriventi occasionali affiorano da questa raccolta: se i gruppi più antichi di lettere sono prevalentemente composti da scriventi con qualche attinenza con le strutture del potere signorile, una certa parte dei carteggi è comunque composta sin dall'inizio da scriventi esterni a esse, autografi o grazie a delegati di scrittura.

del *Carteggio interno* – le lettere raccolte dagli archivisti mantovani sotto la dicitura *Lettere dai Paesi*, perché troppo eterogenee (molte sono scritte da membri delle *élites* politiche mantovane temporaneamente nel contado, o da forestieri di passaggio): Luzio, *L'Archivio Gonzaga di Mantova*.

31. Francesco Borsato, incaricato dal duca Guglielmo nel 1582 di mettere ordine nell'Archivio segreto, divise «lettere, registri et istruttioni [...] secondo i lochi e le persone che trattano» (Borsato al duca, Mantova, 13 febbraio 1582, ASMn, AG, b. 2617, cit. in Torelli, *L'Archivio Gonzaga*, p. XL): in merito al riordino dell'Archivio Gonzaga, si veda Torelli, *L'Archivio Gonzaga*, pp. XXXII-LII; Ferrari, *Interventi di riordinamento*. In merito alle trasformazioni di queste serie, sei veda qui il capitolo 10.

32. ASMn, AG, b. 2389 (corrispondenza interna da Mantova). All'interno di questo gruppo di lettere dalla composizione molto eterogenea e dalla datazione sovente incerta si sono considerati gli anni tra il 1390 e il 1399.

33. ASMn, AG (corrispondenza interna da Mantova), bb. 2390 (1400-1459), 2395, 2398, 2401, 2405, 2410, 2413, 2416, 2418, 2422, 2424, 2430, 2434, 2438, 2440-2441, 2443, 2446-2447, 2449, 2451, 2453. Per valutare correttamente questi numeri è però necessario tenere presente il vuoto quasi totale che copre i decenni 1410-1440 circa: a giudicare dalle lettere superstiti di inizio Quattrocento, la quantità di lettere indirizzate ai Gonzaga e ai loro officiali era probabilmente assai più alta già a partire dall'età di Gian Francesco Gonzaga (1407-1444).

34. ASMn, AG (corrispondenza interna da Mantova), bb. 2389, 2390 (anni considerati: 1390-1407; 1444-1448), 2409 (1495-1497).

## 5. *Corsività e corsivizzazione: temi e questioni*

Nel contesto di un tale scenario, mette conto di procedere in modo tematico, puntando cioè a ragionare intorno ad alcuni temi rilevanti a partire da una duplice considerazione, vale a dire d'un lato che le scritture e i testi esaminati compongono un tutto unitario, segmentato al proprio interno, ma sostanzialmente coeso, e dall'altro che, secondo quanto scrive Malcolm Parkes, «cursive handwriting is a way of writing rather than a particular style or tradition of script, and it is not confined to any period».[35] Constatato che per motivi di produzione e di definizione documentaria è inevitabile partire da fine Trecento, la questione verte sull'eventuale processo di crescita del tasso di corsività nelle scritture pubbliche tra il 1390 e il 1510 a Mantova, allorché cioè una congrua quantità di documenti di diversa natura inizia a essere prodotta consistentemente da e per quanti si rapportano con il crescente potere politico dei signori tramite una comunicazione scritta di qualche tipo. E se si può riscontrare un tale fenomeno, importa accertarne i tempi, i ritmi, le modalità, gli ambiti documentari, gli scriventi.

I registri di cancelleria, di curie giudicanti, di offici camerali, come le lettere indirizzate da singoli o gruppi alla cancelleria del signore, nella loro diversità, presentano due caratteristiche cruciali e condivise. Hanno senz'altro in comune il fatto di essere redatti da un insieme di scriventi che – pur nella disparità di condizioni – scelgono di rapportarsi al potere politico e/o ai suoi rappresentanti attraverso lo scritto. Hanno poi, come ogni altra forma di comunicazione scritta, in comune la doppia funzione di registrare dati e testo al fine di conservarne la memoria e/o di comunicare dati e testi affinché altri possano utilizzarli nel presente e nel futuro. In merito a quest'ultimo fine, peraltro, l'unità culturale del gruppo degli esecutori di scrittura si scompone a seconda delle funzioni del singolo atto o testo: vale a dire, le scritture in registro e le scritture in forma epistolare sono condizionate da un grado diverso di formalità e di informalità che dipende dalla loro funzione di scritti più o meno eterodiretti e che in parte condiziona anche la loro veste grafica. In ogni caso occorre tenere presente che anche le lettere inviate dai singoli a titolo personale alla cancelleria sono documenti in qualche modo pubblici, diversi in questo senso, per esempio, dai carteggi mercantili o dagli epistolari familiari: i mittenti infatti usano la forma standard della lettera cancelleresca per interagire con il potere e con i suoi rappresentanti in un contesto pubbli-

35. Parkes, *Their Hands*, p. 85.

co. Non stupisce dunque non trovare, dal punto di vista grafico, una corrispondenza meccanica fra una altrettanto artificiosa distinzione fra registri pubblici e carteggi privati, o fra scritture formali e informali, tanto in registro quanto in missiva: i registri di copialettere e di decreti o i fascicoli delle sentenze possono presentare scritture assai più corsive delle lettere, che sono e rimangono strettamente condizionate da uno scheletro formale – la «lettera cancelleresca complessa», come la definisce recentemente Francesco Senatore – che impone un certo controllo anche sulle forme grafiche del testo.[36] Le linee di intersezione sono molteplici, e la cronologia del mutamento non lineare.

### 5.1. *Esecutori di scrittura*

Nella maggior parte dei casi gli esecutori del processo di scrittura sono professionisti: cancellieri, notai, contabili prestano le loro capacità scrittorie a una funzione di registrazione e autenticazione di documenti per conto del principe.[37] Le loro mani si riconoscono nei registri di cancelleria e nelle lettere politiche. Questi uomini scrivono però anche per sé: le lettere che compongono il carteggio Buzoni – vale a dire svariate decine di lettere scritte tra il 1398 e il 1400 al referendario Galeazzo Buzoni non per motivi pubblici, ma per ragioni personali e private che pure si intrecciavano con la posizione di assoluto rilievo del Buzoni, referendario, consigliere e ambasciatore di Francesco Gonzaga – sono in buona parte scritte da personaggi di spicco dell'*élite* gonzaghesca, ma spesso a titolo personale.[38] Uno scrivente abituale non modifica in modo evidente e regolare il proprio grado di corsività in rapporto al destinatario della lettera o al contesto, a meno che non si tratti di qualcuno in grado di controllare con abilità e intenzionalità più di una pratica grafica.[39] Al

36. Senatore, *Ai confini*; si vedano qui i capitoli 4 e 10.

37. Come scrive Petrucci, «molto spesso lo scrivere è attività di servizio e dunque eterodiretta», Petrucci, *Prima lezione*, p. 33.

38. Lazzarini, *Comunicazione epistolare*.

39. Ovviamente, tutti coloro che professionalmente vivevano di scrittura (copisti e librai): per un esempio, si veda Rundle, *The Scribe*; si veda anche Parkes, *Their Hands*, p. 139 (pl. 62). Penso poi non solo al caso da cui si è partiti, il marchese Ludovico, ma anche, per esempio, a quella parte delle *élites* politiche fiorentine di estrazione mercantile ma educazione umanistica che erano in grado di passare dalla mercantesca all'umanistica con la stessa fluidità in cui, come scrive Ronald Witt parlando di Coluccio Salutati, passavano dall'uso dell'*ars dictaminis* alla retorica ciceroniana nell'esercizio della loro attività pubblica (Witt, *Hercules*). Se guardiamo poi all'istruzione preuniversitaria, Robert Black nota *en passant* come i maestri elementari tra Tre e Quattrocento scrivessero – e quindi probabilmente inse-

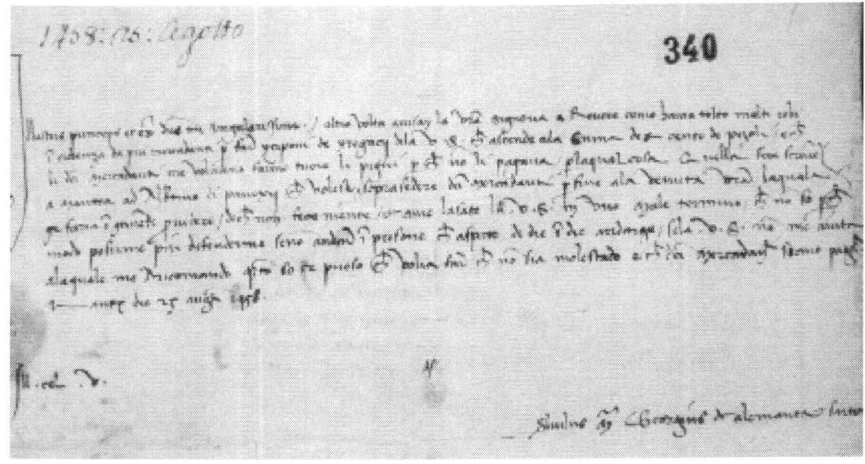
340

Fig. 1. *Georgius de Alemania sartor*, 1458, ASMn, AG, b. 2390.

contrario, le lettere di scriventi che occupano un ruolo di rilievo nella società politica gonzaghesca, ma non sono necessariamente legati al mondo della comunicazione scritta, registrano maggiori oscillazioni: officiali e gentiluomini, capitani e uomini eminenti in città usano esecutori di scrittura diversi, o laddove è dato riconoscere la loro mano, la scrittura può presentare arcaismi la cui evidente non corsività dipende dalla mancanza di familiarità con la penna, o dal loro ripetere stilemi grafici appresi in tempi passati. Si può ipotizzare quindi che una serie di professionisti della scrittura in senso ampio si prestassero ad agire per conto d'altri come mediatori di scrittura laddove, come nel carteggio interno, troviamo lettere di singoli cittadini, uomini o donne, di cui non abbiamo prova siano inseriti in un circuito professionale di scrittura ma che saltuariamente si rivolgono al potere pubblico attraverso lettere o suppliche (fig. 1).[40]

gnassero – in mercantesca, mentre i maestri di grammatica tendevano a scrivere in notarile o, nel Quattrocento, in umanistica; si veda Black, *Humanism*, pp. 34-5 (in generale, si veda Casamassima, *Tradizione corsiva*, pp. 111-116, e soprattutto, anche se per l'alto medioevo, Petrucci, *Libro, scrittura e scuola*).

40. Bartoli Langeli, *La scrittura dell'italiano*; Miglio, *Governare l'alfabeto*.

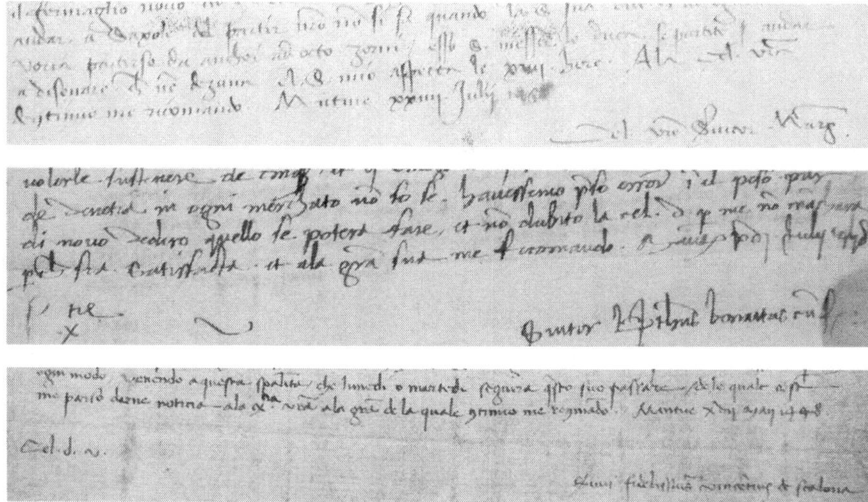

Fig. 2. Mani di Marsilio Andreasi, Bartolomeo Bonatti, Vincenzo della Scalona, 1448, 1458, ASMn, AG, b. 2390.

Quest'ultima considerazione porta al problema dell'autografia: problema difficile persino per i cancellieri e i segretari, che sovente hanno al proprio servizio o in cancelleria scribi o apprendisti che scrivono per loro. Non essendo la loro scrittura una scrittura autoritativa di per sé, mancano tra l'altro le sottoscrizioni *de manu propria*, che aiutano a riconoscere le autografie dei principi o dei maggiori protagonisti della dinamica politica. Le mani di molti dei cancellieri gonzagheschi dell'età di Ludovico sono riconoscibili e, non variando nel corso dei decenni, rendono difficile pensare che si tratti di mano d'altri al loro servizio (si prendano, per esempio, un Bartolomeo Bonatti o un Marsilio Andreasi): per alcuni di essi, il tasso abituale di corsività laddove per corsività intendiamo, seguendo Poulle, una scrittura legata in sequenza dal basso, è molto alto (fig. 2).[41] Alla fine del secolo comincia però a diventare difficile individuare la mano di Matteo Antimaco, o del potente

41. Poulle, *Une histoire de l'écriture*, in particolare alle pp. 142-144: Poulle sottolinea come la progressiva messa in opera di una serie di modificazioni morfologiche dell'alfabeto tra Trecento e Quattrocento (in Francia con la *mixte* della cancelleria regia) «libéra[nt] alors le dynamisme de l'écriture liée».

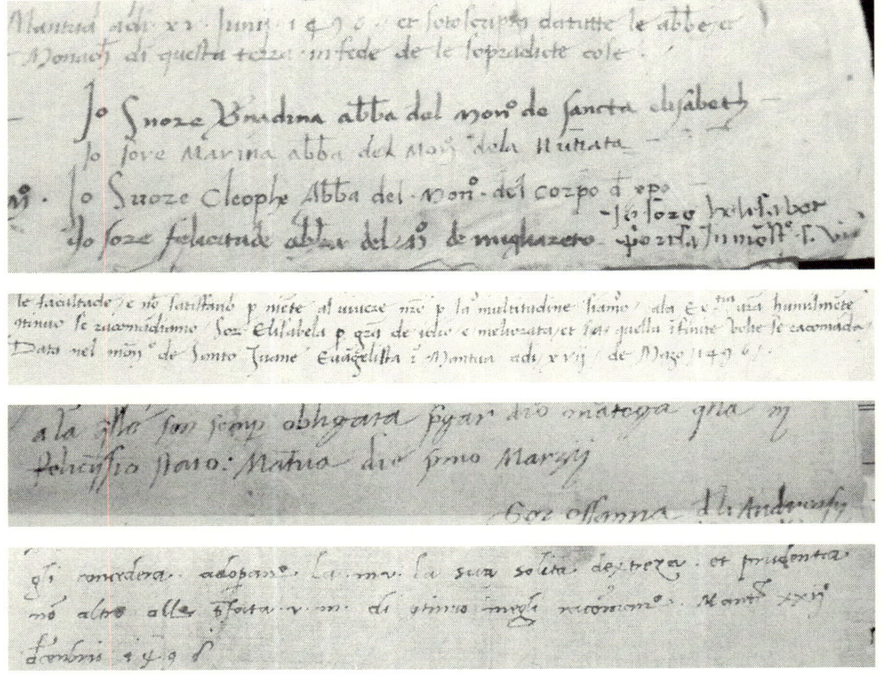

Fig. 3. Mani femminili ecclesiastiche (tranne l'ultima), 1496, ASMn, AG, b. 2449.

Jacopo Probo d'Atri, conte di Pianella nel Regno e capo della cancelleria di Francesco Gonzaga, che di loro scrivevano direttamente davvero poco.[42] Anche ai livelli più bassi della scala di quanti sono comunque in grado di indirizzare una lettera al signore – seppure poche volte nella vita – e in presenza di scritture con caratteri che verrebbe da definire arcaici o irrigiditi da un uso non abituale, rimane comunque il dubbio che non si tratti di autografia. Particolarmente posata e rigida infine rimane a lungo la scrittura degli esponenti degli ordini religiosi mantovani, in particolare di quelli femminili (fig. 3). Fanno eccezione gli ecclesiastici di curia come Giovan Pietro Arri-

42. Altra cosa sono i *signa*, apposti dai cancellieri come *mentions hors teneur*, al termine degli atti o delle lettere o in calce alle trascrizioni sui registri: per la cancelleria francese, si veda Jeay, *La signature*; per i principati italiani, si veda qui il capitolo 9.

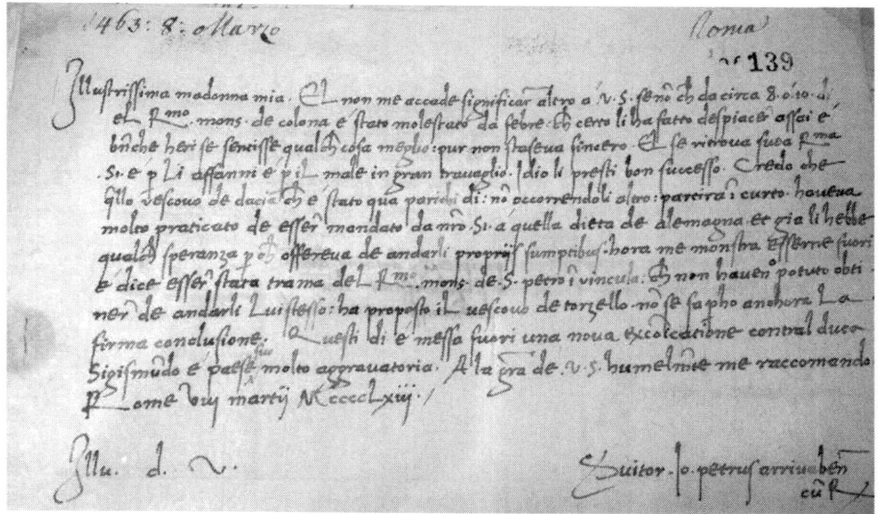

1463: 8: Marzo Roma

139

Illustrissima madonna mia. El non me accade significar altro a v. S. se no che da circa 8 o 10 dì
el R.mo mons. de colona è stato molestato da febre, che certo li ha fatto despiacer assai e
benche heri se sentisse qualche cosa meglio: pur non stasseua sinestro. El se ritroua sua R.ma
S. e per li affanni e per il male in gran trauaglio. Idio li presti bon successo. Credo che
quello vescouo de dacia che è stato qua parichi dì: no occorrendoli altro: partirà i curto. haueua
molto praticato de esser mandato da nro S. a quella dieta de alemagna et gia li hebbe
qualche speranza per che offereua de andarli propriis sumptibus. hora me monstra esserne fuori
e dice esser stata trama del R.mo mons. de S. petro i vincula: che non hauen potuto obti
ner de andarli lui stesso: ha proposto il vescouo de torzello. no se sapho anchora la
firma conclusione. Questi dì è messo fuori una noua excomunicatione contra el duca
Sigismundo e paese molto aggrauatoria. A la gra de v. s. humelmente me raccomando.
Rome viij martij MCCCCLXiij.

Illu. d. v.

Seruitor Jo. petrus arriuaben
cum R.

Fig. 4. Giovan Pietro Arrivabene, 1463, ASMn, AG, b. 842.

vabene, di famiglia tradizionalmente cancelleresca, cancelliere del cardinale Francesco Gonzaga, più tardi vescovo: la mano dell'Arrivabene tradisce sia una formazione umanistica, sia la consuetudine alla penna, e compone un'elegante eppure fluida corsiva umanistica (fig. 4).[43]

## 5.2. *Scrittura*

Elemento determinante è poi la scrittura: non solo è importante chi scrive, ma a quale scrittura più o meno tipizzata fa ricorso lo scrivente, ricordando come la corsiva sia – sempre – una scrittura proteiforme e ricchissima di varianti.[44] Nell'ampio bacino della corsiva cancelleresca o notarile, infatti, a Mantova come altrove, si riconoscono ascendenze e appartenenze a diverse tipologie scrittorie, dalla mercantesca all'umanistica, e numerosi ibridismi:[45] la coesistenza di questi multipli modelli

43. Sull'Arrivabene, si veda Chambers, *Giovanni Pietro Arrivabene*.

44. Parkes, *Their Hands*, p. 85.

45. Mastruzzo nel 1995 notava come «il ruolo della mercantesca nei processi di corsivizzazione che si svolgono in Italia, intorno al XIV secolo, non sia ancora stato valutato

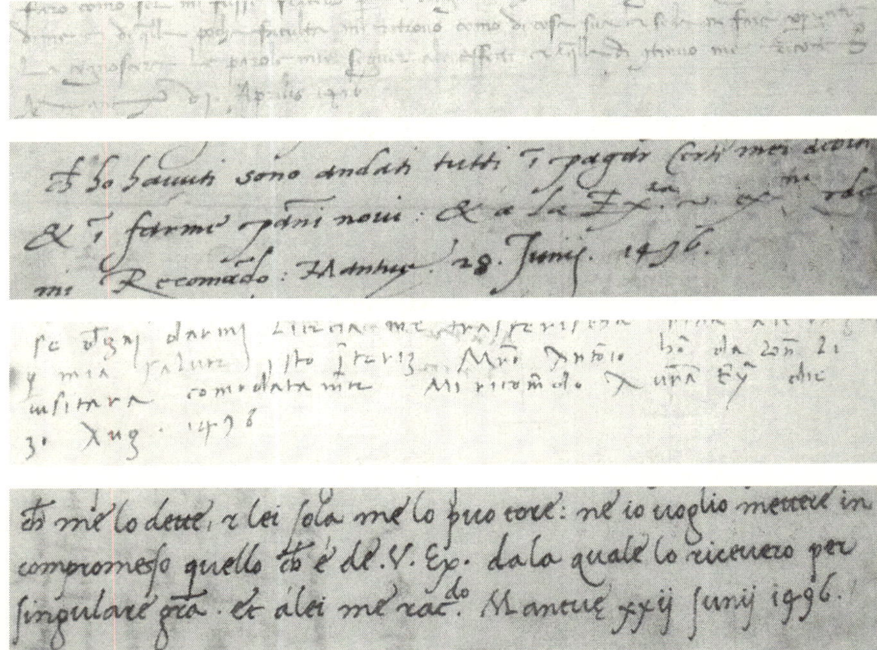

Fig. 5. Mani maschili, 1496, ASMn, AG, b. 2449.

grafici continua nel tempo sino di fatto alla fine del secolo, con inaspettate persistenze che, proprio perché in qualche modo regolari pur nella ovvia evoluzione, si rivelano costanti del paesaggio grafico mantovano (fig. 5). Esce confermata l'idea di una individualità educativa e culturale nelle scelte grafiche: si scrive in modo più o meno umanistico o più o meno gotico a seconda di come scriveva o scrivevano colui con cui si è appreso a scrivere o coloro con cui si è iniziato a lavorare, e a *clusters* di scriventi corrispondono percorsi di lunga durata di determinate versioni di una o dell'altra tipologia scrittoria.[46] Non solo: la coesistenza

in tutta la sua importanza» (Mastruzzo, Ductus, p. 446, n. 123): si vedano gli studi di Luisa Miglio (Miglio, *L'altra metà della scrittura*) e di Irene Ceccherini, in particolare *La genesi*.

46. Senatore, *«Uno mundo de carta»*, pp. 357-362; Lazzarini, *Materiali*, pp. 21-23 del pdf.

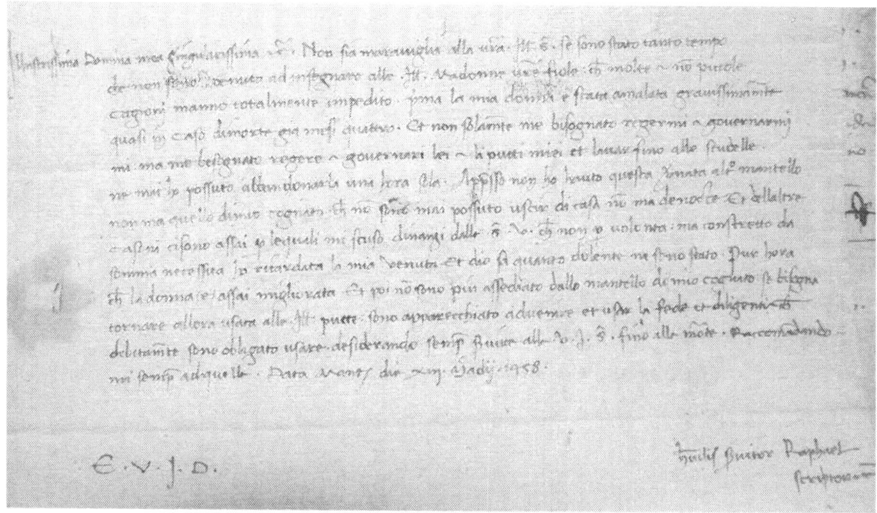

Fig. 6. *Raphael scriptor*, 1458, ASMn, AG, b. 2390.

di un pluralismo grafico sulla base di una medesima scrittura d'uso può rivelarsi un fenomeno non solo collettivo – esistono e vengono usate simultaneamente scritture diverse o ibridi nel medesimo gruppo di scriventi – ma anche individuale – un singolo può usare diversi livelli di ibridazione (una scrittura più o meno umanistica, e contestualmente più o meno corsiva) a seconda delle circostanze. Le cancellerie e la rete degli offici centrali e territoriali sono permeabili laboratori di scrittura in termini tanto di innovazioni quanto di resistenze grafiche: David Rundle, parlando a proposito del diffondersi dell'italica nelle corrispondenze diplomatiche, nota che una corrispondenza inversa lega le dimensioni – e quindi l'articolazione e in parte la rigidità – della cancelleria considerata alla sua propensione al mutamento e alla sperimentazione.[47] La cancelleria mantovana in questo senso si rivela un caso interessante: persistenze e innovazioni si fiancheggiano a lungo e la combinazione fra programmi culturali alti, tradizione locale e dimensioni ridotte facilitano la coesistenza di moduli e varianti di scrittura.

47. Rundle, *The Victory of Italic*.

Questo panorama molto mosso influisce sul tasso di corsività e sulla tendenza alla corsivizzazione, con risultati non necessariamente progressivi. La cancelleresca a base gotica – banalizzo – di fine Trecento-primo Quattrocento presenta un tasso di corsività talora poco evidente, ma già a partire dagli anni Trenta del Quattrocento e al suo contaminarsi con elementi di umanistica si corsivizza sempre più, raggiungendo anche discreti livelli di eleganza persino nelle registrazioni quotidiane. D'altro canto, il perfezionarsi dell'umanistica, più curata e posata – soprattutto nelle lettere: si veda la letterina del maestro di scrittura delle principessine di casa Gonzaga, Raffaele (fig. 6) – acquista velocità e funzionalità mantenendo però quel che a me verrebbe da definire solo un "sapore" corsivo nei registri degli anni Ottanta. La scelta della scrittura e il suo tasso di ibridismo si combinano dunque con livelli più o meno evidenti di corsività e di professionalizzazione della scrittura.

### 5.3. *Corsività e ordine*

Questo tema introduce un ultimo elemento rilevante di cui tenere conto, vale a dire il rapporto fra scrittura e immagine declinato nel senso del rapporto fra forma grafica e forma del testo.[48] I livelli di cui tenere conto in questo caso sono tre: il tasso crescente di corsività indotto nelle singole scritture dalla crescita documentaria quattrocentesca, talora esponenziale, e dalla conseguente necessità di un'esecuzione rapida, legata dal basso; la creazione e definizione – fra la fine del Trecento e il pieno Quattrocento – di forme documentarie regolari (la lettera, il registro di decreti, il copialettere, il libro di conti); l'integrazione infine di queste tipologie in un sistema organico, relativamente ordinato, seriale. Questi tre livelli non producono processi necessariamente complementari né contemporanei. Pur muovendosi nella direzione di elaborare strumenti utili a rispondere a una medesima domanda, vale a dire alla necessità di organizzare in modo efficace una massa crescente di dati e di informazioni e di conservarli per l'uso quotidiano e la memoria futura (fini in sé non omologhi e quindi caratterizzati da tecniche e pratiche sovente non coincidenti), non vanno alla stessa velocità. La loro non pacificata coesistenza emerge soprattutto

48. «Handwriting is primarily a medium for communicating a text, but it would seem that the image of handwriting on the page could also embody a message of its own», scrive Parkes, pensando soprattutto alla libraria: ma il discorso vale anche per la corsiva documentaria, Parkes, *Their Hands*, p. 127; come sottolinea Petrucci, «non esiste scrittura senza spazi da occupare, percorrere, dividere, ordinare o scomporre», Petrucci, *Prima lezione*, p. 17.

dai registri: lo schema formale delle lettere è infatti assai più precocemente definito e tutto sommato meno ricco di potenziali varianti.

In partenza, tra la fine del Trecento e il primo Quattrocento, i registri di cancelleria sono di grande formato, e alla fittezza delle linee di una cancelleresca a base gotica dalla corsività non esasperata corrispondono una spaziatura fra testi documentari e una *mise en page* ampie e scenografiche: la logica dei pieni e dei vuoti concorre, con la relativa posatezza della scrittura, a disegnare un paesaggio di testi documentari ancora dotati di una individualità, e di una monumentalità, precise. Nei decenni che vanno dagli anni Quaranta agli anni Settanta del Quattrocento, il processo di costruzione di un sistema documentario sempre più consistente nei numeri e sempre più legato da referenziali logiche interne produce con continuità registri dalla *mise en page* fine e laboriosa, in cui gli atti vengono trascritti in corsive veloci e nervose, in interlinea fitti, talora irregolari: la corsivizzazione evidente in questi anni – se per corsivizzazione, di nuovo, si intendono sia l'acquisizione di un'efficace tecnica delle legature, sia un'attitudine alla velocità – non corrisponde a una altrettanto marcata attenzione all'ordine del testo e della sua *mise en page*. Alla fine del Quattrocento, i registri – ormai a decine, tessere pressoché indistinte di un sistema documentario bene oliato – tornano a essere di nuovo ampi e spaziati, la *mise en page*, per quanto senza particolari elementi di prestigio, è naturalmente elegante: in essa si iscrivono testi scritti in un'italica veloce e sicura, ma dall'effetto spesso più posato che corsivo. I vuoti – spaziatura, interlinea, margini – prevalgono sui pieni.

## 6. *Cambiamento e ambiguità: qualche cenno conclusivo*

È tempo di proporre alcune considerazioni conclusive. Il ventaglio delle fonti considerate, cui non abbiamo potuto che dedicare una troppo rapida attenzione, ci ha presentato un panorama di molteplici scritture, processi e intersezioni. Gli ibridismi grafici e la coesistenza di abitudini, matrici, attitudini scrittorie diverse e stratificate nel tempo e diversificate nelle funzioni disegnano un atlante di indizi e di dati. Per tornare dunque a Parkes, se mutamento c'è stato nei segni, di che mutamento i segni sono testimoni?

Nonostante la varietà dei casi, mi pare si possano delineare due tendenze sufficientemente marcate da rivelarsi non episodiche, e possibilmente generalizzabili. La prima riguarda il processo di *corsivizzazione* delle scritture pubbliche e dei carteggi: come era probabilmente scontato, esiste un'evoluzione del sistema grafico mantovano nel suo complesso verso una decisa corsivizzazione. Attraverso i diversi registri e le missive assistiamo cioè a un mutamento, articolato in una percepibile cronologia, che vede una progressiva adozione di forme sempre più corsive nelle diverse tipologie di cancelleresca in uso. Tale mutamento progressivo conosce un'accelerazione decisa nei decenni 1450-1470, enfatizzata forse dal riaffiorare quantitativo di serie importanti come i copialettere e i carteggi, per consolidarsi poi alla fine del secolo.

Assodato questo, emerge però anche a mio parere una tendenza più articolata determinata dall'interagire dei diversi elementi significativi del quadro, in particolare le diverse forme grafiche, le nuove tipologie documentarie, la costruzione di un sistema documentario funzionale e integrato. La *corsività* – vale a dire, il tasso di velocità di esecuzione e la generalizzazione di una scrittura legata dal basso, in cui le lettere sono costruite in pochi tratti fluidi – delle diverse scritture viene influenzata dalla loro forma grafica: la cancelleresca tardo-trecentesca a base gotica è poco corsiva, proprio come lo ridiventano la tarda umanistica e qualche parte delle sue derivazioni italiche, laddove l'ibrido cancelleresco-umanistico del pieno Quattrocento lo è molto di più. La corsività viene poi condizionata dalla marcata sperimentazione tipologica (il moltiplicarsi dei diversi tipi di scritti, e il loro vertiginoso aumento quantitativo) come anche dalla necessità di dare a un complesso di documenti pubblici di diversa natura in progressione geometrica un ordine interno ai singoli testi, e insieme un ordine complessivo, sistematico, referenziale. La metà del Quattrocento è il momento in cui, con maggiore intensità, coabitano forme grafiche diverse – e quindi vediamo, in un fascio di lettere o in una carta di un libro di patenti, tassi diversissimi fra loro di corsività – e in cui questo sistema documentario composto di registri e di missive si mette, anche tumultuosamente, in opera. Verso la fine del secolo, questa "furia" scrittoria si placa e si normalizza: si continua a scrivere moltissimo, ma l'elaborazione di forme grafiche e documentarie ha raggiunto un certo qual livello di fissazione. Se fra le missive la coabitazione di scritture diverse continua, nei registri una patina di normalizzazione grafica porta a un uso controllato della corsiva italica, asciutta ed elegante, d'effetto grafico più posato.[49]

49. In questo senso, mi pare, l'urgenza di una continuità di studi sull'evoluzione della corsiva che includa le scritture tardomedievali e moderne è fondamentale: lo sviluppo della corsività intesa come un'efficace tecnica delle legature è fenomeno che si compie in pieno nei secoli finali del medioevo e oltre. Si vedano per questo le considerazioni di Mastruzzo,

La cancelleria mantovana – e più in generale il mondo mantovano dei centri di scrittura a contatto con il potere pubblico – rappresenta un laboratorio peculiare per i suoi caratteri di ampiezza modesta e di ininterrotta continuità: le profonde trasformazioni culturali che riguardano laboratori intellettuali più vivaci le sono solo in parte note, come anche l'urgenza indotta sui tecnici della scrittura dalla necessità di governare domini più ampi, compositi e complessi di una città episcopale e della sua «spana de campagna», come diceva Gian Francesco Gonzaga nel 1442. Quanto ipotizzato nel caso mantovano va dunque contestualizzato e messo a confronto con altre realtà, diverse da molti punti di vista: le tendenze di fondo che emergono da questa prima indagine, peraltro, indicano una possibile cronologia del mutamento, e la indicano con sufficiente articolazione per essere plausibile.

Ductus, p. 450, che riprende da Poulle (da ultimo Poulle, *Une histoire de l'écriture*) la sottolineatura di una prospettiva di lungo termine che va dalle corsive tardo romane alla carolina delle origini e alle scritture documentarie di buona parte del basso medioevo.

# 7. Epistolarità femminile nel Trecento

## 1. Quemadmodum bonus pater familias

Nel novembre 1399, Cabrino Tedoldi scriveva da Mantova a Galeazzo Buzoni, referendario di Francesco Gonzaga, signore della città, in quel momento a Venezia per conto del Gonzaga, che «ad negozia rurallia consors vestra prudens ac valens agit et procedit quemadmodum bonus pater familia». Galeazzo poteva dunque vegliare tranquillamente sugli affari del suo signore, mentre a casa, sua moglie e i suoi amici vegliavano sui suoi.[1] Si tratta di una frase significativa: si riconoscono a Iva Buzoni le competenze di un buon *pater familias*, e – all'occasione – il suo ruolo. Queste competenze e questo ruolo sono testimoniati dall'insolita quantità di lettere che Iva, toscana d'origine e sorella di Guido de Beziis, vescovo di Mantova tra il 1367 e il 1386, scriveva al marito sia in latino, sia in volgare: fra le circa 180 lettere private indirizzate a Galeazzo tra l'ottobre 1398 e il dicembre 1399 che si sono conservate negli archivi della cancelleria mantovana, 13 sono di Iva.[2]

Torneremo su questa corrispondenza: per il momento, ci serve per aprire e presentare quel che interessa qui, vale a dire l'esistenza, nel Trecento, di una scrittura epistolare femminile che non definiremo diffusa, nella povertà delle fonti superstiti, ma che in ogni caso – laddove esistono le fonti – possiamo definire come presente e significativa, dall'andamento

1. ASMn, AG, b. 2389, l. 185, Cabrino Tedoldi a Galeazzo Buzoni, Mantova, 12 novembre [1399].

2. Lazzarini, *Comunicazione epistolare*.

di fatto regolare. Questa familiarità con la lettera è legata al ruolo delle donne all'interno e all'esterno del circuito familiare e questo non solo fra le madri, le mogli, le sorelle, le figlie dei signori trecenteschi, ma anche a vari gradi della società politica dell'Italia centro-settentrionale.[3]

La scrittura epistolare femminile nel *milieu* delle corti signorili e principesche dell'Italia del Quattrocento è ben nota: tanto le reti clientelari per lettera delle duchesse di Milano, di Ferrara, di Urbino o delle marchese di Mantova,[4] che le corrispondenze cosiddette "familiari" (pedagogiche o dinastiche) sono state recentemente ben studiate.[5] Analogamente, la crescente attitudine epistolare delle aristocratiche – e l'attenzione più decisa alla conservazione degli archivi familiari – a partire dall'inizio del Cinquecento in Italia, ma anche in Europa, non sono più un mistero.[6] Qualche indizio, tuttavia, permette di supporre che la familiarità delle donne con la scrittura epistolare cominci prima, e non soltanto nelle società mercantili – che hanno, già nel Trecento, la penna in mano –[7] ma anche nelle società signorili, nelle *domus* o meglio nelle corti dei signori che diventeranno i principi dell'Italia del Rinascimento: nei luoghi centrali dunque di una società politica dove i signori non sono né re, né principi, ma provengono da una regione sociale aristocratica e urbana in corso di definizione, in cui i limiti verso il basso sono ancora fluidi e la mobilità sociale e dinastica è molto forte.[8]

Fine di questo saggio è dunque esplorare sistematicamente la ricchezza delle fonti conservate nell'archivio di Mantova alla ricerca di tutte le testimonianze di scrittura epistolare femminile (da donna a donna, ma anche da donna a uomo e viceversa) nel Trecento. Queste corrispondenze

3. Sulla diffusione delle lettere nel medioevo, si veda almeno Petrucci, *Scrivere lettere*; sulle lettere femminili in Italia, si veda *Per lettera*; Nico Ottaviani, *«Me son missa»*; Miglio, *Governare l'alfabeto*.

4. *Donne di potere*; Covini, *Donne, emozioni e potere*.

5. Shemek, *"Ci Ci" and "Pa Pa"*; Antenhofer, *Briefe zwischen Süd und Nord*; Ferrari, *Un'educazione sentimentale*; Lazzarini, *Un dialogo fra principi*; James, *Marriage by Correspondence*; Ferrari, Lazzarini, Piseri, *Autografie dell'età minore*; Lazzarini, *Epistolarità dinastica*.

6. *Per lettera*; Daybell, *Women Letter-Writers*.

7. Balestracci, *Cilastro che sapeva leggere*; per un esempio, si veda *Le lettere di Margherita Datini*.

8. Zorzi, *Le signorie cittadine*; *Signorie cittadine nell'Italia comunale*; *Signorie cittadine e modelli monarchici*; *Le signorie cittadine in Toscana*; Crouzet Pavan, Maire Vigueur, *Décapitées*.

giungono da un vasto spettro di corti e di città italiane e restituiscono un quadro significativo – sia geopolitico, sia sociale – di occorrenze, soprattutto a partire dalla metà del Trecento. Se le lettere tra donne sono rare, le lettere indirizzate da donne a uomini – familiari, ma anche politiche o di contenuto economico o di *patronage* – sono più frequenti. Infine, le lettere indirizzate a donne dai signori e dagli uomini politici, o che parlano di esse, a loro volta testimoniano dell'esistenza di reti epistolari regolari e significative anche laddove le lettere femminili non sono sopravvissute. Queste reti e queste testimonianze ci permettono di aggiungere la società politica signorile ai contesti già noti di scrittura epistolare femminile nell'Italia del Trecento, ma anche di restituire a queste donne una voce nello spazio familiare, dinastico, politico e sociale del loro tempo.

## 2. *Fonti e contesto*

Presento qui i risultati di una prima inchiesta condotta sulle serie dell'archivio Gonzaga di Mantova, che sono stati scelti a causa della loro ricchezza di fonti epistolari trecentesche. Ho visionato tutte le serie con materiali trecenteschi tanto in provenienza dall'esterno della città e dalla signoria, quanto all'interno, vale a dire la *Corrispondenza estera* (serie E) e l'insieme della *Corrispondenza interna* (serie F).[9] È necessario soffermarci un istante su queste fonti. Abbiamo ragione di credere che le lettere indirizzate ai signori, poi marchesi e duchi di Mantova fossero nel Tre-Quattrocento conservate nelle sale della cancelleria in un ordine prima di tutto cronologico. Una prima distinzione fra quelle che arrivavano dal di fuori della signoria e quelle che erano destinate a una circolazione interna inizia ad apparire nella seconda metà del Quattrocento: è allora che si può immaginare che le lettere "sovrane" dei re e dei principi abbiano ricevuto un trattamento particolare nella massa di lettere in arrivo da fuori, soprattutto se erano legate a negoziati particolarmente significativi (paci, alleanze – anche dinastiche, vale a dire matrimoni – e condotte militari). Un secolo più tardi, nel 1582, il duca Guglielmo affida al giurista Francesco Borsato il compito di riordinare l'archivio *magno*: Borsato passa allora a pettine fitto gli enormi depositi delle lettere ricevute in cancelleria, ordinandole per potere mittente (e all'interno dei gruppi per mittente, secondo il vecchio

9. Luzio, *L'Archivio Gonzaga di Mantova*.

ordine cronologico) e dunque separando le lettere interne da tutte le altre. Una terza grande fase di riordino degli archivi dei Gonzaga si compie alla fine del Settecento, allorché il prefetto degli archivi Giovan Battista Baretti divide ulteriormente ogni gruppo di lettere esterne nelle tre sottoserie in cui si trovano organizzate ancora oggi: le lettere inviate dai governi e dai sovrani (*Signori/principi/reggimenti*) e quelle inviate dagli ambasciatori e da tutti e tutte coloro che scrivevano ai Gonzaga (*Inviati e diversi*), precedute dalle istruzioni agli ambasciatori (*Istruzioni agli inviati*). Questi stessi anni hanno visto la rottura del legame originario fra le diverse forme delle lettere interne: le lettere sono state separate dalle minute e dalle cosiddette *Lettere originali dei Gonzaga* (la corrispondenza scambiata fra i membri della dinastia dominante); infine, nell'Ottocento, vengono create le serie – totalmente artificiali – degli autografi.[10]

Questo lungo discorso è necessario per spiegare le contraddizioni delle nostre fonti. Sono state passate al setaccio le serie provenienti da trentatré città o luoghi diversi (italiani, ma anche imperiali ed europei, come la Francia: di fatto, tutte quelle che contengono materiale trecentesco), cui si sono aggiunte le lettere da Mantova e dai paesi della signoria gonzaghesca, le minute e le lettere originali dei Gonzaga.[11] Questo sulla carta: in realtà, in queste buste la divisione fra luoghi e fra tipologie documentarie diverse – distinzione tardiva – è tutto meno che coerente. Nelle serie "milanesi" si trovano lettere provenienti da Pavia, ma non da Cremona o da Brescia, che hanno diritto a una serie autonoma; nell'enorme massa della corrispondenza da Roma si trovano decine di lettere delle piccole signorie romagnole, che pure hanno diritto a serie autonome (Rimini, Ravenna, Forlì). Fra le *Minute* si trovano tanto le minute delle lettere inviate dai Gonzaga, quanto le copie delle lettere arrivate in cancelleria dall'esterno, in prevalenza di tema politico.[12] A questo difficile adattamento di materiali antichi a serie archivistiche moderne create sulla base di una concezione del potere e delle relazioni internazionali diversa da quella originaria e su di una geografia politica ben più tarda, occorre aggiungere due problemi legati più propriamente alle corrispondenze del Trecento. Il primo è tipologico:

10. Torelli, *L'Archivio Gonzaga*; si veda qui il capitolo 10.

11. Luzio, *L'Archivio Gonzaga di Mantova*, pp. 76-221 (carteggio estero); pp. 47-52 (lettere originali dei Gonzaga); pp. 60-66 (minute); pp. 67-71 (corrispondenza da Mantova e Paesi).

12. Questa distribuzione irregolare obbliga a un controllo capillare di tutte le buste per ricostruire la corrispondenza di uno o una scrivente.

nelle buste delle *lettere*, modellate su di un'idea di corrispondenza officiale nata nel Rinascimento maturo, hanno trovato posto numerosi testi che non hanno necessariamente la natura di una lettera (note, liste, conti). In secondo luogo, per una buona parte del Trecento, le lettere vere e proprie non hanno che la data del giorno e del mese: si può contare su di una datazione più precisa a partire dagli anni Sessanta del Trecento, allorché l'uso di specificare l'anno si diffonde al punto che datare tutte le lettere (anche le poche ancora senza anno, ma in serie con le altre) diventa più semplice. Questa peculiarità ha l'effetto di mettere un'enfasi particolare per gli studiosi sulle corrispondenze successive agli anni Sessanta. Questi anni sono in effetti un periodo cruciale per la definizione del potere signorile dei Gonzaga: grazie alla morte più o meno accidentale di un certo numero di signori (Ugolino di Guido, 1366; Guido di Luigi, 1369; Francesco di Guido, 1370), Ludovico Gonzaga, terzo capitano della città, rimane solo al potere e inaugura la serie ininterrotta di signori, poi principi, di quel che diventa il ramo centrale della dinastia.[13] Ciò detto, occorre anche aggiungere che se negli anni di Ludovico (1360-1380) si assiste a una crescita inedita di testimonianze e della loro conservazione, non si tratta dell'inizio di un processo lineare: dopo la morte di Ludovico, gli anni 1382-1398 vedono una diminuzione drastica delle lettere e se si può supporre che la minorità dell'erede Francesco abbia rallentato le comunicazioni epistolari, occorre anche pensare a perdite documentarie accidentali. Quando si arriva alla fine del Trecento, infatti, le lettere di colpo si moltiplicano (e dunque non è azzardato ipotizzare una massiccia perdita intorno agli anni Novanta del Trecento) per scomparire di nuovo tra gli anni 1400 e 1440 circa (seconda perdita seria).[14]

Un'ultima precisazione è necessaria: non si tratterà qui di fare una storia – per quanto breve – delle corrispondenze gonzaghesche nel Trecento. Si utilizzeranno piuttosto, naturalmente in modo avvertito, gli archivi mantovani come deposito (oggi particolarmente ricco rispetto alle signorie confinanti) di fonti epistolari trecentesche. Non occorre dunque pensare che la relativa abbondanza di lettere femminili che troviamo a Mantova sia legata a un carattere particolare della signoria gonzaghesca. Non vedo infatti alcuna ragione per credere che gli archivi delle città e delle signorie vicine e contemporanee fossero diversi: la loro attuale povertà documentaria dipende

13. Vaini, *Ricerche gonzaghesche*; Lazzarini, *Un "bastione de mezo"*.
14. Lazzarini, *Pratiques d'écriture*.

da ragioni di conservazione e di perdite posteriori, piuttosto che da assenze originarie. Questa prima indagine dunque si pone come una esplorazione nella scrittura epistolare femminile dell'epoca: una ricerca sui suoi caratteri, il suo ruolo, il suo significato in mezzo all'epistolarità maschile predominante, come anche sui criteri, le ragioni e le logiche della sua conservazione.

## 3. *Quantità e qualità*

È venuto il momento di qualche dato quantitativo e di qualche considerazione qualitativa. Su circa 7.000 lettere trecentesche (raccolte a Mantova, come si diceva, da trentaquattro città e domini), 298 sono scritte da donne (per la precisione, da 39 donne).[15] Una metà circa di esse sono scritte da una donna e indirizzate a una donna e la maggioranza è diretta a qualcuno o qualcuna legato/a alla scrivente da rapporti dinastici, anche se il caso di lettere femminili indirizzate a uomini al di fuori della cerchia familiare (officiali, clienti, fedeli) non è raro. A queste quasi 300 lettere occorre aggiungere circa altrettante missive indirizzate da un uomo a una donna.

I luoghi più ricchi di corrispondenza femminile con i Gonzaga sono ovviamente le sedi delle signorie più vicine a Mantova, con cui i signori mantovani hanno rapporti dinastici, politici e culturali abituali e significativi;[16] d'altro canto, però, si trovano a volte piccoli gruppi di lettere che arrivano da più lontano, anche se pur sempre legati a una logica dinastica (per esempio, dai principati imperiali).[17] Nulla da Firenze, nulla da Venezia: anche questo non deve sorprendere, considerata la politica endogamica delle due città (ma altro discorso si può fare per Genova, ci torneremo).

15. Va da sé che le cifre possono aumentare in caso di ulteriori ritrovamenti archivistici.

16. Un caso assai rappresentativo è Ferrara (ASMn, AG, b. 1180): fra le 300 lettere circa della corrispondenza dei signori di casa d'Este con i Gonzaga, 24 sono scritte da donne; a queste si possono aggiungere 4 lettere inviate a una donna da un uomo, come le 5 lettere di donne ferraresi, ma non estensi che sono rimaste (sugli Este, si veda alla n. 31). Un altro caso interessante è rappresentato dalla signoria dei Malatesta a Rimini (ASMn, AG, b. 1080): su 34 lettere totali, 6 sono scritte da donne (di cui 3 da una donna a un'altra). Occorre anche sottolineare che qualche lettera delle signore dei Malatesta è stata scritta dalla regione bolognese – ed è stata quindi conservata in ASMn, AG, b. 1140 (*Inviati e diversi*, Bologna) e 839 (*Inviati e diversi*, Roma). Sui Malatesta, rimane fondamentale Jones, *The Malatesta*.

17. Si veda: ASMn, AG, 511 (*Duchi d'Austria*), 514 (*Principi elettori*), 544 (*Innsbruck*).

Tra queste 39 donne, 9 non sono legate per matrimonio a dei signori: fra loro troviamo però qualche figlia naturale (come Donnina Visconti, figlia di Bernabò e moglie di John Hawkwood, o Agostina Gonzaga, figlia di Ludovico e sposa del giurista bolognese Alberto Galluzzi),[18] anche se la maggioranza è costituita da donne che, di famiglia aristocratica ma non signorile, sono le mogli dei cadetti, dei capitani, dei nobili della pianura padana, degli officiali e dei magistrati papali, degli aristocratici della regione fra Verona e Padova o della Val d'Adige. Talvolta le troviamo al servizio delle loro signore, talvolta agiscono a nome proprio. Il caso eccezionale del carteggio Buzoni ci mostra le mogli e le figlie dell'*élite* politica di una signoria: come le loro signore, sapevano utilizzare la lettera come strumento regolare di comunicazione con i loro padri e le loro madri, gli sposi, i fratelli, le sorelle, i figli e le figlie.

Il quadro è abbastanza ampio e dettagliato da offrire molti dati su cui riflettere: la quantità di queste testimonianze non è enorme, ma la qualità è significativa.

## 4. *Scrivere di mano propria, scrivere in volgare*

Prima di entrare nel dettaglio delle diverse tipologie di corrispondenza e di scrivente, occorre fermarsi un momento su altri due elementi del quadro.

La familiarità con la lettera in quanto mezzo di comunicazione più o meno regolare si esprime di fatto non solo con il ricorso al suo uso grazie all'intermediazione di un cancelliere, ma anche grazie alla scrittura di mano propria, che manifesta un livello di alfabetizzazione abbastanza avanzato da permettere l'espressione diretta della volontà di scrivere.[19] La questione è complessa: nel Quattrocento, ai livelli più elevati della società principesca, le figlie seguivano un processo formativo molto simile a quello dei fratelli e dunque erano perfettamente capaci di scrivere in volgare e spesso in latino. Allorché divenivano adulte ed entravano in una fase di

18. Su Donnina e John Hawkwood, si veda alla n. 41; per Alberto Galluzzi e Agostina Gonzaga, si veda la voce di Giorgio Tamba dei DBI, *Galluzzi, Alberto*.

19. A proposito dell'autografia delle *élites*, non c'è molto per il Quattrocento: si vedano Montuori, Senatore, *Discorsi riportati*, e qui il capitolo 5; per l'educazione alla scrittura dei figli e delle figlie dei principi, Ferrari, Lazzarini, Piseri, *Autografie dell'età minore*. Per il Trecento, la relativa povertà di studi sull'autografia dei signori si trasforma in un vuoto quasi-totale.

scrittura regolare di lettere tanto all'interno della rete dinastica, quanto per governare, tuttavia, si servivano di professionisti della scrittura del potere, vale a dire di cancellieri.[20] Non sappiamo al contrario molto dei processi educativi delle donne nelle corti signorili del Trecento e, nella relativa scarsità di lettere in generale, le loro testimonianze di scrittura personale sono ancora più rare. C'è tuttavia qualche situazione in cui si vedono non solo le figlie dei signori, ma anche le donne delle *élites* prendere la penna in mano: si tratta di solito di scritture interne alla cerchia dinastica e familiare, in cui l'espressione di una familiarità esplicita fra generazioni o tra sposi si combina a una necessità meno forte di formalizzazione e di apparenza; oppure in qualche caso si tratta di una propensione – forse persino un piacere – personale.[21]

Fra le lettere dell'archivio di Mantova, vi è qualche caso di scrittura pressoché regolare di mano propria: negli anni Settanta-Ottanta del Trecento, si tratta di Tora (Teodora), figlia di Ugolino Gonzaga e di Emilia di Bonifacio della Gherardesca e sposa di Paolo da Montefeltro (che scrive 17 lettere, di cui 6 di mano propria) e per la fine del secolo di Elisabetta, figlia di Ludovico Gonzaga e di Alda d'Este, e sposa di Carlo Malatesta (che scrive 12 lettere tra gli anni 1390 e 1399, di cui 5 di mano propria).[22] Se Elisabetta Gonzaga Malatesta (e la cognata Margherita Malatesta Gonzaga), come la zia Tora, sapevano scrivere, altre in questo gruppo di figlie e spose di signori non lo sapevano fare: Francesco Gonzaga raccomanda nel 1393 a sua zia Margherita (della stessa generazione dunque di Tora), figlia di Guido Gonzaga e vedova di Jacopino da Carrara signore di Padova, rientrata a Mantova dopo la morte del marito e di fatto una madre per i nipoti Francesco ed Elisabetta dopo la morte di Alda nel 1381, di dare la sua lettera «a la vostra femena chi sa lezere ala quale fatevella lezere e ordinatelli che tegna questo secreto apresso d'ela».[23] In gene-

20. Si veda la bibliografia alla nota precedente.

21. Stessa povertà di studi specifici sull'educazione delle *élites* nel Trecento: in generale, si veda Black, *Humanism*; per Mantova, varie informazioni sulla cultura delle *élites* urbane in Canova, *Dispersioni*: ma la ricerca di Canova parte dai manoscritti letterari, non dalle lettere.

22. Bravetti Magnoni, *Elisabetta Gonzaga*.

23. Francesco Gonzaga a Margherita Gonzaga da Carrara, Mantova, 17 giugno 1393, ASMn, AG, b. 2093, l. 136. È interessante sottolineare che se Margherita, di famiglia signorile, non sa leggere, una delle sue dame – che resta malauguratamente ignota – al contrario lo sa fare.

rale, negli anni Novanta il quadro dell'alfabetizzazione femminile delle *élites* sembra più chiaro: guardando alla corrispondenza Buzoni, se Iva, la moglie di Galeazzo, si serve soprattutto di un cancelliere, la figlia Bartolomea scrive abitualmente al padre di mano propria. La sua scrittura ai nostri occhi non è né troppo sicura, né troppo chiara, ma evidentemente Bartolomea non prova alcun bisogno di servirsi di un cancelliere (e non si tratta del fatto che non possa permettersene uno: era sposata a Francesco di Marsilio Gonzaga).[24]

Il secondo elemento interessante (per quanto prevedibile) è che la scrittura autografa femminile è sempre in volgare. Queste donne conoscono probabilmente il latino; le spose dei signori hanno quotidianamente a che fare con lettere e atti in latino. Dispongono, naturalmente, di cancellieri e notai che possono, se necessario, tradurre loro i testi, ma l'impressione è che il latino – o almeno il latino medievale del governo e della legge – sia una lingua familiare per loro. Tuttavia, salvo qualche rara eccezione, queste donne non erano in senso pieno *literate*: non erano abbastanza familiari con la *gramatica*, il latino, per sentirsi a loro agio nello scriverlo di mano propria.[25] Si tratta qui di un fenomeno tutt'altro che solo femminile: eccezion fatta ovviamente per i professionisti della scrittura o per gli intellettuali, una buona parte degli uomini che scrivono di mano propria (aristocratici, capitani militari, mercanti) scrivono abitualmente in volgare. Il fenomeno tuttavia è generalizzato fra le donne: allo stato attuale della ricerca, nessuna delle 19 lettere probabilmente autografe di donne che ho trovato è in latino. Il contrario non è sempre vero: le donne dettano ai loro cancellieri lettere che questi scrivono anche in volgare. Va rimarcato peraltro che le lettere "di governo" scritte fra quante, delle nostre donne, rivestono un ruolo pubblico, sono pressoché tutte in latino, secondo un uso generale che non inizia a scomparire che alla fine del Trecento.

24. ASMn, AG, b. 2389: ci torneremo. Sulla famiglia Buzoni, si vedano anche Borgogno, *Studi linguistici*, e Vaini, *Ricerche gonzaghesche*, pp. 173-179.

25. Ciò detto, un interesse crescente inizia a circolare intorno ai percorsi di qualche donna dell'aristocrazia settentrionale dalla precoce educazione umanistica, come Maddalena, figlia di Ugolino Scrovegni e Lucia di Pietro Rossi, sposa di Francesco di Giovanni Manfredi (sulla quale si veda King, *Goddess and Captive*, e da ultimo Simonetti, *Scrovegni, Maddalena*) e la veronese Angela Nogarola (di una generazione precedente delle più note sorelle Isotta e Ginevra, rinomate umaniste del Quattrocento), sulla quale si veda Piacentini, *Un'egloga viscontea*, e Id., *L'egloga*. Si veda poi in generale King, *Women and Learning*. Ringrazio Carla Maria Monti per queste informazioni.

## 5. *Le spose dei signori: fra famiglia, dinastia e potere*

La maggior parte delle lettere femminili conservate in archivio a Mantova sono scritte da e per le spose, figlie, sorelle, vedove, madri dei signori della pianura padana: Gonzaga, Visconti, Este, della Scala, da Carrara. Donne dunque di potere: anche donne al potere, soprattutto verso la fine del secolo.

È necessario a questo punto premettere tre considerazioni. La prima riguarda gli incroci, talora parossistici, dei legami dinastici: le famiglie aristocratiche e signorili (nate tanto da antiche signorie territoriali, quanto dalla più recente eminenza urbana) sono tutte intrecciate fra loro. Tra l'altro, l'omonimia è così diffusa che talora risulta difficile identificare esattamente quelli e quelle di cui parliamo.[26] I circuiti di corrispondenza femminile dunque costruiscono, mantengono e testimoniano l'esistenza di *clusters* di uomini e di donne strettamente legati sia orizzontalmente (in rapporto alle generazioni), sia verticalmente (in rapporto alla discendenza). Soprattutto al livello più alto dunque, non rimane che raramente la corrispondenza di una sola donna: attorno a una donna eminente – la sposa del signore – si snoda tutta una costellazione di donne più giovani, coetanee e più anziane che sono legate a lei da parentela (nuore, cognate, sorelle, zie, zie vedove rientrate in famiglia) che, nelle loro lettere, intessono una minuta e fitta rete di legami dinastici che comprendono anche gli uomini, al tempo stesso protettori e protetti.

Il secondo elemento riguarda la natura di questa *élite* signorile: apparentemente composta da un gruppo limitato di lignaggi, in realtà non lo è ancora. In rapporto allo scenario quattrocentesco, la selezione brutale delle famiglie dell'*élite* dell'Italia post-comunale che produrrà le dinastie dei principi del Rinascimento non si è ancora verificata. I giuochi sono ancora aperti: tra i Visconti o i Gonzaga d'un lato, e gli Alidosi, gli Ordelaffi, i Castelbarco, o Pico della Mirandola, i da Correggio dall'altro non si apre ancora il baratro determinato dal controllo definitivo di una o più città.[27]

26. Per una recente ricostruzione attenta ai legami fra le famiglie maggiori, si veda Crouzet Pavan, Maire Vigueur, *Décapitées* (ma persino un libro dedicato a tre donne come questo non ha, ed è strano, che gli alberi genealogici semplificati di Este, Visconti, Gonzaga e Malatesta, che non tengono conto che degli uomini, pp. 400-401). In generale, occorre ancora ricorrere, con la debita prudenza, ai *dossiers* di Pompeo Litta (Litta, *Famiglie*), soprattutto per le famiglie meno celebri.

27. Per un quadro d'insieme di qualcuna di queste costellazioni signorili, si veda per la Romagna Larner, *The Lords of Romagna*, e, per la pianura padana, Chittolini, *La formazione*.

E dunque, dal punto di vista dinastico, questi grandi lignaggi si mescolano tra loro molto più di quanto avrebbero fatto il secolo successivo. Il processo di definizione dinastica e di differenziazione di rango fra i signori/principi e gli aristocratici/signori è ancora incompiuto. Il risultato è che fra le donne che scrivono, manifestando e consolidando in questo modo i legami di sangue, di solidarietà e di interessi, troviamo a volte figure da cui non ci aspetteremmo una *agency* epistolare così chiara. Un esempio fra i tanti possibili: negli anni 1360-1380 tre donne scrivono a Mantova da qualche castello nella Val d'Adige. Si tratta di Orsolina da Correggio, moglie del conte Antonio d'Arco, di Tommasina di Luigi I Gonzaga, moglie e poi vedova del conte Guglielmo II da Castelbarco, e di Margherita da Castelbarco, vedova del *miles* Azzo degli Alidosi. Si tratta di 7 lettere (su di un totale di 61 scritte dai d'Arco/Castelbarco al Gonzaga nel Trecento), quindi una proporzione non trascurabile, che ci rivelano una intera rete parentale tra d'un lato gli aristocratici della Val d'Adige e dall'altro i minori signori di Romagna (Alidosi, ma anche Ordelaffi, come sappiamo da una lettera di Tommasina), che passa per un nodo mantovano, Tommasina.[28] Infine, l'eco, lontana ma continua, della guerra dei Cent'Anni e la presenza nella pianura padana di compagnie inglesi, scozzesi, imperiali, bretoni, francesi,[29] combinata alla necessità di mantenere un canale di comunicazione con la curia romana ad Avignone, allarga il ventaglio dei matrimoni possibili Oltralpe (celebri sono i matrimoni delle figlie di Bernabò Visconti), e le nostre corrispondenze ne testimoniano con una certa ricchezza.

### 5.1. *Le reti signorili*

Detto ciò, vediamo in dettaglio queste reti attive negli anni 1370-1380 analizzandone due.

28. ASMn, AG, b. 1413 (*D'Arco, Castelbarco e Castelnovo, signori*): Orsolina (lettera n. 7 [Arco, 1 maggio 1366], a Ludovico e Francesco Gonzaga); Tommasina (lettere n. 8 [Arco, 1 marzo 1366] a Guido Gonzaga – suo fratello; n. 11 [stessa data e luogo] a Ludovico e Francesco Gonzaga; n. 29 [Arco, 12 aprile 1370] a Ludovico Gonzaga; n. 37 [Arco, 20 settembre 1373] a Ludovico Gonzaga; n. 47 [Arco, 22 agosto 1374] a Ludovico Gonzaga); Margherita (lettera n. 76 [Castelbarco, 20 novembre 1382] a Francesco Gonzaga). Sui rapporti fra Bonacolsi, Gonzaga, della Scala e i lignaggi della Val d'Adige, si veda *Gli Scaligeri*, *ad indicem*.

29. Caferro, *John Hawkwood*.

a. *Alda d'Este Gonzaga*

La prima rete si attiva attorno ad Alda d'Este, moglie di Ludovico, figlio di Guido di Luigi I Gonzaga. Ludovico appartiene alla terza generazione di Gonzaga al potere ed è il primo che, grazie all'assassinio dei suoi due fratelli Ugolino e Francesco e alla scomparsa più o meno naturale degli eredi degli altri figli di suo nonno Luigi, Filippino e Feltrino, si trova nel 1370 solo signore della città di Mantova.[30] Alda, dal canto suo, è figlia di Obizzo d'Aldovrandino d'Este, uno dei marchesi d'Este che erano signori di Ferrara e, in modo intermittente, delle città vicine di Modena e di Reggio.[31] Soffermarci sul dettaglio degli incroci dinastici, per quanto possibile, è un rompicapo: basti tenere in conto il fatto che Este e Gonzaga a metà Trecento si legano più volte e su più generazioni con i signori di Verona (della Scala), Pisa (Donoratico), Milano (Visconti), Ravenna (da Polenta), Rimini (Malatesta), Padova (da Carrara), Correggio (da Correggio), Treviso (da Camino) con legami diretti, vale a dire senza contare tutte le derivazioni che giungono dalle reti matrimoniali proprie di ciascun lignaggio (da cui escono, per esempio, i genovesi Fieschi, i d'Arco, i principi tedeschi o sabaudi). È tuttavia utile fermarci un istante a questo punto sugli alberi genealogici dei soli Este e Gonzaga: Guido ha tre figli legittimi (Ugolino, Francesco e Ludovico) e tre figlie (Margherita, Beatrice e Tommasina). Ugolino sposa prima Verde d'Alboino della Scala (Verona), poi Emilia di Bonifacio da Donoratico (signore di Pisa) e infine Caterina di Matteo Visconti e Gigliola di Filippino Gonzaga (Milano); Francesco sposa Lete da Polenta (Ravenna), figlia a sua volta di Guido da Polenta e di Alixia di Obizzo d'Este; Ludovico sposa Alda d'Obizzo d'Este. Quanto alle figlie di Guido, Margherita sposa Jacopino da Carrara (Padova); Beatrice si unisce con Niccolò d'Aldovrandino d'Este (il fratello di Obizzo) e Tommasina con Azzo da Correggio (torneremo su di lei). Per riassumere, Ludovico Gonzaga e sua sorella Beatrice sposano due Este di generazioni diverse, Niccolò e sua nipote Alda; Francesco, il terzo fratello Gonzaga, sposa la nipote di Alda dal lato da Polenta, vale a dire la figlia di sua sorella Alixia (allorché una zia con lo stesso nome aveva sposato prima l'ultimo signore

30. Si vedano i testi alla n. 13: su Ludovico, si veda anche Lazzarini, *Gonzaga, Ludovico*.

31. Sugli Este nel Trecento, si vedano Castagnetti, *Società e politica*; Dean, *Land and Power*. Per i rapporti dinastici, si veda Litta, *Famiglie*, fasc. 26 (1832) e le voci del DBI: in particolare, per Obizzo III, si veda Bertolini, *Este, d', Obizzo*.

di Mantova di casa Bonacolsi, Rinaldo detto Passerino). E tutto ciò senza contare tutte le derivazioni, per esempio quelle legate agli Scaligeri.

Il ruolo di Alda in seno alla signoria dei Gonzaga è importante: ella diviene un terminale di potere in rapporto a Ferrara e a tutta la rete mobilizzata dagli Este.[32] A Mantova, ovviamente, non restano che pochissime lettere di Alda,[33] ma le lettere indirizzate a lei testimoniano della più che probabile regolarità della sua attività epistolare. La corrispondenza in entrata da Ferrara conserva infatti le lettere che i suoi fratelli Ugo, Francesco e Alberto, e suo cugino Rinaldo (figlio di suo zio Niccolò) scrivono ad Alda, mandandole i loro auguri, qualche notizia politica, qualche raccomandazione per i loro clienti e fedeli, o delle richieste a proposito di questioni di confini.[34] Restano anche le lettere delle spose dei fratelli estensi: Verde figlia di Mastino della Scala – e dunque sorella della famosa Beatrice detta Regina della Scala, sposa del potente Bernabò Visconti – e moglie di Niccolò II, che scrive 17 lettere, per lo più in latino, ad Alda mandandole i suoi emissari, o dei doni, o delle richieste di beni di lusso; Costanza, figlia di Malatesta Ungaro dei signori di Rimini, e moglie di Ugo, che scrive sia a sua cognata, sia a Ludovico (in volgare).[35] Talvolta, fra queste corrispon-

32. Nella parte centrale di una lunga istruzione diplomatica scritta da Ludovico Gonzaga a Bertolino Capilupi, suo inviato a Milano presso Bernabò Visconti e Regina della Scala, il 20 giugno 1377, Ludovico ordina a Bertolino di raccontare a Bernabò i risultati di un viaggio di Alda a Ferrara per conto dei signori mantovani, ma su richiesta del fratello Niccolò («ob requisitionem iamdiu factam per dominum Marchionem [Niccolò] de domina Alda ipsa domina ivit Ferariam ad istam curiam»). Prima della partenza, Ludovico raccomanda alla moglie di parlare prima di tutto con Verde della Scala (moglie di Niccolò e sorella di Regina) e poi con lo stesso Niccolò per rafforzare l'amicizia fra le tre corti, già strettamente legate per i matrimoni incrociati. Il testo dell'istruzione ricapitola (riproducendo il dialogo fra le due donne) tutto lo scambio tra Alda e Verde che, sotto il linguaggio dell'affetto reciproco tra parenti, ha un contenuto strettamente diplomatico. Osio, *Documenti diplomatici*, I, doc. CXXXVIII, p. 190. Una lettera di Galeazzo Buzoni, senza indicazione dell'anno, ma scritta a Ludovico da Ferrara il 30 maggio (ASMn, AG, b. 1227, l. 431 [*Ferrara, inviati e diversi*]), parla a sua volta di una missione di Alda a Ferrara. Tale missione sembra essere la stessa di cui parla anche la sola lettera di Alda a Ludovico che ci sia rimasta (si veda sotto).

33. ASMn, AG, b. 2092: l. 328, Ferrara, Alda a Ludovico, 25 maggio (s.a. ma probabilmente 1377, si veda la nota precedente); la l. 36, firmata Alda e indirizzata a Margherita Malatesta Gonzaga, è in realtà di Alda figlia di Margherita e Francesco (e dunque assai più tarda).

34. ASMn, AG, b. 1180 (*Ferrara, signori*), 18 lettere in totale: ll. 88-90 (Ugo), 189-200 (Alberto), 217 (Rinaldo), 220, 224 (Francesco).

35. ASMn, AG, b. 1180 (*Ferrara, signori*), 20 lettere in totale: ll. 235-251 (Verde della Scala), 254-257 (Costanza). A queste vanno aggiunte le lettere indirizzate ad Alda da

denze dinastiche si trova anche qualche lettera delle estensi che rientrano a Ferrara dopo essere rimaste vedove, come Beatrice, sorella di Alda sposata a Waldemar, margravio di Anhalt e conte di Ceneda, o Verde, figlia di Aldovrandino II d'Obizzo d'Este e di Beatrice di Rizzardo da Camino (signore di Treviso), moglie del duca Conrad von Teck (e nipote di Alda per parte estense).[36] Una lettera di Alberto d'Este riassume questa fitta sociabilità dinastica, al femminile eppure tanto importante per l'intero lignaggio da doverne parlare fra uomini e donne. Il 23 ottobre di un anno non specificato (ma tra il 1366 e il 1369), Alberto racconta alla sorella Alda che Beatrice d'Este, Costanza Malatesta e Alixia da Polenta erano arrivate «a piazere», ospiti della "madre" Verde della Scala. Sorelle, cugine, cognate: Alberto le chiama tutte sorelle sue e di Alda, con la formula di rispetto che definisce sorelle tutte le parenti della stessa generazione della/o scrivente e madri tutte quelle della generazione precedente (biologica o gerarchica).[37] La lettera è molto veloce, non più di tre righe: ma ci rivela al tempo stesso una rete dinastica importante e un sistema di sociabilità cortigiana di cui le donne sono protagoniste, ma da cui tutto il lignaggio viene rafforzato.

C'è di più: non vi si fa qui che un'allusione, visto che ci torneremo. Le lettere da Ferrara ordinate come lettere di *inviati e diversi* conservano anche tre lettere di dame dell'aristocrazia padana indirizzate ad Alda in quanto marchesa d'Este per nascita e signora di Mantova per matrimonio: la rete dinastica si estende dunque alle dame delle corti legate da questi rapporti.

altre città: ASMn, AG, b. 839 (*Roma, inviati e diversi*), ll. 60, 100, 387 (Alixia d'Este da Polenta a Alda, sua sorella, de Ravenna); l. 156, 402 (Damisella Gonzaga Alidosi, figlia naturale di Luigi I Gonzaga, Imola); ASMn, AG, b. 1066 (*Pesaro e Urbino, signori*), ll. 25, 26 (Tora Gonzaga Montefeltro, da Urbino); ASMn, AG, b. 1140 (*Bologna, inviati e diversi*), l. 425 (Agostina Gonzaga Galluzzi, Bologna); ASMn, AG, b. 1313 (*Correggio, signori*), ll. 37, 62, 72 (Tommasina Gonzaga da Correggio: Tommasina scrive ad Alda anche da Guastalla, ASMn, AG, b. 1397, lettera non numerata, 25 aprile 1375, e da Parma, ASMn, AG, b. 1367, l. 150). Anche uomini esterni alle dinastie signorili scrivono ad Alda: ASMn, AG, b. 1227 (*Ferrara, inviati e diversi*), l. 359 (Niccolò Ariosti); ASMn, AG, b. 1288 (*Modena e Reggio, inviati e diversi*), ll. 156-157 (Giovanni Confalonieri, podestà di Modena); ASMn, AG, b. 1329 (*Mirandola, signori*), l. non numerata e senza anno, ma del 12 giugno (Spinetta Pico della Mirandola); ASMn, AG, b. 1430 (*Venezia, inviati*), l. 50 (Ziliolo Gonzaga); ASMn, AG, b. 1591 (*Padova, inviati e diversi*), l. 165 (Florimonte Brognoli). In totale sono 19 lettere.

36. ASMn, AG, b. 1180 (*Ferrara, signori*), tre lettere in totale: 228 (Beatrice), 231, 232 (Verde d'Este).

37. Alberto d'Este a Alda d'Este Gonzaga, Ferrara, 23 ottobre [1366-1369?], ASMn, AG, b. 1180, l. 197.

b. *Regina della Scala Visconti*

Milano e i Visconti rappresentano per Mantova un polo inevitabile: da Milano viene un continuo pericolo e dunque le alleanze dinastiche con i Visconti sono cruciali.[38] Per questo, Gonzaga e Visconti condividono una lunga storia di matrimoni incrociati: la figlia di Filippino di Luigi, Gigliola, aveva sposato Matteo Visconti (fratello di Galeazzo e di Bernabò) negli anni Quaranta; la loro sola figlia, Caterina, finisce per diventare nel 1358, dopo una pace umiliante con Bernabò Visconti, la terza moglie dell'inquieto Ugolino Gonzaga, primogenito di Guido di Luigi e suo cugino. Caterina non è solamente una Visconti: è anche l'erede – contestata – della madre Gigliola e soprattutto del nonno Filippino Gonzaga. Mettendo le mani su di lei, Ugolino diventa l'uomo forte della fratria gonzaghesca e del dominio sulla città originaria della dinastia, l'antagonista principale dello zio Feltrino, signore di Reggio, e l'alleato preferito di Bernabò.[39] Il suo assassinio nel 1362 non taglia però i ponti con Bernabò, la cui ombra si proietta sui Gonzaga sino alla sua morte, nel 1385. La moglie di Bernabò, Beatrice detta Regina, figlia di Mastino della Scala et di Taddea di Jacopo da Carrara (sposata nel 1350), è la figura centrale delle reti epistolari femminili milanesi sino alla sua morte, nel 1384, un anno prima dell'assassinio del marito.[40] Tra il 1369 e il 1383 indirizza verso Mantova 82 lettere, cui occorre aggiungere 2 mandati di cancelleria: si tratta di un numero senza paragone sino almeno alle lettere di Margherita Malatesta tra il 1398 e il 1399 (e pure Margherita era sola, incaricata del governo di Mantova durante il pellegrinaggio di Francesco in Terra Santa).[41] Le lettere di Regina coprono tutto lo spettro di una corrispondenza signorile e quasi principesca: sono in

38. Su Milano e la dominazione viscontea, si veda ancora per gli eventi Cognasso, *L'unificazione*, e Id., *Il ducato visconteo*; sui rapporti fra Mantova e Milano nel Trecento, si veda Lazzarini, *La difesa della città.*

39. Lazzarini, *Gonzaga, Gigliola*; *Gonzaga, Feltrino*; *Gonzaga, Filippino*; *Gonzaga, Ugolino.*

40. Soldi Rondini, *Della Scala, Beatrice*, e Varanini, *Donne e potere*. Moggio Moggi, istitutore del figlio Giovanni, scrive un carme e un epitaffio per la morte di Regina, nel 1384: Moggi, *Carmi*. A proposito del contesto, si veda *Gli Scaligeri.*

41. ASMn, AG, b. 1605 (*Milano, signori-1366-1377*) e b. 1606 (*Milano, signori-1378-1399*). Alcune di queste lettere sono state pubblicate da Osio, *Documenti diplomatici, ad indicem.* Occorre aggiungere a questa corrispondenza le lettere di altri uomini che menzionano di avere ricevuto lettere da lei: per esempio, Guido da Correggio scrive nel 1376 a Ludovico Gonzaga che «recepi litteram Illustris et Excelse domine domine Regine de la Scala» a proposito di un problema di confini con la Mirandola (ASMn, AG, b. 1313, l. 165,

gran parte in latino e tutte scritte dai cancellieri milanesi. Si va dai brevi messaggi per ringraziare o accompagnare un dono alle lettere di credenza per i suoi inviati, dalle lettere politiche (in cui la signora di Milano dà prova di conoscere molto bene gli affari di Mantova, grazie anche ai suoi rapporti diretti con gli emissari di Ludovico Gonzaga) e amministrative alle missive dinastiche (non bisogna dimenticare che tra il 1375 e il 1381 si stipula e celebra il matrimonio fra Francesco Gonzaga e Agnese, figlia di Regina e Bernabò).[42] Attorno a questa corrispondenza, al tempo stesso insolita per quantità (e per precocità – almeno a partire da quanto è arrivato sino a noi – nella quantità) ed eccezionale per qualità, gira tutta una rete di lettere femminili: le due Gonzaga, Gigliola di Filippino Gonzaga e sua figlia Caterina Visconti, moglie e poi vedova di Ugolino e madre del piccolo Bernardo (che muore giovane), e le Visconti per nascita e matrimonio, da Bianca di Savoia (la moglie di Galeazzo Visconti) a Isabella di Francia (la prima sposa di Gian Galeazzo, figlia di Giovanni II, re di Francia), da Violante (sposa di Ludovico Visconti, di una branca minore della dinastia) a Donnina (figlia naturale di Bernabò, sposata al capitano inglese John Hawkwood),[43] scrivono regolarmente a Mantova, a Ludovico e Francesco sino al 1368, e a Ludovico e ad Alda dopo. Ma il carteggio di Regina è tutt'altra cosa.

## 5.2. *Le signore sole*

I *clusters* della corrispondenza attivati da una signora non esauriscono però le tipologie possibili: esistono anche casi di donne nate in famiglie signorili e sposate in altre, magari anche minori, che mantengono da sole una rete epistolare significativa con il loro lignaggio d'origine. Due casi sono esemplari.

### a. *Tora Gonzaga da Montefeltro*

Tora è la sola figlia nata dalla breve unione di Ugolino Gonzaga ed Emilia di Bonifacio della Gherardesca, conte di Donoratico e signore di

Parma, 22 aprile 1376); grazie a questa lettera, siamo informati di uno scambio epistolare di cui non avremmo altrimenti contezza.

42. Crouzet Pavan, Maire Vigueur, *Décapitées*.

43. ASMn, AG, bb. 1604-1606 (*Milano, signori*). A proposito di Donnina, Bill Caferro sottolinea che John Hawkwood, dopo il suo matrimonio, trattava i suoi affari «through his wife, Donnina, who was clearly a very literate woman», Caferro, *John Hawkwood*, p. 11. Sul matrimonio dei due, pp. 191-208.

Pisa, e di Bertecca, figlia di Castruccio Castracani degli Antelminelli.[44] Teodora detta Tora (l'onomastica ci porta in Toscana) sposa nel 1365 il conte Paolo di Galasso da Montefeltro e intrattiene tra il 1366 e il 1371 una corrispondenza serrata con gli zii Francesco e Ludovico, poi con il solo Ludovico, e con le donne di casa Gonzaga (Alda d'Este, ma anche Margherita Gonzaga da Carrara).[45] Tora scrive 19 lettere in cui ricorda alla sua famiglia d'origine il suo affetto, come sempre in queste missive, ma soprattutto supplica tutti i membri che può raggiungere di darle, o almeno prestarle, del danaro per aiutare il marito che, con i fratelli e il nipote Antonio, è in grande difficoltà con il legato papale, che arriva al punto di spossessare i Montefeltro dei loro palazzi a Urbino.[46] L'interesse dell'epistolario di Tora risiede non soltanto nel numero, relativamente significativo, delle sue lettere, ma soprattutto nel loro carattere: Tora infatti scrive la maggior parte delle volte di mano propria, anche se il suo linguaggio molto prossimo all'oralità e la sua scrittura irregolare al limite della comprensione rivelano – o sembrano rivelare – una certa mancanza di familiarità con lo scritto. In ogni caso, sa scrivere di mano sua e, vuoi per donare enfasi alle sue pressanti richieste, vuoi perché non ha un cancelliere (e questo darebbe ragione alle sue proteste di indigenza), lo fa. Il *dossier* è di grande interesse, anche se ha provocato l'ironia – facile e anacronistica – di uno dei passati direttori dell'Archivio di Stato di Mantova agli inizi del Novecento, Alessandro Luzio, che dall'alto del suo amore per il Rinascimento e per Isabella d'Este definiva le lettere di Tora come scritte «in gergo dialettale, sgangherate anche nella grafia».[47]

b. *Tommasina Gonzaga da Correggio*

Tommasina era tutt'altra tempra di donna: figlia di Guido di Luigi – e dunque sorella di Ugolino, Francesco e Ludovico, come di Beatrice Gonzaga d'Este e Margherita Gonzaga da Carrara – nel 1340 sposa Azzo

44. Il matrimonio, per quanto breve, rivela l'interesse dei Gonzaga – e in generale dei signori settentrionali, come gli Scaligeri (Mastino controllò brevemente Lucca nel 1335, dopo la morte di Castruccio Castracani nel 1328) – verso l'inquieto mondo signorile toscano, sul quale si veda da ultimo *Le signorie cittadine*.

45. ASMn, AG, b. 1066 (*Pesaro e Urbino, signori*), ll. 3-3; ASMn, AG, b. 1140 (*Bologna, inviati e diversi*), ll. 246-247.

46. Per il contesto, si veda Maire Vigueur, *Comuni e signorie*: in particolare per l'età di Paolo e le difficoltà dei Montefeltro negli anni 1360-1379, ivi pp. 580-581. Sui Montefeltro, si veda ancora Franceschini, *I Montefeltro*.

47. Luzio, *L'Archivio Gonzaga di Mantova*, p. 178, n. 1.

di Giberto II di Guido di Giberto I da Correggio.[48] I da Correggio a metà Trecento sono un lignaggio importante, dalle ambizioni signorili su Parma e molto legata alle altre grandi dinastie padane:[49] a Mantova, una sorella di Giberto II sposa Francesco di Rinaldo Bonacolsi, e Antonia di Guido di Giberto I si unisce a Feltrino Gonzaga;[50] Carlo Fieschi, fratello di Isabella, moglie di Luchino di Matteo Visconti, sposa a sua volta Bianca di Giberto II, la sorella di Azzo. Tommasina è dunque al centro di una rete dinastica potente e complessa. Vedova di Azzo nel 1362 e madre di Guido e Ludovico, governa al loro posto alla morte del marito, anche se deve fare fronte tanto alla ostilità di Giberto III di Guido, quanto alla morte in battaglia di Ludovico, nel 1372. Le lettere di Tommasina rivelano una donna di potere nel pieno senso del termine, ma anche una donna di cultura: nel 1367 scrive al padre Guido chiedendogli il suo *Meliaduse* in volgare e altri libri in latino.[51] Tra il 1366 e il 1376 scrive a Mantova 25 lettere: al padre Guido, ai fratelli Ludovico e Francesco, e poi al solo Ludovico e a sua moglie Alda.[52] Una lettera a Ludovico Gonzaga, fra le tante, merita la nostra attenzione. Da Guardasone, il 25 agosto 1369, Tommasina scrive al fratello:

> El me besogna scriverve cosa la quale io non credì ma[i] che dovesse besognare che ve scrivesse, e la qual cosa e crezo [credo] che vui no aspetasti ma[i] d'oldire. De que e ve fazo a savere chel l'è mò sette anni che sum in stà de vedovità e per questo tempo c'ho retto e governà me fioli e i fatti so ben e sí ben che non crezo che loro ní altri possan dire el contrario, anchora go maridà cinque serore dentro maderna e bastarde e oge fatto murare le castelle soe e oge

48. A proposito del contesto generale della regione, si vedano Vasina, *L'area emiliana e romagnola*, in particolare pp. 479-486 e 502-538, e Gamberini, *Il contado*. Su Azzo da Correggio, Montecchi, *Correggio, da, Azzo*, e Gamberini, *Il contado*, pp. 187-203. Sul triplo matrimonio gonzaghesco del 1340 e la *magna curia*, si veda ora *I Gonzaga*.

49. Lo stesso Azzo è personaggio di grande caratura e vaste e illustri relazioni: si veda da ultimo Monti, *Gli esordi*.

50. Tre lettere di Antonia sono conservate in ASMn, AG, b. 1301 (*Reggio, signori*): senza numerazione né menzione dell'anno (ma tra il 1335 e il 1349), sono inviate da Reggio e datate al 1 ottobre, 25 marzo e 5 novembre.

51. ASMn, AG, b. 1313 (*Correggio, signori*), l. 72: Guardasone, 28 maggio 1367. Sulla cultura a Mantova nella seconda metà del Trecento, si veda da ultimo Canova, *Dispersioni*, e *Medio Evo e Umanesimo*.

52. ASMn, AG, b. 1313 (*Correggio, signori*), ll. 33-36, 55-62, 71-73, 82-83, 91-92, 110-112, 118, 151-152. A queste lettere occorre aggiungere le due scritte da Tommasina ad Alda da altri luoghi: ASMn, AG, b. 1367 (*Parma, inviati*), l. 150; ASMn, AG, b. 1397 (*Guastalla, inviati*), l. non numerata, ma del 27 aprile 1375.

fatto ogn'avanzo chi se possa far per me e de que niuno aven ma ní pensero ní fadiga. El padre so mi lassò ben che e dovesse rezere e governare.

Malgrado tutto ciò, Tommasina sta resistendo all'ostilità di Giberto, mal consigliato da qualche malvagio: Giberto «ame tollto le chiave et la bailia la quale e ho abuì zà è trenta anni». Negli ultimi sette anni, continua, non si è comprata che «doe gonelle» né mai «ní mantello, ní pelliza». Scrive a Ludovico perché «vo [v'ho] per me padre e per mia madre e per me fradello»: è pronta a trasferirsi a Mantova e gli chiede se è il caso di fare sapere tutto quanto a «misser Bernabò et a madona [Regina della Scala]».[53] Questa lettera, che non ha seguito visto che troviamo Tommasina al suo posto sino al 1376, è in ogni caso rivelatrice del potere che può essere delegato a una donna e, in qualche caso, della difficoltà degli altri rami del medesimo lignaggio per appropriarsene. Trent'anni prima, vediamo qui il *pendant* politico e dinastico del buon padre di famiglia che era Iva Buzoni: e anche in questo caso, è una lettera a permetterci di vederlo.

## 6. *Le altre*

Ma non sono solo le spose o le figlie di signori ad avere la penna in mano, per quanto esse siano meglio rappresentate. Le testimonianze di familiarità con lo strumento epistolare per proteggere i propri interessi o manifestare devozione e legami verso potenti personaggi (uomini e donne) con cui si condivide un *milieu* sociale comune (e talvolta interessi politici ed economici) sono molto più rare, ma – se possibile – ancor più significative. Le serie mantovane ne preservano due gruppi, che rappresentano le due facce di una stessa medaglia.

### 6.1. *Le dame*

D'un lato, restano le rare lettere scritte da personaggi delle *élites* urbane e delle aristocrazie territoriali che ruotano attorno ai signori e alle signore: in particolare, la corrispondenza da Ferrara ci rivela un piccolo gruppo di donne dell'aristocrazia di corte che – in caso di necessità – sapevano ricorrere alle lettere per ottenere favori o impetrare la restituzione della dote o la protezione dei loro beni in assenza dei mariti, e che potevano

53. ASMn, AG, b. 1313, l. 91, Guardasone, 25 agosto 1369.

contare su di un professionista per scrivere le loro lettere secondo le regole cancelleresche.[54] Si tratta di Lucia, moglie del ferrarese Francesco Ariosti, che negli anni Sessanta scrive da Modena, in volgare, ad Alda, che

> la vostra servedrixe Lucia de Francesco de Ariosti molto se ve recomanda. Façove a savere ch'io sunto a Modena cum Francesco sana e salva, unde pregove madona mia che se per mi se po alchuna cosa, vui me dobia comandare como a vostra serva ch'io sum in ogne logo dove mi sia.[55]

Si tratta anche di una certa Stefania/Stefanina de Ruffini (di famiglia mantovana di antica origine rurale e signorile) che scrive a Ludovico il 27 gennaio 1374 per supplicarlo di aiutarla a recuperare dal marito, Matteo di Lapo, una parte della sua dote. La lettera, in volgare, è molto interessante: Stefania racconta che, arrivata a Ferrara, ha consegnato al marchese d'Este le lettere a suo favore scritte da Ludovico e Alda. Il marchese ha dunque inviato uno dei suoi cancellieri a casa di Matteo, che tuttavia rifiuta di restituire alla donna i suoi beni, sostenendo che il signore di Mantova e sua moglie Alda gli avevano promesso tutti i beni quando gli hanno dato Stefania in sposa. La Ruffini dunque sembra essere una dama della corte gonzaghesca che è stata sposata a Ferrara, probabilmente grazie all'intervento della stessa Alda. La donna conosce bene i dettagli giuridici della sua posizione e i meccanismi amministrativi e sociali delle due corti: apparentemente, se la cava bene in questo doppio ambiente.[56]

Nel 1374, due altre donne scrivono in volgare ad Alda sullo stesso tono. Catalina, moglie di messer Cinella da Savignana, protesta che gli officiali di Alda la costringono a pagare più del dovuto in imposte per le sue proprietà a Quingentole.[57] Vitixe Ariosti – apparentemente una dama di corte estense – dopo avere informato Alda del bene stare dei suoi familiari a Ferrara, la supplica

> de restituire de stado e de la conditione de l'Alda [*i nomi non sono scelti certo per caso*] mia fiola e chomo l'è stada al più tosto che vui possì, cum zò

54. Ma due donne dell'aristocrazia urbana e rurale scrivono a Ludovico anche da Cremona: si tratta di Taddea, moglie di Gabriotto da Canossa, podestà a Cremona, e di Speronella, vedova del *dominus* Guglielmo Cavalcabò, ASMn, AG, b. 1619 (*Milano, inviati e diversi*), ll. 163 (Cremona, 31 gennaio s.a.) e 185 (Cremona, 25 aprile [1380]).

55. ASMn, AG, b. 1288 (*Modena, inviati e diversi*), l. 40.

56. ASMn, AG, b. 1227 (*Ferrara, inviati e diversi*), ll. 234-235. È interessante notare come le due lettere di Stefania siano dirette a Ludovico e non ad Alda.

57. ASMn, AG, b. 1227, l. 245, Ferrara, 19 agosto 1374.

sia chossa che l'anemo mio non repossa in fino che non ò novella certa da vui di soi facti.[58]

Questa ultima lettera, in volgare e scritta con toni notevolmente familiari per una supplice («al più tosto che vui possì/novella certa da vui»), potrebbe anche essere autografa. A queste sparse tracce occorre infine aggiungere i riferimenti a lettere femminili che si trovano disseminati nelle lettere dei signori o in generale degli uomini – aristocratici, uomini di corte, militari, giudici – che rappresentano il grosso di queste corrispondenze.

Non molto, ovviamente, ma abbastanza per rivelare una pratica che abbiamo qualche ragione di ritenere più abituale e ordinaria che non eccezionale o straordinaria.

## 6.2. *Le donne della famiglia Buzoni*

L'idea di una diffusione dell'uso della lettera fra le donne delle *élites* urbane e delle aristocrazie territoriali legate alle corti è confermata dalla corrispondenza Buzoni, da cui siamo partiti. Questo *dossier* di lettere personali indirizzate nel biennio 1398-1399 al referendario di Francesco Gonzaga, il mantovano Galeazzo Buzoni, ci è arrivato per caso. Galeazzo, al suo ritorno da Venezia, ha dovuto portarlo in cancelleria per motivi suoi, e dimenticarlo o lasciarlo là, dove è rimasto fra le lettere di servizio. In un periodo che va dal 27 ottobre 1398 al 28 dicembre 1399, 173 lettere almeno sono state spedite a Galeazzo da un grande numero di persone: colleghi, amici, intendenti, membri della famiglia. Fra questi ultimi, sua moglie Iva gli scrive 13 lettere, mentre le figlie Bartolomea e Fiordelisia rispettivamente 6 e 2, per finire con due altre donne legate alla famiglia (Provenzale Malatesta e Altadonna), che gli indirizzano una lettera ciascuna. Iva gli scrive in latino e in volgare, parlandogli della gestione della casa e delle proprietà in campagna, della salute dei figli e delle figlie, delle opere di devozione cui si dedica insieme a Margherita Malatesta Gonzaga; le figlie Bartolomea e Fiordilisia gli parlano dei loro affari quotidiani in volgare e, Bartolomea, di mano propria (in lettere di piccolo formato, la cui *mise en page* non è particolarmente ordinata, ma la cui mano, anche se non elegante, dimostra una certa familiarità con la scrittura). Le altre due donne gli chiedono favori e grazie. Dunque, una corrispondenza regolare, che ci testimonia come nelle famiglie delle *élites* cresciute attorno alle corti

58. ASMn, AG, b. 1227, l. 247, Ferrara, 24 agosto 1374.

signorili degli ultimi decenni del Trecento la lettera sia uno strumento abituale nei rapporti tra uomini e donne e tra generazioni diverse.[59] Se nella maggior parte dei casi i rapporti sono chiari – gli uomini monopolizzano i ruoli pubblici e le donne si occupano degli affari della famiglia e della *domus* – se necessario i confini si imbrogliano: una donna come Iva, di buona istruzione, sorella di un vescovo, sicura di sé e bene inserita nei circoli di potere del marito e dei suoi signori, può bene giuocare – in qualche misura e in sua assenza – il suo ruolo.

## 7. *L'epistolarità femminile nelle società signorili: una nota conclusiva*

Negli stessi mesi in cui Iva Buzoni informa il marito dello stato delle sue possessioni, Margherita Malatesta Gonzaga scrive a Francesco Gonzaga – e ai suoi cancellieri, tesorieri, vicari, podestà, capitani – decine di lettere, governando al posto del marito.[60] Alla fine del Trecento, il processo di creazione dinastica di un potere signorile che talvolta – come a Milano – è già divenuto principesco, passa sempre più per una ripartizione delle prerogative e delle funzioni tra il signore/principe e la sua sposa. Questa condivisione – o, meglio, questa gestione parallela e complementare – dei compiti e delle responsabilità nella coppia diventa evidente anche al di fuori della complessa realtà del potere signorile e della sua definizione patrilineare quando la casualità ci permette di superare la relativa opacità conservativa degli archivi privati.[61]

In questo scenario, l'epistolarità femminile è al tempo stesso un fenomeno culturale in sé e un indizio del ruolo delle donne nelle reti dinastiche e familiari e nella società politica: non dobbiamo dimenticare che è negli anni Settanta del Trecento che Caterina da Siena scrive ai grandi del

59. In merito all'educazione dei giovani Buzoni (o meglio, dell'educazione dei figli di Galeazzo) si veda Canova, *Medio evo e umanesimo a Mantova*, in particolare pp. 270-272.

60. ASMn, AG, bb. 2388 (Carteggio interno, *Lettere senza provenienza*; qui si trova anche una lettera di Donnina Visconti a Ludovico Gonzaga: l. 11, Bagnacavallo, 7 settembre [1379]); 2389 (Carteggio interno, *Lettere da Mantova*); 2093 (Lettere originali dei Gonzaga).

61. Heidi Wunder ha sviluppato l'idea della coppia matrimoniale come unità complementare nella Germania della prima età moderna: si può prendere questa idea e applicarla in modo sistematico anche agli ultimi secoli del medioevo: Wunder, *He is the Sun, She is the Moon*.

mondo più di 380 lettere in volgare.[62] Quella che Chris Wickham definisce una «increase in ambiguities» dovuta alla crescente complessità del mondo sociale tardomedievale apre alle donne dei contesti in cui è loro possibile «negotiate space for their own protagonism».[63]

Le nostre fonti, che meriterebbero una analisi ben più dettagliata, ci offrono un assaggio di questi spazi quotidiani di negoziazione. Ci rivelano a un tempo la presenza delle donne al centro dei meccanismi del potere dinastico e cortigiano delle signorie della pianura padana e la loro familiarità con la scrittura in quanto modalità di autorappresentazione, legame interpersonale, strumento di controllo e di potere, risorsa, persino – talvolta – piacere. Le corrispondenze superstiti testimoniano che questa familiarità con la scrittura epistolare è già attestata alla metà del Trecento: la quantità delle lettere femminili non è trascurabile; la varietà delle scriventi e il contenuto delle lettere ci permettono di considerare tutto salvo che trascurabile anche la loro qualità. Scritte in latino o in volgare, da cancellieri o *de manu propria*, le lettere che abbiamo rapidamente esaminato rivelano la molteplicità del fenomeno epistolare non solo nelle società urbane e mercantili – su cui una solida tradizione di studi ha giustamente insistito – ma anche nel mondo cortigiano delle signorie settentrionali, di cui, per il Trecento, si ha la tendenza a restituire un'immagine soprattutto al maschile.

62. *Epistolario di Santa Caterina.*
63. Wickham, *Medieval Europe*, p. 194.

# III
# *L'ordine delle scritture*

# 8. L'ordine delle cose e l'ordine dei testi: liste e inventari

## 1. *Dalla lista comunale alla lista tardomedievale*

La parola "lista" è una parola pesante per la ricerca comunalistica italiana degli ultimi 25 anni, che molto si è esercitata sull'analisi delle scritture. In uno studio del 1996, Giuliano Milani parla in modo esplicito di «governo delle liste» per la Bologna della seconda metà del Duecento.[1] Sedici anni – e innumerevoli studi – dopo, riprendendo le fila del discorso inaugurato allora da Milani, Massimo Vallerani riesamina il rapporto fra logica documentaria e logica delle istituzioni nel comune italiano proprio soffermandosi sulle liste. Il primo comune, nel suo divenire, è condizionato da una originaria dimensione patrimoniale, che ne fa innanzitutto «l'insieme dei beni comunali dei suoi terreni, mura, strade, denaro circolante, abitanti e *cives*».[2] Ne deriva come la sua dinamica politica non possa ignorare il nesso fra esercizio del potere e controllo proprietario dei beni pubblici e dunque il rapporto costitutivo fra i cittadini, la loro condizione personale e i beni della città. Quindi, cito da Vallerani,

> proprio la necessità del comune di dover tenere conto di uno "stato delle cose" in senso materiale, rappresentò una delle spinte ideologiche più forti a trovare soluzioni documentarie innovative [...] e queste soluzioni tecniche [...] presero la forma documentaria della lista e dei libri contenenti liste ed elenchi selezionati secondo le diverse operazioni pubbliche che il comune poneva in essere.[3]

1. Milani, *Il governo delle liste*.
2. Vallerani, *Logica della documentazione*, p. 110.
3. Ivi, pp. 110-111.

Il concetto di lista ha dunque un valore cruciale per gli studi recenti sulla politica comunale e i suoi strumenti operativi: verrebbe da dire, generalizzando, che la lista scritta e la parola detta sono gli strumenti documentari e discorsivi che hanno costruito il comune.[4]

Non è facile seguire gli sviluppi di un elemento documentario così enfaticamente cruciale in contesti – come quelli tardomedievali che mi sono più familiari – in cui le premesse politiche e sociali della sua rilevanza si trasformano e in cui il suo ruolo nel sistema documentario considerato è per forza mutato. Ancor meno lo diventa quando ci si confronta con il tema delle "scritture grigie", vale a dire di quella regione delle scritture pubbliche che, almeno apparentemente, hanno un ruolo connettivo e operazionale dei testi del potere e dell'autorità. La lista, in questo contesto, sembra collocarsi agli opposti del suo ruolo in età comunale: da strumento centrale dell'organizzazione delle iniziative politiche dell'autorità pubblica, diventerebbe un elemento accessorio dell'organizzazione degli strumenti di gestione e di governo. Ma è veramente così? E di che liste parliamo, e quali sono i tempi e le forme della loro trasformazione?

Per rispondere a queste domande, ci si concentrerà su due gruppi di testi documentari. Il primo è rappresentato dai libri di governo prodotti dalle cancellerie e dagli offici camerali, di cui si indagherà l'eventuale rapporto con i precedenti registri comunali in forma di lista. Il secondo include due tipi di elenchi correlati ai registri, o parte di essi – indici e inventari – che in vario modo arricchiscono e trasformano il senso della parola "lista" nelle scritture delle signorie dell'Italia settentrionale tra Tre e Quattrocento. Analizzando queste scritture, si porrà a verifica un'ipotesi in merito alle trasformazioni della lista comunale, procedendo nel *mare magnum* dei registri quattrocenteschi con voluta sommarietà. Nel mutare delle basi e dei fini politici dei sistemi pubblici tardomedievali, la lista comunale infatti sembra trasformarsi: d'un lato si colma di dati, arricchendo e diversificando la quantità e la qualità delle informazioni che ordina e mette a disposizione; dall'altro si moltiplica come principio documentario nel produrre quelle che definirei, *faute de mieux*, liste funzionali. Vale a dire innanzitutto accessorie, come gli indici di quegli stessi volumi che sono i successori degli originari registri a forma di lista: indici cioè che danno un ordine alle cose, alla materia contenuta nel testo. In secondo luogo – e qui l'accostamento si fa più avventuroso – inventari: vale a dire,

4. Artifoni, *I podestà professionali*; Francesconi, *Potere della scrittura*.

indici di gruppi documentari complessi, di carte sciolte e antiche e registri correnti, a costruire una sorta di ordine dei testi.

Il contesto geopolitico è quello dei principati settentrionali di Milano, Mantova e Ferrara, sulla cui documentazione da anni sto conducendo ricerche sistematiche.[5] Il ducato territoriale di Milano, il marchesato monocittadino di Mantova e i domini dei marchesi/duchi d'Este, che riuniscono le tre città episcopali di Ferrara, Modena e Reggio, sono nel Quattrocento tre principati diversi per vicende politiche, dimensioni territoriali, ambizioni dinastiche.[6] Malgrado queste differenze, condividono una identità politica e ideologica parzialmente comune: il potere dei loro signori è nato da una analoga matrice costituzionale, si nutre dell'eredità documentaria della cultura urbana e notarile del Duecento e nel suo processo di crescita, di definizione e di legittimazione è stato esposto all'influenza della diplomatica imperiale, pontificia e regia del Due-Trecento.[7] La cronologia considerata spazia su di un lungo Quattrocento che va dalla metà del XIV agli inizi del XVI secolo.

## 2. *I registri quattrocenteschi*

La documentazione tardomedievale in registro prodotta dalle cancellerie e dagli offici camerali delle signorie dell'Italia settentrionale rappresenta un *corpus* complesso e articolato di testi documentari di varia natura, il cui valore va ben oltre la massa innumerevole di dati che contengono. I registri (i *libri*) sono la forma in volume che raccoglie, ordina, preserva e possibilmente trasmette le forme documentarie sciolte – le *litterae clausae* e *patentes*, le note contabili – di una "diplomatica signorile" che trasforma il sistema documentario d'età comunale per rispondere al mutare di un potere territorializzato, di un'autorità le cui basi formali, di legittimità quanto meno sperimentale, sono giocoforza multiformi, mimetiche, flessibili, di

5. Cui si farà riferimento nelle note specifiche sia per i dettagli archivistici e diplomatistici, sia per i dovuti rimandi alla bibliografia pregressa, spesso imponente: molti di questi studi sono ripubblicati come capitoli di questo libro.

6. Dean, *Ferrara e Mantova*, e Del Tredici, *Il quadro*; per una comparazione, Lazzarini, *I domini estensi*.

7. Sulle premesse due-trecentesche, si vedano almeno Varanini, *La documentazione*; Cengarle, *Le arenghe*; Covini, *Scrivere al principe*; sugli sviluppi tre-quattrocenteschi, Covini, *La trattazione*, e Ead., De gratia speciali.

una scritturazione infine che viene centrandosi su cancellerie sempre più al cuore del processo decisionale, o – là dove ci è dato vedere – su offici camerali e contabili la cui attività si sviluppa in un contrastato rapporto di simbiosi con la cancelleria.[8]

In questo senso, i registri sono collettori di testi: le patenti di nomina, i mandati, le missive, le ricevute dei flussi di danaro e di beni sono – nella gran parte dei casi – perduti in originale, ma tramandati in registro. In questo processo – che apparentemente si riduce alla semplice trascrizione – sia gli atti, sia i registri in realtà si trasformano: gli atti divengono segmenti in sequenze di informazione, mutando perciò a vario grado natura, e i loro elementi formali e sostanziali possono venire sintetizzati, ridotti, alterati nel processo di trascrizione; i registri a loro volta assumono, nel corso di processi evolutivi complessi, distinzione, forma e natura peculiare come testi a sé.

Questi corpi documentari conoscono una storia conservativa complessa, che si intreccia con le vicende politiche del potere che li produce, con le strategie coeve di ordinamento e conservazione, e con le avventure – o le disavventure – coeve e successive della trasmissione e dell'archiviazione. Il panorama a nostra disposizione è cioè naturalmente complicato da una originaria tortuosità di produzione e definizione delle diverse forme di registri, ma il *corpus* originario è poi ridotto o alterato ai limiti dell'intelligibilità da perdite, scorpori, distruzioni, riordini volontari o meno.[9]

Un *corpus* di registri così vario, quantitativamente consistente e cronologicamente discontinuo può distinguersi al suo interno analizzandone alcuni elementi, che ne evidenziano differenze e similitudini.

### 2.1. *Tipologia, redazione, fisionomia*

Una prima distinzione – per grossolana che sia – è quella relativa alla tipologia degli atti che contengono: i registri di *litterae* (*clausae* e *patentes*) non contengono conti e i registri contabili veri e propri, i *libri* cioè che trascrivono o sintetizzano voci di entrata e uscita di ogni tipo, sempre meno nel Quattrocento trascrivono *litterae*, anche a supporto di singole voci.[10]

8. Per un inquadramento, si vedano Bartoli Langeli, *La documentazione*, e Guyotjeannin, *Entre persuasion et révélation*.

9. L'analisi del panorama dei registri è stata ripresa più volte in questo volume: si vedano almeno i capitoli 3 e 9.

10. Altre tradizioni documentarie presentano situazioni diverse: si veda per esempio Russo, *Pratiche aragonesi*.

I registri di lettere quindi trascrivono informazioni e la loro capacità trasformativa sugli atti che li costituiscono è spesso solo formale. I registri contabili, al contrario, anche quando conservano al proprio interno lettere d'accompagnamento in veste di carte sciolte o di riferimenti brevi, sono organizzati secondo un ordine interno che risponde a logiche contabili e nel registrare dati creano informazione da essi.

Questa prima distinzione ci porta a considerare in modo più fine gli offici produttori dei nostri registri e le loro potenziali sfere di attività. Se infatti la riorganizzazione moderna e contemporanea dei fondi archivistici tardomedievali ha generalmente spinto verso una distinzione prima per materia, poi per ente produttore, tale distinzione non si rivela talora la più efficace nell'analizzare la portata informativa dei registri e il loro significato più profondo come strumenti ordinatori della realtà. Oltre ai registri di conti, infatti, gli offici camerali producono anche libri di mandati e di missive in tutto simili a quelli prodotti in cancelleria. Distinguere registri di cancelleria e registri camerali allorché si parla di registri di *litterae* rischia non solo di provocare grossolani errori,[11] ma anche di obliterare, alla ricerca di una artificiosa distinzione formale, alcuni elementi cruciali, come la natura flessibile e polivalente della *littera*, che nella sua veste di atto di autorità, come in quella di missiva, dovette la propria efficacia alla sua capacità di prestarsi a contenuti estremamente diversi. Rischia infine di costruire confini fra due mondi permeabilissimi sia nelle forme, sia nel personale.[12]

Infine, e limitando l'analisi ai registri di *litterae*, il loro *corpus* comprende volumi tipologicamente, prima ancora che contenutisticamente, molto diversi fra loro. I registri possono essere misti o possono avere un contenuto omogeneo; hanno vesti formali simili o diverse all'interno dello stesso gruppo; quando sono specificamente o prevalentemente dedicati alla trascrizione di un medesimo gruppo di atti, possono obbedire, nell'ordinarli, a una varietà di criteri non necessariamente progressivi, coerenti o intuitivi per noi (cronologico, topografico, personale, alluvionale, misto); si trasformano e definiscono infine in tempi diversi, spesso non coinci-

11. Tale confusione si vede tanto a Milano, dove i registri dei maestri delle entrate si trovano di fatto sia fra i *Registri ducali*, sia fra i *Registri delle missive*, quanto a Ferrara, dove i registri dei fattori generali sono conservati in parte nelle tre serie ricostruite della cancelleria, in parte nel cosiddetto *archivio camerale*: per i dettagli e la bibliografia si rimanda al capitolo 3.

12. Covini, *Scrivere al principe*, e qui il capitolo 10.

denti nei diversi principati, e soprattutto non definitivi. Là dove, come a Mantova e a Ferrara, rimangono esemplari trecenteschi, le prime sequenze di volumi omologhi – vale a dire, non i primi eventuali esemplari singoli, potenzialmente testimoni unici, ma le prime successioni di registri formalmente comparabili come formato e come stesura – nascono miste. Si tratta di registri cartacei, di grande formato, in cui vengono trascritte *litterae clausae* e *patentes* in ordine relativamente sparso,[13] o in cui alle copie delle *litterae clausae* in uscita (prodotte nella cancelleria) vengono intervallate le copie di quelle in entrata (le lettere ricevute, che pure – almeno a Mantova – non vengono distrutte una volta copiate).[14] Inoltre, il più antico registro ferrarese superstite, il *liber litterarum* di Niccolò II, non solo contiene sia *litterae patentes* di vario tipo, sia *litterae clausae* inviate soprattutto all'estero, ma, grazie all'apposizione, sul margine esterno, della menzione *ad cancellariam* o *ad cameram* (per indicare l'istituzione che era stata incaricata della messa in iscritto dell'atto) testimonia di una natura ancora mista non solo del contenuto dei registri, ma degli organi che li producono e li conservano.[15] È interessante notare che questa natura mista si perde a Mantova nel corso del Quattrocento, sopravvive a Ferrara per i registri di cancelleria (a quanto è dato capire a partire da un panorama di sopravvivenze incerte e di povertà documentaria strutturale) e riemerge a Milano nei primi registri sforzeschi degli anni Cinquanta del Quattrocento, per poi scomparire.[16]

### 2.2. *Dalle liste ai registri*

In che modo dunque questi registri, o qualcuno fra essi, o nessuno, si rapportano ai registri comunali in forma di lista da cui siamo partiti? Innanzitutto non bisogna dimenticare che la geografia delle fonti tre-quattrocentesche si articola in un panorama in cui tipologie diverse dai registri tendono a occupare uno spazio sempre più ampio della documentazione

13. ASMo, Leggi e decreti, B.1 (1379-1393); ASMo, Leggi e decreti, B.2 (1393-1400).

14. ASMn, AG, Copialettere, 1-3.

15. ASMo, Leggi e decreti, A.1 (1363-1381).

16. A Ferrara, gli unici registri omogenei di missive sono ASMo, Registri di lettere, C.4-14: da C.4 (1476) a C.13 (1498-1500) sono di Ercole (fatta eccezione per C.8, un copialettere di Eleonora); C.14 è il solo registro di Alfonso I (1506-1511). A Milano, il primo registro rimasto di Bianca Maria contiene, nello stesso *liber*, un copialettere e un libro di patenti, ASMi, RD 152 (1453-1454).

di governo. In particolare, le *litterae clausae*, le missive, rappresentano la forma documentaria più innovativa: non solo la flessibilità del quadro formale della lettera si presta a dare spazio ai contenuti più diversi, ma anche la crescente narratività delle missive offre lo scenario ideale per la creazione e l'elaborazione di nuove risorse analitiche e discorsive in grado tanto di fondare nuove basi per l'autorità quanto di costruire uno strumentario per analizzare la realtà politica.[17]

In secondo luogo, l'impressione è che i registri di governo divengano in buona parte contenitori, non classificatori di informazione: un volume di copialettere trascrive le missive che il principe o chi per lui ritiene di inviare a un interlocutore interno o esterno per regolare una questione, quale che sia; un volume di mandati funziona nello stesso modo, trascrivendo atti d'autorità. I singoli registri diventano per lo più tasselli di un sistema documentario e autoritativo integrato, ma non sono liste, non più: con due parziali eccezioni. La prima, i libri contabili: i memoriali, le bollette, i sommari. La seconda, fra i libri di *litterae*, i registri di patenti di nomina agli offici. Di questi ultimi testi si è più volte detto.[18] Quel che importa qui è sottolineare che se nei primi testimoni essi mantengono un quadro formale analogo agli altri registri, vale a dire sono contenitori di uno specifico genere di lettera patente, rapidamente cambiano la loro natura, trasformandosi in elenchi di nominati per officio. Rimangono poi registri "aperti": agli estremi del nominato agli uffici si aggiungono scarni dati in merito all'eventuale successione, sostituzione per cause accidentali, morte, promesse d'officio. Si trasformano di nuovo – in una parola – in registri di liste: in grado cioè di classificare dati, censire risorse, e trasformare gli uni e le altre nel tempo. Nel fare queste operazioni mettono in opera criteri non neutri di ordine: selezionano cioè un principio di elencazione – una topografia gerarchica o un ordine cronologico – costruendo così di fatto una messa in ordine specifica di uomini, cariche e luoghi. Non pare infatti fuori luogo imputare all'effetto combinato delle diverse dimensioni territoriali e del formato della patente (intera nel primo, regestata e ridotta a lista di nominati nel secondo) dei due diversi principati il fatto che i registri milanesi di fine Quattrocento adottino il più neutro dei principi, la successione cronologica giorno per giorno, mescolando uomini e offici centrali

17. Oltre alle ricerche citate alla n. 7, si vedano gli studi fondamentali di Senatore, *«Uno mundo de carta»*, e Id., *Ai confini*.

18. Si veda qui il capitolo 1.

e periferici, urbani e territoriali, laddove l'ultimo registro mantovano per il Quattrocento presenta un organigramma completo delle cariche e degli offici che parte dal podestà della città, copre gli offici territoriali, e ritorna al cuore del potere principesco in città con le nomine a consigliere.[19]

Parrebbe dunque che la maggior parte dei libri quattrocenteschi si trasformino sino a divenire qualcosa di diverso dai registri-lista comunali, e che, in questa forma mutata, condividano il peso di essere il perno funzionale del sistema documentario tardomedievale con altre tipologie documentarie, come le *litterae* patenti e missive.

## 3. *Liste di informazioni e liste di scritture: indici e inventari*

Il principio della lista – come elenco contenente in sé una modalità di ordinamento della realtà che descrive – non scompare però dal tavolo degli strumenti a disposizione di cancellieri, contabili, notai: assume funzioni, ruoli, identità diverse, di cui mette conto esplorare ora qualche caso.

### 3.1. *Gli indici*

Un primo gruppo di liste completa le nuove forme dei registri di cancelleria e di camera in modo accessorio, ma rivelatore: si tratta degli indici dei registri stessi, che cominciano a comparire nel pieno Quattrocento. Gli indici sono al confine fra le scritture documentarie e le scritture grigie: non si tratta infatti nella maggior parte dei casi di scritture autonome, dal momento che vengono in genere scritti all'inizio o alla fine dei volumi (solo raramente troviamo indici coevi su fogli sciolti), ma d'altro canto sono elenchi la cui redazione è solo parzialmente contestuale a quella dei registri stessi, che mantengono una natura aperta – possono venire inte-

19. A Mantova i registri in questione sono i libri ASMn, AG, Patenti 1-3 (in sequenza cronologica: 1407-1544, 1444-1578, 1478-1516); a Modena, i libri ASMo, Leggi e decreti, A.4 (1405-1414) e A.5 (1415-1422) sono registri misti della fattoria generale; i registri A.6 (1451-1465) e A.7 (1505-1534) sono invece i soli veri e propri registri di patenti di nomina agli offici del ducato; a Milano i registri di patenti superstiti sono in ASMi, RD: i registri *officiorum* (cioè con la trascrizione integrale della patente, in un ordine blandamente topografico e poi, negli anni Novanta, cronologico) sono i nn. 148 (1450), 153, 167, 135, 106, 179 (in sequenza: 1453-1477), 114, 116 (1479-1482), 90 (1486-1488), 92, 189, 124 (1491-1499); i registri-lista sperimentali fatti redigere dal Simonetta tra il 1468 e il 1471 sono i nn. 149 (1450-1468, castellani), 150 (1450-1468, officiali), 159 (1468-1471, officiali e castellani).

grati anche quando il registro di per sé è sostanzialmente completo – e che vengono redatti da più mani. Non tutti i registri che abbiamo analizzato sopra contengono indici, e in generale si tratta di complementi all'uso dalla comparsa relativamente tarda. A mia conoscenza, manca completamente una ricognizione della loro consistenza come della loro tipologia e delle loro caratteristiche. Quel che segue è dunque un primo modello di analisi, basato su di uno spoglio non esaustivo delle decine, quando non centinaia di registri quattrocenteschi dei tre archivi considerati.

Si tratta, con ogni evidenza, di una pratica *in fieri*: l'uso di fornire i registri di una sorta di repertorio del loro contenuto nasce con lentezza, sembra decisamente primo-quattrocentesco, e non conosce un modello regolare. Quel che sembra certo è che i soli registri che ne sono consistentemente privi in tutti e tre i contesti e su tutta la cronologia considerata sono i registri delle missive vere e proprie, vale a dire i registri dei carteggi. Pare di capire che in ogni contesto in cui il principe controlla le risorse pubbliche (beni, uomini, denaro) e impone la propria autorità sui suoi sudditi (la giustizia e la mobilità geografica e sociale) prima o poi, seppure senza regolarità né progressione cronologica per tutto il Quattrocento, si possa arrivare a decidere a favore dell'utilità di un sistema rapido per recuperare uno specifico provvedimento. Nel grande gruppo dei *libri* potenzialmente provvisti di indice rientrano dunque tanto i registri di lettere patenti, quanto i registri contabili. Laddove peraltro la massa di atti emanati oltrepassa una soglia quantitativa variabile, ma inequivocabile, come a Milano per i registri ordinari di lettere patenti, o come a Ferrara verso la fine del Quattrocento, la redazione di indici che rischiano di diventare repertori diventa sempre più problematica: gradualmente dunque tendono a diminuire.

Nella maggior parte dei casi, gli indici – o come dicono le fonti quando una cura particolare suggerisce di titolarli, le *rubricae*, le *tabulae*, i *repertoria* (voce cinquecentesca) – fanno parte del registro, e sono in genere redatti nelle sue prime carte: è il caso dei registri di patenti di nomina agli offici ferraresi, precoci in questo, e mantovani, più tardi.[20] A Milano la situazione è peculiare: non vengono redatti indici negli ordinari *libri officiorum* sino almeno alla fine del secolo, ma i tre volumi voluti da Simonetta li hanno.[21] Gli indici sono apposti all'inizio del *liber* anche in registri milanesi vari, come i registri dei giuramenti di fedeltà della comunità del

20. ASMo, Leggi e decreti, A.4-7; ASMn, AG, Patenti 2 (che inizia nel 1444).
21. Il primo registro, fra quelli superstiti, con un indice è ASMi, RD 189 (1495-1498).

ducato ai principi o il registro misto di lettere patenti e missive di Bianca Maria Sforza del 1453-1454, in alcuni registri ferraresi di *lettere e mandati* e a Mantova in alcuni grandi registri di cancelleria e nell'unico registro generale superstite della spenditoria.[22] Gli indici "interni" rispecchiano in genere la struttura del proprio registro: laddove questo raccoglie gruppi di atti omogenei secondo un qualche principio – per officio, per voce d'entrata, per località – l'indice è organizzato rispecchiando in qualche modo questo ordine; laddove invece si tratta di una collezione alluvionale di atti, gli indici registrano le scritture carta per carta.

A Ferrara però abbiamo anche indici redatti su fascicoli distinti, in due forme. La prima, la più semplice, è rappresentata dagli indici delle bollette dei salariati, vale a dire dei registri di grande formato in cui vengono annotati anno per anno i salari corrisposti ai membri della *household* ducale e, sino al 1481, ai soldati. Si tratta di fascicoli cartacei di grande formato, a rubrica, in cui gli assegnatari di un salario vengono indicizzati in ordine alfabetico per nome proprio, prima i salariati, poi i soldati.[23] Il secondo caso, più interessante per noi, è rappresentato da fascicoli di piccolo formato in cui vengono indicizzate carta per carta le diverse lettere patenti raccolte in due registri di fine Trecento. I fascicoletti sono evidentemente strumenti aperti: diverse mani hanno apposto note, defalcato voci e aggiunto dati. Nel caso del registro B.2, il *liber* reca nelle prime carte un indice – corrispondente a quello del fascicoletto allegato, che è stato evidentemente rilegato con il registro assai più tardi – in cui la stessa materia è trascritta in una veste formale molto più ordinata e usuale: è lecito pensare che il quaternetto fosse la minuta per la stesura finale di un indice ordinato nel corpo del volume.[24]

Quanto alla *mise en page*, gli indici sono redatti su due o su una colonna: nella gran parte di casi, alla doppia colonna corrispondono sia una da-

22. Questo breve elenco è solo esemplificativo: ASMi, RD 12 (1466-1476: giuramenti a Bianca Maria e Galeazzo Maria e a Bona di Savoia), 23 (1452-1454: capitoli di soggezione delle comunità milanesi a Francesco Sforza), 152 (1453-1454); ASMo, Registri di lettere, C.1 (1443-1452), C.2bis (1463-1464: registro di mandati al massaro della camera di Modena); ASMn, AG, 85.10 (1478-1520), 85.13 (1398 [copie quattrocentesche]-1485), 86.16 (1484-1510); 410.30 (1442-1444).

23. ASMo, Bolletta dei salariati (1456-1499, nove tra registri ed estratti, in una cronologia non continua); ivi, Memoriale del soldo (1482-1499, venti *libri*, in sequenza).

24. ASMo, Leggi e decreti, B.1 (1393-1394) e B.2 (1393-1400). B.1 non è un volume unitario, ma è composto di tre quaternelli cartacei di dimensioni diverse, assemblati in un non meglio identificabile momento successivo: l'indice è il quaternello 2 e si riferisce al quaternello 3, di *littere et concessiones*, di Alberto d'Este.

tazione più risalente, sia una veste formale meno ordinata. Verso la fine del secolo invece si tende a regolarizzare la stesura dell'indice, sempre meno aperto (chiaramente *in mundo*, redatto alla chiusura del volume) nella forma di una colonna semplice e con una titolatura evidenziata da caratteri grafici particolarmente curati.[25] Una volta di più, però, non è una tendenza generale: a Mantova, dove gli indici mancano nei registri di *litterae patentes* a eccezione dei registri delle patenti di nomina e probabilmente dei registri contabili (ne resta solo uno, della spenditoria), la doppia colonna aperta rimane sino ai primi del Cinquecento.[26]

La veste grafica di questi indici è generalmente poco curata nei primi esemplari, divenendo sempre più attenta ed eloquente nella sua perfezione, sempre più parte di un linguaggio grafico del potere del principe, alla fine del secolo. Parallelamente, gli indici diventano sempre più "chiusi", vale a dire redatti *in mundo* quando il registro è praticamente finito. La macchina, parrebbe, oliata da una pratica via via più regolare, procede con sempre meno scosse.

### 3.2. *Gli inventari*

Seguendo questa labile linea esplorativa delle forme tardomedievali della lista al confine con il tema delle scritture grigie, può infine rivelarsi utile un ultimo gruppo di scritture, vale a dire gli inventari dei nuclei degli archivi dinastici (di cancelleria e della camera).

In generale, tra Tre e Quattrocento si assiste alla costruzione di una autonoma e sempre più sofisticata regione di competenze notarili e cancelleresche che ineriscono alla registrazione, alla catalogazione, alla inventariazione degli atti e dei registri. Si tratta di temi ben noti: nei principati italiani (Savoia, Mantova, Ferrara, Milano) il processo evolutivo dell'inventariazione – e quindi la costruzione di veri e propri archivi/depositi di scritture – tra Tre e Quattrocento è particolarmente ben attestato e, a partire dagli studi pioneristici di Peter Rück sulla Savoia, attentamente studiato.[27] Le testimonianze della consapevole conservazione e del regolare ordina-

25. Come esempi si prendano i registri ferraresi di patenti di nomina: ASMo, Leggi e decreti, A.6 e A.7, e il registro della masseria di Modena cui abbiamo già accennato, ASMo, Leggi e decreti, C.2bis.

26. ASMn, AG, Patenti 5 (1518-1540).

27. Rück, *L'ordinamento*: si integri con Lazzarini, *Materiali*, in particolare alle pp. 56-85; per Milano, Leverotti, *L'archivio dei Visconti*, e Behne, *Archivordnung*; per Ferrara,

mento degli archivi sorti attorno alle dinastie principesche sono coerenti e relativamente continue: le serie degli inventari delle scritture si susseguono con andamento non episodico, e questo sviluppo non sembra frutto dei casi della conservazione documentaria posteriore, anche se non ne sono chiari tutti i meccanismi e tutte le contaminazioni, né tutte le dinastie principesche dimostrano la medesima qualità di attenzione alla gestione dei propri archivi nella loro totalità. Nel caso della Savoia, è possibile che a monte delle grandi operazioni di ordinamento ci sia un processo imitativo e/o una osmosi tecnico-concettuale con gli sviluppi della coeva cancelleria regia francese; nel caso dei principati italiani di matrice urbana e comunale (Milano, Mantova, Ferrara) è possibile entri in giuoco anche la natura concreta e fragile della dominazione signorile, che renderebbe necessario un investimento sostanziale nella ricostruzione di una memoria legittimante del dominio e nell'elevazione degli atti che la fondano a "tesori" di carte.[28] Questo meccanismo è particolarmente evidente nella Milano della prima età sforzesca, dove alla necessità della legittimazione di una nuova dinastia si aggiunge l'urgenza di recuperare la continuità del governo ducale dopo gli anni (e le distruzioni documentarie) della Repubblica Ambrosiana: a un solo inventario per la prima metà del secolo (1426) si succedono ben tre inventari dei materiali documentari conservati nel castello di Pavia nei primi sei anni di ducato di Francesco Sforza (1450, 1454, 1456).[29] Gli inventari camerali sono molto più rari di quelli di cancelleria, in buona misura per ragioni di conservazione: laddove – come a Ferrara – la conservazione dei fondi camerali è consistente, è rimasto almeno anche un inventario coevo (per essere precisi, un inventario di consistenza, più che un inventario archivistico in senso proprio).[30] Il processo di redazione di inventari investe spesso, e con una sincronia significativa, anche le biblioteche, i beni preziosi (gioie, argenterie), i *mirabilia* spirituali (le reliquie), come nel caso dei numerosi inventari delle raccolte del castello di Pavia.[31]

*Archivio Segreto estense*, e ora Cremonini, *Il più antico*. Per il quadro teorico, si veda Guyotjeannin, *Les méthodes de travail*.

28. Per le diverse strade delle monarchie, nelle loro varie componenti, si veda Senatore, *Sistema documentario*.

29. Leverotti, *L'archivio dei Visconti*.

30. ASMo, Camera, Inventari camerali, B.1: Lazzarini, *Materiali*, pp. 80-81.

31. Fenomeno che meriterebbe un'attenzione sistematica: per Pavia, si vedano Albertario, *La cappella*; Albertini Ottolenghi, *La biblioteca*.

Gli inventari documentari sono sia generali, includendo cioè l'intero *trésor des chartes* della dinastia – titoli di proprietà, investiture, documenti dinastici (come gli incartamenti matrimoniali), ma anche trattati di pace o gruppi di missive importanti – sia, a partire dalla seconda metà del Quattrocento, particolari, riguardando un nucleo selezionato dei documenti di cancelleria, come l'inventario gonzaghesco del *cassono da li signi*, che nel 1481 censisce gli atti di politica estera (trattati, leghe, tregue, condotte) e la corrispondenza estera dei decenni precedenti, evidentemente isolata in un unico grande contenitore (una sorta di archivio a sé) a fini d'uso e di tutela.[32]

Nella maggior parte dei casi, gli inventari quattrocenteschi sono documenti aperti e di lavoro, tesi a fare coincidere realtà divergenti, le scritture e il loro ordine. Sono scritti, aggiornati, cancellati, riscritti continuamente. Anche quando vengono "chiusi" perché terminati, si riaprono allorché si intraprende un inventario successivo, come nel caso mantovano dell'inventario di Micheli del 1432, appuntato di mano di Marsilio Andreasi nel 1456, quando il capo della cancelleria gonzaghesca e uno dei due maestri delle entrate marchionali scrivono l'inventario degli atti e dei registri conservati nell'archivio della Volta inferiore. Vengono materialmente redatti nel corso di una fase relativamente lunga di ricognizione, per lo più da una stessa mano che va ricondotta a un cancelliere solo, che torna e ritorna sul suo lavoro. Per lo più cartacei, di vario formato, sono con ogni evidenza strumenti di gestione interni all'organismo che conserva le scritture inventariate: riflettono una stratificazione conservativa delle scritture, ma nel censirle, localizzarle in unità materiali preesistenti minori (casse, cassoni, armadi, scansie, scatole, borse) e maggiori (pareti, o stanze, corridoi, scale), ed elencarle in un'unica lista coordinata, in qualche misura ricavano un sistema coordinato di scritture da una stratificazione incoerente. In qualche caso, operano anche una selezione, classificando i gruppi di documenti più antichi grazie alla loro rilevanza coeva e isolando i meno importanti. Rappresentano infine, laddove si collocano in sequenza e tale sequenza si è conservata, come in Savoia, a Milano, a Mantova, non solo autonomi momenti di ri-creazione di un ordine stratificato di scritture, ma gli elementi costitutivi di un sistema referenziale complesso, di un ordine dei testi che si compone – una volta di più – di liste.

È tempo di concludere: come è cambiata la *facies* documentaria del potere quattrocentesco nei principati dell'Italia settentrionale? Se l'inventario

32. ASMn, AG, b. U; Behne, *Antichi inventari*; Lazzarini, *Materiali*, pp. 68-77.

mantovano del 1456, redatto a due mani dal segretario più influente della cancelleria gonzaghesca, Marsilio Andreasi, e dal più importante officiale finanziario, il maestro delle entrate Filippino Grossi, testimonia ancora a metà Quattrocento la sopravvivenza di una qualche connessione strutturale fra scritture, potere e patrimonio, il panorama generale è ormai molto diverso. L'autorità del principe si fonda sull'ordine, non più sul censimento, dei dati: nelle sue varie epifanie, la lista si trasforma nella maggior parte dei casi da attivo strumento di classificazione, cioè di definizione della realtà politica, economica, sociale, a strumento di ordinamento, vale a dire di messa in ordine, di disciplinamento di questa stessa realtà, scomposta ormai in una massa innumerevole, diversissima, di fatto incontrollabile di dati e di informazioni.

# 9. La costruzione del sistema: le *mentions hors teneur*

Tra la seconda metà del Trecento e la fine del Quattrocento, le cancellerie signorili e principesche italiane sviluppano un sistema documentario di cui la complessità e la varietà non nascondono le analogie.[1] In questo saggio, il mio intento è di analizzare l'apparizione e l'uso delle *mentions* di cancelleria nel quadro della costruzione di un apparato documentario principesco flessibile ed efficace, che mira a rispondere alle esigenze di un dominio territoriale innovativo e che, al tempo stesso, riflette la costruzione dell'autorità principesca in un contesto di legittimità incerta e recente. La funzione tecnica delle *mentions hors teneur* come grammatica di segni al servizio della logica di un sistema documentario, ne diventa parte integrante nella misura in cui tali costruzioni documentarie fondano l'autorità in un contesto, quello dei principati italiani, estraneo al quadro classico delle cancellerie imperiali e regie.[2] Legittimità, autorità, autenticità, ma anche sistema di scritture e rappresentazione del potere del principe: tutti questi elementi giuocano un ruolo in questa storia.[3]

## 1. *I principi, le cancellerie, gli atti*

Il ducato territoriale di Milano, il marchesato monocittadino di Mantova e i domini dei marchesi/duchi di casa d'Este, che riuniscono le città

1. Si veda Varanini, *Le scritture pubbliche*; Lazzarini, *De la "révolution scripturaire"*; Ead., *Le pouvoir de l'écriture*.

2. Per la Francia, Octave Morel ha aperto la strada alle ricerche su questo tema con i suoi studi sulla cancelleria regia nel Trecento, e in particolare con il suo saggio *La mention*. Se i contesti imperiali, pontifici e regi hanno ricevuto una certa attentzione da parte dei diplomatisti, la ricerca sulle realtà principesche italiane rimane al contrario quasi tutta ancora da fare: le note che seguono vogliono essere solo una prima esplorazione.

3. *Scritture e potere*; si veda qui anche il capitolo 3.

episcopali di Ferrara, Modena e Reggio, sono nel Quattrocento tre principati caratterizzati da vicende e dimensioni diverse.[4] La storia e l'evoluzione delle cancellerie signorili di Milano, Mantova e Ferrara sono state oggetto di numerose ricerche tanto classiche che recenti. La cronologia delle trasformazioni è a grandi linee la stessa nei tre principati: le fasi di definizione e i momenti di mutamento si riassumono a grandi linee in tre periodi. La fine del Trecento e i primi anni del Quattrocento sono un'età di sperimentazione, durante la quale un processo non lineare di innovazione, di differenziazione e di definizione documentaria risponde al compito non facile di legittimare sempre più l'autorità signorile di fronte alla società politica interna e ai poteri esterni. Gli anni 1450-1460 a loro volta rappresentano un momento forte di normalizzazione della messa in registro degli atti sciolti. Alla fine del Quattrocento, infine, il processo di standardizzazione documentaria elaborato nei decenni precedenti deve fronteggiare la crisi politica del sistema e i mutamenti della congiuntura storica.[5] Pluralità di signori, pluralità di cancellerie, pluralità di archivi, eterogeneità più o meno evidente dei domini e, oltre a ciò, una complessa storia di classificazione – e riclassificazione – coeva delle scritture e la lenta sedimentazione degli ordinamenti archivistici successivi. Il lungo Quattrocento che ci interessa è infatti segnato da un doppio processo di produzione talvolta sperimentale e di conservazione intermittente delle scritture pubbliche.[6]

Il corpus documentario che ci interessa ora, se si compone d'un lato dei registri di lettere *clausae* e di lettere *patentes* prodotti dalle cancellerie centrali (i *libri litterarum*, secondo la definizione coeva più comune), d'altro lato include anche le lettere originali, quando sono state conservate, che costituiscono in generale la materia prima registrata in questi stessi libri.[7]

4. Del Tredici, *Il quadro politico*; Dean, *Ferrara e Mantova*.

5. In generale, si veda *Cancelleria e amministrazione* e *Chancelleries*. Per Milano, si veda da ultimo Leverotti, *«Diligentia»*; Ead., *La cancelleria segreta*; Covini, *La trattazione*; Ead., De gratia speciali; Gamberini, *Lo Stato visconteo*. Per Mantova, Lazzarini, *Pratiques d'écriture*. Per Ferrara, infine, si veda Valenti, *Profilo storico*, e Id., *Note storiche*; Di Pietro, *La cancelleria degli Estensi*; Folin, *Rinascimento estense*.

6. Sul lungo Quattrocento, si veda Gamberini, Lazzarini, *Introduzione*, e Lazzarini, *Records*. Le radici documentarie di questa lunga cronologia sono chiarite da Bartoli Langeli, *La documentazione* e, da ultimo, da Varanini, *I notai e la signoria cittadina* e Id., *La documentazione delle signorie*.

7. Le fonti sono conservate nelle serie dei registri e delle lettere degli archivi di Milano, Modena e Mantova: ASMi, RD e RM; ASMo, Leggi e decreti e Carteggio ambasciatori (Mantova, Milano); ASMn, AG, Patenti, Decreti, Copialettere e Corrispondenza estera. Per

Si tratta di prodotti documentari difficili da definire, in trasformazione; talora sopravvivono in numeri limitati e sono mutili e incompleti, talora ne restano quantità incontrollate. Tuttavia, questi insiemi di registri e di lettere costituiscono un *corpus* documentario di estrema ricchezza, nonostante le perdite accidentali o deliberate. Nel contesto del passaggio decisivo dalla tradizione documentaria notarile agli usi cancellereschi, le modalità di creazione e di definizione di questi vettori d'autorità ne fanno i rivelatori complessi delle dinamiche politiche che alimentano il consenso al potere signorile e poi principesco, stabilendo al tempo stesso le forme documentarie di una nuova diplomatica signorile.[8]

In un tale contesto documentario, fluido e sprovvisto di regole rigide, le menzioni di cancelleria – dette anche menzioni *hors teneur* perché vengono aggiunte in basso, alla fine degli atti, da parte dei diversi estensori incaricati della stesura dell'atto – appaiono e scompaiono secondo logiche e percorsi complessi, talvolta intenzionalmente, talvolta per caso. È necessario precisare che, in questa indagine che muove qui i suoi primi passi, si è adottata una definizione estensiva della nozione di menzioni *hors teneur*, in modo da includervi un vasto spettro di segni che circondano gli atti. Faremo dunque riferimento, là dove ne abbiamo trovato le tracce e senza pretese di sistematicità, a due tipi diversi di menzioni o, più esattamente, ci interesseremo a due momenti della redazione degli atti in cui le menzioni, nel senso più ampio possibile del termine, giuocano un ruolo. Innanzitutto, includeremo fra le menzioni i segni apposti dai responsabili delle diverse tappe della redazione e della trascrizione degli atti, in questo caso quindi i cancellieri, i notai, i segretari, gli officiali, i consiglieri che hanno avuto un ruolo nella produzione stessa dell'atto. Definiremo questi segni "firme", non senza prudenza, visto che se sono costituiti da un nome, completo o in forma di una abbreviazione composta di una o più lettere, la loro autografia non è sempre certa. La loro presenza – o a volte la loro assenza – ci parla delle logiche interne delle cancellerie come della costruzione documentaria dell'autorità dei principi. In secondo luogo, si sono tenuti presenti i segni estranei al processo di produzione dell'atto, ma rivelatori di una logica interna del sistema

una prima introduzione a queste serie, si veda, per Milano, *Archivio di Stato di Milano*; per Ferrara, *Archivio di Stato di Modena*; per Mantova, Torelli, *L'Archivio Gonzaga*, I e Luzio, *L'Archivio Gonzaga*, II.

8. Bartoli Langeli, *Cancellierato*; in merito a questi temi, si vedano anche, per quanto in un contesto assai diverso, le considerazioni di Guyotjeannin, *Entre persuasion et révélation*.

istituzionale e/o documentario: nel primo caso, si può trattare delle tracce contabili della registrazione dell'atto, come nei registri milanesi di lettere patenti, dal momento che la registrazione è anche una fonte di entrate per il principe; nell'altro, si tratta degli indizi relativi all'ordine interno degli atti nei registri o ogni altro riferimento alle logiche di trascrizione delle lettere nei registri – per esempio la numerazione apposta alla base delle lettere *clausae* milanesi – ed eventualmente alle pratiche di ordinamento dei volumi in un *corpus* documentario integrato, come nei registri ferraresi di mandati. Un'indagine così flessibile ci permette di aprire diverse piste di ricerca; come spesso accade, ci lascia forse con più domande che risposte.

## 2. *Le menzioni alle* litterae clausae*: lettere e registri*

Alfio Rosario Natale definisce le *littere clausae* come delle lettere «destinate alla corrispondenza», in cui mittente e destinatario sono ben individuati.[9] Fra di esse, le *missive*, vale a dire le lettere inviate dalla cancelleria a nome del signore, talora sottoscritte, o scritte in parte o nella totalità da lui, nel Quattrocento sono copiate in volumi che oggi sono definiti da nomi diversi e per lo più tardi nei diversi archivi – copialettere a Mantova, registri delle missive a Milano, registri di lettere a Ferrara – ma che è qui più corretto riunire sotto la denominazione latina di *libri litterarum*, che si trova un po' ovunque le titolature antiche dei registri siano sopravvissute.[10] Queste lettere, che il principe o la principessa inviano ai loro officiali, ai loro sudditi o all'esterno, sono ricevute e variamente conservate da officiali, sudditi e comunità, altri signori e altri governi, che prevedibilmente rispondono a loro volta. Le loro lettere, pur essendo dello stesso genere di quelle che sono state loro indirizzate, sono, per i destinatari, delle *responsive* e la loro conservazione segue procedure diverse.

Se si attribuisce alle menzioni di cancelleria un ruolo nella costruzione sia dell'autenticità degli atti su cui sono apposte, sia della legittimità di tali atti e del potere che li emette nella misura in cui partecipano alla *mise en scène* di quest'ultimo,[11] allora occorre ammettere che la loro presenza

9. Natale, Stilus cancellariae, p. CXXVI; su queste forme documentarie, si vedano anche Bartoli Langeli, *La documentazione*, e Senatore, *«Uno mundo de carta»*, pp. 161-249.

10. Si veda il capitolo 3.

11. Si veda Canteaut, *Introduction*.

frequente sulle lettere *clause* originali e la loro registrazione episodica nei libri delle *missive* rispondono a una logica documentaria evidente: in questi documenti, la rappresentazione del potere all'esterno rappresenta un obiettivo ben più importante per il principe dei meccanismi di controllo interno degli atti. In più, il loro uso si combina con un numero crescente di tecniche di registrazione che derivano dalla costruzione di un sistema documentario efficace: si tratta di due tendenze, di due fenomeni distinti, ma strettamente legati.

## 2.1. *Le lettere originali*

Partiamo dalle lettere: il paesaggio delle menzioni di cancelleria è qui in parte diverso da quello offerto dai registri, anche se la varietà è di norma in entrambi i casi. La costruzione del potere principesco trova nelle lettere inviate agli altri governi – le lettere interne sono nella maggior parte perdute – un modo di affermare la propria autorità e il proprio potere all'esterno, soprattutto nel contesto italiano, in cui la legittimità dei principi alla fine del medioevo ha radici poco profonde.[12] La cartografia delle menzioni di cancelleria in basso nelle lettere disegna una geografia molto esplicita del potere del principe e ci racconta una storia interessante di prestiti e di imitazioni.

La sola dinastia che sviluppa dalla metà del Trecento un sistema coerente di menzioni di cancelleria è quella dei Visconti.[13] All'inizio, le menzioni sono scritte sull'esterno della lettera, sotto il girolo chiuso dal sigillo,[14] in forma di "firma" (fig. 1). Non diventano quindi visibili se non al momento in cui la cera secca e il girolo si stacca: si tratta qui di una procedura tutta interna alla cancelleria nel quadro delle sue pratiche di redazione degli originali.[15]

Ben presto però, a partire dal 1370 circa, i cancellieri del solo Galeazzo Visconti, a Pavia – Galeazzo e Bernabò hanno due cancellerie separate, a Pavia e a Milano – smettono di "firmare" sotto il girolo e cominciano a

12. Sulle lettere politiche e diplomatiche e sul loro ruolo nel processo di legittimazione dei poteri italiani, si veda Fubini, *Italia quattrocentesca*; Senatore, *«Uno mundo de carta»*; *Diplomazia edita* (in particolare Ferente, *Reti documentarie*), e Lazzarini, *Diplomazia rinascimentale*.

13. Sulla cancelleria milanese nel Trecento si veda Cau, *Lettere inedite viscontee*; Baroni, *La formazione*, e Ead., *La cancelleria*.

14. Si tratta di una strisciolina di carta utilizzata per chiudere la lettera.

15. Si vedano per esempio ASMn, AG, Corrispondenza estera, b. 1603, le lettere di Bernabò Visconti.

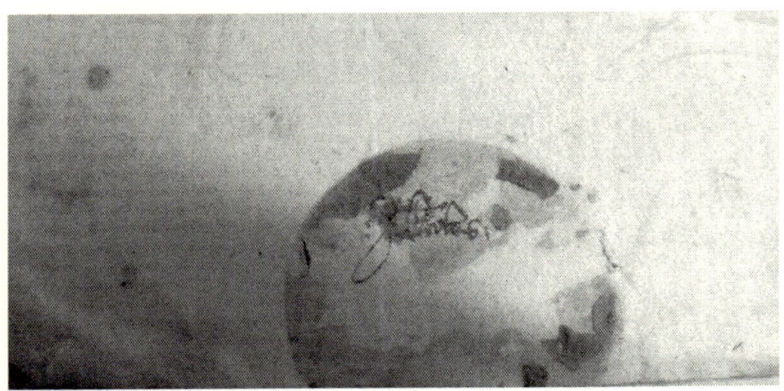

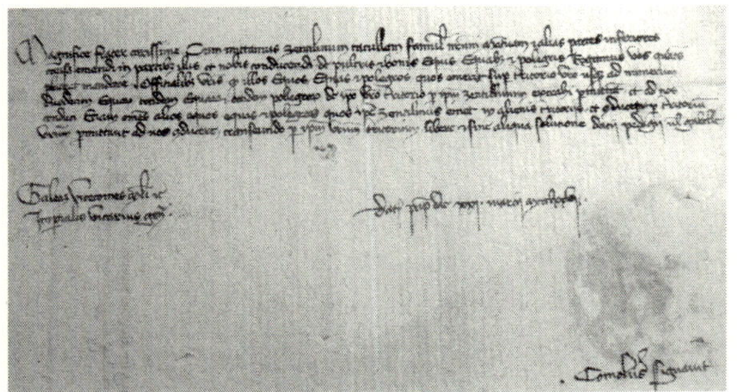

Fig. 1. "Firma" del cancelliere (*Ziliolus*) sotto il girolo, in una lettera di Bernabò Visconti, 1362, ASMn, AG, b. 1603.
Fig. 2. "Firma" del cancelliere (*Comolus signavit*) all'interno di una lettera di Galeazzo Visconti, 1376, ASMn, AG, b. 1605.

farlo all'interno della lettera, in un processo di affermazione visibile di una autorità di natura signorile (fig. 2).[16]

Gian Galeazzo eredita questo uso dal padre a partire dal 1385: la cosa diventa a tal punto abituale che in un registro ferrarese in cui sono copiate lettere inviate e ricevute, la "firma" del cancelliere è fedelmente riprodotta in basso a destra dopo il testo di una lettera del Visconti (fig. 3).[17]

I cancellieri dei duchi e delle duchesse continuano nel Quattrocento con regolarità su questa strada, accordando anche un'attenzione particolare all'estetica della loro "firma", attenzione che giunge, soprattutto nel caso dei cancellieri della duchessa Bianca Maria, a forme dall'eleganza deliberata,

16. Galeazzo II trasferisce la sua corte a Pavia nel 1366 (Leverotti, *La cancelleria dei Visconti*, p. 50). A proposito del carattere particolarmente "principesco" del progetto signorile di Galeazzo II, si veda Gamberini, *La città assediata*, pp. 243-270. Per qualche esempio di lettere di Galeazzo, si veda ASMn, AG, b. 1603 (*Milano*, 1376).

17. ASMn, AG, b. 1603 (*Milano*, 1385); per la copia imitativa ferrarese, si veda ASMo, Leggi e decreti, 1 (1392).

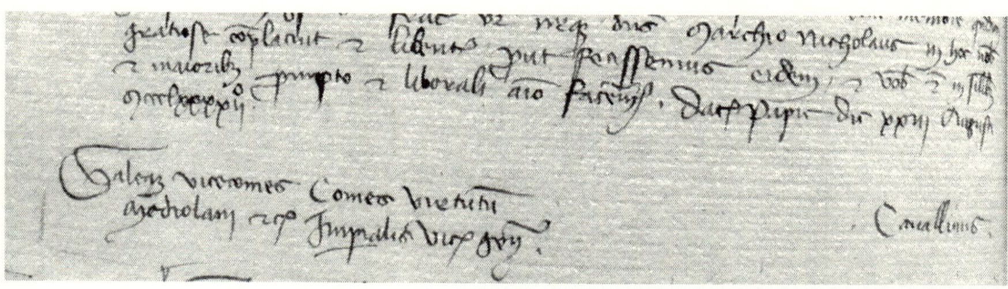

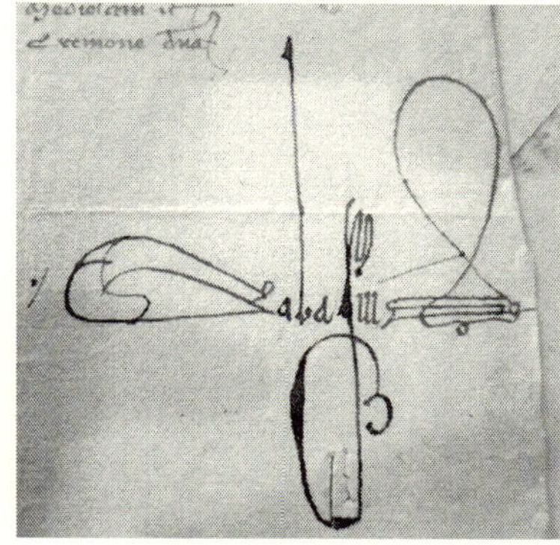

Fig. 3. Copia della "firma" del cancelliere (*Cavallinus*) al piede di una lettera di Gian Galeazzo Visconti, 1392, ASMo, Leggi e decreti, B. 1.
Fig. 4. "Firma" del cancelliere (*Galasius*) su di una lettera di Bianca Maria Visconti, 1462, ASMn, AG, b. 1607.

peculiare e facilmente riconoscibile (fig. 4).[18] Questa attenzione all'eleganza grafica finisce per influenzare anche i cancellieri del duca, compreso Cicco Simonetta, la cui "firma" non è però sempre autografa (fig. 5).[19]

La strutturazione della cancelleria milanese – che comincia a diventare visibile, per quel che ne sappiamo dalle lettere conservate altrove, nei primi anni del decennio 1440 – permette l'elaborazione di soluzioni più complesse: il testo è scritto da uno scriba per lo più anonimo; dopo la data topica e cronica, viene apposta da una seconda mano la nota *R*, seguita dalla "firma" del cancelliere responsabile della decisione, che ne effettua anche la registrazione in uno dei *libri litterarum* prima di completarne la

18. Nel caso dei cancellieri di Bianca Maria, si può a mio parere parlare di firme autografe: si veda, per qualche esempio soprattutto di mano di Galasso Carcassola, ASMn, AG, b. 1607 (per esempio, 1462). A proposito della cancelleria della duchessa, si veda Covini, *Tra patronage e ruolo politico*. La qualità eccezionale di queste firme meriterebbe un'indagine a parte: si vedano a questo proposito le osservazioni dulle firme dei notai della cancelleria regia di Francia di Jeay, *Signer en chancellerie*.

19. Per qualche esempio, ASMn, AG, b. 1607.

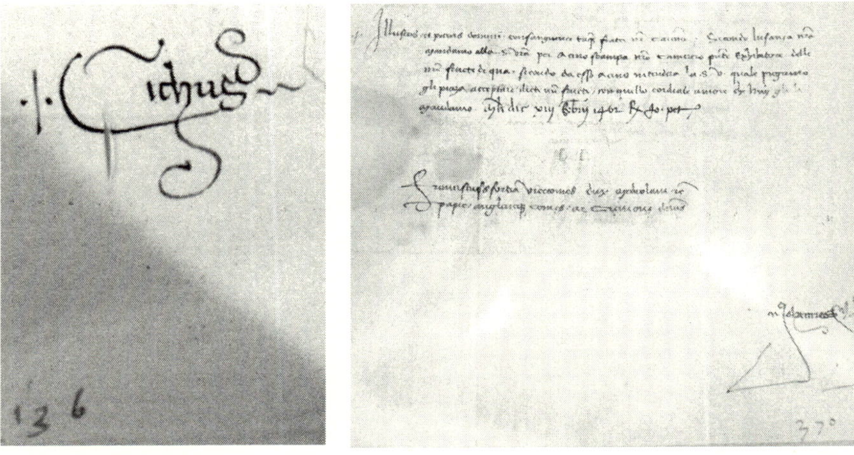

Fig. 5. "Firma" del cancelliere (*Cichus*) e numero di *folio* che rimanda al registro (136), 1462, ASMn, AG, b. 1607.
Fig. 6. Menzioni ai piedi di una lettera di Francesco Sforza, 1462: menzione dell'officiale responsabile (*relatione Jo. Petri*), "firma" del cancelliere (*Johannes*) e numero di *folio* che rimanda al registro (370), ASMn, AG, b. 1607.

spedizione; a destra in basso, una terza mano – a volte autografa – in un formato più grande, la "firma" del cancelliere incaricato della redazione del testo o della sua supervisione finale.[20] Negli anni 1450-1460, sotto la direzione di Cicco, le lettere del duca sono anche numerate: sul bordo destro, in basso, un numero in cifre arabe accompagnato a volte dalla nota *in f.*, *in fol.* o *in folio*, rinvia al numero della lettera nel registro corrente dove è stata trascritta (figg. 5 e 6). In questo caso, l'organizzazione delle scritture in un sistema documentario ordinato va di pari passo con l'affermazione del potere del principe grazie alla creazione, per tentativi successivi, di una nuova diplomatica principesca. Ma anche qui, le cose possono cambiare in fretta: alla morte di Francesco Sforza, seppure sotto la direzione dello stesso Simonetta, la menzione di colui che ha registrato la lettera, come il piccolo numero in fondo alla lettera, scompaiono definitivamente.[21]

20. Sui primi indizi di una specializzazione della cancelleria viscontea, si veda Leverotti, *La cancelleria dei Visconti*, pp. 48-49; sui cancellieri di Filippo Maria, si veda Baroni, *I cancellieri*.

21. ASMn, AG, b. 1607 (*Milano*; si veda per esempio la lettera 201, mandata da Milano il 13 febbraio 1462 da Francesco Sforza a Ludovico Gonzaga). A proposito della

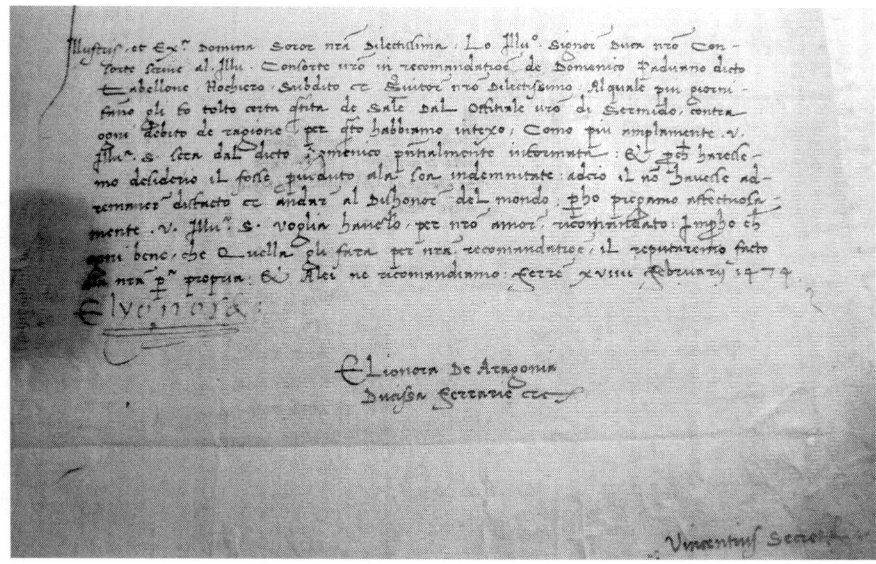

Fig. 7. Firma autografa della duchessa (*Elyonora*), cui si aggiunge la "firma" del segretario (*Vincentius secretarius*) in una lettera di Eleonora d'Aragona, duchessa di Ferrara, 1474, ASMn, AG, b. 1182.

Negli anni Novanta del Trecento, le lettere dei marchesi d'Este presentano la "firma" di un cancelliere – limitata alla semplice iniziale del nome – all'angolo inferiore destro.[22] Ma nemmeno qui si assiste allo svilupparsi di un modello semplice: a partire dall'età di Leonello (1441-1450), la menzione del cancelliere scompare, per riapparire sotto Ercole ed Eleonora (1471-1505), molto spesso duplicata, per l'influenza delle pratiche aragonesi, dalla sottoscrizione autografa dei principi (fig. 7).[23]

coabitazione fra sperimentazioni e tradizione, regole e improvvisazione nelle cancellerie quattrocentesche, si veda Lazzarini, *Power beyond the rules*.

22. Per qualche esempio, si veda ASMn, AG, b. 1180 (*Ferrara*).

23. A proposito dell'influenza aragonese sulle cancellerie di Ferrara, ma anche di Mantova (a seguito del matrimonio di Francesco Gonzaga con Isabella d'Este, a sua volta figlia di Eleonora di Ferrante d'Aragona) si veda qui il capitolo 5; in merito agli autografi dei re di Napoli, si veda anche Senatore, Montuori, *Ritratto di Ferrante*, e Senatore, *Les mentions*. Per qualche riferimento all'Aragona, si veda Gimeno Blas, *Escribir, reinar*, e Beauchamp, *Les mentions*. Per la Francia, si veda Jeay, *La naissance*; per un discorso più generale, si veda infine Docquier, *Le document autographe*.

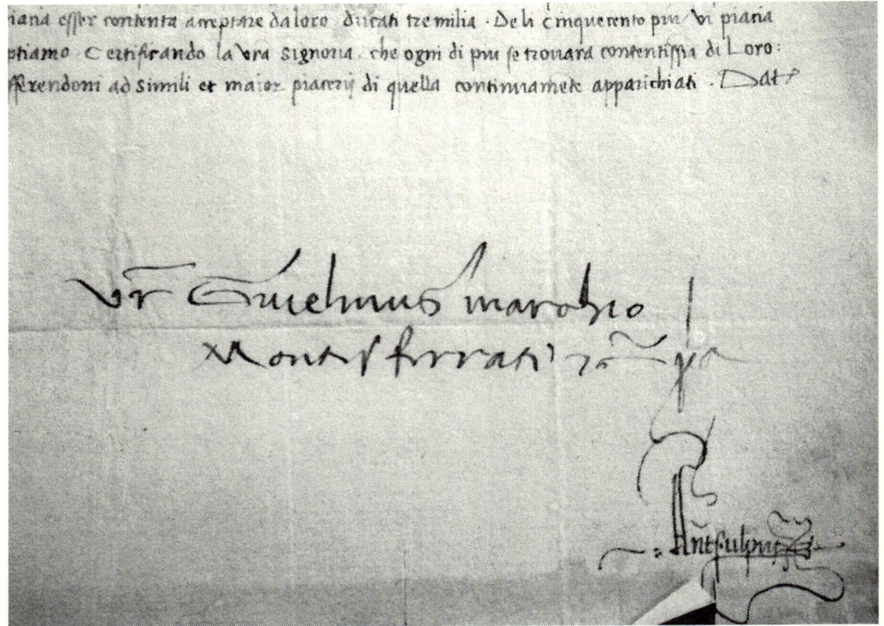

Fig. 8. Firma autografa del marchese (*vester Guielmus marchio Montisferrati et cetera manu propria*), cui si aggiunge la "firma" di un segretario (*Antoinius Vulpus*), in una lettera di Guglielmo VIII, marchese di Monferrato, 1479, ASMn, AG, b. 740.

Gli altri signori minori dell'Italia settentrionale nel Trecento non utilizzano menzioni: i Gonzaga, i Malatesta, i Montefeltro, che al contrario di Scaligeri e Carraresi sopravvivono al volgere del Quattrocento, non le utilizzano che più tardi, dopo la metà del Quattrocento quando non alla fine del secolo. Questo ritardo riflette la lentezza dell'adozione di una pratica di prestigio che non appartiene alla tradizione scritturale – o all'identità dinastica e territoriale – di queste signorie minori di origine urbana. Le menzioni di cancelleria o dei segretari fanno la loro apparizione così tardi che confluiscono, talora in modo antagonistico, con la pratica regia della sottoscrizione autografa del sovrano stesso, pratica molto tardiva in tutti i principati settentrionali.[24] Le

24. Per qualche esempio, ASMo, Mantova 1; ASMn, AG, bb. 1080-1081 (*Malatesta*); *ibidem*, b. 1066 (*Montefeltro*); *ibidem*, b. 1590 (*Padova* [da Carrara]); *ibidem*, b. 1594 (*Verona* [della Scala]). Le cancellerie delle minori signorie italiane non hanno ricevuto

dinastie alpine utilizzano al contrario con continuità le menzioni dei segretari – in Savoia – e di cancellieri o di segretari – in Monferrato, forse sotto l'effetto di una influenza venuta dalla Francia o dall'Oriente latino (fig. 8).[25]

Ultimo caso, il più sofisticato: i re aragonesi di Napoli. Nelle lettere di Alfonso il Magnanimo si trovano chiari caratteri iberici: le clausole di mandato per esempio, che sono visibili sotto il girolo e il sigillo (fig. 9).[26] Sotto Ferrante, che è nato in Spagna, ma è cresciuto a Napoli, la cancelleria aragonese si lancia nella creazione di atti ibridi, mantenendo in modo intermittente nella struttura della lettera di cancelleria italiana qualche tratto iberico, come la menzione del destinatario, a caratteri minuscoli, lungo il bordo in basso della lettera (fig. 10).[27]

## 2.2. *I registri*

Se passiamo ai registri, l'apparizione nei copialettere – o piuttosto nei *libri litterarum* [*clausarum*] – di segni apposti dai diversi professionisti della scrittura che prendono parte sia alla redazione delle lettere, sia, poi, alla loro registrazione, è in generale un fenomeno poco diffuso e dallo sviluppo discontinuo, anche se le centinaia di registri milanesi di età sforzesca sono ancora da investigare in modo sistematico.

### a. *Il Trecento (Mantova, Ferrara)*

Tenuto conto del fatto che i registri del Trecento sono prodotti documentari rari, eterogenei e in costante evoluzione, e che occorrerebbe considerarli uno a uno,[28] la presenza di menzioni *hors teneur* è sporadica.

un'attenzione sistematica soprattutto a causa della loro grande dispersione. Qualche informazione sui Malatesta in *Nell'età di Pandolfo*; per i marchesi, poi duchi di Montefeltro, si veda *Federico da Montefeltro*; sulle cancellerie dei signori veneti, Sancassani, *Cancelleria e cancellieri*; Gallo, *Appunti*, e Varanini, *"Al magnifico e possente segnoro"*.

25. ASMn, AG, b. 740 (*Monferrato*) e b. 729 (*Savoia*). In merito alla cancelleria sabauda, si veda Castelnuovo, *Cancellieri e segretari*, e Id., *Les officiers princiers*; per il Monferrato, si veda Del Bo, *Uomini e strutture*, pp. 97-122.

26. ASMn, AG, b. 802.

27. Si veda anche ASMo, Napoli 1-2; si rimanda, per ben altra profondità e ampiezza, a Senatore, *Les mentions*; sulla clausola di mandato, si veda Beauchamp, *Les mentions*. Sulle pratiche di cancelleria dei re aragonesi di Napoli, si veda anche Senatore, *Ai confini*

28. A Mantova non resta, per il Trecento, che un gruppo di tre registri di copialettere (1340-1362), seguiti da un solo registro diviso in due per il 1400-1401: ASMn, AG, Copialettere, b. 2881, regg. 1-3 e 4-5; *Copialettere e corrispondenza gonzaghesca*. A Ferrara, i registri di cancelleria del Trecento hanno una fisionomia assai fluida, e la loro analisi è complicata dalle disavventure della conservazione successiva, che hanno portato a rile-

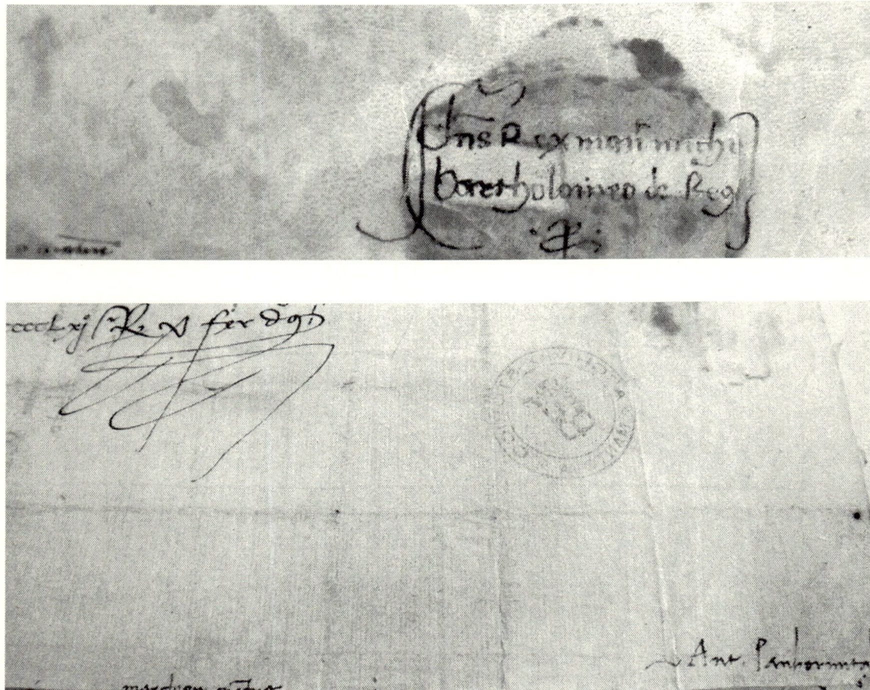

Fig. 9. Clausola di mandato (*Dominus rex mandavit michi Bartolomeus de Recaneto*) con la menzione della collazione dell'originale (*probatum*) e menzione del destinatario in una lettera di Alfonso il Magnanimo, 1449, ASMn, AG, b. 802.
Fig. 10. lettera di Ferdinando I, re di Napoli, accompagnata dalla sua firma autografa (*rex Ferdinandus*), da quella di un segretario (*Antonius Panormita*) e, in basso, dal nome abbreviato del destinatario (*marchioni Mantue*), 1461, ASMn, AG, b. 802.

Le menzioni rivestono principalmente due forme: d'una parte, il nome abbreviato (la sigla) del cancelliere responsabile dell'atto fa apparizione in modo episodico (fig. 11);[29] dall'altra, qualche rara menzione fa riferimento

gare insieme oggetti documentari diversi in uno stesso volume: quel che si può dire è che disponiamo di quattro "registri" del Trecento che contengono qualche *littera clausa*, alle segnature ASMo, Leggi e decreti, A.1 (1363-1381), A.3 (1393-1404), B.1 (1379-1393) e B.2 (1393-1400). Su questi registri, si rimanda qui al capitolo 3.

29. Lazzarini, *Pratiques d'écriture*, pp. 84-86.

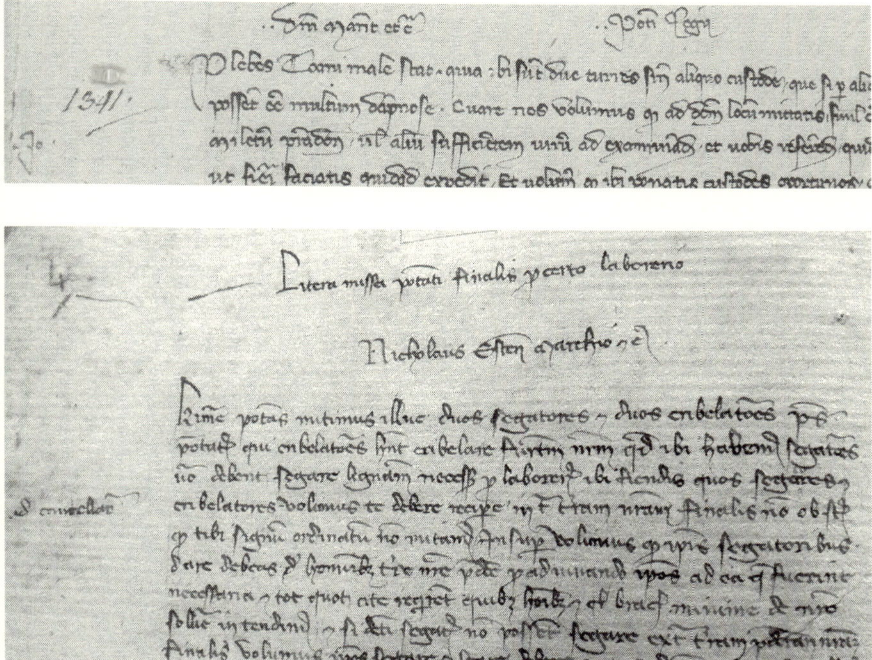

Fig. 11. Menzione a margine del nome abbreviato del cancelliere (*Johannes*) in un copialettere mantovano, 1341, ASMn, AG, Copialettere, b. 2881, reg. 1, c. 22.
Fig. 12. Menzione a margine *ad cancellariam* in un registro ferrarese, 1363, ASMo, Leggi e decreti, A.1, c. 4v.

agli offici piuttosto che agli uomini (*ad cameram*, *ad cancellariam*), come nel più antico registro superstite a Ferrara (fig. 12).[30]

b. *Il Quattrocento (Milano, Mantova, Ferrara)*

Nel Quattrocento, la presenza di menzioni di cancelleria, in forme a volte molto articolate, guadagna in regolarità, ma non perde del tutto il suo carattere episodico. I registri di lettere *clause* si moltiplicano nel quadro di un processo generale di differenziazione che porta alla costituzione di

30. Di Pietro, *La cancelleria degli Estensi*.

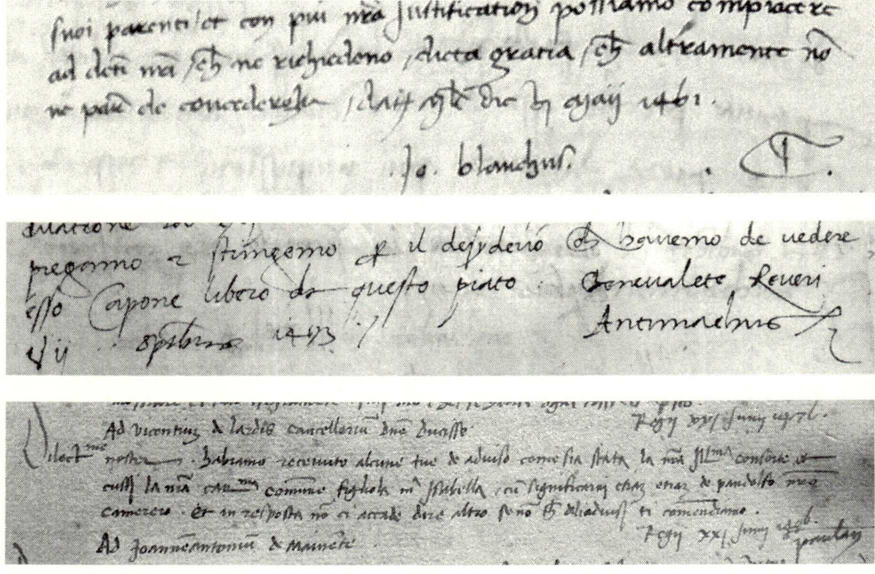

Fig. 13. "Firma" del cancelliere responsabile (*Johannes Blanchus*) e sigla del segretario (*Cicchus*) in un registro milanese di *litterae clausae*, 1461, ASMi, RM 50, c. 388.
Fig. 14. "Firma" del segretario (*Antimachus*) in un registro mantovano di *litterae clausae*, 1493, ASMn, AG, Copialettere, b. 2905, reg. 148, c. 37.
Fig. 15. "Firma" del cancelliere (*Paulantonius*) in un in un registro ferrarese di *litterae clausae*, 1476, ASMo, Leggi e decreti, C. 4, c. 118.

registri specializzati e paralleli, la cui coerenza interna è ormai forte.[31] Le menzioni di cancelleria vi appaiono in modo più regolare, ma – ciò detto – la varietà resta la regola. Il processo di uniformazione dei registri in effetti non è generalizzato, che si sia a Milano, dove pure Cicco Simonetta cerca di imporre una sistematizzazione dei volumi e, in generale, del lavoro della cancelleria segreta e delle sue diverse branche,[32] o a Ferrara, che, all'opposto, offre l'esempio di un sistema documentario fluido e frammentato.[33] In un contesto così diversificato, la pratica prevalente, che consiste nell'apporre, a fianco di ogni testo trascritto nel registro, la "firma" del segretario

31. Dettagli al capitolo 3.
32. Leverotti, *«Diligentia»*.
33. Valenti, *Note storiche*; Dallari, *Inventario*.

che ha composto la lettera o del cancelliere che l'ha registrata, non conosce uno sviluppo lineare. D'un lato, assistiamo a periodi di controllo della registrazione apparentemente deliberata, coerente e talvolta sofisticata: a Milano è l'età di Cicco Simonetta (1450-1478) (fig. 13);[34] a Mantova, sono gli anni 1450-1460, in cui le menzioni di cancelleria compaiono tuttavia solo nelle lettere interne e sono dovute all'intervento di un consigliere del *consilium domini*, e non di un cancelliere, e di nuovo negli anni Novanta, allorché i segretari Matteo Antimaco o Jacopo Probo d'Atri "firmano" tutte le lettere e la loro registrazione (fig. 14);[35] a Ferrara, è l'età di Ercole (1471-1505), che in generale è il solo periodo che presenta una qualche regolarità nell'uso dei copialettere (fig. 15).[36]

A queste fasi corrispondono periodi di assenza pressoché totale di menzioni *hors teneur* nei registri di lettere *missive*. Ci si può chiedere se questa assenza dei registri va di pari passo con l'assenza nelle lettere originali: la collazione di campioni documentari (le quantità a questo punto sono notevoli) sembra indicare una corrispondenza strutturale, ma anche delle divergenze. Queste ultime ci danno indicazioni preziose: l'assenza parla a sua volta, e ci racconta una storia di negligenze, di abitudini, forse di mancanza di interesse.

## 3. *Le menzioni sulle* litterae patentes*: registri e lettere*

Il secondo gruppo di registri e di lettere che ci interessano qui comprende in realtà un grande numero di categorie documentarie: le lettere patenti infatti esprimono l'autorità del principe *de plenitudine potestatis* grazie all'inclusione di un atto di autorità di ampiezza variabile in un testo al tempo stesso flessibile e complesso, dalla forma ancora sperimentale nella maggior parte dei casi.[37] Nel concreto, comprendono un vasto spettro di atti in forma di lettera pubblica che stabiliscono ed esprimono pubblicamente la volontà del principe: dalle concessioni (di cittadinanza,

34. Su Simonetta – e sulla sua ossessione per l'ordine (dei testi, dei libri, degli uomini, delle cose) – si veda Simonetta, *Rinascimento segreto*; Lazzarini, *Power beyond the rules* e da ultimo Covini, *Potere, ricchezza e distinzione*.

35. Lazzarini, *Pratiques d'écriture*, pp. 98-106. Su Antimaco e d'Atri, si veda Herold, *Mattheo Sacchetti*; Coniglio, *La politica*.

36. ASMo, Leggi e decreti, C.13 (1498-1500).

37. Natale, Stilus cancellariae; Guyotjeannin, *Entre persuasion et révélation*.

di tratta, di porto d'armi) alle *littere familiaritatis*, dalle nomine agli offici alle esenzioni, dalle grazie ai *mandata*. In questo senso, il crescente ricorso alla concessione di una disposizione di grazie, vale a dire di un privilegio derogatorio enunciato nella forma di una lettera patente, alimenta i circuiti di costruzione del consenso al signore e al tempo stesso stabilizza le forme documentarie di una nuova «diplomatica signorile».[38]

La conservazione di queste lettere in originale è molto problematica: in generale, non disponiamo che della loro versione registrata da parte della cancelleria emettente. Le diverse categorie di lettere patenti possono sia essere incluse in un solo registro, sia dare vita a registri diversi; i *métissages*, le soluzioni miste, le innovazioni parziali, i compromessi sono la maggioranza, soprattutto sino alla metà del Quattrocento.

Le lettere *patentes* riguardano due contesti distinti del potere sovrano: il controllo delle risorse – i beni, gli individui, il denaro – e l'imposizione dell'autorità del principe sui suoi sudditi – la giustizia, la mobilità geografica e sociale. Il controllo della cancelleria su queste pratiche d'autorità è dunque cruciale per l'esistenza stessa del potere del principe e si manifesta anche grazie all'apparizione precoce e regolare delle menzioni di cancelleria in queste scritture. Ciò detto, la, o le cancellerie non sono i soli organismi che entrano in giuoco nel processo documentario di emissione e di registrazione degli atti del principe o della principessa: consiglieri, officiali camerali e officiali giudiziari intervengono a un momento dato nella discussione di una richiesta di grazia, di una supplica giudiziaria, di una esenzione fiscale.[39] I registri di *litterae patentes* possono dunque offrirci una panoplia completa di situazioni, che vanno dalla stratigrafia delle diverse procedure di elaborazione della volontà sovrana nei registri di concessioni e di privilegi sino all'assenza di menzioni nei registri delle *litterae officiorum*. In effetti questi ultimi, dalla traiettoria diplomatistica e dalla storia documentaria specifica, non presentano di solito alcuna menzione, anche perché divengono rapidamente una sintesi sommaria delle nomine.[40]

38. Covini, *«De gratia speciale»*; Leverotti, *«Governare»*. Per questi temi in dettaglio, si veda il capitolo 3.

39. Leverotti, *«Governare»*; Covini, *La trattazione*; Lazzarini, *Il diritto urbano*.

40. L'eccezione è Ferrara: il registro ASMo, Leggi e decreti, A.4 (1405-1414) è un registro di lettere di nomina agli offici camerali cui sono mescolate le lettere *missive* e *responsales* scambiate fra il marchese Niccolò III e il suo fattore generale. In questo registro, probabilmente sotto l'influenza delle lettere *clausae*, troviamo menzioni di can-

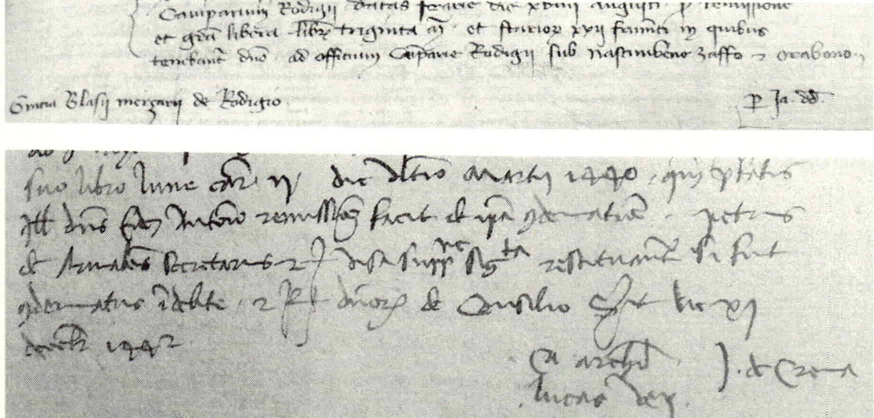

Fig. 16. Menzione *per Jacobum Dondedeum* in un registro ferrarese, 1396, ASMo, Leggi e decreti, A. 2.
Fig. 17. Menzione *hors teneur* in un registro mantovano di *decreta*, 1442, ASMn, AG, Decreti 10, c. 135v.

## 3.1. *Il Trecento*

La natura fluida dei registri del Trecento confonde le cose, mescolando lettere *patentes* e lettere *clausae* negli stessi volumi. Ma a partire dalla fine del Trecento, là dove si possono seguire i primi passi dell'apposizione di menzioni *hors teneur*, come a Ferrara – dove un episodio precoce intorno al 1396 non dà purtanto vita a una pratica regolare[41] (fig. 16) – si constata una tendenza sempre più marcata ad apporre delle menzioni di cancelleria a lato delle lettere patenti registrate.

## 3.2. *Il Quattrocento*

Nel Quattrocento, la pratica si generalizza nei tre principati superstiti di cui ci occupiamo: le menzioni di cancelleria nei registri di *decreta*, *mandata*, *gride* o di *litterae justicie* sono un elemento standard, presentando la "firma" del responsabile della *jussio* consegnata nell'atto e/o il nome di

celleria anche a fianco delle lettere *patentes* di nomina. Sui *libri officiorum* si vedano qui i capitoli 1 e 3.

41. ASMo, Leggi e decreti, A.2.

costui nella forma *relatione domini X de consilio* o *relatione magistri Y*, il tutto seguito eventualmente dalla "firma" del cancelliere o del segretario che è nel concreto responsabile della redazione dell'atto (fig. 17).[42]

a. *Milano*

Tuttavia, una differenza evidente separa, almeno a partire dalla metà del Quattrocento, il ducato di Milano dai principati minori: la differenza di taglia dei diversi domini si riflette infatti anche sulle modalità di redazione e di registrazione degli atti d'autorità. Sappiamo che a Milano la cancelleria segreta di Francesco Sforza inizia, a partire dagli anni 1451-1454, a distribuire il compito di redigere i diversi tipi di lettere *patentes* a segretari specifici, che scelgono in autonomia i propri collaboratori e che sono regolarmente responsabili della redazione degli atti di loro competenza. La prima di queste branche semi-autonome a formarsi è la cancelleria ai benefici ecclesiastici, seguita dalla cancelleria giudiziaria; l'ultima a emergere è la cancelleria finanziaria; la cancelleria politica rimane sotto l'autorità di Cicco Simonetta e si occupa delle questioni più propriamente politiche, tanto esterne quanto interne.[43] Il processo è ben più fluido di quanto è riassunto qui: la trasformazione conosce infatti negli anni 1450-1460 accelerazioni e ritorni alla situazione precedente e non è che a partire dalla fine degli anni Ottanta del Quattrocento che la formalizzazione dell'autonomia delle diverse branche della cancelleria ducale originaria sembra divenire un fatto compiuto.[44]

La ricostruzione dell'attività della cancelleria milanese, come pure abbiamo ricordato sopra, è inoltre complicata da una serie di vicissitudini archivistiche. La celebre frattura documentaria dovuta alla morte di Filippo Maria Visconti comporta la dispersione degli archivi ducali milanesi nel 1447 e obbliga Francesco Sforza, nei primi anni Cinquanta, a un difficile processo di re-invenzione delle pratiche di cancelleria, come della tipologia e del riordinamento degli atti.[45] Inoltre, questa re-invenzione antica si combina agli sforzi condotti molto tempo dopo, a partire da Luigi Fumi (direttore dell'archivio milanese dal 1907) per ricostruire la struttura ori-

42. Bell'esempio in ASMn, AG, Decreti 10, c. 135v (1442): «visa supplication signata – restituatur si fuit condemnatus indebite – et relatione dominorum de Consilio scripta die XI decembris 1442», seguita dalle "firme" dei consiglieri («Carolus achidiaconus, Lucas Vernacii, Johannes de Crema»).

43. Leverotti, *«Diligentia»*, e Ead., *La cancelleria segreta*.

44. Covini, *La trattazione*: sviluppi ricapitolati – con la bibliografia relativa – qui nel capitolo 3.

45. Lazzarini, *Power beyond the rules*.

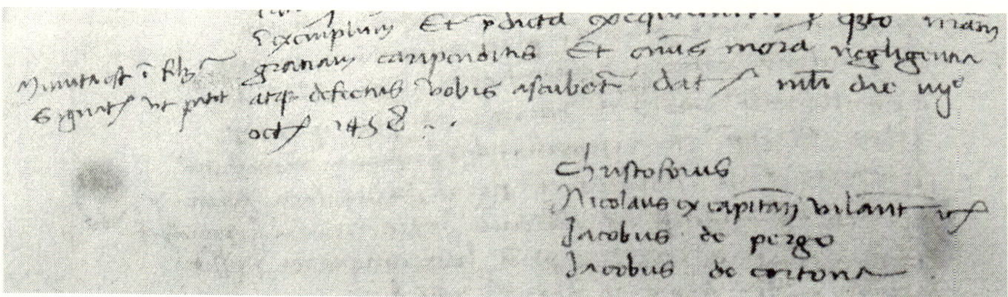

Fig. 18. Menzione a margine della supplica (*minuta est in filza signata ut patet*), in un registro milanese di *litterae patentes*, 1458, ASMi, RM 40.

ginaria dei fondi dopo che la direzione di Luca Peroni (1812-1832) aveva disperso e riordinato i documenti antichi in classi di materie secondo una logica di natura settecentesca ed enciclopedica.[46] Nel Novecento, i registri di cancelleria sono dunque raccolti in due grandi serie, i *Registri ducali* e i *Registri delle missive*: si tratta di uno sforzo altamente meritorio, ma che finisce inevitabilmente per rivelarsi non sempre affidabile.[47] In particolare i registri delle lettere *patentes*, a causa della loro natura più eterogenea e complessa, hanno finito per essere raccolti, non senza irregolarità, sia fra i *Registri ducali*, sia fra i *Registri delle missive*: in generale i registri di concessioni del duca, ma anche della duchessa – almeno di Bianca Maria – e i *libri officiorum* sono fra i *Registri ducali*; i registri di giustizia e i pochi registri della cancelleria finanziaria sono fra i *libri litterarum* (*clausarum*) che compongono la maggior parte dei *Registri delle missive*.[48]

Ciò detto, la specializzazione della cancelleria, anche con le fluttuazioni che si sono sottolineate, semplifica le menzioni trascritte accanto agli atti registrati, trasformandole in modo più essenziale delle loro equivalenti mantovane, dove si sente ancora la necessità di apporre su ogni atto tutti i segni che testimoniano della totalità del processo di decisione, emissione

46. A proposito di questa storia di dispersioni e di riordini successivi, si veda per la prima fase Leverotti, *L'archivio dei Visconti*, e per la seconda la raccolta *Archivi e archivisti*, in particolare Natale, *Sommario*, e Fumi, *Relazione*.

47. Gli inventari dattiloscritti sono: ASMi, Sforzesco, Inventario Registri ducali; Inventario Registri delle missive; per dettagli, si rimanda qui al capitolo 10.

48. Il processo di ricostruzione delle serie ducali, anche nella loro forma storica più fedele possibile, sovrappone una pesante griglia di lettura al paesaggio documentario. Si veda, a proposito delle grazie, quanto scrive Covini, De gratia speciali, pp. 194-195.

e registrazione (menzioni dei consiglieri, dei segretari, dei cancellieri o dei notai). Un esempio fra gli altri, il caso dei registri della cancelleria dell'auditore di giustizia, che si occupa dei casi giudiziari, delle grazie per omicidio, delle ingiunzioni contro i debitori e i fuggitivi.[49] Le lettere di giustizia sono indirizzate agli officiali competenti: sul margine esterno del registro è indicato il nome dell'individuo di cui si tratta e che rappresenta il beneficiario del mandato (*pro N.*); la "firma" completa del cancelliere è quasi sempre assente, come anche qualsiasi riferimento all'officiale responsabile del contenuto dell'atto, per lo più l'auditore stesso. A partire dalla fine degli anni Cinquanta (la cancelleria di giustizia funziona dal 1450 al 1464, e poi di nuovo a partire dal 1468), accanto al beneficiario del mandato compare sempre più spesso una menzione che rinvia alla supplica che ha fatto partire la procedura, di cui si ricorda che è in filza (fig. 18). La specializzazione nelle diverse branche rende dunque meno necessario l'uso regolare e articolato delle menzioni.

b. *Mantova e Ferrara*

A Mantova, gli stessi registri contengono tanto le lettere di giustizia che le concessioni diverse o le esenzioni: è dunque necessario, per ragioni interne al registro, trascrivervi le menzioni *hors teneur* relative agli officiali o al cancelliere, secondo una struttura standardizzata che non conosce cambiamenti maggiori durante l'intero Quattrocento (figg. 19 e 20).[50]

A Ferrara, il paesaggio offerto dai registri delle lettere *patentes* è talmente frammentato e indistinto che una qualunque conclusione sulle menzioni di cancelleria è ancora prematura. I registri ferraresi formano una

49. Secondo le ricerche recenti di Nadia Covini, i registri dell'auditore sono: ASMi, RD 98, 126, 130, 131, 132, 133, 154, 155, 161, 162, 166, e RM 8, 10, 11, 17, 22, 23, 24, 27, 28, 30, 31, 35, 36, 40, 41, 45, 49, 56, 66. Il RM 56 è un copialettere personale dell'auditore, Angelo Cappellari da Rieti, come il RD 96 lo è del predecessore di da Rieti, Giovanni Cressolini da Amelia: Covini, *La trattazione*, pp. 113-114.

50. Due esempi saranno sufficienti: si tratta di due *decreta* in risposta a una supplica per una grazie. Nel 1407, la formula è normalmente *script*[*um*] *per Bartolomeum Bonattum* [...] *relatione dominorum de consilio et visa prius supplicatione signata manu domini per «fiat jus per judicem daciorum»*, seguita, nell'originale, dalle "firme" di Bonatti, il cancelliere, e di Antonio Nerli, abate di S. Andrea e uno dei consiglieri (ASMn, AG, Decreti 1, c. 19, 26 maggio 1407: fig. 19); nel 1506 la formula standard è *Johannes Franciscus Tridapaleus secretarius ad mandatum domini marchionis relatione magnifici domini Ptolomei primi secretarii*, seguita dalle "firme" di tre consiglieri (*Subsignatum: Stephanus Archipretus, comes Otto, Ptolemeus*) e, in fondo a destra, del primo segretario (*Fridericus Malatesta*; ASMn, AG, Decreti 33, c. 126, 11 aprile 1506: fig. 20).

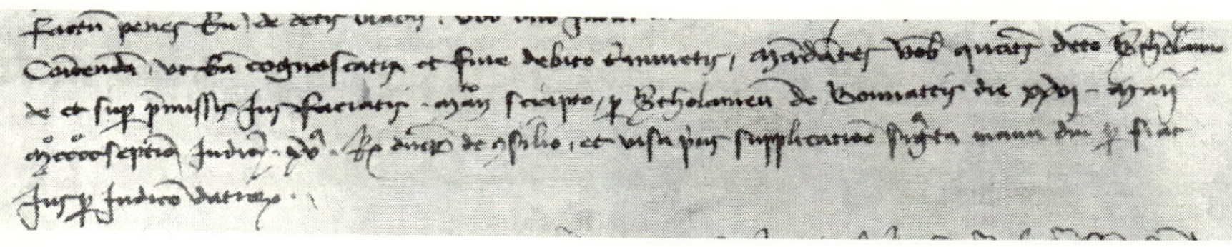

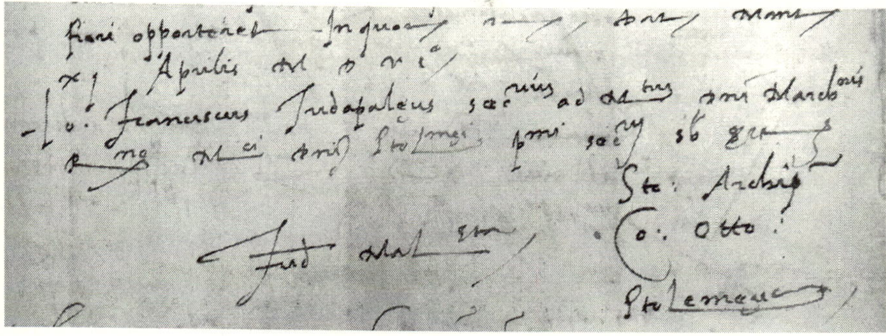

Figg. 19-20. Menzioni *hors teneur* in registri mantovani di *decreta*, 1407, ASMn, AG, Decreti 1, c. 19; 1506, ASMn, AG, Decreti 33, c. 126.

serie diseguale, discontinua e talora ridondante sul piano cronologico, di volumi dalle modalità di composizione diverse e dal formato differente, che hanno in qualche caso subito ricomposizioni artificiali: riuniscono, senza distinzione, testi diversi che sono tuttavia tutti lettere di cancelleria, sia *clausae*, sia *patentes*.[51] Probabilmente a partire dagli anni di Leonello, ma senz'altro nell'età di Borso, il gruppo di registri raccolti nella serie Leggi e decreti B si specializza progressivamente come sequenza di registri di *decreta*, vale a dire di mandati individuali: la loro successione – come ci è pervenuta – si rivela irregolare, ma la loro struttura si precisa. In questi registri le menzioni sono quasi sempre assenti; all'inverso, i rinvii da un volume all'altro vi sono frequenti (fig. 21).[52] La serie B comprende

51. Si veda qui il capitolo 3.

52. ASMo, Leggi e decreti, B.6 (1447-1454: Leonello e Borso); B.7 (1454-1460: Borso); B.12 (1486-1489: Ercole); B.14 (1505: Alfonso I); B. 15 (1505: Alfonso I); B. 16 (1506: Alfonso I); B.17 (1506: Alfonso I). I rinvii sono a mandati precedenti (B.6, c. 166, la *confirmatio decreti comunis et hominum Castellarani*, senza data ma dell'epoca di Borso, lascia nella pagina lo spazio per il testo di un mandato di Leonello registrato, secondo una nota a margine, in un libro «decretorum inchoatum 1442, ubi ad c. 5 invenies hoc decretum de quo

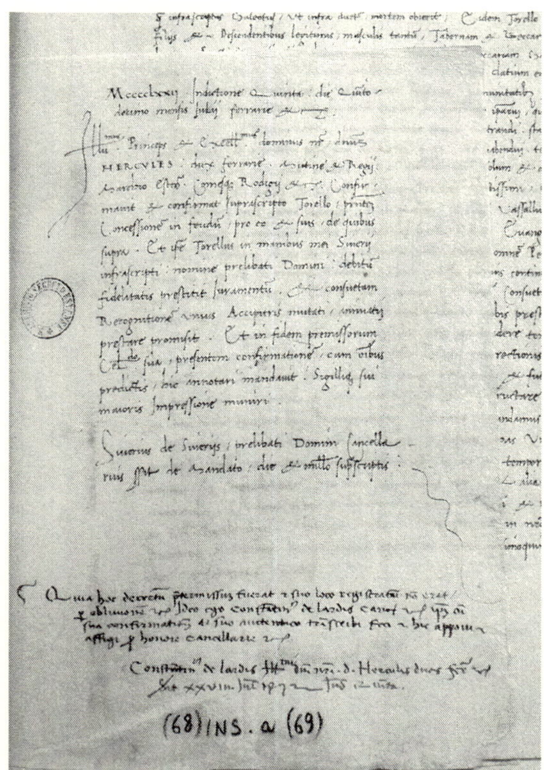

Fig. 21. Segnalazione del cancelliere di Ercole d'Este, Costantino de Lardi, di una inserzione a posteriori in un registro di decreti, 1472, ASMo, Leggi e decreti, B. 7, c. 69.

anche, a partire dal 1453 e con una sola rottura di continuità, un gruppo di registri di *archetypa*, vale a dire di minute originali, che coprono il ducato

in presenti decreto fit mentio»), o a conferme successive (B.7, gli statuti dei *casari* di Ferrara [1456] vengono inseriti all'altezza della c. 21 e una nota a margine raccomanda di «require aliud decretum huius artis et universitatis sibi concessum per magnificum dominum nostrum dominum Erculem ducem etc., de quo apparet in libro adamantis 1472, indictione quinta, die 27 julii»).Talvolta sono presenti inserzioni *a posteriori* dovute all'assenza ingiustificata del testo al suo posto originale (B.7, all'altezza della c. 69, nel 1472, il cancelliere Costantino de Lardis ha fatto copiare un decreto perduto «quia hoc decretum pretermissum fuerat et suo loco registratum non erat per oblivionem etc. Ideo ego Constantinus de Lardis, cancellarius et cet., ipsum cum sua confirmatione a suo auctentico transcribi feci et hic apponi affigi pro honore cancellarie et cet. Constantinus de Lardis illustrissimi domini nostri domini Herculis ducis Ferrarie et cet., die XXVIIII iulii 1472, indictione quinta») (fig. 21).

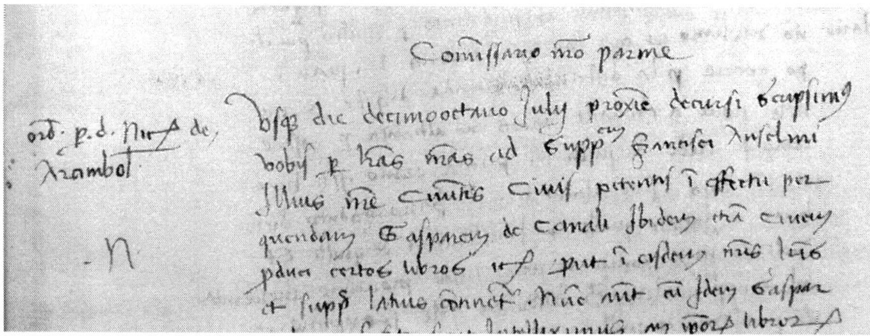

Fig. 22. Menzione finanziaria (*ordinatum per dominum Nicolaum de Arcimboldis, nihil*) in un registro milanese, 1458, ASMi, RM 40, c. 11.

di Borso e una parte di quello di Ercole.[53] Questi registri sono composti di *quaterni* di minute, fra i quali sono stati inseriti e rilegati più tardi numerosi *dossiers* di lettere e di suppliche originali. Su alcune di queste ultime, la mano del referendario Ludovico Casella appone i segni usuali dell'*iter* delle suppliche, dandoci anche qualche esempio di menzioni prodotte a uno stadio intermedio del processo documentario: non si tratta qui né dei segni apposti sulle lettere inviate ai destinatari della grazie o della concessione, né di quelli che troviamo nei registri in cui si trascrive la decisione del principe, ma di note interne di lavoro inserite dai cancellieri nel testo della supplica ricevuta in cancelleria.[54] All'estremo opposto, il registro di mandati di Ercole degli anni 1486-1489, che forma un volume omogeneo, ci dà un'idea della versione *in mundo* di questo processo: in questo prodotto finale, un registro la cui eleganza testimonia di un interesse preciso per le forme più che per i meccanismi del potere, ogni traccia eventuale delle menzioni *hors teneur* è scomparsa.[55]

Ultimo rilievo: nei registri milanesi, sul margine sinistro, eventualmente accanto al nome del beneficiario della lettera e talvolta della nota *supplicatio est in filza*, si trovano abbastanza regolarmente una o due lettere alfabeti-

53. ASMo, Leggi e decreti, B.8 (1453-1461: Borso); B.9 (1473-1482: Ercole); B.10 (1483-1490: Ercole); B.11 (1486-1489: Ercole).

54. A proposito delle suppliche, si vedano in generale *Suppliche e* gravamina, e *Operare la resistenza*.

55. ASMo, Leggi e decreti, B.12 (1486-1489).

che che costituiscono note finanziarie – *N* significa per esempio *nihil*, «nulla da pagare per questo atto» (fig. 22).[56] Il peso quotidiano di queste centinaia quando non migliaia di documenti è anche economico: le menzioni hanno dunque non solo un valore di certificazione dell'autorità, ma fanno anche parte di un progetto di dominazione e di affermazione del principe.

## 4. *Regole ed eccezioni, prestiti e creazioni*

Il paesaggio che si è sin troppo rapidamente delineato qui ci permette almeno di sottolineare qualche elemento del fenomeno delle menzioni di cancelleria e di intravvedere qualche direzione verso cui sviluppare la ricerca. Il lungo Quattrocento che si è esaminato è un periodo in cui si approntano strumenti documentari e forme di archiviazione e in cui si costruiscono sistemi documentari pubblici ordinati. Ciò detto, l'eccezione è la regola: le particolarità di ogni dinastia, l'eterogeneità dei territori, la varietà e la ricchezza di risorse documentarie a disposizione dei professionisti delle scritture pragmatiche autorizzano una moltitudine di sperimentazioni tale che le innovazioni si succedono senza giungere a stabilizzare determinati usi. La flessibilità dei sistemi documentari continua durante tutto il secolo a facilitare i prestiti d'usi monarchici – sia francesi, per via diretta in Savoia e forse a Milano in occasione delle precoci esperienze trecentesche, sia iberici nel sud, ma anche a Ferrara grazie ai rapporti dinastici che gli Este intrattengono con i re di Napoli e di Sicilia – e le permanenze, che siano comunali o feudali. La creatività che ne risulta rivela tendenze comuni al di là della stessa instabilità dei prodotti documentari: la cartografia delle occorrenze dovrà essere allargata e l'indagine approfondita caso per caso.

56. ASMi, RM 30 (1456).

# 10. La creazione di un genere documentario: i carteggi esteri

## 1. *Corrispondenze diplomatiche nei principati italiani tardomedievali*

Nel 1505, il veneziano Priuli scriveva nei suoi *Diari* che

> hogi veramente nel Senato veneto furonno lecte tante lettere curente et capitate in questi prexenti et prosimi giorni da tante bande et ettiam de diverse condictione et sorte che quasi saria difficile iudicarlo; et tale lectura durò per spatio de hore cinque continue fino a hora una e meza de nocte, donde che per aldire tante lettere et essere intento a quelle il capo mi era tuto turbato et stornito.[1]

Lo scrivere e ricevere lettere aveva in effetti assunto proporzioni enormi nella vita sociale dell'Italia tardomedievale.[2] Lettere non significa automaticamente lettere diplomatiche: ma le lettere diplomatiche erano una parte sostanziale del fenomeno e – essendo documenti di interesse per il potere, nella maggior parte dei casi dirette alle cancellerie o provenienti da agenti diplomatici dalla fisionomia sovente, per quanto non sempre, pubblica – sono la tipologia di lettere che per il periodo che ci interessa unisce al maggior grado la quantità della produzione, la qualità della narrazione e la continuità della conservazione.[3]

Occupandoci dunque qui di carteggi diplomatici, è però necessario a priori chiarire di cosa si parli. Un oggetto documentario complesso

1. Priuli, *I Diarii*, Correr, VI, f. 462v, in Neerfeld, «*Historia*», p. 151.

2. Petrucci, *Scrivere lettere*; Doglio, *L'arte delle lettere*; *I confini della lettera*, in cui in particolare Senatore, *Ai confini*.

3. Senatore, «*Uno mundo de carta*»; *Diplomazia edita*; Lazzarini, *Communication and Conflict*, e Ead., *Le scritture dell'ambasciatore*.

come quel che definiamo quotidianamente un carteggio diplomatico non nasce *ipso facto* come tale. Questa considerazione generale non si basa solo sull'ovvio fatto preliminare che gli studiosi, come utenti d'archivi e biblioteche, trovano i carteggi diplomatici in forme pesantemente condizionate sulla lunga distanza dalle avventure e disavventure della conservazione successiva, a sua volta specchio e strumento dell'interpretazione storiografica e della teoria archivistica.[4] La questione ha infatti altri due risvolti spesso sottintesi che conviene portare alla luce. Il primo riguarda la natura del complesso documentario in sé. Con i termini "carteggi" o "corrispondenze diplomatiche" infatti si intenderà qui un complesso di tipologie documentarie diverse ma correlate fra loro, che componevano un sistema testuale sostanzialmente unitario nel suo farsi e nell'uso quotidiano che ne veniva fatto. I componenti di questo sistema – lettere, registri, minute – hanno acquistato autonomia archivistica in epoche successive alla loro produzione e al loro uso, venendo al tempo stesso però privati del loro significato originario di tessere interconnesse di un sistema funzionale. Il secondo risvolto è conseguente al primo: questo corpo documentario iniziò ad affiorare nel panorama coevo delle scritture nel momento in cui apparve a chi lo produceva e lo usava come un insieme dotato di caratteristiche proprie sufficienti e sufficientemente costanti nel tempo seppur breve della politica e dell'amministrazione per distinguerlo da altri gruppi di scritture. Le tappe grazie alle quali questo processo di identificazione prese corpo, da un certo momento in poi (la seconda metà del Cinquecento) cambiarono di segno, iniziando a condizionare via via più profondamente le scritture e la percezione stessa del funzionamento originario del sistema.

Si tratta di un processo non semplice innanzitutto per motivi sostanziali, vale a dire connessi alla natura della funzione cui questo complesso documentario era legato. Il Quattrocento lungo (metà Trecento-primo Cinquecento) di cui ci si occuperà qui infatti è, nella storia della diplomazia, una fase in cui l'interazione diplomatica e le sue pratiche costituivano ancora prevalentemente un'attività flessibile, cui partecipavano figure anche molto diverse fra loro per statuto, prerogative, potere, ambizioni politiche, sia in qualità di attori dell'interazione (cioè mandanti dell'azione diploma-

4. L'attenzione al peso delle modalità consapevoli e accidentali della conservazione nello studio dei fondi documentari, tema classico degli studi archivistici, ha conosciuto una recente rivisitazione storiografica aperta a discipline diverse: si vedano *Archivi e comunità*; *La documentazione degli organi giudiziari*; *Archivi e archivisti in Italia*.

tica: governi e poteri variamente autonomi e variamente formalizzati), sia in qualità di agenti dell'interazione (cioè responsabili delle diverse funzioni della diplomazia, dalla raccolta delle informazioni alla negoziazione vera e propria: ambasciatori ma anche agenti vari e occasionali).[5] I mandanti e gli autori della documentazione erano cioè multiformi: la stessa interazione diplomatica non era necessariamente legata alla sovranità e quindi, nello specifico, i confini tradizionali fra carteggi interni e internazionali erano tutt'altro che chiari, oltre che in buona misura inadeguati.[6] Oltre a ciò, e anche in conseguenza di questa molteplicità, le pratiche stesse che generavano le corrispondenze diplomatiche erano flessibili, *in fieri*, connotate dal panorama mutevole delle urgenze cui si trovavano a rispondere, derivate secondo variabili combinazioni dalle diverse tradizioni medievali di epistolarità che confluirono nella forma che Senatore ha definito della «lettera cancelleresca complessa».[7] Si tratta infine di un processo non semplice anche da un punto di vista formale: l'emersione dei carteggi come corpo di testi da produrre, ordinare e conservare mano a mano avvenne secondo logiche in parte eccentriche a quelle dei sistemi documentari pubblici grazie alla cruciale importanza politica e all'uso pressoché giornaliero di queste scritture.

Nelle considerazioni che seguono, si terrà conto, senza troppa sistematicità, dei diversi contesti delle signorie, poi principati tre-quattrocenteschi dell'Italia settentrionale, in particolare del ducato territoriale di Milano, del marchesato monocittadino di Mantova e dei domini dei marchesi/duchi d'Este, che riunivano le tre città episcopali di Ferrara (città pontificia), Modena e Reggio (terre imperiali). Erano questi nel Quattrocento tre principati diversi per vicende politiche, dimensioni territoriali, ambizioni dinastiche, ma legati da una identità politica e ideologica parzialmente comune, essendo il potere dei loro signori nato da una analoga matrice costituzionale, la città comunale. La cronologia copre a grandi linee un Quattrocento lungo che si apre negli ultimi decenni del Trecento e che arriva al pieno Cinquecento.[8]

5. Lazzarini, *Communication and Conflict*, pp. 11-48, 123-145; qui, si rimanda al capitolo 4.

6. Su questo tema, si vedano i recenti saggi di Senatore, *La corrispondenza interna*, e Id., *Diplomazia dentro e fuori*.

7. Senatore, *Ai confini*.

8. Lazzarini, *I domini estensi*; sui singoli stati si vedano almeno *A Companion*; *Storia di Mantova*; *Storia di Ferrara*.

## 2. *Le scritture: natura, produzione e distinzione*

Tra il pieno Trecento e il primo Quattrocento il potere dei signori padani si territorializzò, pur sulla base di una legittimità quanto meno sperimentale e quindi multiforme, flessibile, mimetica: la messa in scrittura di questa contrastata trasformazione venne in generale centrandosi su cancellerie sempre più al cuore del processo decisionale. Attilio Bartoli Langeli e Gian Maria Varanini hanno aperto la strada a una considerazione più "politica" della diplomatica delle scritture trecentesche, mostrando con evidenza come la creazione e la formalizzazione tardo-duecentesche e trecentesche della documentazione signorile – tanto gli atti/lettere, quanto i registri come vettori d'autorità – rappresentassero altrettante tappe cruciali nell'evoluzione della documentazione pubblica, in un giuoco dinamico fra tradizione notarile e forme cancelleresche, tra costruzione dell'autorità e fondazione della legittimità.[9] Alcuni studi recenti analizzano la documentazione formale di signori e città alla ricerca dei luoghi della documentazione signorile trecentesca – arenghe, dispositivi, sigilli – in cui emergano i caratteri distintivi del potere signorile,[10] mentre è recentissima la fine analisi di Federica Cengarle sull'assorbimento del concetto di *lesa maiestas* in un composito lessico signorile del dominio nella Lombardia viscontea.[11] Le *litterae clausae* e le *litterae patentes*, insieme a un innovativo gruppo di registri, furono l'asse portante di una innovativa diplomatica signorile che trasformò il sistema documentario d'età comunale per rispondere al mutare delle forme del potere politico, conducendo «au cœur même du processus, non seulement de décision, mais encore de révélation du pouvoir souverain et de construction de l'État».[12] In particolare le lettere furono uno strumento potente nel processo costitutivo del potere del principe di fronte ai cittadini-sudditi, degli alleati, degli antagonisti interni ed esterni, costituendo un rivelatore complesso delle dinamiche politiche che alimentavano i circuiti della costruzione del consenso.[13]

9. Bartoli Langeli, *La documentazione*, e Id., *Cancellierato*; Varanini, *I notai e la signoria cittadina*, e Id., *La documentazione*; in generale, si veda Guyotjeannin, *Entre persuasion et révélation*.

10. Cengarle, *Le arenghe*, e Ead., *La signoria*; Merati, *Elementi distintivi*, e Ead., *Circolazione di modelli*.

11. Cengarle, *Lesa maestà*.

12. Guyotjeannin, *Entre persuasion et révélation*, pp. 88-89.

13. Per una messa a punto teorica tre-quattrocentesca si veda Covini, *Scrivere al principe* più in dettaglio, Varanini, "Al magnifico e possente segnoro"; Covini, *La trattazione*, e Ead., De gratia speciali; Gamberini, *Istituzioni e scritture*.

Grazie alla flessibilità del contenitore *littera clausa* e alla crescente narratività imposta loro dal mutare della negoziazione poi, un gruppo particolare di lettere, le missive diplomatiche, si prestò ad animare e fissare per iscritto tanto l'infittirsi progressivo dei rapporti comunicativi interpeninsulari, quanto il definirsi di nuovi linguaggi politici in grado di dare voce e identità a questi stessi rapporti sulla cui base si costruirono – in modo tutt'altro che pacificato e durante tutto il lungo Quattrocento che qui ci interessa – sistemi di forza e interazioni diplomatiche a livello peninsulare.[14]

## 2.1. *I primi* corpora *di missive*

Il processo di emersione dei primi gruppi conservati di lettere a contenuto diplomatico è lungo e incerto: le tracce delle interazioni di XII e XIII secolo, per lo più costituite dalla menzione della lettura pubblica di fronte agli officiali o ai consigli del comune di lettere formali emanate da altrettanti organi pubblici di altri comuni, papi, re o imperatori, variamente conservati in cronache o registri consiliari, non vennero nel Trecento sostituite se non lentamente da lettere sciolte in ragionevole successione.[15]

### a. *Le lettere tra signori*

Il primo gruppo di quelle che possiamo considerare lettere a contenuto diplomatico è rappresentato dalle lettere scambiate in prima persona fra i signori, Visconti, Gonzaga, Scaligeri, Este, Carraresi: quelle che Luigi Osio chiamava i «carteggi confidenziali fra Principe e Principe».[16] L'archivio Gonzaga di Mantova è l'unico che, di queste corrispondenze politiche fra i vertici delle diverse signorie, conserva tanto le lettere originali sciolte,[17]

14. Lazzarini, *Communication and Conflict.*

15. I risultati di tali negoziati, paci, tregue, leghe, venivano raccolti in *libri* a loro volta confluenti nei *libri iurium* dei comuni, come, nel caso mantovano, i *liber actorum super concordia et pace Ferarie* o il *liber societatis... cum comuni Padue*, entrambi del 1291, confluiti alle cc. 180v-181r e 204v-205v del *liber Privilegiorum Communis Mantue* (per cui si veda *Liber Privilegiorum*, pp. 525-6 e 594-601). Qualche notizia su queste pratiche in Vallerani, *Le leghe cittadine* e Id., *Modi e forme,* e ora Tanzini, *A consiglio*, pp. 81-2, 151. Per il Trecento, si tratta di una ricerca ancora tutta da fare: si veda ora l'intervento di Giorgi, *Il «Carteggio del Concistoro».*

16. Osio, *Documenti diplomatici*, I, p. XVII.

17. Riordinate nel Settecento in serie distinte denominate *Lettere dei signori*, conservate in ASMn, AG. Per esempio, la sottoserie della corrispondenza con Ferrara, oltre al capo 1. (*Istruzioni agli inviati e residenti*), ha un capo 2., *Lettere degli Estensi ai signori di Mantova*, la cui prima busta – la 1180 – contiene lettere originali dei marchesi d'Este senza data ma anteriori al 1352, e per gli anni 1368-1392. Alessandro Luzio, nel redigere l'inven-

quanto tre registri di cancelleria che si possono definire già copialettere, vale a dire registri di *litterae clausae* relativamente omogenei.[18] I copialettere mantovani, come i loro omologhi ferraresi,[19] sono registri cartacei che nascevano misti: in qualche caso vi venivano trascritte *litterae clausae* e *litterae patentes* in ordine relativamente sparso; in altri le lettere trascritte erano soprattutto *litterae clausae* "estere" cui si aggiungevano istruzioni agli inviati, e in cui alle copie delle *litterae clausae* in uscita (quelle prodotte nella cancelleria in questione) venivano intervallate le copie delle *litterae clausae* in entrata (quelle ricevute, che pure – almeno a Mantova – non venivano distrutte una volta copiate). In tal modo, questi primi registri conservano e riproducono nella sua interezza lo scambio diplomatico e politico fra signori: l'ultimo dei tre *libri litterarum* trecenteschi mantovani in particolare è la trascrizione ordinata degli scambi serrati di lettere fra Ugolino Gonzaga e Bernabò Visconti, a testimoniare di un rapporto fittissimo fra Mantova e Milano che viene confermato dalla natura quotidiana e continua dei carteggi, di poco più tardi, dell'oratore gonzaghesco Bertolino Capilupi.[20] Gli sparsi residui veneti testimoniano della diffusione della pratica dei copialettere nelle signorie padane.[21]

b. *Le lettere degli agenti diplomatici*

Con gli ultimi decenni del Trecento la situazione iniziò a complicarsi, e per motivi sostanziali: gli scambi epistolari diretti fra signori continuavano – sarebbero continuati per tutto il secolo successivo, anche se in forme progressivamente più personali, dinastiche e clientelari – ma cominciarono a emergere le corrispondenze degli agenti diplomatici. Gli anni Settanta-

tario della *Corrispondenza estera*, annotava peraltro che altre lettere degli Este erano finite nelle bb. 1223-1226, per gli anni 1366-1393, e senza data dell'anno (Luzio, *L'Archivio Gonzaga*, pp. 197-201); le buste per il Trecento delle *Lettere dei signori di Milano* sono quattro (1603-1606); le buste della corrispondenza dei Carraresi (b. 1590), degli Scaligeri (b. 1594), dei Montefeltro (b. 1066: una per Tre e Quattrocento), dei Malatesta (b. 1081, una per Tre-Cinquecento), dei Monferrato (b. 740, una per Tre-Quattrocento), dei Savoia (b. 729, una dal Trecento al primo Seicento), completano un quadro in cui la corrispondenza fra i signori era pratica certo non abbondante, ma costante e diffusa.

18. ASMn, AG, Copialettere 1-3. Su questi registri, si veda Lazzarini, *Pratiques d'écriture*.

19. ASMo, Leggi e decreti, A. 1, 1363-1381; ASMo, Leggi e decreti, B. 1, 1379-1393; ASMo, Leggi e decreti, B. 2 (1393-1400; si veda qui il capitolo 3.

20. Si veda in merito quanta parte di questi carteggi confluì nei *Documenti diplomatici* raccolti da Luigi Osio.

21. *Il copialettere marciano*.

Ottanta del Trecento – al tempo stesso gli ultimi anni della residenza avignonese del papato e gli anni delle grandi leghe anti-viscontee – sembrano infatti mettere in moto un flusso sempre meno episodico di missioni diplomatiche: o quanto meno stanno a monte dell'urgenza di conservare le lettere degli inviati responsabili di tali missioni. Affiorano infatti negli archivi signorili grappoli di lettere diplomatiche redatte da agenti variamente definiti (procuratori, nunzi, oratori, ambasciatori), raccolte insieme in fascicoletti, scritte in latino, con una *mise en page* fitta a riempire tutto lo spazio. L'archivio Gonzaga è il più ricco di queste prime attestazioni, se non l'unico a conservarle. In particolare le missioni di Bertolino Capilupi a Milano (1370-1386) avevano una struttura documentaria estremamente interessante: il fascicolo delle lettere sciolte era infatti preceduto da una sorta di sommario di mano del Capilupi in cui Bertolino riportava l'istruzione ricevuta, seguita da un breve sommario di quanto fatto.[22] Le missioni del Capilupi si susseguirono con un ritmo tale da sembrare di fatto episodi di una ambasciata permanente piuttosto che missioni singole.[23] Le lettere di Cristoforo da Piacenza in curia ad Avignone e dei suoi colleghi in curia di Roma o in corte cesarea sono più simili a quel che più tardi sarebbe divenuto un normale carteggio diplomatico rispetto alle corrispondenze capilupiane.[24] Il carteggio di Pietro Cornaro, ambasciatore, sindaco e procuratore veneziano a Milano negli anni 1378-1381, mostra una corrispondenza del tutto analoga.[25]

c. *Le lettere dei "diversi e particolari"*

Con il pieno Quattrocento, fra le lettere a contenuto politico-diplomatico che entravano a far parte di quelli che più tardi verranno definiti *Carteggi esteri/Corrispondenze estere/Missive/Potenze sovrane*, iniziò a comparire un ulteriore gruppo di missive, dai contorni assai più indeterminati, vale a dire il gruppo delle lettere inviate alle cancellerie da individui

22. Sui carteggi capilupiani, si vedano de Tourtier, *Un ambassadeur*; Lazzarini, *The Final Report*, pp. 57-73 (per l'edizione di una istruzione con relazione finale, conservata in ASMn, AG, b. 1602, cc. 597-598, 29 agosto 1370).

23. Lazzarini, *Communication and Conflict*, pp. 34-35; 205.

24. Il carteggio di Cristoforo da Piacenza copre gli anni 1371-1376, ed è costituito da 21 lettere spedite a Mantova (in ASMn, AG, b. 629), più una lettera spedita a Ferrara (in ASMo, Roma 1): *I dispacci di Cristoforo da Piacenza*; Lazzarini, *Communication and Conflict*, pp. 159-160, 221-2.

25. I dispacci vanno dal 27 novembre 1379 al 21 ottobre 1380, e sono in totale 116: *Dispacci di Pietro Cornaro.*

diversi, uomini e donne, non incaricati in quel momento di una specifica missione diplomatica.[26] Facevano parte di questo gruppo di scriventi privati cittadini, mercanti, gentildonne, ecclesiastici, monache, intellettuali, ma anche cancellieri, officiali e uomini di stato, o personaggi che in precedenza avevano avuto incarichi diplomatici. Talora si trattava di lettere del tutto occasionali, che davano una o più notizie *una tantum* probabilmente per motivi di interesse personale per quanto lato: essere riconosciuto come interlocutore di un principe, seppure saltuariamente, era elemento di reputazione, potenzialmente utile a entrare in una rete politica significativa. Talora si trattava al contrario di collaborazioni prolungate e abituali (è il caso tipico dei mercanti), anche se con frequenze non altissime: in questo caso, si trattava di individui che intessevano un rapporto personale o familiare con la dinastia, di una qualche natura clientelare. Nella maggior parte dei casi non si trattava di rapporti esclusivi con questo o quel signore, ma al contrario di un *network* relazionale articolato, che garantiva alla persona o alla famiglia una quota, benché minima, di influenza politica.[27]

La comparsa di questo gruppo di lettere testimonia di un duplice fenomeno: è indizio del generale processo di scritturazione delle interazioni politico-sociali nel contesto peninsulare quattrocentesco, dovuto tanto a una crescita dell'attitudine e delle capacità individuali a scrivere, quanto a un crescente ricorso alla scrittura – personale o delegata – nei rapporti con il potere pubblico e in generale tra i soggetti sociali.[28] La natura stessa della diplomazia quattrocentesca, connotata da un'enfasi crescente sull'informazione, da un moltiplicarsi delle reti di contatto e di mediazione e da una perdurante flessibilità di pratiche (formali o informali) permise poi, quando non favorì, il moltiplicarsi degli scriventi: il contenitore "carteggio diplomatico" si apre dunque a questa data a un ventaglio di figure e di situazioni assai diverse, e la struttura formale della lettera cancelleresca presta la sua flessibilità a esercizi narrativi e grafici di varia natura.

26. Nella macroserie della *Corrispondenza estera da Mantova*, i "diversi" sono mescolati con gli ambasciatori in carica nella sottoserie del *Carteggio degli inviati e diversi*.

27. Lazzarini, *Communication and Conflict*, pp. 77-78; 132-139.

28. I carteggi interni testimoniano di un fenomeno analogo: se nel tardo Trecento-primo Quattrocento scrivevano alle cancellerie quasi solo gli officiali signorili o i notai delle comunità, nel corso del Quattrocento il numero, la qualità, lo *status* sociale di quanti scrivevano al principe aumentarono e si diversificarono. Per qualche esempio mantovano, si veda Lazzarini, *Comunicazione epistolare*; Ead., "Cives vel subditi"; per Milano, si veda Covini, *Scrivere al principe*.

## 2.2. *Carteggi interni e carteggi diplomatici*

Un ultimo dettaglio in merito al processo di emersione dei carteggi diplomatici intesi come corrispondenze di agenti con un qualche incarico di rappresentanza del potere signorile o di occasionali interlocutori con interessi politico-diplomatici o clientelari è relativo alla precoce individuazione di queste lettere missive in rapporto alle lettere del carteggio "interno". Quanto segue va considerato alla luce di una sostanziale, seppure mobile, contiguità di forme e di contenuti, come si è detto sopra, fra quel che tradizionalmente si è distinto in diplomazia (come relazioni internazionali) e politica.[29]

a. *La distinzione*

Con ogni probabilità, le lettere originali ricevute dai rispettivi contadi/domini erano conservate sin dal Trecento insieme alle lettere provenienti da fuori in un ordine cronologico d'arrivo che si concretizzava nella infilzatura di una lettera dopo l'altra in cancelleria, sino a che una filza raggiungeva la massa critica necessaria a essere chiusa e legata.[30] Si trattava di volumi ancora dominabili di corrispondenza, formalmente simili: a questa data (se mai) non esisteva, diplomatisticamente, un oggetto documentario "lettera diplomatica" strutturalmente diverso dalle lettere di cancelleria scritte da officiali del territorio, sudditi, mercanti e quant'altri, il cui uso quotidiano rispondeva probabilmente alle stesse logiche. D'altro canto, fra queste missive gli scambi diretti fra signori davano vita a lettere cancelleresche più formali, rilevanti in termini di definizione dei rapporti di forza e di reciproca legittimazione, in una parola diverse. Insieme ai materiali giuridici relativi alle potenziali leghe, paci, alleanze, questi scambi ai vertici della società politica ebbero un ruolo pilota nell'individuare e circoscrivere le scritture relative a questioni internazionali di rilievo, anche grazie all'infittirsi delle reti di comunicazione politica peninsulari che preludevano, preparavano e negoziavano – tramite agenti diplomatici – queste stesse leghe, paci, investiture, condotte.[31] In tal modo, anche le lettere diploma-

29. Si vedano le considerazioni di Covini, *Scrivere al principe*, le ricerche di Senatore alla n. 6 e Lazzarini, *Communication and Conflict*, pp. 27-30.

30. In merito al caso sforzesco, Covini scrive che «la distinzione tra "interno" e "potenze estere" è una logica del deposito attuale, estranea alla divisione del lavoro nella cancelleria sforzesca: a parte qualche occasionale fuga in avanti, normalmente i cancellieri lavoravano secondo zone geografiche di competenza che comprendevano, senza distinzioni, interno ed estero», Covini, *Scrivere al principe*, p. 9.

31. Si rimanda qui al capitolo 11.

tiche redatte dagli ambasciatori, procuratori, notai e cancellieri signorili cominciarono lentamente a distinguersi in seno alla massa delle lettere e a definirsi come testi documentari dotati di una propria logica e come gruppi di scritture connotate da una propria autonomia conservativa.

b. *La continuità*

Si tratta però di un processo lento: un segno della continuità formale e sostanziale delle *litterae clausae* nella consapevolezza dei contemporanei sino almeno al secondo Quattrocento è la natura mista dei *libri litterarum*, i volumi cioè che trascrivevano i testi delle lettere inviate dai signori-principi. Non fu infatti che negli ultimi decenni del secolo, e non sempre, che le cancellerie iniziarono a distinguere fra *libri de intus* e *libri de foris* o *libri extra* o *intra dominium*: anche se c'erano registri in cui la quantità delle lettere diplomatiche – inviate cioè a tutti gli interlocutori possibili dell'interazione diplomatica – era prevalente o viceversa, mancavano sia le regole, sia una regolarità delle pratiche.[32]

## 2.3. *Missive, registri e minute*

Se il sistema documentario che trascriveva e documentava l'attività politico-diplomatica è incentrato sulla lettera nelle sue diverse accezioni, le missive in quanto tali ne costituivano solo la parte più visibile: la lettera si presenta infatti in altre forme – dalla minuta alla copia – che compongono con essa un gruppo documentario dalla fisionomia multiforme, e insieme genera tipologie documentarie – i registri – che sono qualcosa di diverso dalla semplice somma delle lettere trascritte. Il risultato è un sistema di scritture dal livello più o meno alto di elaborazione formale, un complesso di testi che dialogavano fra loro, si riecheggiavano, venivano manipolati e trasformati, e a ogni stadio di tali manipolazioni venivano diffusi e conservati.

a. *Le lettere*

Le lettere – ricevute – entravano nelle cancellerie signorili e principesche in originale, vale a dire in lettere sciolte, inviate da un mittente a un

32. A Milano tra 1450 e 1499 gli inventari dei registri sforzeschi contano 34 registri *extra dominium* contro 141 registri *intra dominium*; a Ferrara, gli 11 registri rimasti per il periodo 1476-1511 continuano a essere misti; a Mantova occorre attendere Jacopo Probo d'Atri e gli anni Novanta del Quattrocento per trovare qualche distinzione fra "dentro" e "fuori", o fra registri segreti e ordinari: si veda qui il capitolo 3.

destinatario e costruite secondo un insieme di caratteri formali e materiali peculiari. In questa forma, danno informazioni importanti anche sulla loro confezione: gli originali infatti presentano tutti gli elementi necessari alla redazione e alla validazione (sottoscrizioni dei diversi attori del documento, sigilli, *mentions hors teneur*), nonché sovente anche dei connotati specifici che illuminano le pratiche interne alle cancellerie di provenienza (numerazioni ed elementi vari di ordine e scrittura). Nella Milano degli anni in cui Cicco Simonetta era il responsabile della cancelleria politica di Francesco e di Galeazzo Maria (1450-1476), il flusso delle lettere diplomatiche in uscita era tale che *in mundo* ogni lettera non era solo siglata dai diversi cancellieri che erano responsabili delle varie fasi della sua stesura – con il riferimento al numero di carta del registro in cui veniva trascritta – ma veniva anche numerata nell'angolo a destra in basso, con un numeretto appena visibile, seriale.[33]

b. *I registri*

Le lettere di argomento politico-diplomatico che i signori-principi scrivevano e mandavano venivano redatte *in mundo* per essere spedite – sono le missive che altre cancellerie avrebbero conservato in filza – ma venivano anche contestualmente trascritte in *libri* il cui scopo era di mantenere testimonianza legittima di quanto deciso e scritto. A grandi linee i *libri litterarum* compongono un insieme cronologicamente ordinato: ma ci sono eccezioni, come il sovrapporsi di libri diversi in mano a diversi cancellieri contemporaneamente, o il procedere parallelo di libri destinati in tutto o in parte a seguire il principe nei suoi spostamenti, mentre nella capitale o nella città di residenza temporanea della corte la principessa dettava e inviava lettere in veste di supplente. In questo processo di trascrizione le missive, in quanto testi, cambiavano in parte natura. Innanzitutto, venivano private degli elementi più formali di esordio e di chiusura, anche se nella maggior parte dei casi sottoscrizioni o *mentions hors teneur* erano mantenute e copiate ai margini, spesso con attenzione precisa alla riproduzione. Ma soprattutto divenivano segmenti di sequenze informative, decisionali e documentarie continue: si trasformavano cioè da testi autonomi in tasselli di una sequenza documentaria. Di fatto, e considerata la manipolazione subita dai fondi di corrispondenza a causa dei riordini successivi, i *libri litterarum* restituiscono oggi allo studioso

33. Dettagli al capitolo 9.

il flusso dell'epistolarità dei principi nel suo carattere originario di quotidianità e indistinzione. In serie continue a Mantova – eccezion fatta per un vuoto tra 1401 e 1443 – e a Milano a partire dal 1450 (a causa delle distruzioni dell'archivio visconteo),[34] i registri di lettere conobbero a Ferrara una vicenda più tortuosa, complicata da perdite documentarie e da una conservazione tardiva e farraginosa. Di fatto solo nell'età di Ercole I (1471-1509) vennero redatti in modo seriale registri distinti di *litterae patentes* e di *litterae clausae*: soltanto nel 1476 comparve poi una serie di registri di missive in tutto simili a quelli mantovani o milanesi.[35] Si tratta di una situazione probabilmente aggravata da perdite documentarie poco quantificabili, ma anche da una oscillazione e da una indistinzione caratteristiche del panorama documentario ferrarese.[36]

c. *Le minute*

Se i registri rappresentano la sede ultima in cui le lettere inviate venivano cristallizzate in cancelleria, costruendo un oggetto documentario multiplo a se stante, chiaramente definito e dalla veste diplomatistica che rapidamente venne standardizzandosi (un *liber litterarum*), a monte del processo di composizione e di redazione delle lettere stavano le minute, vale a dire le prime stesure – probabilmente sotto dettatura – di quello che sarebbe partito *in mundo* e che appena prima di partire sarebbe stato trascritto nei registri di copialettere. Le minute sono scritture preparatorie, non definitive, prive dei caratteri formali della versione ultima (data topica e cronica, sottoscrizioni varie), lavorate, corrette ed emendate in tempi anche diversi e da varie mani; la loro redazione – o almeno la loro conservazione – è decisamente quattrocentesca. Al di là delle forme della loro conservazione successiva – in serie a parte, come a Mantova, o in fascicoli variamente combinate con le istruzioni e/o le lettere ricevute come a Milano e a Ferrara – l'interesse delle minute è però che erano materiali aperti, e come tali potevano raccogliere, usare e ospitare una serie di scritture eterogenee legate alle interazioni diplomatiche: copie di lettere ricevute

34. Sui registri signorili di questa età, si rimanda qui al capitolo 3.

35. L'ultimo conservato, un registro di Alfonso I che copre gli anni dal 1506 al 1511, è l'undicesimo in tutto, compreso un registro della duchessa Eleonora durante il primo anno della guerra di Ferrara: ASMo, Registri di lettere di Eleonora; C. 14 è il solo registro di Alfonso I (1506-1511).

36. Lazzarini, *Speroni e* quaterni. A proposito delle anomalie estensi, si ricordi che le corrispondenze degli ambasciatori estensi erano di altissimo livello: Folin, *Gli oratori estensi*.

o intravviste in altre cancellerie dagli oratori e incluse nelle lettere, sunti, sommari, appunti.[37] Sotto l'ombrello del termine minuta cioè, sia dal punto di vista della produzione che della conservazione, rientra un'intera regione di materiali in forma parziale o trasformata di lettera – *scripture/note/minute litterarum* dicono gli inventari coevi, di contro a *litterae/instrumenta/capitula*[38] – che ci dà un'idea del funzionamento dei meccanismi grazie ai quali avveniva la messa per iscritto – vale a dire la definizione – del processo decisionale in materia diplomatica.

## 3. *Uso e ordine: la conservazione*

È chiaro però che queste considerazioni vanno calibrate e rimodulate in rapporto a un'analisi dei processi di uso e di conservazione coevi e successivi. Tali processi infatti scompongono il complesso documentario originario in gruppi o serie, e danno nome alle sue diverse parti, distinguendole fra loro secondo logiche che – siano coeve o successive – non sono neutre, ma rispondono a concezioni diverse tanto della politica, che della scrittura, che infine degli archivi. Carteggio estero, lettere di inviati e diversi, lettere originali, copialettere non sono che qualche esempio del carattere definitorio e retroattivo degli ordinamenti archivistici. Al di là di quanto ci dicono in merito alla memoria dell'istituzione, tali ordinamenti cioè, dando nome ai gruppi delle scritture – vale a dire identificandole e classificandole – indicano la direzione delle trasformazioni successive sia della pratica, in questo caso diplomatica, sia della prassi documentaria e conservativa, e influenzano anche pesantemente gli studi e le interpretazioni.

### 3.1. *La conservazione coeva*

Le cancellerie – più o meno unitarie, più o meno localizzate in locali contigui – iniziarono nel Quattrocento a utilizzare i materiali diplomatici

37. Sui sommari ferraresi cinquecenteschi, ma con interessanti spunti comparativi e quattrocenteschi, si veda ora Turchi, *Un archivio scomparso*.

38. Per un esempio mantovano, su cui si tornerà: nell'inventario di Paolo Micheli (1432) vennero registrati i *Capitula, scripture et instrumenta lige contracte inter comitem Virtutum et dominos Ferarie, Mantue et Padue 1385, simul ligate* (sull'originale in ASMn, AG, b. 41, della stessa mano del Micheli, venne apposto, a regesto, *Alique scripture lige facte Papie*): si veda Behne, *Antichi inventari*, p. 81, [38].

con continuità, e probabilmente in modo distinto e specifico.[39] L'uso quotidiano dettato dalle urgenze della politica e condizionato dai ritmi della vita dei principi imponeva talora alle carte una considerevole mobilità, condizionando le forme e i luoghi della conservazione. I cosiddetti *Diari* di Cicco Simonetta attestano in mille occasioni il continuo va e vieni dei fasci di lettere tra le cancellerie e i principi o i diversi nuclei della corte:

> 1473, Mediolani, die lune 2 may. Consignatio facta ad me Cecho de le cose del nostro illustrissimo signore per Jachomo Alphero ad dì novi de marzo 1473 in Abiate: In primis, una filza de lettere recevute et mandate ad Roma ad messer Augustino Rosso, ad Nichodemo et ad altre persone ne l'anno 1469 et alcune resposte de li suprascripti; [...] item, una filza de lettere con alcune istructione mandate al Christianissimo signore Re de Franza ne l'anno 1469.[40]

Nonostante questa mobilità, i diversi componenti dell'insieme documentario che abbiamo definito sopra vennero conservati con cura crescente nel periodo considerato: l'aumento della corrispondenza fu con buona probabilità complementare all'attenzione alla sua conservazione, ovviamente con vuoti e buchi successivi dovuti al caso o a scelte posteriori. Le serie sia dei registri – salvo che nel caso ferrarese, peculiare per la scarsità di serie di registri di cancelleria – sia delle lettere comprendono di fatto sequenze di copialettere e di missive generalmente regolari e continue, soprattutto a partire dal secondo Quattrocento.

a. *Missive, minute e registri negli inventari medievali*

Detto questo, l'attenzione alla conservazione seriale di queste scritture, la loro manutenzione quotidiana, il loro uso concreto non coincisero necessariamente con un loro ordinamento in un qualsiasi tipo di archiviazione. La natura corrente di queste scritture infatti implicava un loro uso continuativo, e quindi – salvo poche eccezioni – se uscivano dalle stanze delle cancellerie per seguire i principi o i cancellieri, raramente lo facevano per finire negli armadi, nei cofani, nei cassoni delle Volte o delle Torri in cui si stratificavano – e si inventariavano – i privilegi e le scritture patrimoniali e dinastiche delle signorie. Se cioè, alla ricerca di un principio di ordinamento di questi materiali, ci si volge agli inventari coevi, non si trova che qualche sparso indizio. Ciò detto, per il prestigio della missione

39. Non si tratta di un fenomeno solo settentrionale: per la precoce concentrazione e uso dei registri pubblici aragonesi nella Sicilia di Alfonso il Magnifico, si veda ora Silvestri, *Archivi senza archivisti*.

40. Simonetta, *I Diari*, p. 104.

(per esempio in corte imperiale), per motivi politici più cogenti (le trattative per la stipulazione delle grandi leghe) o per una somma di ragioni che ci sfuggono, e che quindi siamo portati ad ascrivere al caso, alcuni nuclei di lettere diplomatiche relativamente antiche vennero individuati e quindi indicati negli inventari e collocati in colti, cassoni, armadi. Da un inventario all'altro, rimangono visibili: totalmente invisibili rimasero invece a lungo i *libri litterarum*.[41]

b. *Il caso gonzaghesco*

Per avere un'idea più precisa di quanto veniamo dicendo, occorre entrare nel vivo di un caso di studio. Mantova presenta una certa ricchezza di inventari medievali, e la loro continuità ci permette di seguire questi pochi indizi nel dettaglio. I tre inventari mantovani redatti in cancelleria (1432, 1456, 1480-1481 con aggiunte sino al 1505), collazionarono diversi strati delle scritture dell'archivio dinastico dei Gonzaga, variamente collocato nel complesso della corte vecchia e del castello di San Giorgio.[42] Oltre ai documenti patrimoniali e dinastici, vennero inventariati d'un lato i *privilegia maiora* – imperiali, papali e via dicendo – dall'altro alcuni nuclei documentari importanti relativi alla pratica politica: i materiali preparatori delle leghe, dei trattati, delle paci, delle condotte. Se i primi due inventari censirono di fatto le stesse scritture (le *scripturae et privilegia Volta inferioris*),[43] l'inventario iniziato nel 1481 riguardò le carte di immediato e corrente interesse per la dinastia in quanto casata regnante, vale a dire i titoli d'autorità e i documenti politici più recenti, trattati, tregue, condotte, leghe, che vennero raccolte in un contenitore-archivio particolare, il *cassono da li signi*.

41. A quanto mi risulta, pur nella relativa abbondanza di ricerche specifiche, manca un censimento sistematico degli inventari degli archivi tardomedievali italiani. Non è questa la sede per darne conto, se non per sommi capi e in merito alle tre signorie considerate: per non parlare che degli inventari "generali", a Mantova, su cui si tornerà, sono stati conservati inventari degli anni 1367, 1432, 1456, 1488, 1530-1543/1546; a Milano, la cui dimensione sovracittadina e in certo modo diarchica (fra Milano e Pavia) complicò la situazione sino a buona parte del Quattrocento, sono rimasti inventari più o meno generali per il 1426, 1450, 1454, 1456, 1488 (per non parlare delle tracce di riordini d'uso); a Ferrara, tolti gli inventari della Biblioteca estense, che conteneva anche testi documentari, il primo inventario rimasto è quello voluto da Pellegrino Prisciani nel 1488. Per brevità, si rimanda in merito a Lazzarini, *Materiali*, e, qui, ai capitoli 3 e 8, cui si aggiunge, per l'inventario Prisciani, Cremonini, *Il più antico*.

42. Per questo complesso documentario, già ben noto e studiato, si rimanda per brevità a Behne, *Antichi inventari*, e a Lazzarini, *Materiali*.

43. Si trattò di 1224 documenti sciolti, 3 cassette e 46 *sacculi*, *bursicole*, filze, fascicoli e rotoli con documenti non numerati, 16 libri e 23 quaterni, Behne, *Antichi inventari*.

Vale la pena di procedere a un'analisi di dettaglio per capire quali e quanti gruppi di lettere e di scritture diplomatiche comparvero nei tre inventari quattrocenteschi e come vennero definiti. La loro presenza, assenza e denominazione sono infatti altrettante spie della consapevolezza coeva del processo di distinzione e valorizzazione della loro natura documentaria. Tali gruppi sono pochi, ma significativi: nell'inventario del 1432, in un *cofaneto*, troviamo alcuni fascicoletti di lettere diplomatiche e di istruzioni;[44] un fascio di minute di lettere inviate da Francesco Gonzaga IV capitano ai suoi ambasciatori e ai diversi signori;[45] tre filze di lettere, scritture e conti dei Gonzaga con Galeazzo Buzoni, il loro referendario.[46] Questi gruppi di scritture, tutti palesemente elementi di quel che oggi definiamo il complesso delle corrispondenze diplomatiche (lettere missive e responsive, istruzioni, minute), erano conservate fra i materiali relativi alle diverse leghe, alleanze, paci, tregue: erano *simul ligate* a testi che venivano definiti *capitula*, *scripture et instrumenta lige*, in filze composte di materiali tipologicamente misti (missive, minute, conti) che cominciavano a emergere in rapporto alle scritture di interesse interno. Questi stessi gruppi vennero per lo più inventariati nel 1456, con qualche interessante differenza: essendone aumentata la quantità, le annotazioni erano più generiche;[47]

44. Le definizioni sono (il corsivo è mio): «*memoria agendorum et dicendorum* cum domino Padue et *littere et dubia seu argumentationes* pro *capitulis* lige faciende per ligam cum duce Mediolani»; «*note, ambasiate et memorie agendorum et dicendorum* ut plurimum per olim Beroteletum [Bertolino] de Codelupis et Galeacium Buzonum et alios»; «*ambasiate* faciende per Paulum de Armaninis regi Ungarie parte magnifici domini Francisci et *littere et alia tractata* super tertiis 1395»; «*ambasiate et alia tractanda* ad Dominium Venetiarum et alios dominos tempore magnifici domini Ludovici», Behne, *Antichi inventari*, voci nn. 20503045, 20504009, 20505004-5.

45. Così definite: «quam plures *note seu minute litterarum* magnifici domini Francisci directarum Papiam, Mediolanum, Venetias et Ariminum *ad dominos et oratores suos* scripte per Martinum de Gisulfis ut plurimum ac etiam alios cancellarios» (il corsivo è mio), Behne, *Antichi inventari*, voce n. 20504001.

46. Così definite: «*tres filcie litterarum, scripturarum et rationum* magnifici domini Francisci et magnifice domine Margarite eius consortis ad Galeacium de Bozonibus ut plurimum et etiam alios seu cum ipso Galeacio tractatorum» (il corsivo è mio), Behne, *Antichi inventari*, voce n. 20504002.

47. Per esempio: «in scatula signata L sunt *treugue* cum diversis dominis, *littere* de Romandiola et *alie plures littere et scripture* de importantia»; «*Note diversarum litterarum* scriptarum Venetiis»; «*note litterarum* scriptarum Mediolanum in diversis temporibus per Martinum de Gisulfis» (il corsivo è mio), Behne, *Antichi inventari*, alle voci nn. 30701001, 3080051, 30800057.

comparve un quinterno relativo a una specifica missione diplomatica;[48] comparve infine anche quella che a me pare la prima menzione di lettere interne, significativamente mescolate con lettere "esterne" e infilzate insieme.[49] L'ultimo inventario non menziona questi materiali tardo-trecenteschi/primo quattrocenteschi: ma reca traccia ormai abituale, diplomatisticamente accurata e in volgare dei loro equivalenti più tardi: lettere, istruzioni, minute, copie.[50]

Mi pare si possa dunque dedurre da questa sequenza che, almeno nel caso mantovano, tutti gli elementi che componevano il corpo delle corrispondenze diplomatiche – tranne la quasi totalità dei *libri litterarum* – nel corso del Quattrocento divennero in qualche caso abbastanza rilevanti da venire inventariati. I modi della loro inventariazione coeva rivelano però che erano redatti e conservati in nuclei documentari addensati per missione, non per tipologia documentaria: erano cioè conservati in mezzo agli atti che preparavano e fondavano le leghe grandi e piccole, le paci, le condotte – vale a dire i grandi eventi di raccordo diplomatico – che di fatto li individuarono nella massa delle lettere e li aggregarono a sé come materiali utili, informativi, preparatori. Mancano, si diceva, i registri: la loro assenza si può spiegare ricordando la loro durata. Un *liber litterarum* copriva svariati anni: serviva cioè a lungo, rimaneva in cancelleria; come i primi registri comunali da cui lontanamente derivava, era scrittura corrente nel senso più concreto, e insieme conteneva lettere diverse, prestandosi cioè meno al processo di addensamento tematico che si è visto per le lettere. Detto ciò, anche i registri di copialettere a un dato momento iniziarono a venire numerati, classificati, inventariati. La vicenda medievale degli archivi gonzagheschi si concluse infatti con i tre quaternelli di inventari redatti da Jacopo Daino e dai suoi collaboratori fra gli anni 1531 e 1546, sola parte rimasta di un lavoro ben più

48. «*Quinternus actorum* Rome pro magnifico domino Francisco de Gonzaga per dominum Johannem de Capra et dominum Antonium de Nerlis et *scripta eis per prefatum dominum*» (il corsivo è mio), Behne, *Antichi inventari*, voce n. 30800049.

49. «*Filcie tres litterarum subditorum, ziffrarum, nobilium et aliorum dominorum* cum alia *filcia litterarum sive* notularum ab anno 1426 usque ad annum 1436 que *omnes sunt simul ligate*» (il corsivo è mio), Behne, *Antichi inventari*, voce n. 30800060.

50. Qualche esempio: «alcune *littere et instructione* da Vinesia 1449, da Ferrara et 1445, da Milano 1446»; «alcune *littere et instructione* al tempo de Zanebaldo a Milano 1441»; «alcune *minute* de diverse cose del 1443»; «alcune *copie de littere* de la illustrissima Signoria dal 1431 al 1437 per le terre de Bressana et cremonese»; «alcune *minute e littere* del 1446 al tempo del signor Michele [de Attendulis]» (il corsivo è mio), Behne, *Antichi inventari*, rispettivamente alle voci nn. 40111002, 40111009-12.

articolato e complesso.[51] Il Daino, notaio e archivista, passò a pettine fitto tutti i fondi documentari di cancelleria, inventariandoli e riordinando la loro sistemazione: il primo risultato di questo lavoro enorme fu di creare un archivio *parvo* con un connotato spiccatamente dinastico e un archivio *magno* che conteneva presumibilmente le carte conservate precedentemente nella volta inferiore e il crescente materiale della cancelleria.[52] In merito a questa complessa e consapevole operazione, è necessario sottolineare un punto cruciale. Per quanto i tre quaternetti superstiti non ne rechino esplicita traccia, le note di mano – inconfondibile – del Daino sui registri di copialettere rivelano come per la prima volta venissero censiti, ordinati in senso cronologico e resi fruibili grazie a un criterio omogeneo e unitario i registri correnti di cancelleria. La mano del Daino o del suo ignoto collaboratore indicò sulla coperta pergamenacea di tutti i registri (323 dal 1443 al 1546 contando solo i registri ordinari) i loro estremi cronologici, aggiungendo a partire dai registri dei primi anni Novanta gli anni anche sulla costa del volume. Quel che ancora, nella gran parte rimaneva un'eterogenea serie di filze ordinate cronologicamente era – con ogni evidenza e a parte un gruppo di scritture d'eccezione per i motivi più diversi – la massa quotidiana delle missive.

### 3.2. *Le serie "inventate" della conservazione successiva*

È il momento di cercare di tirare le fila di questo discorso partendo dalla fine, vale a dire dalle inventariazioni attuali delle corrispondenze diplomatiche, intese nel senso più generale che abbiamo adottato sin qui.

51. I tre indici sono in ASMn, AG, b. U (*Antichi indici e repertori*). Behne non si è occupato di essi.

52. Una serie di fattori, tra cui l'annessione per matrimonio del ducato di Monferrato – e del suo archivio – nel 1530, e l'abbandono del Castello come abitazione (e la conseguente ridestinazione degli archivi gonzagheschi in ambienti diversi) fra il 1523 e il 1531, indussero in questi anni a una capillare revisione della totalità delle carte dinastiche. Si vedano in merito le note di Torelli, *L'Archivio Gonzaga*, pp. XXXV-VI. Nel corso del lavoro, il Daino scrisse una *Genealogia* ancora inedita di casa Gonzaga in cui la narrazione è di fatto ritmata e scandita dalla trascrizione o dal regesto di innumerevoli documenti originali (ASMn, AG, b. 416): in essa, alla c. 145r, Daino scrisse in versi che «Quod mihi commissum, domini currentibus annis/Mille et quingentis ac quadraginta tribus/Perfectum fuit, octobris lux ultima pandit/Per me cum socio sic pariterque dato/Principis archivi inventaria facta fuerunt/Sic de instrumentis iuribus atque suis/Omnia descripta in coltis servata fuere/Distincta et recte cum titulis suis/ordine servato, sic possunt queque videri», cit. in Torelli, *L'Archivio Gonzaga*, p. XXXVI.

a. *La situazione attuale*

Partendo dai dati forniti dalla *Guida generale degli archivi di Stato* (scritta peraltro nei casi in questione da fior d'archivisti: Alfio Rosario Natale per Milano, Filippo Valenti per Modena/Ferrara, Adele Bellù per Mantova) negli archivi di Milano, Mantova, Ferrara i gruppi di documenti che ci interessano sono inventariati in serie che più o meno si corrispondono.[53]

Gli archivi visconteo-sforzeschi, molteplici nel Trecento («tanti dovettero essere gli archivi quante le cancellerie», diceva Natale)[54] conoscono una doppia storia di distruzioni coeve (1391, 1447) e alterazioni (Peroni, Osio) e ricostruzioni (Fumi) successive, che alla fine di un lungo percorso hanno prodotto serie novecentesche più o meno manipolate, benemerite, ma talora sommarie e spesso erronee. Il grosso delle missive diplomatiche d'età sforzesca è raccolto nella serie del Carteggio estero, laddove le missive dei principi sono in Potenze sovrane e nel Diplomatico; manca una specifica serie di minute (come a Modena, queste sono insieme alle missive). Quanto ai registri, in gran parte i *libri litterarum clausarum* sono nella serie dei *Registri delle missive*, ma il discorso qui si farebbe lungo: nella *Guida*, Natale ammette infatti i limiti della pur benemerita operazione di riordino dei registri attuata da Fumi e dai suoi collaboratori, e si limita prudentemente a definire la serie come «miscellanea».[55]

A Modena, i pochi registri superstiti per il Tre-Quattrocento sono compresi nella – peraltro sindacabile – serie dei *Registri di cancelleria*; dopo un lunghissimo vuoto, a partire dal 1689 una serie di *Registri di copialettere* arriva sino al 1779. Esiste una serie di *Minute di lettere sciolte*, ma in realtà le minute di carattere diplomatico sono diffuse in tutte le serie dei carteggi, insieme alle lettere. Le lettere del carteggio estero, di qualità altissima anche se decimate dalle perdite accidentali, sono raccolte nella serie del *Carteggio ambasciatori*: Valenti nella *Guida* scrive che questi carteggi, ordinati in Italia, fuori Italia, e divisi per luoghi, sono poi «divisi

53. Le voci sono consultabili online: http://www.maas.ccr.it/guida/hl/listaPDF.htm.

54. Natale, *Archivi milanesi del Trecento*, p. 281.

55. Si tratta di 711 scatole tra 1450 e 1535 di Carteggio, 32 scatole di Potenze sovrane (che contengono però scritture molto diverse di cui le lettere diplomatiche sono solo una parte); i materiali nei Diplomi e dispacci sovrani sono molto vari. In merito alla questione della ricostituzione delle serie dei registri sforzeschi (ducali e delle missive), si rimanda a *Archivi e archivisti*, in particolare Natale, *Sommario*, e Fumi, *Relazione*. Su Fumi, si veda *Luigi Fumi*. L'intera questione è ripresa in Leverotti, *L'archivio dei Visconti*: qui si veda il capitolo 3.

per ambasceria o missione, e suddivisi, all'interno, in dispacci, istruzioni, minute e carteggio restituito». Le lettere dei principi sono poi raccolte nei *Carteggi con principi esteri*, ma materiale che andrebbe ricondotto a entrambe queste partizioni si trova anche in *Carteggi con rettori, vescovi e oratori di stati e città*. Valenti ad ogni occasione sottolinea l'incertezza della ripartizione, specchio di un quadro documentario peculiare sin dall'origine e di una situazione conservativa connotata da perdite, molteplicità di archivi e sedi e irregolarità di inventariazione.[56]

A Mantova, la situazione è apparentemente più chiara: la voce della *Guida* riproduce l'inventariazione sistematica attuata negli anni Venti del Novecento da Torelli e Luzio (a loro volta guidati dai riordinamenti tardosettecenteschi). La macro-serie E del *Carteggio estero* (che da sola contiene 1.600 delle 3.719 buste dell'archivio Gonzaga) è ordinata per luoghi, e ogni sezione ha – per l'età gonzaghesca – sottosezioni indicate con le voci *Istruzioni a inviati e residenti*; *Lettere dei dominanti ai Gonzaga*; *Carteggio degli inviati e diversi*; *Relazioni e varie dallo Stato* (quest'ultima con solo materiale d'età moderna). I registri di copialettere e le serie delle minute (sempre separate dalle missive), sono collocati nella macro-serie F, che raggruppa i fondi della *Legislazione e sistemazione del governo* (F.II, *Corrispondenza interna*): sembrano, in questo, mantenere anche nel riordino l'originario carattere comune fra "dentro" e "fuori". I registri danno vita alla serie dei *Copialettere dei Gonzaga*, mentre le minute formano la serie *Minute*, in cui, come notava Luzio, sono compresi materiali vari come copie di missive e dispacci, scorporati dalle serie del carteggio dagli «antichi archivisti» (ma quali?). Per quanto l'architettura sia più chiara (anche se non più attenta ai contesti originari), la ripartizione, a detta dello stesso Luzio, è piena di errori e di confusioni: lettere di ogni tipo, minute, copie e istruzioni possono trovarsi ovunque.[57]

b. *Le cesure*

Questo quadro generale non solo ha limiti evidenti in termini di ordinamento archivistico, ma ovviamente cela storie conservative infinitamente più complesse di scomposizioni e ricomposizioni sette-ottocentesche,

56. In merito alla situazione degli archivi estensi, oltre ai dati della voce *Archivio di stato di Modena* della Guida generale, si vedano Dallari, *Inventario*; Valenti, *Profilo storico*; *Un archivio scomparso*.

57. Torelli, *L'Archivio Gonzaga* e Luzio, *L'Archivio Gonzaga di Mantova*: in particolare, si veda ivi, alle pp. 60-1, 76.

analizzate *ad abundantiam* da generazioni di studiosi. Quel che interessa qui, per concludere, è rilevare, per quanto in modo generale e probabilmente semplificatorio, due punti significativi. La rottura e ricomposizione dei complessi originari passò a mio parere attraverso due momenti relativamente chiari, il primo almeno per Mantova e Ferrara (per Milano ne sappiamo meno);[58] il secondo per tutti e tre i complessi documentari.

La prima cerniera si può collocare alla metà-fine Cinquecento: a questa data iniziarono infatti i riordinamenti più sistematici dei fondi medievali, e la corrispondenza in entrata – che non era stata, a quanto sappiamo, ancora inventariata sistematicamente – venne riconsiderata, aperta (la parte ancora in filze) e resa fruibile secondo un ordine che potesse rendere questa massa di innumerevoli carte più maneggevole.[59] In una parola si ruppe intenzionalmente per scopi – coevi – di chiarezza e d'uso il continuum carteggi interni/esterni, e si passò a un ordinamento per luoghi e poi, a decrescere, per scriventi e infine per materie: almeno nelle intenzioni. A Mantova si trattò del riordino intrapreso a partire dal 1582 da un'*équipe* guidata dal giurista Francesco Borsato,[60] a Ferrara si trattò del grande ri-

58. La prima età spagnola è meno studiata: si veda ora, almeno per l'archivio del Senato, Giudici, *Ludovico Annibale Della Croce*.

59. La mole faceva ormai problema: nel 1576 il mantovano Nicolò Guarino scriveva a Aurelio Zibramonti, a proposito dei soli registri di cancelleria: «Heri andai col Pietrasanta all'Archivio per vedere dove si havevano da mettere quei registri delle lettere ch'io tengo commissione di farci portare. I libri dei registri communi sono ottanta, de' riservati sono ottantadue, quelli del Monferrato dieci, e del signor Castellano passato sette, a tal che vengono ad essere in tutto 179, et essendo numero così grosso non trovai luogo ove potessero capire, perciò che tutti quei scrigni che sono nelli armari grandi sono impacciati», Mantova, 6 novembre 1576, ASMn, AG, b. 2598, cit. in Torelli, *L'Archivio Gonzaga*, p. XXXVII.

60. Torelli, che ha ricostruito da par suo questo processo, trascrive la lettera programmatica di Borsato al duca Guglielmo Gonzaga. Mette conto citarne almeno qualche passo: «La terza [*sorte*] è delle lettere, registri ed istruttioni de negotii, di avvisi di Stato, o simili materie importanti, scritte e mandate così ad altri per la Ser.ma casa Gonzaga, come per altri a quella, et alli antecessori di S. A. Ser.ma. Et tutte queste lettere et istruttioni volendone di quelle ritrarne utile e frutto, ricercano per mio giuditio: Prima, che dette lettere, registri et istruttioni, quali sono innumerabili, siano intieramente lette, separate o distinte secondo i lochi e le persone che trattano; Secondo che tutti li detti negotii, avvisi o cose importanti ivi contenute siano ridotte a capi et materie principali, et a essi applicati le dette lettere, istruttioni o scritture ordinatamente; Terzo siano detti capi e materie descritti sommariamente in repertori grandi, con ordine, per trovarle a suoi luoghi, persone, numeri et materie [...]», 13 febbraio 1582, ASMn, AG, b. 2617, cit. in Torelli, *L'Archivio Gonzaga*, pp. XXXVIII-XXXIX.

ordino promosso da Giovan Battista Pigna a partire dal 1574.[61] Il Torelli, a proposito del piano di riordino del Borsato, scrive che ebbe buon esito, almeno in parte: a esso «si deve quell'assetto dei carteggi estero (rub. E) ed interno (rub. F), che a traverso rimaneggiamenti ed a naturali aggiunte, nelle linee generali giunse sino a noi».[62]

La seconda fase di rottura dell'originario *continuum* documentario è quella, ben nota, di fine Sette-primo Ottocento.[63] Nell'amplissimo campo delle corrispondenze, non si trattò tanto di dividere per materie – di fatto questo si era già compiuto dividendo per luoghi – ma di alterare l'ultimo legame sistematico originario, quello fra i diversi componenti del flusso documentario informativo (lettere/istruzioni/copie/minute/relazioni), attraverso la creazione di serie "tipologiche" altamente artificiali dal punto di vista antico, legate vuoi a principi sistematici nuovi, vuoi a una sorta di collezionismo erudito. Nacquero allora le serie delle minute (con minute e copie o materiali grigi d'ogni tipo), degli autografi, delle lettere originali e, tra le semplici lettere diplomatiche, quant'altro l'acribia classificatoria degli archivisti ottocenteschi si inventò: lettere degli inviati e diversi, delle potenze sovrane, dei principi della casa, e via distinguendo, alterando, separando e riaccorpando.

Le fratture sono state poi, laddove possibile, parzialmente emendate e ricomposte: ma la creazione dell'oggetto documentario "corrispondenze diplomatiche" era compiuta. Se poi si riflette, anche banalizzando, alla cronologia tutta ottocentesca del mito della nascita della diplomazia moderna come storia delle relazioni internazionali e delle ambasciate residenti nel contesto della costruzione del moderno Stato-Nazione europeo, è difficile resistere alla tentazione di vedere un legame strutturale fra l'uno e l'altro processo, come anche tra la decomposizione di entrambi ai nostri giorni.

61. Su cui Turchi, *Un archivio scomparso*: si noti l'attenzione che giustamente Turchi riserva ai sommari della Grotta, che non erano inventari archivistici, ma andavano nella direzione di costruire assetti della documentazione organizzati tematicamente, in grado di connettere in sistema il complesso delle scritture diplomatiche al tempo stesso ordinandole «sotto certi capi per ordine d'alfabeto quella parte degli spacii che si conservano nella Grotta del serenissimo principe donno Alfonso d'Este duca di Ferrara etcetera», ASMo, Carteggio di referendari, consiglieri, cancellieri e segretari, b. 150, reg. 2 (1559-1579), cit. ivi, p. 221.

62. Torelli, *L'Archivio Gonzaga*, p. XL.

63. Su cui basti rimandare, per un esempio al tempo stesso complesso e chiaro, a quanto ricostruito da Giorgi, Moscadelli, *Conservazione e tradizione*.

# 11. L'invenzione dei trattati: la pace di Lodi*

## 1. *«Queste materie importantissime»: i trattati e le scritture*

Priuli non se la prenderà se apriremo anche l'ultimo capitolo di questo volume con le sue parole. Nel marzo 1501, il veneziano in effetti menzionava nei suoi *Diarii* una ipotetica alleanza fra il papa, l'imperatore e il re d'Ungheria contro gli Ottomani, di cui aveva sentito parlare: nonostante l'importanza della notizia, se vera, o forse proprio per quello, metteva però le mani avanti.

> Et perché in queste materie importantissime, che 'l bisogna descriver il vero de ogni cossa, perché le scripture non aparenno false et senza consonantia, dechiarisco che non mi atrovava in li Consegli secretti veneti, né sapeva, né intendeva questo tractato, né questi capitoli, né acordi, chome heranno manizati, et le difficultade loro. Solamente io descrivo quanto se diceva sopra le piaze et quello comunalmente se intendeva.[1]

* Questa ricerca sui processi di pacificazione ha un debito particolare nei confronti di Luciano Piffanelli, i cui studi sui conflitti di primo Quattrocento mi hanno portato a ragionare con più attenzione sui trattati, e di Diego Pirillo, con cui questi ragionamenti sono poi proseguiti per contesti più tardi. Questo capitolo rappresenta una parte della mia ricerca nel contesto della preparazione, con entrambi, di un volume collettivo dal titolo *Reframing Treaties. Peacemaking and the Political Grammar of Agreements in the Late Medieval and Early Modern World* (in preparazione), i cui primi risultati sono stati anche discussi in occasione di una sessione e di una tavola rotonda al 65° Annual Meeting della Renaissance Society of America (Toronto, 15-17 marzo 2019: *Peacemaking in the Renaissance: Negotiating Conflicts, Shaping Identities, and Defining Ideas*), cui hanno partecipato anche Jenny Benham, Bram De Ridder, Tim Hampton, Randall Lesaffer, Mohamed Ouerfelli, Brian Sandberg e John Watkins, che pure ringrazio qui con grande piacere.

1. Priuli, *I Diarii*, II, p. 112.

«In queste materie importantissime» – trattati, capitoli, accordi – era infatti necessario essere cauti: nel parlarne e nello scriverne, nel saperne e nell'intenderne, nel seguirne infine i "maneggi" e le difficoltà. Se ne parlava nelle piazze, ma occorreva fare attenzione alla complessità normativa (trattati, capitoli, accordi) e politica (negoziati pubblici e trattative segrete, notizie ufficiali e voci incontrollate) di questi fenomeni per non riportare il falso.

Il rapporto fra accordi difficili e complessi e la loro traduzione in un discorso pubblico di pace e di guerra e infine in scritture normativamente vincolanti e costitutive di identità è al centro del presente capitolo e rappresenta un ulteriore livello della difficile relazione fra pratiche politiche, traduzione documentaria e costruzione – o "invenzione" – di processi storici e modelli e categorie storiografici. Discuterne significa indagare, da un altro punto di vista rispetto allo sguardo che ci regalano su di essi i carteggi diplomatici di cui si è parlato nel precedente capitolo, lo snodo fra diplomazia e politica tra tardo medioevo e prima età moderna, e la costruzione di un ordine del discorso che riguarda entrambe nella piena età moderna.[2]

## 2. *La pace e la lega (1454-1455)*

Nelle *Istorie fiorentine* Niccolò Machiavelli racconta con dettaglio e acume la storia della stipulazione della lega italica tra il 1454 e il 1455. Le premesse sono ben note: in seguito alla presa di potere dello Sforza a Milano nel 1450, e nel solco dell'instabilità che la morte di Filippo Maria Visconti nel 1447 aveva indotto nella regione lombarda, Venezia aveva mosso guerra al nuovo duca nel tentativo di approfittare della ipotetica debolezza del suo iniziale controllo sul ducato. La guerra durò dal 1452 al 1454, coinvolgendo, come sempre, molti altri attori di peso e statuto diverso. Nell'autunno 1453, scrive Machiavelli, tutti i principali protagonisti – il duca, i veneziani, i fiorentini e re Alfonso d'Aragona, sovrano, fra gli altri domini, di Napoli e Sicilia – erano logorati dal conflitto e papa Niccolò V anelava alla pace dal momento che in quella primavera il sultano ottomano Maometto II il Conquistatore aveva chiuso nel sangue la millenaria vicenda

2. In merito ai trattati tardomedievali e moderni, si vedano, come introduzione generale alla questione, *Peace Treaties and International Law*; Benham, *Peacemaking in the Middle Age*; Russell, *Peacemaking in the Renaissance*; sulla trattatistica, si veda ora Fedele, *Naissance de la diplomatie moderne*.

storica dell'impero bizantino conquistando la sua capitale, Costantinopoli. Quando, nei primi mesi del 1454, tutti erano di fatto disposti a una pace generale, prosegue Machiavelli, «il Papa per tanto pregò i potentati italiani gli mandassero oratori, con autorità di fermare una universale pace. I quali tutti ubbidirono».[3] Una volta giunti gli ambasciatori a Roma, però, le cose si rivelarono più complicate del previsto: le rispettive pretese dinastiche e territoriali erano così aggrovigliate che «pareva che queste difficultà fussero a risolvere impossibili». In realtà, Machiavelli nota acutamente, «quello che a Roma fra molti pareva difficile a fare, a Milano e a Vinegia infra duoi fu facilissimo: perché, mentre che le pratiche a Roma della pace si tenevano, il Duca e i Viniziani a dì 9 di aprile, nel 1454, la conclusono», definendo fra loro i rispettivi confini e territori. Alle altre potenze italiane venne dato un mese per ratificare la pace: «il Papa e i Fiorentini e con loro Sanesi e altri minori potenti fra il tempo la ratificarono». Una volta in moto, il processo di pacificazione si allargò e il primo patto bilaterale si estese tra agosto e settembre 1454 a includere anche Firenze: «né contenti a questo, si fermò fra i Fiorentini, Duca e Viniziani pace per anni venticique». Un principe mancava ancora all'appello, Alfonso il Magnanimo, che era non solo sovrano a Napoli, ma anche re d'Aragona e Valenza, conte di Barcellona, re di Sicilia e di vari altri domini che gravitavano sul Mediterraneo. Un tale monarca andava cautamente convinto e abilmente condotto all'accordo, cui voleva partecipare a modo suo e non senza costi sia materiali per gli altri contraenti, sia giuridici e politici per la lega: ma la sua presenza era indispensabile. Secondo Machiavelli dunque, nel processo di integrare all'accordo un sovrano di statura europea e mediterranea, non solo si aprì la via a una lega universale, ma vennero anche piantati i semi delle future crisi:

> Mostrò solamente il re Alfonso, delli principi di Italia, essere di questa pace mal contento, parendogli fusse fatta con poca sua reputazione, avendo, non come principale, ma come aderente ad essere ricevuto in quella; e perciò stette molto tempo sospeso, sanza lasciarsi intendere. Pure, sendogli state mandate, dal Papa e dagli altri principi, molte solenne ambascerie, si lasciò da quelli, e massime dal Pontefice, persuadere, ed entrò in questa lega, con il figliuolo, per anni trenta; e ferono insieme il Duca [*di Milano*] e il Re doppio parentado e doppie nozze, dando e togliendo la figliola l'uno dell'altro per i loro figliuoli. Non di meno, acciò che in Italia restassero i semi della guerra, non consentì fare la pace se prima dai collegati non gli fu concessa licenza di

3. Machiavelli, *Istorie fiorentine*, VI, 32.

potere, sanza loro ingiuria, fare guerra a' Genovesi, a Gismondo Malatesti e ad Astor principe di Faenza.[4]

Il racconto di Machiavelli è molto preciso: il 9 aprile 1454 a Lodi, una città lombarda non lontana da Milano, il nuovo duca di Milano Francesco Sforza firmò in persona la pace che concludeva due anni di guerra con la repubblica veneziana. Il 30 agosto di quell'anno dalla pace sottoscritta a Lodi derivò una *liga*, *unione*, *confederatione*, *intelligentia* cui anche Firenze venne ammessa. Dopo «molte solenne ambascerie»,[5] il 26 gennaio 1455, Alfonso d'Aragona entrò formalmente nella lega e il 2 marzo 1455 papa Niccolò V la ratificò e la benedisse, permettendo che fosse resa pubblica e rendendola effettiva e vincolante. Dopo poco più di un anno di negoziati, la pace firmata a Lodi era divenuta un trattato generale fra la maggior parte dei poteri italiani (le poche, apparentemente trascurabili eccezioni facevano parte dei "semi della guerra" cui accenna Machiavelli: Sigismondo Pandolfo Malatesta, Astorre Manfredi, Genova), formulato per durare 25-30 anni. La tradizione, con qualche buon motivo si intende, riconosce a questa lega generale il merito di avere posto fine a decenni di conflitto politico-militare e di avere inaugurato una fase di soluzioni negoziate e coordinate alle crisi politiche peninsulari grandi e piccole al posto di un ricorso diretto alla guerra guerreggiata.

## 2.1. *Il contesto*

### a. *L'Italia quattrocentesca*

L'Italia nel Quattrocento era composta da un mosaico di organismi statuali molto vari fra loro per taglia, forma, e potere. I poteri formalizzati includevano reggimenti repubblicani (Firenze, Lucca, Siena, Genova, Venezia); principati derivati da città vescovili e comunali (come i ducati di Milano e Ferrara o il marchesato di Mantova) o basati su signorie feudali

4. *Ibidem*.

5. Di cui una delle testimonianze più articolate è raccolta nelle lettere inviate tra il 23 e il 27 novembre 1454 dagli ambasciatori milanesi (Bartolomeo Aicardi Visconti e Alberico Maletta) e fiorentini (Bernardo de' Medici e Diotisalvi Neroni) mandati a re Alfonso, edite in *Dispacci sforzeschi da Napoli*, I, ll. 68-70. Gli altri membri di questa ambasciata erano i veneziani Zaccaria Trevisan e Girolamo Barbarigo, che si unirono all'ambasciatore veneziano già alla corte aragonese, Giovanni Moro, e il cardinale legato Domenico Capranica, che coordinava l'ambasciata in nome di Niccolò V. Su questa ambasciata, si veda Lazzarini, *The Conduct of the Embassy*; sulla diplomazia sforzesca e sul contesto aragonese in questi anni, si vedano Margaroli, *Diplomazia e stati rinascimentali* e Senatore, *«Uno mundo de carta»*.

o ecclesiastiche (come il ducato di Savoia, il marchesato di Monferrato o i principi-vescovi/patriarchi di Trento e Aquileia); cui vanno aggiunte la peculiare monarchia papale e i regni meridionali, temporaneamente unificati sotto il governo personale di Alfonso il Magnanimo fra il 1442 e il 1458. Mentre l'indipendenza e l'iniziativa politica di tutti questi poteri erano ampie e innegabili, essi erano comunque formalmente inscritti all'interno della superiore sovranità dell'impero nel centro-nord e del papato nel centro-sud della penisola. Inoltre, l'iniziativa politica non era limitata a quanti potevano vantare una autorità giuridicamente definita, ma era estesa anche a tutti coloro (comunità, leghe, individui) che a qualche titolo controllavano una frazione di potere.

Negli ultimi decenni del Trecento e nei primi del Quattrocento una lunga sequenza di guerre tra Milano, Venezia e Firenze nel nord, e fra angioini e aragonesi nei regni *ultra et citra pharum*, combinate al problema ricorrente del controllo del grande porto di Genova, aveva preparato il terreno per un accordo generale che potesse fermare la spirale bellica e i suoi costi. Il ritorno dei papi a Roma dopo lo scisma permise la crescita di una consapevolezza sempre più determinata, da parte dei pontefici, della necessità di comporre i conflitti peninsulari grazie a un accordo inclusivo, di cui si iniziò a parlare a partire dagli anni Venti del Quattrocento. D'altro canto, Alfonso il Magnanimo, re d'Aragona e di Sicilia, finalmente si assicurò la corona napoletana nel 1442, mettendo temporaneamente termine al plurisecolare conflitto per il controllo del Regno di Sicilia. Nel nord, la presa di potere di Francesco Sforza, "nuovo" duca di Milano alla ricerca di una legittimazione imperiale che sarebbe venuta alla dinastia solo alla fine del secolo, le difficoltà di Venezia nel Mediterraneo e il complesso assestamento del controllo mediceo su Firenze accentuarono la necessità di un accordo generale. Lo scenario, per quanto complicato, era pronto perché l'ultimo conflitto padano fra Milano e Venezia si concludesse con un trattato di pace e di alleanza potenzialmente aperto a tutti i maggiori e minori poteri d'Italia.[6]

### b. *La lega italica*

Come ha chiarito da ultimo Riccardo Fubini, la lega italica ratificata nel 1455 era basata sul riconoscimento reciproco dei propri membri e

6. Oltre agli ormai classici Soranzo, *La Lega italica*, Pillinini, *Il sistema degli stati italiani*, Ilardi, *The Italian League*, si vedano, in merito al contesto generale, Lazzarini, *L'Italia degli Stati territoriali*; *Lo Stato del Rinascimento*. Le ricadute territoriali della pace di Lodi sono state oggetto della tesi di dottorato di Luca Zenobi, Zenobi, *Borders*.

aveva costruito quel che sostanzialmente si può definire un patto di non-aggressione: i cinque contraenti maggiori e i loro alleati, confederati e aderenti si impegnavano a non attaccarsi reciprocamente e a intervenire militarmente qualora uno o più fra loro avessero violato questa obbligazione. Per mantenere concretamente tale impegno, avevano sottoscritto di mantenere a disposizione e pagare un quantitativo determinato di uomini d'arme, il cui numero avrebbe dovuto crescere in caso di guerra aperta secondo quote attentamente negoziate. Il trattato proibiva anche dichiaratamente accordi alternativi al di fuori del sistema dei poteri firmatari per prevenire ogni influenza esterna – vale a dire europea – nelle vicende peninsulari. Doveva durare venticinque anni (anche se Alfonso e il duca di Calabria Ferrante si impegnarono per trent'anni) e poi sarebbe stato rinnovato. Se quattro furono gli stati direttamente coinvolti nella stipulazione (Milano, Venezia, Firenze e il regno), diretti dal papato che si pose come suo garante eludendo l'autorità e il consenso dell'impero, praticamente tutti i poteri d'Italia vennero coinvolti grazie alle innumerevoli gerarchie di alleanze, aderenze e fedeltà che legavano formalmente i poteri minori, i signori e le comunità urbane e rurali ai poteri maggiori in stratificate reti di potere e di influenza. L'obiettivo principale della lega era il mantenimento dell'equilibrio fra i poteri che era stato raggiunto: si tratta di un accordo stipulato per preservare lo *status quo*. Sottoscrivendo il trattato, principi e governi si garantirono anche un riconoscimento reciproco vitale al mantenimento dell'egemonia interna e alla legittimazione esterna di tale egemonia.[7] Orchestrato da un gruppo di principi e di poteri in cerca di stabilità e di legittimazione, sostenitori di un sistema politico più territoriale che trasversale e certo non egemonico,[8] la lega italica è divenuta – attraverso una complessa serie di passaggi – l'antesignana del discorso politico elaborato in Occidente e basato sull'equilibrio dei poteri e sulla nascita delle ambasciate residenti come elemento fondante della costruzione del sistema degli stati moderni, ed è stata rappresentata come una svolta cruciale nella storia italiana tra medioevo e prima età moderna, così come nella storia della diplomazia europea e di conseguenza occidentale. Affrontarne l'analisi a partire da alcune caratteristiche della sua scritturazione e della conserva-

7. Fubini, *Italia quattrocentesca* e Id., *Niccolò V, Francesco Sforza e la Lega italica.*

8. In merito alle potenziali alternative, mi permetto di rimandare alla sintesi in Lazzarini, *Amicizia e potere*, pp. 15-20 e 64-65, in cui si ricapitolano gli studi di Marco Gentile (in particolare *Guelfi e ghibellini*), Serena Ferente (*La sfortuna di Jacopo Piccinino* e ora *Gli ultimi guelfi*) e Massimo Della Misericordia (in particolare *Divenire comunità*).

zione e trasmissione delle sue diverse redazioni ci permette sia di saperne, nel concreto, di più, sia di illuminare qualche aspetto di quanto questo trattato (o meglio questi trattati), nella sua/loro duplice natura di pacificazione e di lega, rivela(no) sulla natura complessa dei processi di pacificazione tardomedievali e protomoderni.[9]

Ci permettono infine, in chiusura di questo ragionare quasi ventennale intorno alle scritture, raccolto qui in volume, di spingere il discorso ancora più avanti nella analisi di come l'elaborazione e l'uso di un linguaggio del potere possano divenire, con i secoli, strumenti e forme di altri linguaggi, di altri poteri.

### 2.2. *Le scritture*

È tempo di interrogarci dunque sulla *facies* documentaria di questa vicenda e di chiederci che scrittura era esattamente un trattato di pace e, di conseguenza, come si passava eventualmente da un trattato di pace a una lega (o, per quel che importa qui, da una qualsiasi delle fattispecie dell'accordo all'altra). E ancora, era ed è possibile separare tipologicamente un trattato – di pace, di lega, di tregua, di aderenza – sia dai materiali che lo preparavano (istruzioni, minute, serie di capitoli, capitoli segreti, parziali o totali) e lo seguivano (le scritture generate dalla sua messa in opera, come le *confinationes*, o le diverse versioni di esso da applicarsi ai singoli segmenti di trattativa, spesso immediatamente oggetto di adattamenti e riformulazioni locali), sia da tutto quel che lo circondava e lo coadiuvava (come, ad esempio, l'insieme delle *ratificationes*, diplomatisticamente distinte, ma senza le quali il trattato non era vincolante)?[10]

#### a. *Natura documentaria dei trattati*

Secondo Olivier Guyotjeannin, i trattati tardomedievali sono caratterizzati da un polimorfismo che va dalla loro forma documentaria – non esiste diplomatica chiara di un trattato – al loro contenuto: un tale polimorfismo costringe, per esigenza di chiarezza posteriore, a sovrapporre quadri moderni alla documentazione e a «retenir comme 'traités' séparés des documents préparatoires les accords, vidimés ou enoncés, par deux

9. Lazzarini, *Peace of Lodi.*

10. In merito ad alcune delle intuizioni metodologiche e concettuali più interessanti della ricerca più recente si rimanda a Piffanelli, *Politica e diplomazia* (in particolare per il quadro concettuale dell'analisi documentaria, pp. 41-47) e a Zenobi, *Borders* (in particolare per la scomposizione delle pratiche di costruzione dei confini, pp. 122-217).

souverains, ou par chacun d'eux dans des rédactions parallèles, sur une ou plusieurs de ces matières : une alliance [...] ; un retour à l'état de paix [...], une trève [...]».[11] Le esigenze di chiarezza cui allude Guyotjeannin hanno dato origine a innumerevoli classificazioni in cui si sono esercitati con acribia sia i grandi classici, sia le sintesi più recenti.[12] È però sulla scorta della prudente aderenza al dato documentario che lo studioso francese raccomanda, e con l'intento di cercare di ricostruire le logiche della costruzione e della sedimentazione delle scritture, che sarà opportuno volgersi qui ai testi in buona misura inediti della sequenza degli accordi (e alle loro diverse versioni) che condussero dalla prima pace bilaterale fra Milano e Venezia del 6 aprile 1454 alla lega universale finalmente ratificata – dopo la sottoscrizione di Alfonso – da papa Niccolò V il 2 marzo 1455 e che sono ancora conservate nei due archivi di Milano e di Mantova (che rappresentano un primo campione da cui partire).

b. *Le scritture della pace e della lega: carte sciolte*

In entrambe le cancellerie i trattati e gli accordi quattrocenteschi sono preservati in carte sciolte e in registri.[13] Le carte sciolte sono, sia a Milano, sia a Mantova, il risultato di una raccolta di materiali eterogenei senza evidenti legami genetici fra loro, probabilmente superstiti di più ampi gruppi di carte, riuniti in una o più buste in momenti molto successivi. A Milano, per il Quattrocento si tratta di tre buste in cui si trovano tanto quadernetti coevi di lettere diplomatiche rilegate insieme e relative ad accordi determinati (*quaternus nonnullarum litterarum scriptarum in facto lige contracte Veneciis*), quanto gruppi di *ratificationes* (in pergamena e in carta) degli accordi degli anni 1454-1455 (in particolare un primo gruppo di ratifiche della pace di aprile e un secondo gruppo di *ratificationes secunde lige*, che coprono i mesi dell'autunno 1454 sino a dicembre), quanto infine minute e copie di accordi collaterali, precedenti o successivi agli accordi del 1454-1455, capitoli relativi ad accordi complementari e particolari, arbi-

11. Guyotjeannin, *Le traité comme produit de chancellerie*, pp. 18-19.

12. Maulde La Clavière dedicò di fatto l'intero terzo tomo del suo *La Diplomatie au temps de Machiavel* ai trattati e alla loro documentazione (Maulde La Clavière, *La diplomatie*, t. III): anche la recentissima sintesi di Moeglin e Péquignot si esercita in una classificazione – tipologica e formale, ma utile a una prima approssimazione – delle varie forme dei trattati (Moeglin, Péquignot, *Diplomatie et «relations internationales»*, pp. 495-541).

13. Si rimanda, per brevità, ai capitoli 3, 4 e 10 del presente volume per una presentazione tanto dei patrimoni documentari di Milano e Mantova, quanto degli archivi e delle loro vicende.

trati, condotte. Si tratta con ogni evidenza di materiali eterogenei, raccolti nel primo Novecento – probabilmente contestualmente ai grandi lavori di riordino dei registri sforzeschi.[14] A Mantova, una sola busta raccoglie scritture altrettanto eterogenee per gli anni che vanno dal 1446 al 1526: in questo caso, le note dorsali antiche che descrivono il contenuto delle carte sciolte risalgono ai cancellieri quattrocenteschi (per lo più Marsilio Andreasi), alla mano cinquecentesca di Jacopo Daino e quelle più recenti agli archivisti tardo-settecenteschi che lavorarono con il vice-prefetto degli archivi Giovan Battista Baretti.[15] In questa busta compaiono, in fascicoletti cartacei, il testo della lega dell'agosto 1454 fra Milano, Venezia e Firenze e i *capitula lige* del 26 gennaio 1455, sottoscritti da Alfonso d'Aragona. Quest'ultimo documento incapsula nei capitoli finali, stipulati a Napoli, l'integrità dell'atto della lega del 30 agosto sottoscritta a Venezia e chiude aggiungendo i *capitula, declarationes, modificationes et suppletiones* che permisero l'inclusione del re aragonese e il cui negoziato era costato tanto ai collegati principali.

L'eterogeneità di queste buste e la loro natura residuale è testimoniata da una serie di indizi, che potrebbero moltiplicarsi se cercati con sistematicità: se torniamo a Milano, per esempio, il 25 settembre 1468 Cristoforo del Conte scrisse al cancelliere ducale Giovanni da Vailate di mandare a Cicco Simonetta «l'instrumento de l'adherencia de misser Franceschino dal Carretto» rimasta in un armadio in Castello, insieme con quella dei figli e altre carte; con ogni evidenza, fascicoletti di scritture e carte relative alle reti di fedeltà e di alleanza che sostanziavano nel concreto gli schieramenti che alla fine si sarebbero riconosciuti negli accordi generali erano conservati nelle cancellerie sui tavoli, nei *cassoni* e negli armadi e sono giunti sino a noi in modi in buona parte alluvionali.[16]

14. ASMi, Sforzesco, Trattati 1524-1526. In merito alla questione della ricostituzione delle serie dei registri sforzeschi (ducali e delle missive), si rimanda a *Archivi e archivisti,* in particolare Natale, *Sommario*, e Fumi, *Relazione*. Su Fumi, si veda *Luigi Fumi*. L'intera questione è ripresa in Leverotti, *L'archivio dei Visconti*.

15. Si tratta di una busta in una sequenza, la XXVI, nella serie B (*Dominio della città e stato di Mantova*): ASMn, AG, b. 44 (la sequenza inizia alla b. 38 [1225-1308] e termina alla b. 47 [1661-1756 e s.d. con materiale anche trecentesco]). In merito all'ordinamento mantovano e al ruolo del Baretti, si rimanda a Torelli, *L'Archivio Gonzaga*, pp. XLI-XLVI: Torelli nota qui che l'assetto dato allora al «vero e proprio Archivio Gonzaga» non venne più cambiato.

16. ASMi, Sforzesco, Potenze sovrane, 1606: Cristoforo del Conte a Giovanni da Vailate, Pavia, 15 gennaio 1468, trascritto (non sempre impeccabilmente) in *Fonti per la storia degli archivi*, p. 69.

c. *Le scritture della pace e della lega: i registri*

Quanto ai registri, fra le fonti coeve si può aggiungere un piccolo ma significativo gruppo di registri in carta e in pergamena: a Milano si tratta di quattro volumi d'età sforzesca e a Mantova di un registro cartaceo dell'età di Ludovico e Federico Gonzaga. Allo stato attuale di conservazione delle serie degli archivi signorili dell'Italia padana, dei registri di accordi e paci ci è arrivato solo qualche raro esemplare del Trecento, di provenienza milanese: in particolare, il primo dei cosiddetti *Registri viscontei* sopravvissuti a Milano alla distruzione del 1447, che registra 44 atti di pace e di alleanza degli anni 1372-1385 e 1389 e un secondo registro che contiene una serie di accordi stipulati fra Lucca e Pisa nel biennio 1389-1390.[17] Fatta eccezione per questi pochi esempi, da cui, vista la casualità con cui ci sono arrivati, è difficile dedurre qualcosa di preciso riguardo alla loro potenziale regolarità, occorre attendere gli anni 1450-1470 per ritrovare questa tipologia di registri. Occorre infine giungere agli anni 1490 per vederli trasformarsi profondamente in quelli che potremmo definire registri di *mirabilia diplomatica*, in cui vennero trascritte descrizioni dettagliate di grandi cerimonie pubbliche, storie di terre lontane, curiosità antropologiche, geografiche e culturali *ante litteram.* Un'altra cosa rispetto a quanto si cerca qui, per quanto eloquente a modo suo.[18]

Laddove le buste di carte sciolte rivelano la *facies* magmatica dei singoli tasselli operativi della messa a scrittura degli accordi, ma risentono talmente delle lacune e dei riordini successivi che, nonostante in qualche caso ci siano note tergali coeve, la fisionomia dell'insieme originario sfugge all'osservatore, i *libri* rappresentano tutt'altra faccenda. Come abbiamo visto in vari capitoli di questo volume, i registri infatti costruiscono un sistema tanto trasformando le scritture che contengono in qualcosa di più di una somma di testi singoli, quanto componendo fra loro, tramite rimandi e architetture interne, un complesso corpo inter-referenziale.[19] Vengono anche, proprio per una struttura materiale più compiuta e maneggevole,

17. ASMi, RD 1; RD 59: su questi registri, si veda Manaresi, *I registri viscontei*, pp. 117-121.

18. In merito, mi permetto di rimandare a Lazzarini, *Lo spettacolo della diplomazia.*

19. Questo discorso, approfondito dalla storiografia soprattutto in rapporto al passaggio dalle carte sciolte ai cartulari, vale anche per i registri: su di essi, si veda ora *L'art médiéval du registre*; in merito alla loro natura di "collezioni" e alle trasformazioni che cartularizzare o – qui – trascrivere a registro impone a un gruppo di documenti e sulle operazioni testuali che tale manovra comporta, si vedano Bedos-Rezak, *Towards an Archaeology*

più facilmente conservati, inventariati, trasmessi anche quando sembrano essere una sequenza di sopravvivenze e non una serie.

Partiamo dal registro mantovano, di cui non abbiamo antecedenti (anche se non possiamo escluderlo in modo definitivo). Il registro 85.13 è un volume cartaceo, senza *incipit* solenni: venne iniziato e redatto sino a buona parte del 1479 da Marsilio Andreasi (il capo della cancelleria gonzaghesca nell'età di Ludovico Gonzaga), alla cui mano si possono ricondurre tanto il registro, quanto l'indice sino alla sua morte (nell'ottobre 1479), a mani diverse dopo. Fa parte di una sequenza che Torelli, davvero *faute de mieux*, chiamò *Libri e registri miscellanei*, tra cui si annoverano quelli che sembrano, almeno i più antichi, degli *unica*, come il *Liber privilegiorum comunis Mantue* (volume cruciale d'età comunale) o il *Liber FLU* (l'unico registro integro e superstite fra i *libri* patrimoniali di grande formato della prima fase collegiale del dominio dei Gonzaga sulla città).[20] Ora conservato singolarmente, ma archiviato da Torelli in una busta archivistica, la 85, che contiene una serie disparata di fascicoli minori pergamenacei e cartacei di datazione varia e seguito nelle buste successive da materiali analoghi e da una breve successione di grandi registri di primo Cinquecento di carattere misto (sono i registri di *mirabilia* cui accennavamo sopra),[21] l'85.13 venne nella sua maggior parte redatto al fine di raccogliere una antologia dei principali trattati, alleanze, patti e condotte dei marchesi di Mantova per il nuovo marchese Federico alla morte del padre (Ludovico morì nel giugno del 1478). La registrazione regolare degli atti si interrompe di nuovo nel 1484 (anno della morte di Federico Gonzaga). Il primogenito del marchese, Francesco, era ancora minore alla morte del padre: il registro venne dunque portato avanti sempre più stancamente sino al 1491, quando si interruppe definitivamente. Fra gli atti politici e diplomatici ritenuti dall'Andreasi importanti per l'esistenza stessa del marchesato, troviamo non solo le condotte dei Gonzaga e le paci e le leghe degli anni Settanta del

*of the Medieval Charter* e Chastang, *Des archives au codex* (ma si ricordino le intuizioni di Petrucci, *Dal libro unitario al libro miscellaneo*).

20. Del *Liber privilegiorum* si veda ora l'edizione a cura di Roberto Navarrini, *Liber privilegiorum comunis Mantue.*

21. ASMn, AG, b. 83 (fascc. 2-8: privilegi papali, diritti su comunità del territorio, un quaderno duecentesco del consiglio degli Anziani del Comune di Mantova) e b. 85, fascicoli 10-12, 14 (che contengono procure tardotrecentesche per affari finanziari in Venezia, bolle di Bonifacio IX, privilegi imperiali); b. 86: i registri 86.16-18 sono stati analizzati in Lazzarini, *Lo spettacolo della diplomazia.* In merito al *Liber FLU*, si vedano Vaini, *Ricerche gonzaghesche*, pp. 183-191 e Lazzarini, *La terra, gli uomini, le scritture.*

Quattrocento, ma anche il testo della pace di Lodi: nonostante il registro non sia organizzato in un coerente ordine cronologico e la pace fra Milano e Venezia non sia il primo atto trascritto, si tratta del più risalente del *liber*.[22] Non è privo di interesse che la *copia capitulorum pacis in Laude anni 1454* sia la sola parte degli accordi del biennio 1454-1455 registrata nel *liber* (mancano gli altri due accordi: al contrario, fra le carte sciolte manca la pace di Lodi) e che il registro passi poi con grande dettaglio agli atti vari e diversi che preludono e riguardano la lega del 1470.[23]

Sono invece sicuramente tasselli riconoscibili di una serie, per quanto ricostituita, i registri milanesi.[24] Nel quadro conservativo complesso cui si è alluso sopra – e dunque con tutte le cautele del caso – si può supporre che a Milano i registri di *leghe*, *capitoli* e *convenzioni* (come vengono descritti negli inventari novecenteschi dei registri ducali) fossero relativamente comuni. Fatta eccezione per gli antecedenti viscontei, di cui sappiamo davvero troppo poco, la cancelleria di Francesco Sforza ne produsse almeno uno negli anni 1454-1458 per raccogliere la complessa sequenza dei trattati che portarono alla stipulazione della pace di Lodi e alla sua estensione nella forma della Lega italica. Dopo la morte del primo duca Sforza, un altro gruppo di registri (taluno copia dell'altro, in carta e in pergamena) venne redatto negli anni di Galeazzo Maria e di Bona (1466-1481): alcuni di questi registri contenevano atti contemporanei ai duchi, ma altri trascrissero

22. ASMn, AG, 85.13: in questo registro vennero anche trascritte, sempre di mano dell'Andreasi, la formula per il giuramento di fedeltà delle comunità del mantovano a Federico Gonzaga e la successione dei procuratori delle comunità giunti in castello a giurare dinnanzi al marchese, alla marchesa Margherita e all'erede Francesco (allora tredicenne) tra il 19 e il 22 aprile del 1479 (cc. 81r-85v: trascrizione in Lazzarini, *Il linguaggio del territorio*, pp. 222-232).

23. ASMn, AG, 85.13, c. 10r. Sull'Andreasi e sulla cancelleria mantovana, si rimanda a Lazzarini, *Fra un principe e altri stati.*

24. ASMi, RD 42 (1454-1458); RD 18 e 35 (1414-1467) e infine, il registro RD 39; tipologicamente, a essi si possono accostare, per quanto non abbiano materiale relativo alle paci degli anni 1454-1455, il registro RD 37 (1426-1474), come i 18, 35 e 39 redatto sotto Galeazzo Maria Sforza, ma comprendente atti che vennero stipulati a partire dal ducato di Filippo Maria Visconti; i registri RD 13 (1467-1470) e 17 (1470-1471), composti sotto Bianca Maria e Galeazzo Maria, che raccolgono atti contemporanei a entrambi; i registri RD 22 (1474-1478), RD 32 e 34 (1477-1478: entrambi si aprirono sotto la reggenza di Bona di Savoia), sugli ultimi anni di Galeazzo Maria il primo (il duca venne assassinato nel 1476), e di Cicco Simonetta a capo della cancelleria sforzesca (il segretario venne giustiziato nel 1480) gli altri due. I registri ducali sono ora integralmente digitalizzati e *open access* sul sito dell'Archivio di Stato di Milano: http://www.asmilano.it/AriannaWeb/main.htm;jsessionid=A6EF153148A76AC3FD72EEBFE41E960C%20-%20834165_archivio#archivio.

*ex novo* anche atti degli anni di Filippo Maria Visconti, con l'ovvio scopo di rendere di nuovo disponibili in modo agile i trattati della prima metà del Quattrocento (che naturalmente non ci sono arrivati in originale). Formalmente, si tratta di registri in carta o in pergamena, redatti da più mani o da una sola, e nella più parte corredati di indici in inchiostro rosso o nero. Quattro di questi registri contengono materiale documentario relativo alla pace e alla lega degli anni 1454-1455. Il primo, il registro ducale (RD) 42, in carta e il più lungo dei quattro, è anche l'unico prodotto durante gli eventi; gli altri tre sono relativi agli anni di Galeazzo Maria. Fra questi ultimi, i registri RD 18 e 35 sono identici nel contenuto, entrambi in pergamena (uno, il RD 35 sembra una versione più curata nella *mise en texte* dell'altro, ma il loro rapporto reciproco non è evidente). Infine, il registro RD 39 – che contiene una antologia di atti a partire dalla pace di Ferrara del 1433 sino al 1481 – venne fatto redigere per ordine del primo segretario Cicco Simonetta ed era dedicato al nuovo duca Galeazzo Maria.[25] Il registro contiene un prologo di grande interesse da molti punti di vista: e che si trattasse di un messaggio importante è dimostrato dal fatto che il prologo venne ripetuto anche alla c. 59, appena prima del primo trattato stipulato personalmente dal nuovo signore, quello del 1467. Il prologo infatti si apre con un *incipit* in capitale antica (*Prohoemium in librum de compositione rerum ac scripturarum incl. Galeaci Mariae Insubriae atqui Ligurum Ducis post paternum obitum*): a parlare era lo stesso segretario, Cicco, che dedicava il volume al giovane principe affinché ne facesse buon uso per governare. Il *liber*, nell'intento del primo segretario, doveva contenere tutti gli atti di interesse del ducato e del suo governo («regnum tuum»), che erano stati «acta et scripta variis locis»; tali atti, Cicco proseguiva, «in hoc unum volumen statui redigenda».[26] Questo registro, in pergamena, fu chiaramente concepito come uno strumento di governo: la pergamena, il prologo, la scelta degli atti ne fanno un intenzionale *monumentum* alla continuità del governo ducale e insieme uno strumento per gestire il dominio. Le scritture che riguardano le leghe del 1454-1455 vennero dunque trascritte in un grande registro degli anni 1454-1458, in due registri identici che coprono gli anni 1414-1467, e in un volume d'apparato che include trattati degli anni 1434-1480, vale a dire dall'ultimo quindicennio del ducato di Filip-

25. Su Cicco Simonetta basti richiamare qui Simonetta, *Rinascimento segreto* e ora Covini, *Potere, ricchezza e distinzione a Milano* (in particolare su questo registro e sul suo proemio, p. 227).

26. ASMi, RD 39, c. 20.

po Maria Visconti alla reggenza della vedova di Galeazzo Maria, Bona di Savoia. Non sono chiari i rapporti fra i quattro volumi, né la ragione dei due registri identici degli anni 1414-1467: vale la pena peraltro vederne almeno un paio con un dettaglio maggiore.

Il registro RD 42 è l'unico redatto durante – e non dopo – il processo di pacificazione: copre infatti gli anni dal 1454 al 1458 (e probabilmente non a caso è l'unico cartaceo: un registro, per dir così, di lavoro corrente). Secondo la numerazione originale, il volume ha perduto le prime duecento e passa carte: a parte le sue dimensioni, che ne fanno comunque il più lungo tra questi *libri*, è di un estremo interesse perché raccoglie la più ampia collezione delle diverse scritture che venivano prodotte – e registrate insieme, concepite dunque come un *corpus* documentario unitario – intorno e durante un processo di pacificazione. *Capitula*, *ratificationes*, lettere ai vari ambasciatori e agenti riguardo alla pace, istruzioni diplomatiche, prime bozze e versioni finali dei testi dei capitoli che sarebbero confluiti negli accordi, *capitula secreta*, *confirmationes finium* vennero trascritti nel registro da mani diverse a costituire un flusso ininterrotto di informazioni relative ai tre accordi e alla loro immediata applicazione. Se si considera la complessità delle definizioni – tra latino e volgare, fra testo normativo e linguaggio della pratica – di questi testi, non è difficile rendersi conto della complementare complessità della loro preparazione (tanto politica, quanto diplomatistica) e della molteplicità di scritture che erano necessarie per arrivare a una stipulazione. Lodi è un atto di pacificazione, grazie al quale venivano fermate tutte le *guerre*, *discordie*, *dissidia*, *dissensiones*, *differentie*, *rancores*, *offensiones*, *lites*, *cause*, *controversie* e *querele*; la pacificazione era messa in atto «ad accipiendum et recipiendum quascumquas transactiones, conventiones, cessiones, dationes, obligationes, promissiones et renuntiationes» relative ai domíni dei contraenti (domíni composti a loro volta di *castra*, *oppida*, *civitates*, *forticilicia*, *passus acquarum*, *fluminum et cetera*).[27] La lega dell'agosto 1454, che venne definita una *confederatio*, *unio*, *intelligentia et liga* volta ad ottenere quella che «vulgus pacem appellat», venne stipulata «ad felicitatem et pacem totius Italiae et tranquillitatem et quietem partium predictarum», che si impegnarono con i propri *heredes et successors e successores*, *colligati*, *adherents e adhe-*

27. Per comodità, si cita qui da ASMi, RD 35, cc. 350-355: il pur ricchissimo RD 42 infatti, che contiene materiali relative alla pace del 1454 e alle sue successive versioni, manca delle carte 350-357, che secondo l'indice coevo corrispondono (cc. 350r-351r) al testo della pace (RD 18, c. 378r).

*rentes*, *recomandati*, *complices*, *sequaces et subditi* per la «tutela et conservation statuum et dominiorum antea nominatorum».[28] Il registro RD 42, che somiglia più a un copialettere (vale a dire a un volume di lavoro in cui venivano copiate le lettere dettate dai duchi allorché gli originali venivano inviati ai loro destinatari), che non a un registro-collezione di documenti diplomatici, è esemplare, nella sua ricchezza, della quantità e della varietà delle scritture di argomento latamente diplomatico che concorrevano in ogni singolo momento del processo di pacificazione.[29]

Il registro RD 18 a sua volta è esemplare della molteplicità diacronica dei processi di pacificazione. Scritto da molte mani in varianti di una comune e sciolta cancelleresca, contiene atti e documenti relativi a una più lunga serie di accordi, coprendo gli anni dal 1414 al 1467 (vale a dire i ducati di Filippo Maria, duca dal 1412, e di Francesco Sforza, includendo anche i tre anni della Repubblica Ambrosiana). È un registro di transizione: iniziato sotto Francesco Sforza, termina con il primo anno di ducato del suo successore, Galeazzo Maria. Comparato al registro RD 42, per quanto gli atti trascritti siano vari (basti pensare che la sequenza di paci e leghe degli anni 1454-1455 occupa quasi cento carte della numerazione tradizionale, quasi duecento nella numerazione attuale che conta *recto* e *verso*), manca la maggior parte della corrispondenza diplomatica. La *mise en page* è più pulita, gli atti non si susseguono in modo alluvionale e senza interruzione nella carta. Se la gran parte delle lettere manca, sono però presenti le istruzioni agli ambasciatori, le bozze dei capitoli, tutto il ventaglio di credenziali, mandati, *procurationes* e i *capitula secreta* che rappresentavano la base delle negoziazioni uno-a-uno che permettevano di comporre e di accettare, alla fine, i capitoli generali del trattato vero e proprio. Per esempio, tutti i problemi e i microcontrasti territoriali che rappresentavano il cuore concreto e dolente del conflitto iniziale vennero risolti tra Milano e Venezia in capitoli segreti – in volgare – di cui non si trova traccia nei capitoli generali della pace: era questa la estrema minuzia della dimensione locale del conflitto che, come dice Machiavelli, non si poteva risolvere a Roma, ma fu

28. ASMn, AG, b. 44.

29. La questione del valore delle stringhe dei termini legali dei trattati è complessa: Piffanelli, che da ultimo ha riflettuto con attenzione al problema, ne esclude giustamente un uso sinonimico a favore di una consapevole calibrazione dei significati quando non di un uso scopertamente ideologico del ventaglio delle occorrenze: Piffanelli, *Politica e diplomazia*. Sono questi termini pesanti: sul significato del ventaglio dei concetti legati alla fattispecie dell'aderenza, si veda qui quanto ricordato al capitolo 2.

possibile definire in Lombardia.[30] Il registro contiene anche le scritture che riguardavano tutti i negoziati e gli accordi paralleli e complementari che il duca di Milano dovette stipulare simultaneamente e indipendentemente in modo da creare le premesse indispensabili alla pace con Venezia, cui poté giungere una volta risolti tutti i minori conflitti territoriali e giurisdizionali con vicini e vassalli, aderenti e collegati, che ne sarebbero inevitabilmente stati coinvolti. Il registro ha poi un indice coevo, scritto su di un *quinternello* che è stato rilegato insieme al registro più tardi (era probabilmente in origine solo inserito nel registro). L'indice rappresenta un documento rivelatore in sé: elenca infatti una sequenza lunghissima di accordi di ogni genere a partire dal 1414, stipulati, rinnovati, modificati, ricomposti a un ritmo vertiginoso e con un gruppo estremamente diverso di interlocutori. Si dispiega qui il mondo politico padano, alpino e subalpino, con occasionali aperture peninsulari. Non solo quindi – come in linea di principio ci aspetteremmo – una pacificazione, una lega erano il risultato sincronico di una serie di processi negoziali e discorsivi diversi, tutti analogamente significativi e quindi registrati e pronti all'uso, ma anche – e questo forse merita una maggiore attenzione – una singola grande pace era un tassello, più rilevante per l'ampiezza della sua applicabilità territoriale, in un flusso negoziale ininterrotto, che scorreva accanto a una altrettanto ininterrotta sequenza di conflitti maggiori e minori, controversie, liti e dissidi.

Quanto alle versioni finali e originali dei tre accordi, la pace e le due leghe, che possiamo immaginare in pergamena e dotate di tutte le sottoscrizioni, le firme, e gli elementi formali di ratifica richiesti per essere efficaci e vincolanti (elementi che vennero riprodotti almeno in parte nelle copie in fascicolo o in registro – eccezion fatta per i sigilli), non sono state conservate o non sono giunte sino a noi né a Milano, né a Mantova. C'è di più: non tutte le varie copie rimaste – su carte sciolte o in registro, a Mantova o a Milano – corrispondono a una versione "completa" o quanto meno identica dei testi dei trattati. Il fascicolo cartaceo mantovano della lega stipulata a Venezia il 30 agosto fra Venezia, Milano e Firenze non riporta tutti i 16 capitoli della lega, mentre il fascicolo mantovano della lega finale, quella del gennaio 1455, che conteneva, incapsulata nell'atto redatto a Napoli, il testo della lega dell'agosto precedente, trascrive fedelmente la versione

30. Sono gli equivalenti dei *dubia seu argomentationes pro capitulis lige faciende* ricordati dall'inventario gonzaghesco del 1432 (ASMn, AG, b. U: Behne, *Antichi inventari*, voce n. 20503045): si veda qui al capitolo 10. Il testo della pace di Lodi è nel RD 18 alle cc. 378r-378v.

originale della lega veneziana (con tutti i suoi 16 *capitula*) oltre ai 7 *addenda* pretesi dal re aragonese. I due fascicoli derivarono dunque da due testi diversi, o risposero a diverse necessità e funzioni.

Ricapitolando: tra il 1454 e il 1455 vennero stipulati tre accordi, l'ultimo dei quali era divenuto, a forza di aggiustamenti e allargamenti, una lega universale fra le potenze d'Italia. A tali accordi facevano seguito gli elenchi di collegati, raccomandati e aderenti (le *denominationes colligatorum*), di cui sono variamente conservate le *ratificationes*.[31] In meno di un anno vennero dunque stipulate tre versioni di accordo: una prima pace bilaterale e due leghe, una particolare a tre contraenti, e una universale con un numero crescente di *partes principales* (firmatari) e di *capitula* (contenuto). Di questi tre accordi, almeno a Mantova e a Milano sono stati copiate, trascritte e usate scritture diverse per forma, materia, contenente e contenuto: *dossiers* cartacei più o meno completi, più o meno accurati testi in registro.

d. *Il processo di pacificazione*

Quando si ricolloca un accordo nel suo contesto originario, dunque, il processo di pacificazione rivela, nell'Italia di metà Quattrocento, la sua natura di flusso negoziale pressoché ininterrotto, apparendo nel concreto ben diverso da una collezione di singoli eventi altamente formalizzati.[32] Gli accordi erano molti e venivano stipulati a molti livelli, territoriali e politici; ciascuno di essi andava negoziato, scritto, sottoscritto, ratificato, reso pubblico; attorno a ciascuno veniva prodotta una massa considerevole di scritture prima, durante e immediatamente dopo la sua messa in testo – scritture le cui regole e i cui usi di conservazione non ci sono sempre chiari – e ciascuno di essi era un passo in un processo che si muoveva a velocità diversa e che quindi richiedeva un continuo adattamento. Se torniamo per un attimo al 1454, vediamo che non appena la pace del 9 aprile venne sottoscritta dagli ambasciatori veneziani e da Francesco Sforza a Lodi e resa pubblica, le *ratificationes* dei *colligati*, *adherentes*, *recomendati*, *complices*, *sequaces et subditi* iniziarono

31. Si noti un dettaglio: tali elenchi non facevano più parte del corpo del trattato, come invece avveniva nel secondo Trecento; nel registro RD 18, una parte delle scritture che compongono l'intero *dossier* relativo alla pace di Lodi è dedicata alla *denominatio colligatorum* (dopo il testo della pace, i *capitula secreta*, la *acceptatio terrarium* e prima delle *ratificationes*: ASMi, Sforzesco, RD 18, c. 378): si rimanda in merito a quanto detto qui al capitolo 2.

32. Ma probabilmente non solo in Italia: per un parallelo in due contesti molto diversi, anche se sempre di area imperiale, si vedano Hardy, *Associative Political Culture* e Speich, *Burgrecht*.

a giungere a Milano (in pergamena, in carta, in entrambe), mentre Francesco Sforza conduceva molteplici negoziati separati essenziali alla concreta applicazione della pace con i duchi di Savoia, con i marchesi di Monferrato, con Genova e con decine di minori signori feudali sui suoi confini occidentali, e iniziava a verificare e ridisegnare i suoi confini orientali con Venezia. Contemporaneamente, ambasciatori e agenti andavano e venivano da Firenze, preparando il terreno per l'estensione della pace che avrebbe prodotto la lega a tre del 30 agosto successivo. E questo è quel che accadeva a Milano: possiamo facilmente immaginare che a Venezia le cose fossero altrettanto complesse. In potenze minori, come Mantova, il volume dei negoziati era meno significativo, ma analogamente stratificato: attraverso la pace generale fra Milano e Venezia, cui non aveva partecipato direttamente, il marchese Ludovico Gonzaga stava negoziando con lo Sforza (di cui era capitano generale) i propri *capitula secreta* per trarre i maggiori vantaggi possibili dalla pace incombente e per proteggere, e se possibile ingrandire, il suo territorio (il cui perimetro, tra Milano e Venezia, era variato anche considerevolmente nei decenni precedenti, generando un pregresso di conflitti e di aspettative). Nel frattempo, stava negoziando in proprio con i minori signori padani suoi vicini – i Pio, Pico, da Correggio, Torelli, Rossi, Pallavicino – che avevano contenziosi territoriali di vario genere aperti con lui.

Osservando più da vicino, anche rapidamente, l'insieme delle scritture relative a quel che siamo abituati a definire (e usare nelle nostre ricostruzioni storico-politiche) come un importante trattato, al massimo sdoppiato in una pace e una lega, scopriamo al contrario la natura molto più complessa e stratificata dei processi di pacificazione. Come Machiavelli scrive, sempre nelle *Istorie*, intorno al 1470 «vivevasi per tanto in Italia assai quietamente, e la maggior cura di quelli principi era di osservare l'uno l'altro, e con parentadi, nuove amicizie e leghe, l'uno dell'altro assicurarsi».[33] La rete di ininterrotti negoziati che tenevano insieme tutto questo diviene visibile e il significato del noto consiglio dato da Galeazzo Maria Sforza nel 1475 a Carlo il Temerario di Borgogna – di comportarsi come gli italiani che «quando hanno una controversia con tre, se sforzano de fare con l'uno pace, et con l'altro tregua, et con l'altro guerra, acciò che più facilmente possano attendere alle altre cose et adimpire li soi disigni» – diventa più chiaro.[34]

33. Machiavelli, *Istorie fiorentine*, VII.23.

34. Consiglio che lo Sforza ordinò al suo ambasciatore di riferire al duca: Galeazzo Maria Sforza a Giovan Pietro Panigarola, Villanova, 12 aprile 1475, in *Carteggi*, I, l. 460.

## 3. *Collezionare i trattati fra Quattrocento e Cinquecento*

Come si è visto, il processo di pacificazione era, nel Quattrocento italiano, una questione complessa: costituito più da un flusso negoziale fatto di molti accordi ciascuno a velocità variabile e a variabile raggio territoriale che non una collezione di eventi singoli cristallizzati in una forma diplomatistica specifica. Fra tutti questi accordi, quelli di maggior respiro coagulavano nel tempo e nello spazio i vari e diversi flussi di dialogo politico-diplomatico attivi in quel momento, incanalandoli verso confronti negoziali altamente ritualizzati, la cui applicazione riapriva subito dopo la strada a revisioni e conflitti di scala maggiore o minore.

L'intero processo era alimentato e reso possibile da una enorme crescita della trascrizione in scrittura delle fasi preliminari, contemporanee e successive: per giungere alla versione finale di un accordo e per la sua applicazione infatti non solo era necessaria una lunga negoziazione (tratto, questo, che possiamo presumere fosse una caratteristica di lungo periodo di questi processi), ma le diverse fasi di tale negoziazione erano sempre più messe per iscritto e conservate. Durante il Quattrocento quindi, i documenti "diplomatici" nel loro complesso si moltiplicarono a un ritmo crescente e iniziarono ad accumularsi nelle cancellerie, innescando l'elaborazione di strategie diverse per renderli disponibili quando necessario e per conservarli e organizzarli in modo da farli durare nel tempo e per farli divenire quindi non solo strumenti quotidiani di lavoro, ma anche una duratura testimonianza e una innovativa rappresentazione di potere e di governo.[35] Tali logiche, va detto, non sono sempre ovvie agli occhi dei contemporanei: dopo che Cicco Simonetta – di cui si conosce bene l'ossessione per l'ordine, le liste, le istruzioni, le regole – venne imprigionato e condannato a morte nel 1480, i suoi successori nelle diverse branche della cancelleria milanese e in particolare nella cancelleria segreta brancolarono nel buio per mesi, perché solo Simonetta conosceva procedure e usi che nessuno – nemmeno lui – aveva affidato alla scrittura.[36]

Disponibilità di informazioni d'un lato e la necessità di basi solide per reclamare o esercitare diritti giurisdizionali spesso contestati dall'altro fu-

35. Si rimanda al capitolo 10 del presente volume per un'analisi più approfondita di questo processo.

36. Su questa attitudine del Simonetta, si veda Covini, *Potere e distinzione*, che ricapitola la questione in particolare alle pp. 44-52 e 211-230.

rono le prime e a lungo le sole ragioni interne alla base della proliferazione e della conservazione delle scritture generate dal processo di pacificazione. Ciò detto, un approccio più sistematico al problema della messa in ordine di questi materiali iniziò a farsi strada e a influenzare i modi in cui lettere, bozze e atti giuridici che riguardavano diplomazia e pacificazione erano conservati, selezionati, classificati e – infine – di fatto definiti in nuovi modi. Dopo avere analizzato quindi le scritture relative alla pace di Lodi e alle due successive versioni della lega, vale la pena perdere ancora un minuto per considerare gli stessi elementi documentari dal punto di vista della loro coagulazione archivistica e dei primi passi della loro conservazione.

Come si è detto più volte nel corso di questo volume, la storia del riordino progressivo degli atti e degli archivi di cancelleria nel Cinquecento italiano è segnata da perdite documentarie anche massicce, dalla pesante riorganizzazione intrapresa tra Sette e Ottocento e da una attenzione episodica alle sue tappe e alla sua natura: anche una prima analisi, per quanto rapida, di quanto accadde nelle cancellerie dei principati dell'Italia settentrionale, peraltro, permette di riconoscere che i due gruppi principali delle scritture diplomatiche coinvolte nell'attuazione dei processi di pacificazione – lettere, istruzioni e relazioni finali d'un lato, e *capitula*, *conventiones*, *ratificationes*, eccetera dall'altro – si mossero verso un'idea comune di ordine, ma per vie diverse.

### 3.1. *Corrispondenze*

Riassumendo rapidamente quanto detto qui al capitolo 10, la grande maggioranza delle corrispondenze che ora chiameremmo "diplomatiche" iniziò a separarsi sia dai materiali giuridici relativi agli accordi, sia dai carteggi scambiati fra officiali, comunità e individui e i centri del potere signorile all'interno dei singoli domini. Si trattò di un processo lento: tra Tre e Quattrocento, la *routine* era di aggiungere una lettera all'altra mano a mano che giungevano in cancelleria – e quindi in ordine cronologico – e poi di chiuderle in filze alla fine di ogni anno o di sei mesi. Con una cronologia diversa (prima a Milano, poi a Mantova), si iniziarono a fare eccezioni per singoli *dossiers* legati a una questione o a un evento, come nel caso dei due *quaterni* di *nonnullarum litterarum scriptarum in facto lige contracte Veneciis* legati insieme a Milano nel 1454,[37] gli analoghi *dossiers* di lettere o di minute ricordati nell'inventario mantovano del 1456 le «quam

37. ASMi, Sforzesco, Trattati 1525.

plures note seu minute litterarum magnifici domini Francisci directarum Papiam, Mediolanum, Venetias et Ariminum ad dominos et oratores suos scripte per Martinum de Gisulfis ut plurimum ac etiam alios cancellarios»[38] o la «filza de lettere recevute et mandate ad Roma ad messer Augustino Rosso, ad Nichodemo et ad altre persone ne l'anno 1469 et alcune resposte de li suprascripti» ricevute da Cicco Simonetta nel 1470, secondo quanto testimoniano i suoi diari.[39]

Questi primi, piccoli *dossiers* – estratti dal flusso principale delle lettere che giungevano in cancelleria – agli inizi vennero tenuti insieme agli atti (per lo più di natura giuridica) che riguardavano i negoziati di cui parlavano (conflitti di confine, questioni di traffici per lo più di grani, contrabbando, e naturalmente accordi) in un moto parallelo, ma distinto, rispetto alla massa delle corrispondenze diplomatiche che pure iniziava a venire separata dai carteggi che riguardavano il governo del dominio. Questo mutamento, di cui tracce si trovano sparse lungo tutto il Quattrocento, ricevette un'accelerazione dal diffuso processo di riordino degli archivi della seconda metà del Cinquecento. Pressoché ovunque nella pianura padana, per i motivi più diversi (la quantità ormai significativa delle scritture, l'annessione di una subregione, come il Monferrato per Mantova, o al contrario il divenire subregione di un dominio più ampio, come Milano nel *commonwealth* asburgico, o persino un evento accidentale come un incendio o il crollo di torri o antichi edifici destinati alla conservazione) i principi o, nel caso milanese, i governatori imperiali o regi imposero massici riordini del cuore politico degli archivi (ex)principeschi (gli archivi "segreto", "piccolo", "della Torre" e via denominando).[40] Il compito di riorganizzare questi tesori di carte ormai pluricentenari innescò un'attitudine diversa nei confronti tanto della natura e della forme della conservazione, quanto della fisionomia delle scritture stesse: così, le corrispondenze vennero distinte prima per prove-

38. ASMn, AG, b. U: Behne, *Antichi inventari*, voce n. 20504001.

39. Simonetta, *I Diari*, p. 104. Che il principio tematico sia l'agglutinante di questi primi *dossiers* è comune: in altra cronologia e in altra geografia, Stéphane Péquignot ricorda come lo scriba e guardiano dei sigilli di Jaime II d'Aragona, Bernat d'Aversò, consegnasse nel 1311 all'ambasciatore del re diretto al concilio di Vienne, Guillem Oulomar, registri, quaderni, carte, rescritti pontifici, copie e cedole e una scatola contenente, cito dalla traduzione francese di Péquignot, «beaucoup de lettres du roi de France et d'autres sur l'affaire des Templiers», Péquignot, *Lettres et listes*, p. 367.

40. Per un riepilogo della questione, seppure con qualche generalizzazione non sempre condivisibile e qualche trascrizione imprecisa, si veda *Fonti per la storia degli archivi*, pp. 97-201.

nienza e materia, e poi ordinate cronologicamente, e le serie "esterne" vennero separate dalle "interne" anche perché ormai con regolarità branche diverse della cancelleria o cancellerie diverse vennero incaricate di occuparsi delle diverse questioni di cui i carteggi si occupavano.[41] Un primo tentativo di dotare queste "nuove" serie di qualche ausilio per orientarsi nel loro uso – repertori, indici, inventari – venne fatto. Siamo solo agli inizi di un lungo processo: le lettere erano spesso ancora conservate insieme con altri materiali che più tardi sarebbero stati separati da esse, come le istruzioni, le minute, ogni sorta di avvisi (manoscritti e a stampa), persino i registri, ma una nuova maniera di vederle, definirle e usarle era nata.

### 3.2. *Registri*

Per quel che riguarda le scritture più tecnico-giuridiche, non-epistolari, legate alle pacificazioni e alle alleanze – vale a dire i testi più o meno definitivi e più o meno pubblici degli accordi e tutti i materiali documentari che li circondano – la loro via verso un qualche ordine, accessibilità e memoria fu diversa. Olivier Guyotjeannin ricorda – come primo esempio in Francia di quel che chiama un *cartulaire diplomatique* – un registro, scritto durante il regno di Filippo il Bello in qualche momento fra la fine del Duecento e il primo Trecento, che contiene dozzine di atti prodotti durante i negoziati con i re inglesi intorno alle Fiandre, con i re scozzesi e riguardo allo

41. Così, e cito da una lettera mandata al duca Guglielmo Gonzaga dal suo responsabile degli archivi, Francesco Borsato, nel 1582, il primo gruppo di «lettere, registri et istruttioni de' negotii, di avvisi di Stato o simili materie importanti, scritte e mandate così ad altri per la Serenissima casa Gonzaga como per altri a quella» venne attentamente letto e separato al proprio interno («intieramente lette, separate o distinte») secondo i «lochi o le persone che trattano». Un secondo passo venne poi compiuto per «ridurre a capi et materie principali and descritti sommariamente in repertori grandi con ordine per ritrovarle a suoi luoghi, persone, numeri e materie», Francesco Borsato a Guglielmo Gonzaga, Mantova, 13 febbraio 1582, ASMn, AG, b. 2617; cit in Torelli, pp. XXXIII-XXXIV (qui si veda il capitolo 10). Si tratta di questioni e di criteri ampiamente diffusi anche in ambiti non principeschi: si veda per esempio la deliberazione del Consiglio dei Dieci di Venezia, in data 5 marzo 1586, in merito alle misure necessarie al riordino e all'indicizzazione delle scritture del Senato, il cui reperimento era reso difficile da «l'intermissione de negotii et [dal]la molteplicità delle scritture». Per ovviare a questa difficoltà, si dava ordine di fare «un indice distinto per le materie et capi delli negotii spettanti al Senato che occorrerano sommariamente, così delle lettere delle corti et altre, come delle deliberationi di esso Senato nostro, espositioni di Ambasciatori et secretarii de Prencipi et d'ogni altra scrittura, disegni o modelli, che tocheranno al particulare di quella tal materia, con li luoghi et tempi distinctamente», edito da Baschet, *Les archives* e cit. in *Fonti per la storia degli archivi*, p. 190.

statuto di Lione («les affaires des Flandres», «les besognes d'Ecosse», «le fait de Lyon»).[42] Come si ricordava sopra, nell'Italia settentrionale, dopo la stagione dei grandi libri comunali (i *libri iurium* e/o *privilegiorum*) che registravano non solo i privilegi imperiali o pontifici, ma anche le paci e le leghe fra città,[43] i primi registri superstiti di accordi e di paci redatti nelle cancellerie signorili si trovano a Milano a fine Trecento. La perdita degli archivi viscontei fa poi sì che solo con la prima età sforzesca se ne trovino di nuovi, alcuni dei quali, come si è visto sopra, ripercorrevano anche i decenni di Filippo Maria, recuperando atti e scritture perdute: la seconda metà del Quattrocento ne conserva una decina.[44]

Se ci si volge al resto dell'Italia quattrocentesca, una prima, veloce inchiesta sembra rivelare – sia per i registri, sia per le carte sciolte e le corrispondenze –, un panorama complesso, talora contraddittorio, certo non univoco. La geografia delle sopravvivenze infatti rivela che la consapevolezza conservativa lavorava in modi diversi nei diversi contesti. Innanzitutto, i registri di accordi che vediamo nei principati quattrocenteschi non erano universalmente diffusi: a contesti in cui serie di registri di "patti" erano consuete, corrispondevano cancellerie in cui apparentemente questa tipologia era scarsa o addirittura assente. Fra queste ultime, sembra di poter annoverare realtà diverse come la cancelleria napoletana (in cui di tali registri non v'è traccia: ma le vicende conservative dei fondi aragonesi non permettono conclusioni certe) o come gli archivi sabaudi, in cui i trattati e i materiali complementari erano redatti, trascritti e conservati su carte sciolte o in fascicoli. A Firenze mancano i registri, ma, al contrario di quanto accadde a Milano e a Mantova, vennero conservate le pergamene originali.

42. Guyotjeannin, *Le traité comme produit de chancellerie*, p. 18.

43. Su di essi si veda almeno Cammarosano, *I* libri iurium *e la memoria storica* e Rovere, *Tipologia documentale*; non mette conto aprire qui più ampiamente il capitolo relativo ai *libri iurium* di XII-XIII secolo, se non per sottolineare come il *gap* fra l'analisi della stagione comunale e gli studi sulla stagione signorile-principesca di produzione di queste diverse tipologie documentarie in volume andrebbe assolutamente colmato: per quanto diverse le scritture e la temperie politico-documentaria, l'accostamento critico e comparativo riserverebbe, a mio giudizio, interessanti sorprese.

44. Oltre ai quattro di cui ci siamo occupati rapidamente sopra, sono registri di accordi, leghe e pacificazioni i registri RD 37 (1426-1474: questo è un *liber* di condotte militari trascritte nell'età di Galeazzo Maria); RD 17 (1470-1471) e RD 22 (1474-1478), redatti sotto Galeazzo Maria e nei primi anni della reggenza della duchessa Bona; e RD 32 (1477-1487) e RD 34 (1477-1478) integralmente redatti sotto Bona. Si noti che sembrano assenti registri di questo tipo per gli anni di Ludovico il Moro.

A Venezia, la situazione è complessa: due serie parzialmente parallele di *libri* conservate fra i fondi della Secreta (distinta dalla cancelleria ducale nel 1402) tramandano materiali relativi ai trattati sin dai secoli del medioevo centrale, senza apparente soluzione di continuità. Si tratta dei *Pacta*, che contengono i primi cartulari del *Comune Veneciarum* e, in originale e in copie sei-settecentesche, alcuni *libri* di patti specifici stipulati con le città più vicine (come i *Pacta Ferrariae* o i *Pacta Tergesti*) o cartulari dei comuni assoggettati da Venezia (come Padova, Monselice e Treviso) risalenti al Due-Trecento, e dei *Commemoriali*, che sono compilazioni miscellanee, in parte parallele, in parte successive ai *Pacta*, di carte di cancelleria (fra cui si trovano patti, trattati e atti giudiziari relativi a conflitti di confine); a questi due gruppi di registri vanno aggiunte le pergamene sciolte conservate in modo alluvionale in una serie chiaramente successiva, la *Miscellanea di atti diplomatici e privati*.[45]

### 3.3. *Cartulari diplomatici fra Quattro e Cinquecento*

I registri milanesi e mantovani si possono definire – come Guyotjeannin ha fatto per il *liber* di Filippo il Bello – cartulari diplomatici: come gli antichi cartulari, sono infatti, in diversa misura, archivi dei processi di pacificazione in un unico volume.[46] In combinazioni diverse, ma secondo uno stesso modello, raccoglievano un ampio spettro di molti diversi gruppi di scritture non solo utili per capire e manovrare gli accordi il cui uso quotidiano era essenziale per il concreto esercizio del potere – dal controllo

45. Una ricognizione a tappeto non è mai stata condotta, né qui (e di questi tempi d'emergenza) si può fare più che raccogliere qualche indicazione di massima, partendo dalle relative voci della *Guida generale degli Archivi di Stato* e da discussioni con amici e colleghi (per cui ringrazio in particolare Luciano Piffanelli, Francesco Senatore e Luca Zenobi). A Torino le scritture relative a trattati e accordi vanno cercate nel fondo Materie politiche per rapporto all'estero, nelle buste dei Trattati (su cui si rimanda a *Archivio di Stato di Torino*, GGAS, III, pp. 394-395); Per Firenze, si veda ASFi, Diplomatico. Riformagioni. Atti pubblici e la composita Miscellanea repubblicana (si veda la voce *Archivio di Stato di Firenze*, in GGAS, I, pp. 32, 171); ASVe, Antichi Regimi, Secreta, Pacta e aggregati; Commemoriali (di cui si vedano i regesti in *I Libri Commemoriali*) e Miscellanea atti diplomatici e privati: si veda *Archivio di Stato di Venezia*, in GGAS, IV, pp. 907-8.

46. Sul rapporto fra cartulari e registri, si vedano le note di Guyotjeannin, *Du «regestre» au «registre»*; sui cartulari, a partire da *Les cartulaires*, e *Charters, Cartularies, and Archives*, si rimanda alla esaustiva bibliografia citata in Morsel, *Quand enregistrer, c'est créer*; per un caso europeo di cartulario diplomatico tardomedievale, si veda Vigil Montes, *«Tractados de pazes, aliança e concordia»*.

dei confini e delle acque alla spedizione di truppe in qualche distante fronte di guerra, dal pagamento di sussidi e compensazioni[47] alla difesa di aderenti e alleati – ma anche per fissare la memoria di testi il cui ruolo era di definire e rafforzare autorità, legittimità e identità politica.

Questi cartulari diplomatici rappresentano le prime "raccolte" delle scritture che costituivano il mondo documentario che circondava il flusso di trattati di pace, condotte militari, leghe, matrimoni interdinastici che teneva insieme, come ebbe a scrivere Machiavelli, il sistema di stati e poteri peninsulari. Erano manoscritti, redatti, conservati e usati nelle cancellerie – o al massimo dati in prestito a qualche membro della stessa *élite* politica che costruiva gli archivi pubblici in cui erano normalmente conservati. Il loro uso era interno, la loro struttura flessibile e mista: ma l'idea di raccogliere insieme e tenere a portata di mano un qualche tipo di "archivio delle pacificazioni" era nata, al confluire di tradizioni risalenti, innovazioni tecniche, necessità nuove.

L'urgenza delle nuove necessità derivanti da una dinamica conflittuale e negoziale peninsulare ed europea è dimostrata da un episodio tardocinquecentesco di estremo interesse di recente illuminato da Néstor Vigil Montes. Nell'Archivio generale di Simancas, infatti, Vigil Montes ha trovato e studiato un registro che contiene le trascrizioni di 241 documenti (233 più 8 inclusi in altri atti) relativi a sedici trattati di diversa natura (condotte, tregue, paci) stipulati tra Milano e una serie di poteri italiani e il papa tra il 1369 e il 1515; si tratta di un manoscritto cartaceo di uso corrente, scritto in una corsiva umanistica castigliana di secondo Cinquecento (italica).[48] Vigil Montes nota come i testi effettivi dei trattati rappresentino il 7% del manoscritto, mentre la gran parte delle scritture sono corrispondenza, istruzioni diplomatiche, ratificazioni, liste di collegati. Si tratta cioè di un registro simile a quelli che abbiamo esaminato per il Quattrocento, ma le scritture che vi si contengono non sembrano essere tutte sopravvissute nei fondi milanesi: lo studioso spagnolo infatti segnala che a una prima ricognizione molti atti non si trovano a Milano e certo non esiste a Milano un registro corrispondente. Se la maggior parte degli atti sono

47. Sul cui peso specifico nel processo stesso di pacificazione nell'età precedente, soprattutto altomedievale, si veda Benham, *Peacemaking in the Middle Ages*.

48. Vigil Montes, *Un manuscrito en el Archivo General de Simancas*. Il manoscritto è conservato in Archivo General de Simancas, Consejo de Italia, Secretaria de Nápoles, Visitas y Diversos, Secretarias Provinciales, Libro 63. Tengo a ringraziare Néstor Vigil Montes, con cui da qualche tempo ormai condivido discussioni e ricerche su questi temi.

copie di scritture dell'età di Cicco Simonetta, gli atti d'età viscontea, pur presenti, mancano delle corrispondenze e delle scritture non direttamente legate ai trattati, a dimostrazione che le perdite del 1447 non erano state colmate nel Cinquecento da altre raccolte eventualmente perdute più tardi. Secondo Vigil Montes, il manoscritto venne fatto redigere per ordine del *Consejo de Italia* in un momento indefinito che la scrittura permette di attribuire ai decenni fra la fine del Cinquecento e il primo Seicento: questa pratica di copiare e raccogliere documenti diplomatici dei domini italiani della corona spagnola sembra essere stata comune e riguardare anche il Mezzogiorno. Al di là dei dettagli, per cui rimando al saggio di Vigil Montes, la sua analisi conferma la natura mista e complessa di questi registri e la forma sistemica del *corpus* delle scritture relative ai processi di pacificazione, e a tempo stesso illumina come meglio non si potrebbe la perdurante importanza di questa memoria della pacificazione anche alla fine del Cinquecento: importanza politica e di governo, importanza documentaria e di memoria.

## 4. *L'edizione dei trattati tra Sei e Settecento*

Mentre il riordino archivistico delle scritture diplomatiche stava lentamente modificando il panorama documentario dei processi di pacificazione e i trattati di pace e di lega continuavano a mantenere una natura flessibile e aperta, coagulando in occasioni particolari non una singola presa di decisione, ma un ventaglio di accordi e negoziati, e non un singolo atto, ma interi sistemi documentari,[49] un'altra storia, destinata a confluire in parte in questa, stava muovendo i suoi primi passi. La prima edizione a stampa di un gruppo di «documents concerning international relations», vale a dire una breve collezione di bolle papali, venne pubblicata a Mainz nel 1461. Vent'anni dopo, il primo trattato di pace, il trattato di Arras stipulato nel dicembre del 1482 da Luigi XI di Francia e Massimiliano d'Asburgo, venne stampato nell'aprile del 1483, seguito a ruota da un trattato precedente, la pace di Pequigny tra Luigi XI ed Edoardo IV,

49. Processo che, come dimostra Bertrand Haan parlando dei grandi trattati cinquecenteschi tra la Francia e gli Asburgo, in particolare Cateau-Cambrésis, continuò a lungo: Haan, *Lier par l'écrit*, p. 77. Sulla magmatica natura documentaria dei trattati cinquecenteschi, si veda anche Claerr, *La diplomatique*.

ratificato nel 1475 e stampato in Inghilterra nel 1485.[50] Nel Cinquecento, l'uso di pubblicare singoli trattati o materiali riguardanti i trattati cominciò a diffondersi: iniziava quel che di recente Helmer Helmers, fra gli altri, ha riconosciuto come una nuova e innovativa *public diplomacy*, vale a dire la circolazione e l'uso di materiali diplomatici a stampa (che svariavano da immagini di eventi come i due matrimoni franco-spagnoli del 1615 o ritratti di attori politici, come ambasciatori o ministri, sino alla rappresentazione e pubblicazione dei singoli trattati) con lo scopo di raggiungere un pubblico più ampio delle corti e dei consigli dei regni e dei governi della prima età moderna e quindi di influenzare l'opinione pubblica.[51]

### 4.1. *Le grandi edizioni*

Non è in alcun modo mia intenzione affrontare qui la difficile questione dell'incrocio fra informazione, politica e stampa nella prima età moderna, né il complesso problema della natura e delle forme eventuali di una "opinione pubblica" o dell'esistenza di una "sfera pubblica" in cui il dibattito politico viene alimentato e/o influenzato dalla circolazione dell'informazione (si pensi per un attimo alla citazione di Priuli da cui ha preso le mosse questo capitolo).[52] Quel che mi preme considerare, in chiusura, è una questione molto più di nicchia, eppure di una certa importanza nella definizione della diplomazia e nella costruzione di una storia della diplomazia europea e occidentale, vale a dire, nella lunga vicenda della registrazione e della conservazione e diffusione dei processi di pacificazione, il ruolo della fase della loro pubblicazione a stampa. Infatti, a ben vedere, gli storici e gli studiosi di storia della diplomazia e delle relazioni internazionali fanno a tutt'oggi ancora affidamento su di un gruppo relativamente ridotto di grandi collezioni a stampa di trattati medievali e moderni pubblicate tra Seicento e Settecento. Si tratta di una serie di grandi progetti editoriali che conobbero una significativa accelerazione negli anni Novanta del Seicento per continuare a passo sostenuto sino agli anni

50. Toscano, *The History of Treaties*, I, p. 48.

51. Helmers, *Public Diplomacy*.

52. Per i quadri problematici fra medioevo e prima età moderna, si rimanda a *L'espace publique au Moyen Âge*; *Oltre la sfera pubblica*; *A History of Early Modern Communication*; Rospocher, *Per una storia della comunicazione*; il caso veneziano è stato studiato con particolare ricchezza di contributi significativi: si vedano Neerfeld, *«Historia per forma di diaria»*; de Vivo, *Patrizi, informatory, banchieri*; Rospocher, Salzberg, *«El vulgo zanza»*.

Quaranta del Settecento almeno: realizzati nel cuore politico del continente europeo (Francia, Paesi Bassi, Inghilterra e Impero), furono edizioni universali o nazionali, in latino, in francese o nei diversi linguaggi di redazione originaria degli atti pubblicati e costituiscono un gruppo di opere di estremo interesse. Gli studiosi hanno solo raramente prestato un'attenzione sistematica a questi testi e ai diversi significati tanto culturali quanto politici di un tale imponente riordino e di una tale messa a sistema dell'oggetto politico e documentario del trattato di pace e di alleanza.[53] A parte i primi tentativi di edizioni di gruppi specifici di trattati (come quello di Jean Chifflet nel 1643 che comprendeva i trattati del 1526 e del 1611 tra Francia e Spagna o il *Theatrum pacis* pubblicato da Christoph Pellet nel 1663, in cui erano compresi i principali trattati europei stipulati fra il 1647 e il 1660)[54] le prime due raccolte generali, il *Recueil des traitez de paix, de treve, de neutralité, de confederation, d'alliance et de commerce faits par les rois de France* di Frédéric Leonard, stampatore di Luigi XIV, e il *Codex juris gentium diplomaticus* di Leibniz, apparvero entrambe nel 1693.[55]

53. Fanno eccezione almeno Constant, *Les traités* e soprattutto Durst, *Archive des Völkerrechts,* anche se quest'ultimo è più interessato alla comunicazione politica e alla creazione di una "sfera pubblica" che al contributo di queste raccolte alla trasformazione del concetto di trattato di pace.

54. Per un censimento sistematico di tutte le raccolte, si veda Durst, *Archive des Völkerrechts*, pp. 377-391.

55. Non è inopportuno citare in esteso i titoli di queste raccolte, giacché, nella loro completezza, sono tutto meno che neutri: Leonard, *Recueil des traitéz de paix, de treve, de neutralité, de confederation, d'alliance et de commerce faits par les Rois de France avec tous les princes et potentats de l'Europe et autres depuis presque trois siècles*; Leibniz, *Codex juris gentium diplomaticus ex recensione G. G. L[eibniz]- in quo tabulae autheticae actorum publicorum, tractatuum, aliarumque rerum majoris momenti per Europam gestarum, pleraeque ineditae vel selectae, ipso verborum tenore expressae ac temporum serie digestae continetur a fine saeculi undecimi ad nostra usque tempora aliquot tomis comprehensus quem ex manuscriptis praesertim Bibliothecae Augustae Guelfebytanae Codicibus, et monumentis regionorum aliorumque archivorum ac propriis denique collectaneis edidit G.G.L.* (cui segue, nel 1700, il secondo volume: *Mantissa Codicis juris gentium diplomatici continens Statuta magnorum Ordinum regiorum, acta vetera electionum Regis Romani, Manifestationes jurium inter Franciam, Angliam et Burgundiam olim controversorum; Concilia item Germanica, Ceremoniale Sedis Romanae vacantis; Concertationes Imperium regnaque inter et ecclesiam Romanam presertim Bonifatciii VIII tempore et circa Concordata Galliae cum Leone X, Scissionem Bohemicam, Secularisationes dicionum Episcopalium et Pontificibus factas, Absolutionem Henrici IV, Gall. R. Praeterea Austriaco-Luxemburgica, Anglo-Scotica, Helvetico-Novo-Castrenisa etc ac tandem complures foederum aliove publice gestorum tabulas.*

Queste due opere furono seguite poi dal *Recueil des traitéz de paix, de trève, de neutralité* di Bernard, uscito nel 1700, e noto come il *Grand Recueil* e infine l'edizione rivista del *Grand Recueil* nota come il *Corps universel diplomatique du droit de gens* [...], a cura di Jacques Dumont e altri, uscita in sette volumi fra il 1726 e il 1731 (di cui Dumont vide solo i primi quattro: morì infatti nel 1727).[56] Queste quattro grandi raccolte aprirono la via a una serie di edizioni, alcune della quali a base nazionale: fra queste, mette conto ricordare almeno i *Foedera, conventiones, literae* [...] *inter reges Angliae et alios quosvis imperatores, reges, pontifices*, pubblicati a Londra da Thomas Rymer e Robert Sanderson in venti volumi tra il 1704 e il 1735 e, per l'Italia, il *Codex Italiae Diplomaticus*, pubblicato a Francoforte in quattro volumi tra il 1725 e il 1735 da Johann Christian Lünig.[57] Dumont rappresentò il culmine di questa ondata di grandi lavori di edizione: il *Corps universel diplomatique* divenne rapidamente un classico, sino alla sua ultima ripresa e integrazione ottocentesca del Martens ed è una silloge che fa testo ancor oggi. Attorno a queste raccolte principali, raccolte più specifiche o meno ambiziose vennero stampate nei diversi centri di edizione che prosperavano soprattutto in Francia, Olanda e Germania tra la metà del Seicento e la metà del Settecento, mossi da motivi anche economici.[58]

56. Bernard, *Recueil des traitéz de paix, de trève, de neutralité, de suspension d'armes, de conféderation, d'alliance, de commerce, de garantie et d'autres actes publiques, comme contrats de marriage, testaments, manifestes, declarations de guerre & c.*; Dumont, *Corps universel diplomatique du droit de gens contenant un recueil des traitez d'alliance, de paix, de trève, de neutralité, de commerce, d'echange ... qui ont été faits en Europe depuis le règne de l'empereur Charle Magne jusques à présent avec les capitulations impériales et royales, les sentences arbitrales ... et en général tous les titres, sous quelque nom qu'on les désigne, qui peuvent servir à fonder, établir ou justifier les droits et les interets des princes et des états d'Europe.*

57. Rymer, *Foedera, conventiones, literae et cujuscumque generis acta publica inter reges Angliae et alios quosvis imperatores, reges, pontifices, principes vel communitates ab ineunte saeculo duodecimo, viz. ab anno 1101, ad nostra usque tempora habita aut tractate [...]*; Lünig, *Codex Italiae Diplomaticus, qui non solum multifariae investiturarum literae, ab augustissimis Romanorum Imperatoribus Italiae principibus et proceribus concessae atque traditae, verum etiam alia insignia varii generis Diplomata, tam edita, quam multa anecdota, ipsos concernentibus, continentur.*

58. Sto lavorando a una analisi più approfondita di questi aspetti in un saggio per il volume *Reframing Treaties*, dal titolo *At the roots of the history of diplomacy: writing, preserving and publishing a peace treaty (Lodi, 1454-1735)*, cui rimando per un'attenzione meno veloce ai singoli testi.

### 4.2. *Tra Quattrocento e Settecento: pubblicare la pace di Lodi*

Torniamo per un istante alla pace di Lodi e alla lega italica da cui siamo partiti. La prima delle grandi raccolte sei-settecentesche a pubblicare gli accordi del 1454-1455 fu il *Corps universel* di Dumont: sino ad allora, il solo trattato medievale di pace che riguardasse l'Italia quattrocentesca incluso nelle grandi collezioni era il rinnovo del 22 dicembre 1470. Se non è facile rintracciare le ragioni per cui la lega del 1470, e non quella del 1455, attrasse l'attenzione degli editori di prima età moderna (a partire da Leibniz, seguito a ruota da Bernard che la trasse, per sua stessa ammissione, dal *Codex*), l'affiorare degli accordi del 1454-1455 in Dumont ebbe probabilmente origine nelle ampie campagne di raccolta di materiali che quest'ultimo compì negli archivi imperiali.[59]

A Milano, come abbiamo visto, l'originale della pace di Lodi del 9 aprile 1454 non è stato conservato: anche fra le carte sciolte raccolte in *Trattati 1524* il testo intero è una copia settecentesca che merita, in questa occasione, un attimo di attenzione. Il fascicoletto è preceduto da tre carte sciolte. Nella prima, datata Milano, 5 giugno 1737, l'avvocato fiscale Martino da Colla rassicurava Emanuele de Zayas, il segretario di stato del governatore austriaco, il conte e generale Otto Ferdinand von Traun, di avere dato ordine affinché «immediatamente si proceda in questo archivio del Castello alla ricerca» del testo della pace di Lodi secondo la richiesta che gli era giunta dalla cancelleria di guerra. In pochi giorni, il documento venne trovato (probabilmente in uno dei registri ducali) e copiato; il 12 giugno, il segretario Saverio da Colla (figlio di Martino) mandò a Zayas la copia perché venisse autenticata. La terza carta, la coperta della copia, riporta la referenza *Corps diplomatique du droit des gens* e il numero del documento e la pagina del terzo volume dell'edizione di Dumont in cui era stata pubblicata. Non si tratta, ovviamente, che di una fortunata *trouvaille* d'archivio: ma una *trouvaille* eloquente. Nel 1737, il governatore asburgico del milanese cercava il testo – la cui perdita eventuale sarebbe stata, come scriveva Martino da Colla, un evento davvero malaugurato – di una pace stipulata quasi tre secoli prima tra Milano e Venezia, forse per l'interesse che poteva rivestire per ricostruire un confine nevralgico dei domini austriaci nella regione. Tale "prezioso" documento non venne definito e

59. Negli stessi anni i due testi vennero pubblicati anche da Lünig, anche se la cronologia dell'uscita a stampa sembra indicare che Dumont fosse il primo (il terzo volume del *Corps* era uscito nel 1726, allorché il terzo tomo del *Codex Italiae* uscì nel 1732).

classificato facendo riferimento agli archivi milanesi in cui era conservata la scrittura da cui venne tratta la copia, ma a partire dalla sua edizione nel *Corps universel* di Dumont.[60]

## 5. *Qualche considerazione conclusiva: l'invenzione di un ordine*

Il processo di pacificazione e i trattati di pace e di lega erano, nel tardo medioevo e nella prima età moderna, un momento di coagulo di quel che definirei un continuo, parallelo e complementare flusso di negoziazione su vari livelli geo-politici, dalla soluzione locale di un tratto contestato di confine o di prerogative giurisdizionali alla definizione peninsulare di una lega universale. Il loro rilievo documentario non veniva particolarmente enfatizzato nel *corpus* composito e fluido delle diverse scritture diplomatiche (a loro volta non sistematicamente distinte fra le scritture di governo) ed essi mantennero, almeno fino al Cinquecento pieno e, sospetto, anche oltre, un carattere polimorfo che corrispondeva alla loro natura sfaccettata e provvisoria, nonostante il lessico solenne di cui si rivestivano e gli scopi alti e ambiziosi che si proponevano nella loro redazione finale, poi letta pubblicamente o stampata e diffusa. Tale polimorfismo è testimoniato dai modi spesso noncuranti della loro conservazione: i documenti originali erano meno importanti del contenuto dell'accordo, che veniva copiato (non sempre nella sua interezza) in fascicoli di carte sciolte e in registri di cancelleria. Altri accordi collaterali, le lettere e le istruzioni diplomatiche che attorniavano e facilitavano il negoziato, le scritture prodotte dalla loro messa in atto su scala locale erano talora conservati con altrettanta se non maggiore attenzione e sono arrivati sino a noi laddove gli originali sono spesso andati perduti.

Il *corpus* delle innumerevoli leghe, paci, tregue, alleanze, condotte militari, accordi, contratti matrimoniali[61] era sempre più visto come un cruciale strumento per governi e ambasciatori e specifici registri di cancelleria – almeno nei principati settentrionali coma Milano e Mantova – iniziarono a essere dedicati alla loro trascrizione e tenuti a portata di mano. Alla

60. ASMi, Sforzesco, Trattati 1524: la mano che ha apposto la nota è la stessa della copia del trattato (il riferimento a Dumont non è, cioè, posteriore alla copia stessa).

61. Sul carattere strutturalmente diplomatico dei matrimoni dinastici sino almeno al Seicento, si veda ora Watkins, *After Lavinia*.

fine del Quattrocento, iniziarono a circolare i *dossiers* a stampa di piccoli gruppi di atti pubblici o del testo di qualche trattato europeo come quelli tra Francia e Spagna nel primo Cinquecento.

Nel Seicento, nel solco di un moto teoretico di riflessione critica sui concetti di sovranità e territorio, sulla natura dell'autorità e sul complesso delle relazioni fra poteri (si pensi a Gentili o a Grozio),[62] in un contesto di informazione diffusa e di quella che oggi chiamiamo *public diplomacy* (solo un esempio: nel gennaio 1663, il *Mercurius Publicus*, stampato a Londra, pubblicava la lista dei regali portati dall'ambasciata russa mandata in Inghilterra dallo Zar Aleksei Mikhailovich)[63] e nell'alveo di una considerevole crescita di trattati, memorie e corrispondenze diplomatiche, le collezioni di accordi conservate nelle cancellerie vennero dapprima lentamente, poi sempre più decisamente estratte dagli archivi e analizzate, selezionate e pubblicate. Inizialmente, queste edizioni vennero costruite secondo modelli diversi, di dimensioni e ambizioni differenti, all'interno di più di un quadro teorico e concettuale e per motivi diversi – intellettuali, politici, religiosi o economici.[64]

La fine del Seicento segnò un *turning point*: il *Grand Recueil* di Bernard, il *Corps universel diplomatique* di Dumont e i *Foedera* di Rymer fissarono uno standard che avrebbe superato le guerre e le rivoluzioni del Settecento senza grandi cambiamenti sino alla consacrazione ottocentesca e all'uso contemporaneo. Tale standard comprese tanto una raffinata analisi documentaria, quanto più di una sfumatura concettuale nella considerazione di questo o di quel trattato, o di questo o di quell'atto degni di essere inclusi. Fece però di più: intervenne nel flusso insieme negoziale e documentario che aveva prodotto le scritture, selezionandone alcune e erigendole a "modello" di trattato (e quindi relegando a curiosità scientifica o erudita tutte le altre, che pure vennero talora pubblicate, anche perché uno degli scopi "commerciali" di queste costose imprese editoriali era l'uso pratico da parte di ambasciatori e ministri), e costruì attraverso tale selezio-

62. Per cui si rimanda ora almeno a Fedele, *La naissance de la diplomatie* e ai saggi raccolti in *A Cultural History of Peace in the Renaissance*, in particolare a Del Lucchese e Mordaunt (*Definitions of Peace*) e Guidi (*Human Nature, Peace, and War*).

63. Hennings, *The Failed Gift*, p. 239.

64. Olivier Poncet, nonostante non faccia riferimento alle grandi edizioni, sottolinea però come l'età di Luigi XIV abbia visto in Francia una «révolution du statut et de la place de l'écrit documentaire dans toutes ses dimensions, de sa genèse à son archivage, de sa production à sa réception», Poncet, *La révolution silencieuse*, p. 618.

ne una genealogia e una gerarchia del potere legittimo in Europa, narrandola come storia e "inventando" un ordine della politica. Frédéric Leonard, nell'*Avertissement de l'editeur au lecteur de la cause et de l'ordre tenu dans l'impression de ce recueil* che segue la lettera dedicatoria al re, descrisse infatti nel 1693 con chiarezza l'origine del suo lavoro (egli si era sino ad allora limitato a pubblicare, come stampatore di Luigi XIV, piccoli gruppi di trattati a lui più o meno contemporanei). Disse dunque al lettore che, intento a pubblicare il trattato di Vervins (1598), si era reso conto che tale trattato aveva rimandi importanti a Cateau Cambrésis (1559), il quale a sua volta richiamava Crépy (1544); di rimando in rimando, risaliva a Madrid (1526) e a quel punto, rendendosi conto di come il *fil rouge* della storia francese sembrasse essere lo scontro plurisecolare tra la Francia e la casa d'Asburgo, decideva finalmente di arrivare sino ad Arras (1435), quando questa rivalità epocale avrebbe preso forma intorno al controllo dei domini borgognoni.[65]

Oltre ad elaborare un modello per organizzare e trasmettere le testimonianze documentarie dei passati eventi politici e a costruire un utile strumento per la quotidiana pratica diplomatica e politica, queste raccolte contribuirono dunque a definire un'idea sempre più specifica di diplomazia, basata su accordi formali e orizzontali fra un ridotto gruppo di stati sovrani, occultando altri modi, altri protagonisti, altre scritture.

Questa vicenda, insieme ad altre naturalmente, ma con una sua specificità, concorse in modo significativo a definire un complesso di relazioni internazionali, una diplomazia e una politica che avrebbero trovato nell'Ottocento postnapoleonico e coloniale la loro consacrazione come sistema egemonico, concettualmente eurocentrico e politicamente esclusivo.

65. Leonard, *Recueil*, t. I, V-VI.

# Bibliografia

## *Fonti edite*


Alberti, Leon Battista, *I libri della famiglia*, a cura di R. Romano, A. Tenenti, Torino, 1969

Aliprandi, Bonamente, *Aliprandina o cronaca di Mantova*, in RIS², XXIV/13, a cura di O. Begani, Città di Castello, 1908-1910

*Antichi inventari dell'archivio Gonzaga*, a cura di A. Behne, Roma, 1993

Beati, Antonio, *The Travel Journal of Antonio de Beatis. Germany, Switzerland, the Low Countries, France and Italy, 1517-1518*, a cura di J. R. Hale, London, 1979

Bernard, J., *Recueil des traitéz de paix, de trève, de neutralité, de suspension d'armes, de confédération, d'alliance, de commerce, de garantie et d'autres actes publiques, comme contrats de marriage, testaments, manifestes, declarations de guerre & c.*, 4 voll., Amsterdam, La Haye, 1700

Brown, R., *Itinerario di Marin Sanudo*, Padova, 1847

Caleffini, Ugo, *Diario ferrarese*, a cura di G. Pardi, Ferrara, 1938

*Carteggio degli oratori mantovani dalla corte sforzesca (1450-1500)*, dir. gen. F. Leverotti, Roma, 1999-

*Carteggio di Gerardo Cerruti, oratore sforzesco a Bologna (1470-1474)*, 2 voll., a cura di T. Duranti, Bologna, 2007

*Carteggio di Luca Fancelli con Ludovico, Federico e Francesco Gonzaga marchesi di Mantova*, a cura di P. Carpeggiani, A.M. Lorenzoni, Mantova, 1998

Chifflet, J.J., *Recueil des traittez de paix, treves et neutralité entre les couronnes d'Espagne et de France*, Antwerpen, 1645

*Commissioni di Rinaldo degli Albizzi per il Comune di Firenze dal 1399 al 1433*, 3 voll., a cura di C. Guasti, Firenze, 1867-1869

*Constitutiones dominii Mediolanensis,* a cura di G. Verri, Milano, 1747

*Copialettere e corrispondenza gonzaghesca da Mantova e paesi (28 novembre 1340-24 dicembre 1401)*, a cura di G. Coniglio, L. Mazzoldi, G. Praticò, Roma, 1969

*Il copialettere marciano della cancelleria carrarese (gennaio 1402-gennaio 1403)*, a cura di E. Pastorello, Venezia, 1915

*Corrispondenza degli ambasciatori fiorentini a Napoli*, dir. gen. B. Figliuolo, Napoli, 2002-; vol. II, *Corrispondenza di Giovanni Lanfredini (maggio 1485-ottobre 1486)*, a cura di E. Scarton, 2002

*Cronica di ser Bartolomeo di ser Gorello*, a cura di A. Bini, A. Grazzini, RIS[2], XV/1, I, Bologna, 1917-1921

*Cronica volgare di anonimo fiorentino già attribuita a Pietro di Giovanni Minerbetti*, a cura di E. Bellondi, RIS[2], XXVII/2, Città di Castello, 1916

*«Descriptio Marchiae Anconitanae»*, a cura di E. Saracco Previdi, Ancona, 2000

*La «Descriptio Romandiole» del cardinale Anglico. Introduzione e testo*, a cura di L. Mascanzoni, Bologna, s. d. [1978]

*I dispacci di Cristoforo da Piacenza, procuratore mantovano alla corte pontificia (1371-1376)*, a cura di A. Segre, Firenze, 1909

*Dispacci di Pietro Cornaro ambasciatore a Milano durante la guerra di Chioggia*, a cura di V. Lazzarini, Venezia, 1939

*Dispacci di Zaccaria Barbaro (1 novembre 1471-7 settembre 1473)*, a cura di G. Corazzol, Roma, 1994

*Dispacci sforzeschi da Napoli*, dir. gen. Mario Del Treppo, Napoli, 1997-
- vol. I, *1444-2 luglio 1458*, a cura di F. Senatore, 1997
- vol. II, *4 luglio 1458-30 dicembre 1459*, a cura di F. Senatore, 2004
- vol. IV, *1 gennaio-26 dicembre 1461*, a cura di F. Storti, 1999

Dumont, J., *Corps universel diplomatique du droit de gens contenant un recueil des traitez d'alliance, de paix, de trève, de neutralité, de commerce, d'echange … qui ont été faits en Europe depuis le règne de l'empereur Charle Magne jusques à présent* avec *les capitulations impériales et royales, les sentences arbitrales ... et en général tous les titres, sous quelque nom qu'on les désigne, qui peuvent servir à fonder, établir ou justifier les droits et les interets des princes et des états d'Europe*, 7 voll., Amsterdam - La Haye, 1726-31

Dürer, Albrecht, *Diary of Dürer's journey to the Netherlands, July 1520-July 1521*, in W. M. Conway, *The Writings of Albrecht Dürer*, New York, 1958, pp. 92-126

*Epistolario di Santa Caterina da Siena*, a cura di E. Duprè Theseider, Roma, 1940

*Fonti aragonesi a cura degli archivisti napoletani. Testi e documenti di storia napoletana pubblicati dall'Accademia Pontaniana*, serie II/XIII, *Frammento del registro* Curie Summarie Primum *degli anni 1463-1465*, a cura di C. Vultaggio, Napoli, 1990

*Fonti per la storia degli archivi degli antichi stati italiani*, a cura di F. de Vivo, A. Guidi, A. Silvestri, Roma, 2016

Franceschi, Andrea de', *Itinerario de Germania*... [1492], edito da E. Simonsfeld, in «Miscellanea della R. Deputazione Veneta di Storia Patria», II s., 9 (1903), pp. 275-345

Franceschi, Andrea, *Itinerarium Britanniae Andreae Francisci*, in *Two Italian Accounts of Tudor England*, a cura di C.V. Malfatti, Barcellona, 1953

Francesco di Vannozzo, *Le rime*, a cura di A. Medin, Bologna, 1928

Froissart, J., *Chroniques, livres I-II*, a cura di P.F. Ainsworth, G.T. Diller, Parigi, 2001

Fulin, R., *Frammenti inediti dell'Itinerario in Terraferma di Marin Sanudo*, in «Archivio Veneto» s. I, 11 (1881), pp. 1-62

Guicciardini, Francesco, *Diario del viaggio in Spagna*, in *Scritti autobiografici e rari*, a cura di R. Palmarocchi, Roma-Bari, 1936, pp. 103-124

Guicciardini, Francesco, *Storie fiorentine dal 1378 al 1500*, in Id. *Opere*, I, a cura di E. Scarano Lugnani, Torino, 2010

*Inventarium Honorati Caetani. L'inventario dei beni di Onorato Caetani d'Aragona, 1491-1493*, trascrizione di C. Ramadori (1939), revisione critica, introduzione e aggiunte di S. Pollastri, Roma, 2006

*Italian Renaissance Diplomacy. Texts in Translation*, a cura di M. Azzolini, I. Lazzarini, Durham-Toronto, 2017

Leibniz, G.G., *Codex juris gentium diplomaticus ex recensione G. G. L[eibniz]- in quo tabulae autheticae actorum publicorum, tractatuum, aliarumque rerum majoris momenti per Europam gestarum, pleraeque ineditae vel selectae, ipso verborum tenore expressae ac temporum serie digestae continetur a fine saeculi undecimi ad nostra usque tempora aliquot tomis comprehensus quem ex manuscriptis praesertim Bibliothecae Augustae Guelfebytanae codicibus, et monumentis regionorum aliorumque archivorum ac propriis denique collectaneis edidit G.G.L.*, 2 voll., Hannover, 1693

Leonard, F., *Recueil des traitez de paix, de treve, de neutralité, de confederation, d'alliance et de commerce faits par les Rois de France avec tous les princes et potentats de l'Europe et autres depuis presque trois siècles en six tomes. Assemblé, mis en ordre et imprimé par Frédéric Léonard, premier Imprimeur du Roi et de Monseigneur le Dauphin*, 6 voll., Paris, 1693

*Le lettere di Margherita Datini a Francesco di Marco (1384-1410)*, a cura di V. Rosati, Prato, 1977

*Liber Privilegiorum Communis Mantue*, a cura di R. Navarrini, Mantova, 1988

Lünig, J.C., *Codex Italiae Diplomaticus, qui non solum multifariae investiturarum literae, ab augustissimis Romanorum Imperatoribus Italiae principibus et proceribus concessae atque traditae, verum etiam alia insignia varii generis Diplomata, tam edita, quam multa anecdota, ipsos concernentibus, continentur*, 4 voll., Frankfurt-Leipzig, 1725-1735

Machiavelli, Niccolò, *Istorie fiorentine*, in Id., *Edizione nazionale delle opere di Niccolò Machiavelli*, II, *Opere storiche*, a cura di A. Montevecchi, C. Varotti, Roma, 2010

Machiavelli, Niccolò, *Lettere*, a cura di F. Gaeta, Milano, 1961

Malipiero, Domenico, *Annali veneti (1454-1500)*, in «Archivio Storico Italiano», 7/1-2 (1843-1844), pp. 613-720

de' Medici, Lorenzo, *Lettere*, direttore generale N. Rubinstein, Firenze, 1970-
- vol. I *(1460-74)*, a cura di R. Fubini, 1978
- vol. VI *(1481-82)*, a cura di M. Mallett, 1990
- vol. VIII *(1484-5)*, a cura di H. Butters, 2001
- vol. IX *(1485-6)*, a cura di H. Butters, 2002

*Un mercante di Milano in Europa. Diario di viaggio del primo Cinquecento*, a cura di L. Monga, Milano, 1985

Moggi, Moggio, *Carmi ed epistole*, a cura di P. Garbin, Padova, 1996

Navagero, Andrea, *Viaggio in Spagna del magnifico M. Andrea Navagero eletto oratore a Carlo V imperadore*, in *Opera omnia*, a cura di G.A. e G. Volpi, Padova, 1718

Osio, L., *Documenti diplomatici tratti dagli archivi milanesi*, 3 voll., Milano, 1864-1876

Peller, C., *Theatrum pacis, hoc est: Tractatum atque instrumentorum preacipuorum [...] collectio*, 2 voll., Nürnberg 1663-1685

Priuli, G., *I Diarii,* Biblioteca del Museo Correr, Codice PD

Priuli, G., *I Diarii (1499-1512)*, a cura di A. Segre, R. Cessi, *RIS*, XXIV/3, Città di Castello, 1912-1041

*Protocolli del carteggio di Lorenzo il Magnifico per gli anni 1473-74, 1477-92*, a cura di M. Del Piazzo, Firenze, 1956

*I registri viscontei*, a cura di C. Manaresi, Milano, 1915

*A relation, or rather a true account, of the Island of England*, a cura di C.A. Sneyd, London, 1847

*Le relazioni degli ambasciatori veneti al Senato durante il secolo XVI, raccolte, annotate ed edite da E. Alberi*, 15 voll., Firenze, 1839-1863

*Rental of all the Houses in Gloucester, A. D. 1455*, a cura di W.H. Stevenson, London, 1890

Rymer, T., *Foedera, conventiones, literae et cujuscumque generis acta publica inter reges Angliae et alios quosvis imperatores, reges, pontifices, principes vel communitates ab ineunte saeculo duodecimo, viz. ab anno 1101, ad nostra usque tempora habita aut tractate [...]*, 17 voll., London, 1704-1717

Sanudo, Marino, *I Diarii (1496-1533)*, 58 voll., Venezia, 1879-1903

Sanudo, Marino, *Itinerario per la Terraferma veneta nel 1483 di Marin Sanuto*, a cura di R. Bruni, L. Bellini, Padova, 2007

Simonetta, Cicco, *I Diari di Cicco Simonetta*, a cura di A.R. Natale, Milano, 1962

*Statuta Populi et communis Florentie publica auctoritate collecta etcet*, Friburgi, apud M. Klück, 1776-1783

Stella, Giorgio e Giovanni, *Annales genuenses*, a cura di G. Petti Balbi, RIS² XVII/2, Città di Castello, 1975

Vettori, Francesco, *Viaggio in Alemagna*, in *Scritti storici e politici*, a cura di E. Niccolini, Bari, 1972

Villani, Giovanni, *Cronica con la continuazione di Matteo e Filippo Villani*, ed. critica a cura di G. Porta, Parma, 1995

## *Studi*

*L'acqua nei secoli altomedievali*, Spoleto, 2007

*After Civic Humanism: Learning and Politics in Renaissance Italy*, a cura di N. Baker, B.J. Maxson, Toronto, 2015

Airò, A., *L'architettura istituzionale e territoriale del Regno di Napoli nello specchio degli atti linguistici di un privilegio sovrano (XV secolo)*, in *Linguaggi politici nell'Italia del Rinascimento*, pp. 139-167

Airò, A., *«Cum omnibus eorum cautelis, libris et scripturis». Privilegi di dedizione, scritture di conti, rendicontazioni e reti informative nella dissoluzione del Principato di Taranto (23 giugno 1464-20 febbraio 1465)*, in *Scritture e potere*, https://doi.org/10.6092/1593-2214/109

Alaggio, R., *La produzione della cancelleria dei principi di Taranto nella prima metà del XV secolo*, in *Istituzioni, scritture, contabilità*, pp. 217-239

Albanese, G., Figliuolo, B., *Giannozzo Manetti a Venezia, 1448-1450, con l'edizione della corrispondenza e del* Dialogus in symposio, Venezia, 2014

Albertario, M., *La cappella e l'ancona delle reliquie nel castello di Pavia (1470-76)*, in «Museo in rivista. Notiziario dei musei civici di Pavia», 3 (2003), pp. 49-116

Albertini Ottolenghi, M.G., *La biblioteca dei Visconti e degli Sforza. Gli inventari del 1488 e del 1490*, in «Studi petrarcheschi», 8 (1991), pp. 1-238

Alessio, G.C., *L'*Ars dictaminis *nel Quattrocento italiano. Eclissi o persistenza?*, in *The Waning of Medieval* Ars Dictaminis, a cura di M. Camargo, «Rhetorica», 19 (2001), pp. 155-171

*Alfabetismo e cultura scritta*, a cura di A. Bartoli Langeli, A. Petrucci, in «Quaderni storici» 13 (1978), pp. 437-700

Almagià, R., *Monumenta Italiae Cartographica*, Firenze, 1929

Almagià, R., *Scritti geografici*, Roma, 1961

Almagià, R., *Una carta della Toscana della metà del sec. XV*, in «Rivista geografica italiana», 28 (1921), pp. 9-17

Almagià, R., *Un'antica carta del territorio di Asti*, in «Rivista geografica italiana», 58 (1951), pp. 43-44

Althoff, G., *Spiegelregeln der Politik im Mittelalter. Kommunikation in Frieden und Fehde*, Darmstadt, 1997

*Ambassades et ambassadeurs en Europe (XV^e-XVII^e siècles). Pratiques, écritures, savoirs, images*, a cura di J.-L. Fournel, M. Residori, Genève, 2020

Andenmatten, B., *La Maison de Savoie et la noblesse vaudoise (XIII^e-XIV^e s.): supériorité féodale et autorité princière*, Lausanne, 2005

Andenmatten, B., Castelnuovo, G., *Produzione documentaria e costruzione archivistica nel principato sabaudo, XIII-XV secolo*, in «Bullettino dell'Istituto Storico per il Medio Evo e Archivio Muratoriano», 110/1 (2008), pp. 279-348

Ansell, C.K., *Restructuring Authority and Territoriality*, in *Restructuring territoriality. Europe and the United States compared*, a cura di C.K. Ansell, G. Di Palma, Cambridge, 2004, pp. 3-18

Antenhofer, C., *Briefen zwischen Süd und Nord. Die Hochzeit und Ehe von Paula de Gonzaga und Leonhard von Görz im Spiegel der fürstlichen Kommunikation (1473-1500)*, Innsbruck, 2007

Antenhofer, C., *Letters across the Borders: Strategies of Communication in an Italian-German Renaissance Correspondence*, in *Women's Letters Across Europe 1400-1700: Form and Persuasion (Women and Gender in the Early Modern World)*, a cura di J. Couchman, A. Crabb, Ashgate, 2005, pp. 103-122

*L'antico regime in villa*, a cura di C. Mozzarelli, Roma, 1994

Arcangeli, L., *Nello Stato di Milano sulle tracce di Leandro Alberti. Alcune note su politica e territorio nel primo Cinquecento*, in *L'Italia dell'Inquisitore*, pp. 479-506

Arcangeli, L., *Piccoli signori lombardi e potenze grosse*, in *I linguaggi politici*, pp. 409-443

*Archival Knowledge Cultures in Europe (1400-1900)*, a cura di R. Head, in «Archival Science», 10 (2010)

*Archival Transformations in Early Modern European History*, a cura di F. de Vivo, A. Guidi, A. Silvestri, in «European History Quarterly», 46 (2016)

*Archives, Records, and Powers*, a cura di T. Cook, J. Schwarts, in «Archival Science», 2 (2002)

*Archivi e archivisti in Italia tra medioevo ed età moderna*, a cura di F. de Vivo, A. Guidi, A. Silvestri, Roma, 2015

*Archivi e archivisti milanesi. Scritti*, a cura di A.R. Natale, Milano, 1975

*Archivi e comunità tra Medioevo ed età moderna*, a cura di A. Bartoli Langeli, A. Giorgi, S. Moscadelli, Roma, 2009

*Archivio delle Tratte*, a cura di P. Viti, R.M. Zaccaria, Roma, 1998

Archivio di Stato di Milano, *Archivio ducale sforzesco. Registri delle missive*, 2 voll., Milano, 1981

*Archivio di Stato di Firenze*, a cura di R. Mannu Tolu *et al.*, in *Guida generale degli Archivi di Stato*, II, Roma, 1983, pp. 17-189

*Archivio di Stato di Milano*, a cura di A.R. Natale, con la collaborazione di A. Bellù e A. Bazzi, in *Guida Generale degli Archivi di Stato*, II, Roma, 1983, pp. 895-991

*Archivio di Stato di Modena*, a cura di F. Valenti, in *Guida generale degli archivi di Stato*, II, Roma, 1983, pp. 999-1088

*Archivio di Stato di Torino*, a cura di I. Massabò Ricci, in *Guida generale degli Archivi di Stato*, IV, Roma, 1994 (prima versione a cura di I. Soffietti), pp. 373-641

*Archivio di Stato di Venezia*, a cura di M.F.Tiepolo, in *Guida Generale degli Archivi di Stato*, IV, Roma, 1994, pp. 859-1148

*Archivio segreto estense. Sezione «Casa e Stato». Inventario*, a cura di F. Valenti, Roma, 1953

Arnaud, P., *Images et représentations dans la cartographie du bas Moyen Âge*, in *Spazi, tempi, misure e percorsi nell'Europa del basso medioevo*, Spoleto, 1996, pp. 129-160

Arrighi, V., Klein, F., *Dentro il Palazzo: cancellieri, ufficiali, segretari*, in *Consorterie politiche e mutamenti istituzionali in età laurenziana*, a cura di M.A. Morelli Timpanaro, R. Mannu Tolu, P. Viti, Firenze, 1992, pp. 77-102

*L'art médiéval du registre. Chancelleries royales et princières*, a cura di O. Guyotjeannin, Paris, 2018

Artifoni, E., *Città e comuni*, in *Storia medievale*, Roma, 1998, pp. 363-386

Artifoni, E., *I podestà professionali e la fondazione retorica della politica comunale*, in «Quaderni storici», 63 (1986), pp. 687-719

Assmann, A., *Cultural Memory and Western Civilization: Functions, Media, Archives*, Cambridge, 2011

Assmann, J., *Das kulturelle Gedächtnis. Schrift, Erinnerung und politische Identität in fruuhen Hochkulturen*, Munich, 1992

Balestracci, D., *Cilastro che sapeva leggere. Alfabetizzazione e istruzione nelle campagne toscane alla fine del Medioevo (XIV-XVI secolo)*, Pisa, 2004

Balestracci, D., *La zappa e la retorica. Memorie familiari di un contadino toscano del Quattrocento*, Siena, 1984

Baroni, M.F., *I cancellieri di Giovanni Maria e Filippo Maria Visconti*, in «Nuova rivista storica», 50 (1966), pp. 248-367

Baroni, M.F., *La cancelleria e gli atti cancellereschi dei Visconti, signori di Milano dal 1277 al 1447*, in *Landesherrliche Kanzleien im Spätmittelalter. Referate zum VI. Internationalen Kongreß für Diplomatik (München, 1983)*, a cura di G. Silagi, München, 1984, II, pp. 455-483

Baroni, M.F., *La formazione della cancelleria viscontea da Ottone a Giangaleazzo*, in «Studi di storia medievale e di diplomatica», 2 (1977), pp. 97-193

Bartoli Langeli, A. *Autografia e paleografia*, in *"Di mano propria"*, pp. 41-60

Bartoli Langeli, A., *Cancellierato e produzione epistolare*, in *Le forme della propaganda politica nel Due e nel Trecento*, a cura di P. Cammarosano, Roma, 1994, pp. 251-261

Bartoli Langeli, A., *La documentazione degli stati italiani nei secoli XIII-XIV: forme, organizzazione, personale*, in *Culture et idéologie dans la genèse de l'état moderne*, Roma, 1985, pp. 35-55

Bartoli Langeli, A., *La scrittura dell'italiano*, Bologna, 2000

Bartoli Langeli, A., *Notai. Scrivere documenti nell'Italia medievale*, Roma, 2006

Baschet, A., *Les archives de Venise. Histoire de la chancellerie secrète, le Senat, le cabinet des ministres, les conseils des Dix et les Inquisiteurs d'État dans leur rapports avec la France*, Paris, 1870

Bautier, B.R.-H., *Cartulaires de chancellerie et recueils d'actes des autorités laïques et ecclésiastiques*, in *Les cartulaires*, pp. 363-377

Beauchamp, A., *Les mentions de la chancellerie de l'infant Jean d'Aragon jusqu'à son accès au trône (1361-1386): implication du prince dans la gestion de ses affaires et traçabilité du travail en chancellerie*, in *Le discret langage du pouvoir*, pp. 455-480

Becker, M.B., *Florence in Transition*, 2 voll., Baltimore, 1967-1968

Bedos-Rezak, B., *Towards an Archaeology of the Medieval Charter. Textual Production and Reproduction*, in *Charters, Cartularies, and Archives*, pp. 41-60

Behne, A., *Antichi inventari dell'Archivio Gonzaga*, Roma, 1993

Behne, A., *Archivsordnung und Staatsordnung im Mailand der Sforza-Zeit*, in «Nuovi Annali della scuola per archivisti e bibliotecari», 2 (1988), pp. 93-102

Bellabarba, M., *La giustizia ai confini. Il principato vescovile di Trento agli inizi dell'età moderna*, Bologna, 1996

Bellù, A., *I contrassegni militari dello stato dei Gonzaga*, in *Guerre, stati e città. Mantova e l'Italia padana dal secolo XIII al XIX*, Mantova, 1988, pp. 103-132

Beltrami, L., *Il castello di Milano sotto il dominio dei Visconti*, Milano, 1894

Benham, J., *Peacemaking in the Middle Ages: Principles and Practice*, Manchester, 2011

Bertolini, P., *Este, d', Obizzo*, in DBI, 43 (1993), pp. 411-429

Bertrand, P., *Les écritures ordinaires. Sociologie d'un temps de révolution documentaire (entre Royaume de France et Empire, 1250-1350)*, Paris, 2015

Bertrand, P., Chastang, P., *Les temps des écritures grises. Formation et temporalités du gouvernement par l'écrit (v. 1080-v. 1350)*, in *Écritures grises*, pp. 29-64

Bianchi, R., *Notizie del cartografo veneziano Antonio Leonardi. Con un'appendice su Davide Emigli (o Emilei) e la sua laurea padovana*, in *Filologia umanistica. Per Gianvito Resta*, a cura di V. Fera, G. Ferrau, Padova, 1997, pp. 187-192

Black, R., *Benedetto Accolti and the Florentine Renaissance*, Cambridge, 1985

Black, R., *Humanism and Education in Medieval and Renaissance Italy. Tradition and Innovation in Latin Schools from the Twelfth to the Fifteenth Century*, Cambridge, 2001

Blair, A., *Note Taking as an Art of Transmission*, in «Critical Inquiry», 31 (2004-2005), pp. 85-107

Blair, A., *Too Much to Know. Managing Scholarly Information Before the Modern Age*, New Haven, 2010

Blair, A., Fitzgerald, D., *A Revolution in Information?*, in *Oxford Handbook of Early Modern European History*, I, a cura di H. Scott, Oxford, 2015, pp. 244-267

Blanco, L., *Confini e territori in età moderna: spunti di riflessione*, in *Confini e frontiere*, pp. 184-192

Blanco, L., *Introduzione*, in *Organizzazione del potere*, pp. 7-21

Bognetti, G.P., *Per la storia dello stato visconteo. Un registro di decreti della cancelleria di Filippo Maria Visconti e un trattato segreto con Alfonso d'Aragona*, in «Archivio storico lombardo», s. IV, 54 (1927), pp. 235-357

Bombi, B., *Anglo-papal Relations in the Eary Fourteenth Century. A Study in Medieval Diplomacy*, Oxford, 2019

Bonaini, F., *Gli archivi delle provincie dell'Emilia*, Firenze, 1861

Bordone, R., *Le città italiane e l'impero nell'XI secolo. Spunti per una riflessione*, in *Cultura e società nell'Italia medievale. Studi per Paolo Brezzi*, Roma, 1988, I, pp. 131-147

Borgogno, G.B., *Studi linguistici su documenti trecenteschi dell'Archivio Gonzaga di Mantova*, in «Atti e memorie dell'Accademia Nazionale Virgiliana di Mantova», n.s., 11 (1972), pp. 27-112

Boucheron, P., *De l'urbanisme communal à l'urbanisme seigneurial. Cités, territoires et édilité publique en Italie du Nord (XIII^e^-XV^e^ siècles)*, in *Pouvoir et édilité. Les grands chantiers dans l'Italie communale et seigneuriale*, a cura di E. Crouzet Pavan, Roma, 2003, pp. 41-77

Boucheron, P., *Le pouvoir de bâtir. Urbanisme et politique édilitaire à Milan (XIVe-XVe siècles)*, Roma, 1998

Bouloux, N., *Culture et savoirs géographiques en Italie au XIVe siècle*, Turnhout, 2002

Bouloux, N., *La géographie à la cour (Italie, XVe siècle)*, in *I saperi nelle corti*, in «Micrologus», 16 (2008), pp. 171-188

Bourdieu, P., *La distinction. Critique sociale du jugement*, Paris, 1979

Bourne, M., *Francesco II Gonzaga and Maps as Palace Decoration in Renaissance Mantua*, in «Imago Mundi», 51 (1999), pp. 51-82

Bourne, M., *Francesco II Gonzaga: the Soldier-Prince as Patron*, Roma, 2008

Braida, L., *Stampa e cultura libraria in Europa tra XV e XVI secolo*, Roma-Bari, 2004

Bravetti Magnoni, G., *Elisabetta Gonzaga*, in *Le donne di casa Malatesti*, a cura di A. Falcioni, Rimini, 2006, pp. 375-390

Broc, N., *La géographie de la Renaissance (1420-1620)*, Paris, 1980

Brown, A., *Bartolomeo Scala (1430-1497) cancelliere di Firenze. L'umanista nello stato*, Firenze, 1990

Brown, C.C., *Losing and Regaining the Material Meanings of Epistolary and Gift Texts*, in *Material Readings*, pp. 23-46

Brucker, G., *Florentine Politics and Society, 1343-1378*, Princeton, 1962

Bryce, J., *Between friends? Two letters of Ippolita Sforza to Lorenzo de' Medici*, in «Renaissance Studies», 21 (2007), pp. 340-365

Buc, P., *The Dangers of Ritual. Between Early Medieval Texts and Social Scientific Theory*, Princeton, 2001

Burke, P. *Languages and Communities in Early Modern Europe*, Cambridge, 2004

Caferro, W., *John Hawkwood. An English Mercenary in Fourteenth Century Italy*, Baltimore, 2006

Cammarosano, P., *I* libri iurium *e la memoria storica delle città comunali*, in *Il senso della storia nella cultura medievale italiana*, Pistoia, 1995, pp. 309-326

Cammarosano, P., *Italia medievale. Struttura e geografia delle fonti scritte*, Roma, 1991

*Cancelleria e amministrazione negli stati italiani del Rinascimento*, a cura di F. Leverotti, in «Ricerche Storiche», 24 (1994), pp. 277-424

Canova, A., *Dispersioni. Cultura letteraria a Mantova tra Medio Evo e Umanesimo*, Milano, 2017

Canova, A., *Medio evo e umanesimo a Mantova. Una storia per manoscritti*, in *Medio evo e Umanesimo*, pp. 263-278

Canteaut, O., *Introduction. Aux marges de l'acte, au cœur du pouvoir*, in *Le discret langage du pouvoir*, pp. 7-38

Cappelli, G., Maiestas. *Politica e pensiero politico nella Napoli aragonese (1443-1503)*, Roma, 2016

Caravale, M., *Le istituzioni della repubblica*, in *Storia di Venezia*, III, pp. 299-364

Cardona, G.R., *Storia universale della scrittura*, Milano, 1986

Carpeggiani, P., *'Io stimo anche più l'onore'. Luca Fancelli, il principe, la professione*, in *Carteggio di Luca Fancelli*, pp. 13-64

Carruthers, M., *The Book of Memory. A Study of Memory on Medieval Culture*, Cambridge, 1990

*Carteggi fra basso medioevo ed età moderna. Pratiche di redazione, trasmissione e conservazione*, a cura di A. Giorgi, K. Occhi, Bologna, 2018

*Les cartulaires. Actes de la table ronde (Paris, décembre 1991)*, a cura di O. Guyotjeannin, L. Morelle, M. Parisse, Paris, 1993

Casamassima, E., *Tradizione corsiva e tradizione libraria nella scrittura latina del medioevo*, Roma, 1987

Casini, M., *Realtà e simboli del Cancellier Grande veneziano in età moderna (secc. XVI-XVII)*, in «Studi veneziani», 22 (1991), pp. 195-251

Cassandro, G., *Un inventario dei beni del principe di Taranto*, in *Studi di storia pugliese in onore di Giuseppe Chiarelli*, a cura di M. Paone, Galatina, 1973, II, pp. 5-57

Castagnetti, A., *Società e politica a Ferrara dall'età postcarolingia alla signoria estense*, Bologna, 1985

Castelnuovo, G., *Cancellieri e segretari fra norme amministrative e prassi di governo: il caso sabaudo*, in *Cancellerie e amministrazione*, pp. 291-304

Castelnuovo, G., *«Contra morem solitum»: un conflit d'archives savoyard en 1397. Quelques réflexions sur l'écrit, ses pouvoirs et les pouvoirs dans une principauté du bas Moyen Âge*, in *Scritture e potere*, https://doi.org/10.6092/1593-2214/97

Castelnuovo, G., *Les officiers princiers et le pouvoir de l'écrit: pour une histoire documentaire de la principauté savoyarde (XIII*[e]*-XV*[e] *siècle)*, in *Offices, écrit et papauté*, pp. 17-46

Castelnuovo, G., *Ufficiali e gentiluomini. La società politica sabauda nel tardo medioevo*, Milano, 1994

Castillo Gómez, A., *The New Culture of Archives in Early Modern Spain*, in «European History Quarterly», 46 (2016), pp. 545-567

Cau, E., *Lettere inedite viscontee. Contributo alla diplomatica signorile*, in «Ricerche medievali», 4-5 (1969-1970), pp. 45-96

Ceccherini, I., *La genesi della scrittura mercantesca*, in *Régionalisme et internationalisme: problèmes de paléographie et de codicologie du Moyen Âge (Actes du XV*[e] *colloque du comité international de paléographie latine)*, a cura di O. Kresten, F. Lakner, Wien, 2008, pp. 123-138

Ceccherini, I., *Tradition cursive et style dans l'écriture des notaires florentins (v. 1250-v. 1350)*, in «Bibliothèque de l'École des Chartes», 165 (2007), pp. 167-185

Cencetti, G., *Lineamenti di storia della scrittura latina*, ried. a cura di G. Guerrini Ferri, Bologna 1997 [ma 1954]

Cengarle, F., *Feudi e feudatari del duca Filippo Maria Visconti*, Milano, 2007

Cengarle. F., *Immagine di potere e prassi di governo. La politica feudale di Filippo Maria Visconti*, Roma, 2006

Cengarle, F., *La comunità di Pecetto contro i Mandelli feudatari (1444): linguaggi politici a confronto*, in *Poteri signorili*, pp. 105-126

Cengarle, F., *La signoria di Azzone Visconti fra prassi, retorica e iconografia*, in *Tecniche di potere*, pp. 89-116

Cengarle, F., *Le arenghe dei decreti viscontei (1330 ca.-1447): alcune considerazioni*, in *Linguaggi politici*, pp. 55-88

Cengarle, F., *Lesa maestà all'ombra del biscione: dalle città lombarde a una monarchia europea*, Roma, 2014

Cengarle, F., Somaini, F., *La pluralità delle geografie (e delle cartografie) possibili*, in «Reti Medievali», 10 (2009) https://doi.org/10.6092/1593-2214/66

Cengarle, F., Somaini F., *Riflessioni e ipotesi di lavoro su storia e cartografia storica*, in «Società e storia», 122 (2008), pp. 809-826

Chambers, D.S., *A Defence of Non-residence in the Later Fifteenth Century: Cardinal Francesco Gonzaga and the Mantuan Clergy*, in «Journal of Ecclesiastical History», 36 (1985), pp. 605-633

Chambers, D.S., *A Renaissance Cardinal and his Wordly Goods. The Will and Inventory of Francesco Gonzaga, 1444-1483*, Londra, 1992

Chambers, D.S., *Giovanni Pietro Arrivabene (1439-1505), Humanistic Secretary and Bishop*, in «Aevum», 58 (1984), pp. 395-438

*Chancelleries et chanceliers des princes à la fin du Moyen Âge* (*«De part et d'autre des Alpes» II*), a cura di G. Castelnuovo, O. Mattéoni, Chambéry, 2011

*Charters, Cartularies, and Archives. The Preservation and Transmission of Documents in the Medieval West*, a cura di A.J. Kosto, A. Wintroth, Toronto, 2002

Chartier, R., *Culture écrite et société: l'ordre des livres (XIVe-XVIIIe siècles)*, Paris, 1996

Chartier, R., *Inscrire et effacer. Culture écrite et littérature (XIe-XVIIIe siècle)*, Paris, 2005

Chastang, P., *Des archives au codex: les cartulaires comme collections (XIe-XIVe siècle)*, in *Le Moyen Âge dans le texte*, pp. 25-43

Chastang, P., *Dominer, administrer, gouverner. L'écrit administratif et la question de l'État*, in corso di stampa in *Les vecteurs de l'idéel*, V, *Les mutations des sociétés politiques (XIIIe-XVIIe siècle)*, atti del convegno (Roma, École française de Rome, 15-17 dicembre 2014), a cura di Jean-Philippe Genet

Chastel, A., *Luigi d'Aragona. Un cardinale del Rinascimento in viaggio per l'Europa*, Roma-Bari, 1987

Chittolini, G., *Ascesa e declino di piccoli stati signorili (Italia centro-settentrionale, metà Trecento-inizi Cinquecento). Alcune note*, in «Società e storia», 121 (2008), pp. 473-498

Chittolini, G., *Dominant Cities. Florence, Genoa, Venice, Milan, and Their Territories in the Fifteenth Century*, in *The Medici*, pp. 13-26

Chittolini, G., *Il nome di 'città'. La denominazione dei centri urbani d'oltralpe in alcune scritture italiane del primo Cinquecento*, in *Italia et Germania. Liber Amicorum Arnold Esch*, a cura di H. Keller, W. Paravicini, W. Schieder, Tübingen, 2001, pp. 489-501

Chittolini, G., *Il 'privato', il 'pubblico', lo Stato*, in *Origini dello Stato*, pp. 553-589

Chittolini, G., *La formazione dello stato regionale e le istituzioni del contado*, Torino, 1979

Chittolini, G., *Le città tedesche in alcune scritture diplomatiche italiane del Cinquecento*, in *Imago urbis.*

Chojnacki, S., *In Search of the Venetian Patriciate: Families and Factions in the Fourteenth Century*, in *Renaissance Venice*, a cura di J. R. Hale, London, 1973, pp. 47-90

Chouquer, G., *Quels scénarios pour l'histoire du paysage ? Orientations de recherche pour l'archéogéographie - Essai*, Coimbra-Porto, 2007

Ciaralli, A., *Armando Petrucci*, in corso di stampa in *Italiani della Repubblica*

Ciaralli, A., *Nota alla pubblicazione*, in Petrucci, *Letteratura italiana*, pp. 647-654

Cicchetti, A., Mordenti, R., *La scrittura dei libri di famiglia*, in *Letteratura italiana*, a cura di A. Asor Rosa, III/2, *Le forme del testo. La prosa*, Torino, 1984, pp. 1117-1159

Claerr, R., *La diplomatique des traités sous Henri II*, in *Diplomatique et diplomatie*, pp. 31-44

Clanchy, M.T., *From Memory to Written Record. England 1066-1307*, Oxford, 1979

Cognasso, F., *Il ducato visconteo da Gian Galeazzo a Filippo Maria Visconti*, in *Storia di Milano*, VI, *Il Ducato visconteo e la repubblica ambrosiana (1392-1450)*, Milano, 1955, pp. 3-386

Cognasso, F., *Istituzioni comunali e signorili di Milano sotto i Visconti*, in *Storia di Milano*, vol. VI, *Il Ducato visconteo e la Repubblica Ambrosiana (1392-1450)*, Milano, 1955, pp. 449-554

Cognasso, F., *L'unificazione della Lombardia sotto Milano*, in *Storia di Milano*, V, *La signoria dei Visconti (1310-1392)*, Milano, 1955, pp. 1-567

Cognasso, F., *Ricerche per la storia dello stato visconteo*, in «Bollettino della Società pavese di storia patria», 26 (1926), pp. 1-64

Coleman, J., *Public Reading and Reading Public in Late Medieval England and France*, Cambridge, 1992

Collodo, S., *La geografia politica europea nelle fonti veneziane del XIV-XV secolo*, in *Europa e Mediterraneo tra Medioevo e prima età moderna: l'osservatorio italiano*, a cura di S. Gensini, Pisa, 1992, pp. 61-87

Comani, F.E., *Usi cancellereschi viscontei*, in «Archivio storico lombardo», 27 (1900), pp. 385-412

*A Companion to Late Medieval and Early Modern Milan. The Distinctive Features of an Italian State*, a cura di A. Gamberini, Leiden, 2015

*Confini. Costruzioni, Attraversamenti, Rappresentazioni*, a cura di S. Salvatici, Soveria Mannelli, 2005

*I confini della lettera. Pratiche epistolari e reti di comunicazione nell'Italia tardomedievale*, a cura di I. Lazzarini, in «RM-Rivista», 9 (2009), pp. 111-384, https://doi.org/10.6092/1593-2214/73

*Confini e frontiere nell'età moderna. Un confronto fra discipline*, a cura di A. Pastore, Milano, 2007

Coniglio, G., *La politica di Francesco Gonzaga nell'opera di un immigrato meridionale: Jacopo Probo d'Atri*, in «Archivio storico lombardo», 85 (1958), pp. 131-167

Constant, M., *Les traités: validité, publicité*, in *L'invention de la diplomatie. Moyen Âge-Temps modernes*, a cura di L. Bély, con la collaborazione di I. Richefort, Paris, 1998, pp. 235-261

Cook T., *The Archive(s) is a Foreign Country. Historians, Archivists, and the Changing Archival Landscape*, in «The Canadian Historical Review», 90 (2009), pp. 497-534

Corrao, P., *Funzionari e ufficiali*, in *La società medievale*, a cura di S. Collodo, G. Pinto, Bologna, 1999, pp. 177-215

Corrao, P., *Governare un regno. Potere, società e istituzioni in Sicilia fra Trecento e Quattrocento*, Napoli, 1991

Corrao, P. *Mediazione burocratica e potere politico: gli uffici di cancelleria nel regno di Sicilia (secoli XIV-XV)*, in *Cancelleria e amministrazione*, pp. 389-410

Costa, P., Iurisdictio. *Semantica del potere politico nella pubblicistica medievale (1100-1433)*, Milano, 1969

Coste, J., *Description et délimitation de l'espace rural dans la campagne romaine*, in *Gli atti privati nel tardo medioevo. Fonti per la storia sociale*, a cura di P. Brezzi, E. Lee, Roma, 1984, pp. 185-200

Covini, M.N., *"Alle spese di Zoan Villano": gli alloggiamenti militari nel dominio visconteo*-sforzesco, in «Nuova rivista storica», 76 (1992), pp. 1-56

Covini, M.N., *Cartografia fiscale del ducato di Milano: la tassa dei cavalli nella seconda metà del Quattrocento*, relazione presentata all'incontro nazionale del Prin *Geografie politiche dell'Italia dal 1350 al 1500: assetti territoriali e dinamiche di sistema*, Milano, 14 novembre 2007

Covini, M.N., *Castelli, fortificazioni e difesa locale: le strutture difensive degli stati regionali nell'Italia centro-settentrionale fra XIV e XV secolo*, in *Castrum 3. Guerre. Fortification et habitat dans le monde méditerranéen au Moyen Âge*, a cura di A. Bazzana, Madrid-Roma, 1988, pp. 135-141

Covini, M.N., De gratia speciali. *Sperimentazioni documentarie e pratiche di potere tra i Visconti e gli Sforza*, in *Tecniche di potere nel tardo Medioevo: regimi comunali e signorie in Italia*, a cura di M. Vallerani, Roma, 2010, pp. 183-206

Covini, M.N., *Donne, emozioni e potere alla corte degli Sforza. Da Bianca Maria a Cecilia Gallerani*, Milano, 2012

Covini, M.N., *L'Amadeo e il collettivo degli ingegneri ducali al tempo degli Sforza*, in *Giovanni Antonio Amadeo. Scultura e architettura del suo tempo*, a cura di J. Shell, L. Castelfranchi, Milano, 1993, pp. 59-75

Covini, M.N., *La trattazione delle suppliche nella cancelleria sforzesca: da Francesco Sforza a Ludovico il Moro*, in *Suppliche e "gravamina"*, pp. 107-146

Covini, M.N., *L'esercito del duca. Organizzazione militare e istituzioni al tempo degli Sforza (1450-1480)*, Roma, 1998

Covini, M.N., *Potere, ricchezza e distinzione a Milano nel Quattrocento. Nuove ricerche su Cicco Simonetta*, Milano, 2018

Covini, M.N., *Scrivere al principe. Il carteggio interno sforzesco e la storia documentaria delle istituzioni*, in *Scritture e potere* (https://doi.org/10.6092/1593-2214/100)

Covini, M.N., *«Studiando el mappamondo»: trasferimenti di genti d'arme tra logiche statali e relazioni con le realtà locali*, in *Viaggiare nel medioevo*, pp. 227-266

Covini, M.N., *Tra* patronage *e ruolo politico: Bianca Maria Visconti (1450-1468)*, in *Donne di potere*, pp. 247-280

Covini, M.N. et al., *Pratiche e norme di comportamento nella diplomazia italiana. I carteggi di Napoli, Firenze, Milano, Mantova e Ferrara tra fine XIV e fine XV secolo*, in *De l'ambassadeur*, pp. 113-162

Cozzi, G., *Una vicenda della Venezia barocca: Marco Trevisan e la sua «eroica amicizia»*, in «Bollettino dell'Istituto di storia della Società e dello Stato Veneziano», 2 (1960), pp. 61-154

Cremonini, P., *Il più antico, compiuto, inventario dell'Archivio Segreto Estense. Pellegrino Prisciani, 4 gennaio 1488*, in «Quaderni Estensi», 5 (2013), pp. 353-388

Crouzet Pavan, E., Maire Vigueur, J.-C., *Décapitées. Trois femmes dans l'Italie de la Renaissance*, Paris, 2018

*A Cultural History of Peace in the Renaissance*, a cura di I. Lazzarini, London - New York, 2020

*Culturas del escrito en el mundo occidental: del Rinacimiento a la contemporaneidad*, a cura di A. Castillo Gómez, Madrid, 2015

Cusin, F., *I rapporti fra la Lombardia e l'Impero dalla morte di Francesco Sforza all'avvento di Ludovico il Moro (1466-1480)*, in «Annali della Regia università degli studi economici e commerciali di Trieste», 6 (1934), pp. 213-322

Cusin, F., *L'impero e la successione degli Sforza ai Visconti*, in «Archivio storico lombardo», 63 (1936), pp. 3-116

D'Achille, P., *Sintassi del parlato e tradizione scritta della lingua italiana. Analisi di testi alle origini al secolo XVIII*, Roma, 1990

Dainville, F., de, *Cartes et contestations au XV*[e] *siècle*, in «Imago Mundi», 24 (1970), pp. 99-121

Dallari, U., *Inventario sommario dei documenti della Cancelleria degli Estensi a Ferrara dalle origini alla metà del sec. XVI*, in «Bullettino dell'Archivio paleografico italiano», n.s., 2-3 (1956-1957), pp. 357-365

Dallari, U., *Inventario sommario dei documenti della cancelleria ducale estense (sezione generale) nel R. Archivio di Stato di Modena*, in «Atti e memorie della R. deputazione di storia patria per le province modenesi», s. VII, 4 (1927), pp. 157-275

Da Mosto, A., *L'Archivio di Stato di Venezia. Indice generale storico descrittivo e analitico*, 2 voll., Roma, 1937-1940

Davidsohn, R., *Storia di Firenze*, III, Firenze, 1960

Day, J., *Strade e vie di comunicazione*, in *Storia d'Italia*, V/1, *I documenti*, Torino, 1973, pp. 89-120

Daybell, J., *The Material Letter in Early Modern England. Manuscript Letters and the Culture and Practice of Letter-writing, 1512-1635*, Basingstoke, 2012

Daybell, J., *Women Letter-Writers in Tudor England*, Oxford, 2006.

Daybell, J., Hinds, P., *Introduction: Material Matters*, in *Material Readings*, pp. 1-20

De Benedictis, A., *Politica, governo e istituzioni nell'Europa moderna*, Bologna, 2001

De Caprio, C., *Scrivere la storia a Napoli tra Medioevo e prima età moderna*, Roma, 2012

De Caprio, C., *Spazi comunicativi, tradizioni narrative e storiografia in volgare: il Regno nelle guerre d'Italia*, in «Filologia e critica», 39 (2014), pp. 39-72

*De l'ambassadeur. Les écrits relatifs à l'ambassadeur et à l'art de négocier du Moyen Âge au début du XIX*[e] *siècle*, a cura di S. Andretta, S. Péquignot, J.-C. Waquet, Roma, 2015

*De part à l'autre des Alpes. Les châtelains des princes à la fin du Moyen Âge*, a cura di G. Castelnuovo, O. Mattéoni, Paris, 2006

De Rosa, D., *Coluccio Salutati: il cancelliere ed il pensatore politico*, Firenze, 1980

De Vincentiis, A., *Memorie bruciate. Conflitti, documenti, oblio nelle città italiane tardomedievali*, in «Bullettino dell'Istituto storico italiano per il medio evo», 106 (2004), pp. 167-198

de Vivo, F., *Archives of speech. Recording diplomatic negotiation in late medieval and early modern Italy*, in «European History Quarterly», 46 (2016), pp. 519-544

de Vivo, F., *Patrizi, informatori, barbieri. Politica e comunicazione a Venezia nella prima età moderna*, Milano, 2012

de Vivo, F. Guidi, A., Silvestri, A., *Introduzione a un percorso di studio*, in *Archivi e archivisti in Italia*, pp. 9-39

Dean, T., *Ferrara e Mantova*, in *Lo Stato del Rinascimento*, pp. 107-124

Dean, T., *Land and Power in Late Medieval Ferrara. The Rule of the Este, 1350-1450*, Cambridge, 1988

Dean, T., *Notes on the Ferrarese Court in the Later Middle Ages*, in «Renaissance Studies», 13 (1989), pp. 357-369

Del Bo, B., *Uomini e strutture di uno stato feudale: il marchesato di Monferrato*, Milano, 2009

Del Lucchese, F., Mordaunt, A., *Definitions of Peace*, in *A Cutural History of Peace*, pp. 15-30

Del Tredici, F., *Il quadro politico e istituzionale dello Stato visconteo-sforzesco*, in *Lo Stato del Rinascimento*, pp. 149-166

Della Misericordia, M., *Divenire comunità. Comuni rurali, poteri locali, identità sociali e territoriali in Valtellina e nella montagna lombarda nel tardo medioevo*, Milano, 2006

Della Misericordia, M., *Figure di comunità. Documento notarile, forme della convivenza, riflessione locale sulla vita associata nella montagna lombarda e nella pianura comasca (secoli XIV-XVI)*, Sondrio, 2008, http://www.adfontes.it/biblioteca/scaffale/notarile/copertina.html

Delle Donne, F., *Alfonso il Magnanimo e l'invenzione dell'umanesimo monarchico. Ideologia e strategie di legittimazione alla corte aragonese di Napoli,* Roma, 2015

Der Derian, J., *On Diplomacy: A Genealogy of Western Estrangement*, Oxford, 1987

Derolez, A., *The Palaeography of Gothic Manuscript Books, from the Twelfth to the Early Ssixteenth Century*, Cambridge, 2003

Desjardins, M., *Les savoirs des notaires et secrétaires du roi et la géographie de la France d'après le manuel d'Odart Morchesne et un index de chancellerie*, in *Écrit et pouvoir*, pp. 86-97

*"Di mano propria". Gli autografi dei letterati italiani*, Roma, 2010

Di Pietro, P., *La cancelleria degli Estensi nel periodo ferrarese (1264-1598)*, in «Atti e memorie della Deputazione di storia patria per le antiche province modenesi», s. X, 10 (1975), pp. 91-99

*Diplomatique et diplomatie: les traités (Moyen Âge- début du XIX<sup>e</sup> siècle)*, a cura di O. Poncet, Paris, 2015

*Diplomazia edita. Le edizioni delle corrispondenze diplomatiche quattrocentesche*, in «Bulletino dell'Istituto storico italiano per il Medio Evo e Archivio muratoriano», 110 (2008), pp. 1-146

*Le discret langage du pouvoir. Les mentions de chancellerie du Moyen Âge au XVIIe siècle*, a cura di O. Canteaut, Paris, 2019

*Distinguere, separare, condividere. Confini nelle campagne dell'Italia medievale*, a cura di P. Guglielmotti, in «RM-Rivista», 7/1 (2006), https://doi.org/10.6092/1593-2214/155

Docquier, G., *Le document autographe, une "non-réalité" pour l'historien ? Quelques réflexions sur les traces écrites autographes à la fin du Moyen Âge et à l'aube des temps modernes*, in «Le Moyen Âge», 118 (2012), pp. 387-410

*La documentazione degli organi giudiziari nell'Italia tardo-medievale e moderna*, a cura di A. Giorgi, S. Moscadelli, C. Zarrilli, Roma, 2012

Doglio, M.L., *L'arte delle lettere. Idea e pratica della scrittura epistolare tra Quattro e Seicento*, Bologna, 2000

Donazzolo, P., *I viaggiatori veneti minori*, Roma, 1927

*Donne di potere nel Rinascimento*, a cura di L. Arcangeli, S. Peyronel, Roma, 2008

Durst, B., *Archive des Völkerrechts. Gedrukte Sammlungen europäischer Mächteverträge in der Frühen Neuzeit*, Oldenbourg, 2016

*Écrire, compter, mésurer. Vers une histoire des rationalités pratiques*, a cura di N. Coquery, F. Menant, F. Weber, Paris, 2006

*Écrit et pouvoir dans les chancelleries médiévales: espace français, espace anglais*, a cura di K. Fianu, D. J. Guth, Louvain, 1997

*Écritures grises. Les instruments de travail des administrations (XIIe-XVII[e] siècle)*, a cura di A. Fossier, J. Petitjean, C. Revest, Paris, 2019

*Écritures médiévales*, in «Annales. Histoire, Societé, sciences sociales», 63 (2008), pp. 245-320

*Engaging with Records and Archives. Histories and Theories*, a cura di F. Foscarini, H. Macneil, B. Mak, G. Oliver, London 2016

*Escribir y leer in Occidente*, a cura di F. Gimeno Blay, A. Petrucci, Valencia, 1995

*L'espace publique au Moyen Âge. Débats autour de Jürgen Habermas*, a cura di P. Boucheron, N. Offenstadt, Paris, 2011

*L'età dei Visconti. Il dominio di Milano fra XIII e XV secolo*, a cura di L. Chiappa Mauri, L. De Angelis, P. Mainoni, Milano, 1993

*Fabriques des archives, fabrique de l'histoire*, a cura di E. Anheim, O. Poncet, «Révue de synthèse», 125 (2004)

Farinelli, F., *Geografia. Una introduzione ai modelli del mondo*, Torino, 2003

Fasano Guarini, E., *Centro e periferia, accentramento e particolarismi: dicotomia o sostanza degli Stati in età moderna?*, in *Origini dello Stato*, pp. 147-176

Fasano Guarini, E., *Conclusioni*, in *Cancellerie e amministrazione*, pp. 411-423

Favale, S., *Siena nel quadro della politica viscontea*, in «Bollettino senese di storia patria», 43 (1939), pp. 315-328

Faverau-Lilie, M.-L., *Reichesherrschaft im Spätmittelalterlichen Italien. Zur Handhabung des Reichsvikariat im 14./15. Jahurhundert*, in «Quellen und Forschungen aus italienischen Archiven und Bibliotheken», 80 (2000), pp. 53-116

Febvre, L., *Contre l'histoire diplomatique en soi. Histoire o politique? Deux meditations: 1930, 1945*, in Id., *Combats pour l'histoire*, Paris, 1953, pp. 61-70

Fedele, D., *La naissance de la diplomatie moderne (XIII^e^-XVII^e^ siècles). L'ambassadeur au croisement du droit, de l'éthique et de la politique*, Baden-Zürick, 2018

*Federico da Montefeltro. Lo Stato, le arti, la cultura*, a cura di G. Cerboni Baiardi, G. Chittolini e P. Floriani, 3 voll., Roma, 1986

Ferente, S., *Gli ultimi guelfi. Linguaggi e identità politiche in Italia nella seconda metà del Quattrocento*, Roma, 2013

Ferente, S., *La sfortuna di Jacopo Piccinino. Storia dei bracceschi in Italia, 1423-1465*, Firenze, 2005

Ferente, S., *Reti documentarie e reti di amicizia: i carteggi diplomatici nello studio delle alleanze politiche*, in *Diplomazia edita*, pp. 103-116

Ferente, S., *Soldato di ventura e «partesano». Bracceschi e guelfi alla metà del Quattrocento*, in *Guelfi e ghibellini*, pp. 625-650

Ferorelli, N., *L'Archivio Camerale* [1917], in *Archivi e archivisti*, I, pp. 113-146 [1917]

Ferorelli, N., *L'Ufficio degli Statuti del Comune di Milano detto Panigarola* [1920], in *Archivi e archivisti*, I, pp. 233-248

Ferrari, D., *Mantova nelle stampe. Trecentottanta carte, piante e vedute del territorio mantovano*, Brescia, 1985

Ferrari, D., *Interventi di riordinamento fra Cinque e Settecento: il caso mantovano*, in *Salvatore Bongi nella cultura dell'Ottocento: archivistica, storiografia, bibliologia*, a cura di G. Tori, Roma 2003, II, pp. 809-833

Ferrari, M., *"Per non manchare in tuto del debito mio". L'educazione dei bambini Sforza nel Quattrocento*, Milano, 2000

Ferrari, M., *Un'educazione sentimentale per lettera: il caso di Isabella d'Este (1490-1493)*, in *I confini della lettera*, pp. 351-377

Ferrari, M., Piseri, F., *Una formazione epistolare: l'educazione alla lettera e attraverso la lettera nelle corti italiane del Quattrocento*, in *Cartas - Lettres - Lettere. Discursos, práticas y representaciones epistolares (siglos XIV-XX)*, a cura di A. Castillo Gómez, V. Sierra Blas, Alcalá de Henares, 2014, pp. 21-42

Ferrari, M., Lazzarini, I., Piseri, F., *Autografie dell'età minore. Lettere di tre dinastie italiane tra Quattrocento e Cinquecento*, Roma, 2016

Finlay, R., *La vita politica nella Venezia del Rinascimento*, Milano, 1982

Fisch, J., *Kriege und Frieden in Friedensvertrag: eine universalgeschichtliche Studie über Grundlagen und Formelemente des Friedenschlussen*, Stuttgart, 1979

Folin, M., *Gli oratori estensi nel sistema politico italiano (1440-1505)*, in *Girolamo Savonarola da Ferrara all'Europa*, a cura di G. Fragnito, M. Miegge, Firenze, 2001, pp. 51-84

Folin, M., *Il sistema politico estense fra mutamenti e persistenze (secoli XV-XVIII)*, in «Società e Storia», 77 (1997), pp. 505-550

Folin, M., *La corte della duchessa: Eleonora d'Aragona a Ferrara*, in *Donne di potere*, pp. 481-512

Folin, M., *Note sugli officiali negli stati estensi (secoli XV-VI)*, in *Gli officiali negli Stati italiani*, pp. 99-154

Folin, M., *Rinascimento estense. Politica, cultura, istituzioni di un antico Stato italiano*, Roma-Bari, 2001

Fossier, A., Petitjean, J., Revest, C., *Introduction. Pour une histoire pratique de l'administration*, in *Écritures grises*, pp. 5-25

Foucault, M., *Dits et écrits 1954-1988*, 4 voll., III, *1976-1977*, edizione stabilita sotto la direzione di D. Defert, F. Ewald, con la collaborazione di J. Lagrange, Paris, 1994

Foucault, M., *Les mots et les choses. Une archéologie des sciences humaines*, Paris, 1966

Foucault, M., *L'ordine del discorso. I meccanismi sociali di controllo e di esclusione della parola*, Torino, 1972

Foucault, M., *Sicurezza, territorio, popolazione. Corso al Collège de France (1977-1978)*, edizione stabilita sotto la direzione di F. Ewald, A. Fontana da M. Senellart, Milano, 2005

Franceschini, G., *I Montefeltro*, Milano, 1970

Francesconi, G., Districtus civitatis Pistorii. *Strutture e trasformazioni del potere in un contado toscano (secoli XI-XIV)*, Pistoia, 2007

Francesconi, G., *Potere della scrittura e scrittura del potere. Vent'anni dopo la révolution documentaire di J.-C. Maire Vigueur*, in *I Comuni di Jean-Claude Maire Vigueur. Percorsi storiografici*, a cura di M.T. Caciorgna, S. Carocci, A. Zorzi, Roma, 2014, pp. 135-155

Francesconi, G., *Scrivere il contado. I linguaggi della costruzione territoriale cittadina nell'Italia centrale*, in *I poteri territoriali in Italia centrale e nel Sud della Francia. Gerarchie, istituzioni e linguaggi (secoli XII-XIV): confronto*, a cura di G. Castelnuovo, A. Zorzi, in «Mélanges de l'École Française de Rome. Moyen Âge», 123 (2011), pp. 499-529

*Four Maps of Great Britain designed by Matthew Paris about 1250 A. D.*, London, 1928

Fubini, R., *Classe dirigente ed esercizio della diplomazia nella Firenze quattrocentesca. Rappresentanza esterna e identità cittadina nella crisi della tradi-*

*zione comunale*, in *I ceti dirigenti nella Toscana del Quattrocento*, Firenze, 1987, pp. 117-189

Fubini, R., *Dalla rappresentanza sociale alla rappresentanza politica. Sviluppi politico-costituzionali in Firenze dal Tre al Cinquecento*, in «Rivista Storica Italiana», 102 (1990), pp. 279-301

Fubini, R., *Italia quattrocentesca. Politica e diplomazia nell'età di Lorenzo il Magnifico*, Milano, 1994

Fubini, R., *La figura politica dell'ambasciatore negli sviluppi dei regimi oligarchici quattrocenteschi. Abbozzo di una ricerca (a guisa di lettera aperta)*, in *Forme e tecniche del potere nella città (secoli XIV-XVII)*, a cura di S. Bertelli, in «Annali della Facoltà di Scienze Politiche dell'Università di Perugia», 16 (1979-1980), pp. 33-59

Fubini, R., *L'edizione delle 'Lettere' di Lorenzo de' Medici nel quadro della ripresa d'interesse per la storia politico-diplomatica del Quattrocento*, in *Diplomazia edita*, pp. 61-95

Fubini, R., *Niccolò V, Francesco Sforza e la Lega italica. Un memoriale di Giovanni Castiglioni (1455) sulle ambizioni imperiali dei re di Francia*, ora in Id., *Politica e pensiero politico nell'Italia del Rinascimento. Dallo Stato territoriale al Machiavelli*, Firenze, 2009, pp. 77-106 [2004]

Fubini, R., *Note su Leandro Alberti e l'*Italia illustrata *di Biondo Flavio*, in *L'Italia dell'Inquisitore*, pp. 137-144

Fubini, R., *"Potenze grosse" e piccolo Stato nell'Italia del Rinascimento. Consapevolezza della distinzione e dinamica dei poteri*, in *Il piccolo stato. Politica storia diplomazia*, a cura di L. Barletta, F. Cardini, G. Galasso, San Marino, 2003, pp. 91-126

Fumi, L., *Relazione sui lavori di riordinamento dell'archivio ducale sforzesco, carteggio generale - potenze estere - registri, a cura di G. Vittani*, [1912], in *Archivi e archivisti milanesi*, II, pp. 309-322

Gallo, D., *Appunti per uno studio delle cancellerie signorili venete del Trecento*, in *Il Veneto nel Medioevo. Le signorie trecentesche*, a cura di A. Castagnetti, G.M. Varanini, Verona, 1995, pp. 125-161

Gallo, R., *A Fifteenth Century Military Map of Venetian territory of* Terraferma, in «Imago Mundi», 12 (1955), pp. 55-57

Gallo, R., *Le mappe geografiche del palazzo ducale di Venezia*, in «Archivio Veneto», s. V, 32/33 (1943), pp. 3-162

Gamberini, A., *Il contado di fronte alla città*, in *Storia di Parma,* a cura di R. Greci, III.1, *Parma medievale: poteri e istituzioni*, Parma, 2010, pp. 169-211

Gamberini, A., *Istituzioni e scritture di governo nella formazione dello Stato visconteo*, in Id., *Lo Stato visconteo*, pp. 35-67

Gamberini, A., *La città assediata. Poteri e identità politiche a Reggio in età viscontea*, Roma, 2003

Gamberini, A., *La legittimità contesa. Costruzione statale e culture politiche (Lombardia, secoli XII-XV)*, Roma, 2016

Gamberini, A., *La territorialità nel Basso Medioevo: un problema chiuso? Osservazioni a margine della vicenda di Reggio*, in *Poteri signorili e feudali*, pp. 47-72

Gamberini, A., *Lo stato visconteo. Linguaggi politici e dinamiche costituzionali*, Milano, 2005

Gamberini, A., *Oltre le città. Assetti culturali e culture aristocratiche nella Lombardia del tardo medioevo*, Roma, 2009

Gamberini, A., *Principe, comunità e territori nel ducato di Milano. Spunti per una rilettura*, in «Quaderni Storici», 127 (2008), pp. 243-265

Gamberini, A., Lazzarini, I., *Introduzione*, in *Lo Stato del Rinascimento in Italia*, pp. 1-7

Gambi, L., *Le regioni italiane come problema storico*, in «Quaderni storici», 34 (1977), pp. 275-298

Gambi, L., *Per una rilettura di Biondo e Alberti geografi*, in *Il Rinascimento nelle corti padane. Società e cultura*, Bari, 1977, pp. 259-275

Gardi, A., *I ritardi (e le prospettive) della cartografia storica in Italia*, relazione tenuta in *Cartografia, informatica e storia: un colloquio interdisciplinare* (Milano, 28-29 maggio 2009), workshop nell'ambito del Prin *Organizzazione del territorio, occupazione del suolo e percezione dello spazio. Elaborazione di sistemi informativi geografico-storici sull'Italia tra Medioevo e Rinascimento (1250-1550). Storia, informatica, cartografia*, coordinatore nazionale G. Vitolo

Garnier, F., *Le langage de l'image au Moyen Âge. I. Signification et symbolique*; *II. Grammaire des gestes*, Paris, 1982-1989

Gautier Dalché, P., *De la liste à la carte: limite et frontière dans la géographie et la cartographie de l'Occident médiéval*, in *Castrum 4. Frontière et peuplement dans le monde méditerranéen au Moyen Age*, a cura di J. M. Poisson, Roma, 1992, pp. 19-30

Gentile, M., *La formazione del dominio dei Rossi di Parma tra XIV e XV secolo*, in *Le signorie dei Rossi*, pp. 23-55

*Una geografia per la storia. Dopo Lucio Gambi*, a cura di M. Quaini, in «Quaderni storici», 127 (2008), pp. 1-319

*Il gesto nel rito e nel cerminoiale dal mondo antico a oggi*, a cura di S. Bertelli, M. Centanni, Firenze, 1995

Gilli, P., *Empire et italianité au XVe siècle: l'opinion des juristes et des humanistes*, in *Empire et Méditerranée (XIV^e^-XV^e^ siècle)*, in *Idées d'empire en Italie et en Espagne (XIV^e^-XVII^e^ siecle)*, Mont-Saint-Aignan, pp. 47-69

Gimeno Blay, F.M., *Escribir, leer y reinar. La experiencia gráfica-textual de Pedro el Ceremonioso (1336-1387)*, Madrid, 2006

Ginatempo, M., *Spunti comparativi sulle trasformazioni della fiscaltà nell'Italia postcomunale*, in *Politiche finanziarie e fiscali nell'Italia centro-settentrionale (secoli XIII-XV)*, a cura di P. Mainoni, Milano, 2001, pp. 125-222

Giorgi, A., *Il «Carteggio del Concistoro della Repubblica di Siena» (secoli XIII-XIV). Produzione e tradizione archivistica di lettere e registri*, in *Carteggi*, pp. 59-162

Giorgi, A., Moscadelli, S., *Conservazione e tradizione di atti giudiziari d'Antico regime: ipotesi per un confronto*, in *La documentazione*, pp. 37-123

Giudici, G., *Ludovico Annibale Della Croce: letterato, segretario del Senato di Milano e archivista del Cinquecento*, in *Archivi e archivisti in Italia*, pp. 311-334

Giudici, G., *Information Conveyors, Performance Enablers. The Different Reception of Diplomatic Dispatches in Two Embassies for Francesco II Sforza (Southern Germany and London, 1526-1527)*, relazione presentata al convegno (ma non per la stampa) *Ambassades et ambassadeurs*

*I Gonzaga. Cavalieri, vesti, vino: la magna curia del 1340*, a cura di C. Bussi, D. Ferrari, Cinisello Balsamo, 2016

Goody, J., *The Domestication of the Savage Mind*, Cambridge, 1977

Goody, J., *The Logic of Writing and the Organization of Society*, Cambridge, 1986

Gordon, A., *Copy/copia, or the Place of Copied Correspondence in Manuscript Culture: a Case Study*, in *Material Readings*, pp. 65-81

Gottschalk, M.K.E., *Historische Geographie van Westelijk Zeeuws-Vlanderen*, 2 voll., Assen, 1955-1958

Grendler, P.E., *La scuola nel Rinascimento italiano*, Roma-Bari, 1991

Grévin, B., *Le parchemin des cieux. Essai sur le Moyen Âge du langage*, Paris, 2012

Grévin, B., *Rhétorique du pouvoir médiéval. Les* Lettres *de Pierre de la Vigne et la formation du langage politique européen (XIIIe-XV[e] siècle)*, Roma, 2008

*Guelfi e ghibellini nell'Italia del Rinascimento*, a cura di M. Gentile, Roma, 2005

Guerreau, A., *Il significato dei luoghi nell'Occidente medievale: struttura e dinamica di uno «spazio» specifico*, in *Arti e storia nel Medioevo*, I, *Tempi. Spazi. Istituzioni*, a cura di E. Castelnuovo, G. Sergi, Torino, 2002, pp. 201-223

Guglielmotti, P., *Confini e frontiere come problema storiografico* «Rivista storica italiana», 121 (2009), pp. 176-183

Guglielmotti, P., *Linguaggi del territorio, linguaggi sul territorio: la Val Polcevera genovese (secoli XI-XIII)*, in *Linguaggi e pratiche del potere*, pp. 241-268

Guglielmotti, P., *Visti dal medioevo*, in *Confini e frontiere*, pp. 176-183

Guidi, A., *Human Nature, Peace, and War*, in *A Cultural History of Peace*, pp. 31-48

Guidi, G., *Il governo della città-repubblica di Firenze nel primo Quattrocento*, Firenze, 1981

Guidi, G., *I sistemi elettorali del Comune di Firenze nel primo Trecento. Il sorgere della elezione per squittino (1300-1328)*, in «Archivio Storico Italiano», 130 (1972), pp. 345-408

Guidi, G., *I sistemi elettorali agli uffici della città-repubblica di Firenze nella prima metà del Trecento (1329-1349)*, in «Archivio Storico Italiano», 135 (1977), pp. 373-424

Gullino, G., *L'evoluzione costituzionale*, in *Storia di Venezia*, IV, pp. 345-378

Guyotjeannin, O., *Du «regestre» au «registre». Un art médiéval de la mémoire de gouvernement*, in *L'art médiéval du registre*, pp. 5-21

Guyotjeannin, O., *Entre persuasion et révélation: la rhétorique de la grâce à la chancellerie royale française (XIV*[e]*-XV*[e] *siècles)*, in *Un Moyen Âge pour aujourd'hui: pouvoir d'État, opinion publique, justice. Mélanges offerts à Claude Gauvard*, a cura di O. Mattéoni, N. Offenstadt, Paris, 2010, pp. 88-96

Guyotjeannin, O., *L'érudition transfigurée*, in *Passés recomposés: champs et chantiers de l'histoire*, a cura di J. Boutier, D. Julia, Paris, 1995, p. 152-162.

Guyotjeannin, O., *Les méthodes de travail des archivistes du roi de France (XIII*[e]*-début XVI*[e] *siècles)*, in «Archiv für Diplomatik», 42 (1996), pp. 295-373

Guyotjeannin, O., *Le traité comme produit de chancellerie: autour du cas français (milieu XIII*[e]*-fin XV*[e] *siècle)*, in *Diplomatique et diplomatie*, pp. 17-29

Guyotjeannin, O., Morelle, L., *Tradition et réception de l'acte médiéval: jalons pour un bilan des recherches*, in «Archiv für Diplomatik. Schriftgeschichte, Siegel- und Wappenkunde», 53 (2007), pp. 367-403

Haan, B., *Lier par l'écrit. L'élaboration des traités de paix au XVI*[e] *siècle*, in *Diplomatique et diplomatie*, pp. 69-90

Habermas, J., *Strukturwandle des Öffentlichkeit. Untersuchungen zu einer Kategorie der bürgerlichen Gesellschaft*, Neuwied, 1962

Hale, J.R., *Introduction*, in Beati, *The Travel Journal of Antonio de Beatis*, pp. 1-56

Hardy, D., *Associative Political Culture in the Holy Roman Empire. Upper Germany, 1346-1521*, Oxford, 2018

Harley, J.B., *The New Nature of Maps. Essays in the History of Cartography*, a cura di P. Laxton e con una introduzione di F.H. Andrews, Baltimore-London, 2001

Harvey, P.D.A., *Local and Regional Cartography in Medieval Europe*, in *The History of Cartography*, I. *Cartography in Prehistoric, Ancient and Medieval Europe and the Mediterranean*, a cura di J.B. Harley, D. Woodward, Chicago-London, 1987, pp. 464-501

Harvey, P.D.A., *The History of Topographical Maps. Symbols, Pictures and Surveys*, London, 1984

Helmers, H., *Public Diplomacy in Early Modern Europe. Towards a New History of News*, in «Media History», 22 (2016), pp. 401-420.

Hennings, J., *The Failed Gift: Ceremony and Gift-giving in Anglo-Russian Relations (1662-1664)*, in *Practices of Diplomacy in the Early Modern World, c.*

*1410-1800*, a cura di T.A. Sowerby, J. Hennings, Abingdon-New York, 2017, pp. 237-253

Herold, J., *Mattheo Sacchetti genannt Antimachus. Das Schiksal eines Sekretärs in den Diensten des Markgrafen von Mantua, 1475-1505*, in *Der Fall des Güstlings. Hofparteien in Europa vom 13. bis zum 17. Jahrhundert*, a cura di J. Hirschbiegel, W. Paravicini, Ostfildern, 2004, pp. 263-285

Hespanha, A.M., *Storia delle istituzioni politiche*, Milano, 1994

*A History of Early Modern Communication: German and Italian Historiographical Perspectives*, a cura di D. Bellingrad, M. Rospocher, «Annali dell'Istituto storico italo-germanico in Trento», 45 (2019)

Hyde, J.K., *The role of diplomatic correspondence and reporting: news and chronicles*, in Id., *Literacy and its uses. Studies on late medieval Italy*, a cura di D. Waley, Manchester- New York 1993, pp. 217-259 [ma pre-1986]

Ianziti, G., *Humanistic historiography under the Sforzas. Politics and propaganda in fifteenth century Milan*, Oxford, 1988

Ilardi, V., *The Italian League, Francesco Sforza and Charles VII*, in «Studies in the Renaissance», 6 (1959), pp. 129-166

*L'immagine della città nella storia d'Italia*, a cura di F. Bocchi, R. Smurra, Roma, 2003, pp. 323-349

*Italia 1350-1450: tra crisi, trasformazione, sviluppo*, a cura di S. Gensini, Pistoia, 1993

*L'Italia come storia. Primato, decadenza, eccezione*, a cura di F. Benigno, E.I. Mineo, Roma, 2020

*L'Italia dell'Inquisitore. Storia e geografia dell'Italia del Cinquecento nella* Descrittione*, di Leandro Alberti*, a cura di M. Donattini, Bologna, 2007

*Le Italie del Tardo Medioevo*, a cura di S. Gensini, Pisa, 1990

James, C., *Marriage by Correspondence. Politics and Domesticity in the Letters of Isabella d'Este and Francesco Gonzaga, 1490-1519*, in «Renaissance Quarterly», 65 (2012), pp. 321-352

Jeay, C., *La naissance de la signature dans les cours royale et princières de France (XIVe-XV[e] siècle)*, in *Auctor et auctoritas. Invention et conformisme dans l'écriture médiévale*, a cura di M. Zimmermann, Paris, 2001, pp. 457-475

Jeay, C., *La signature comme marque d'individuation. La chancellerie royale française (fin XIIIe-XV[e] siècles)*, in *L'individu au Moyen Âge: individuation et individualisation avant la modernité*, a cura di B. M. Bedos-Rezak, D. Iogna-Prat, Paris, 2005, p. 59-78

Jeay, C., *Signer en chancelleries: influences, mimétisme et transmission (France, v. 1350-1422)*, in *Le discret langage du pouvoir*, pp. 433-454

Jones, P., *The Malatesta of Rimini and the Papal State*, Cambridge, 1974

Jönsson, C., Hall, M., *Essence of Diplomacy*, Basingstoke, 2005

King, M., *Goddess and captive: Antonio Loschi's poetic tribute to Madddalena Scrovegni (1389), study and texts*, in «Medievalia et humanistica», 10 (1981), pp. 103-127

King, M., *Women and Learning*, in *Oxford bibliographies online. Renaissance and Reformation*, http://www.oxfordbibliographies.com/abstract/document/obo-9780195399301/obo-9780195399301-0032.xml?rskey=lJW2a3&result=1&q=Margaret+King#firstMatch

Kish, S., *Leonardo da Vinci: the Map-Maker*, in *Imago et mensura mundi*, a cura di C. Clivio Marcoli, Roma, 1985, pp. 89-98

Klapisch Zuber, C., Herlihy, D., *Les Toscans et leurs familles: une étude du catasto florentin de 1427*, Paris, 1978

Kohl, B. J., *Padua under the Carrara, 1318-1405*, Baltimore, 1998

*Les langues de la négociation. Approches historiennes*, a cura di D. Couto, S. Péquignot, Rennes, 2017

Larner, J., *The Lords of Romagna. Romagnol Society and the Origin of the Signorie*, London, 1965

Lazzari, T., *Campagne senza città e territori senza centro*, in *Città e campagna nei secoli altomedievali*, Spoleto, 2009, pp. 622-651

Lazzarini, I., *Amicizia e potere. Reti politiche e sociali nell'Italia medievale*, Milano, 2010

Lazzarini, I., *A 'New' Narrative? Historical Writings, Chancellors and Public Records in Renaissance Italy (Milan, Ferrara and Mantua, 1450-1520 ca)*, in *After Civic Humanism*, pp. 193-214

Lazzarini, I., *Argument and Emotion in Italian Diplomacy in the Early Fifteenth Century: the Case of Rinaldo degli Albizzi (Florence, 1399-1430)*, in *The Languages of Political Society*, a cura di A. Gamberini, J.-P. Genet, A. Zorzi, Roma, 2011, pp. 339-364

Lazzarini, I., *"Cives vel subditi": modelli principeschi e linguaggio dei sudditi nei carteggi interni (Mantova, XV secolo)*, in *I linguaggi politici*, pp. 89-112

Lazzarini, I., *Communication and Conflict. Italian Diplomacy in the Early Renaissance (1350-1520 ca.)*, Oxford, 2015

Lazzarini, I., *Comunicazione epistolare, autografia e reti relazionali: il carteggio di Galeazzo Buzoni (Mantova, 1398-9)*, in *Cultura, società, economia. Studi per Mario Vaini*, a cura di E. Camerlenghi, G. Gardoni, I. Lazzarini, V. Rebonato, Mantova, 2014, pp. 143-154

Lazzarini, I., *Corrispondenze diplomatiche nei principati italiani del Quattrocento. Produzione, conservazione, definizione*, in *Carteggi tra basso medioevo ed età moderna. Pratiche di redazione, trasmissione e conservazione*, a cura di A. Giorgi, K. Occhi, Bologna, 2018, pp. 13-38

Lazzarini, I., *De la "révolution scripturaire" du Duecento à la fin du Moyen Âge: pratiques documentaires et analyses historiographiques en Italie*, in *Le Moyen Âge dans le texte*, pp. 277-294

Lazzarini, I., *Diplomazia rinascimentale*, in *Lo Stato italiano del Rinascimento*, pp. 385-400

Lazzarini, I., *Epistolarità dinastica e autografia femminile: la corrispondenza delle principesse di casa Gonzaga (fine XIV-primo XVI secolo)*, in *Donne Gonzaga a corte. Reti istituzionali, pratiche culturali e affari di governo*, a cura di C. Continisio, R. Tamalio, Roma, 2018, pp. 49-62

Lazzarini, I. *Fra un principe e altri stati. Relazioni di potere e forme di servizio a Mantova nell'età di Ludovico Gonzaga*, Roma, 1996

Lazzarini, I., *Gli officiali del marchesato di Mantova*, in *Gli officiali negli Stati italiani*, pp. 79-98

Lazzarini, I., *Gonzaga, Gigliola*; *Gonzaga, Feltrino*; *Gonzaga, Filippino*; *Gonzaga, Ugolino*, in DBI, 57 (2001), pp. 773-775, 729-732, 749-751

Lazzarini, I., *Gonzaga, Ludovico*, DBI, 66 (2006), pp. 797-801

Lazzarini, I., *I domini estensi e gli stati signorili padani: tipologie a confronto*, in *Girolamo Savonarola: da Ferrara all'Europa*, a cura di G. Fragnito, M. Miegge, Firenze, 2001, pp. 19-49

Lazzarini, I., *I Gonzaga, la città, il territorio. Strutture dell'insediamento e potere signorile a Mantova fra Tre e Quattrocento*, in *Il paesaggio mantovano*, pp. 511-529

Lazzarini, I., *Il diritto urbano in una signoria cittadina: gli statuti mantovani dai Bonacolsi ai Gonzaga (1313-1404)*, in *Statuti, città, territori in Italia e Germania tra medioevo ed età moderna*, a cura di G. Chittolini, D. Willoweit, Bologna, 1991, pp. 381-418

Lazzarini, I., *Il linguaggio del territorio fra principe e comunità. Il giuramento a Federico Gonzaga (Mantova 1479)*, in «RM E-book», Quaderni 13 (2009), http://www.rm.unina.it/rmebook/index.php?mod=none_Lazzarini

Lazzarini, I., *I nomi dei gatti. Concetti, modelli e interpretazioni nella storiografia politica e istituzionale d'Italia (a proposito di tardo medioevo e Rinascimento)*, in «Archivio Storico Italiano», 176 (2018), pp. 689-735

Lazzarini, I., *La conquista di Pisa nel quadro degli stati regionali italiani*, in *Firenze e Pisa dopo il 1406: la creazione di un nuovo spazio regionale*, a cura di S. Tognetti, Firenze, 2010, pp. 65-84

Lazzarini, I., *La difesa della città. La definizione dell'identità urbana in tempo di guerra e in tempo di pace (Mantova, 1357-1397)*, in *Città sotto assedio (Italia, secoli XIII-XV)*, a cura di D. Degrassi, G.M. Varanini, RM Rivista, 8 (2007), https://doi.org/10.6092/1593-2214/132

Lazzarini, I., *La nomination d'un cardinal de famille entre l'Empire et la Papauté. Les pratiques de négociation de Bartolomeo Bonatti, orateur de Ludovico Gonzaga (Rome, 1460-1461)*, in *Paroles de négociateurs: l'entretien dans la pratique diplomatique de la fin du Moyen Âge à la fin du XIX^e^ siècle*, a cura di S. Andretta, S. Péquignot, M.-K. Schaub, J.-C., Waquet, C. Windler, Roma, 2009, pp. 51-69

Lazzarini, I., *La terra, gli uomini, le scritture. Il* Liber FLU *e la costruzione del potere signorile (Mantova, 1346-1475)*, in *L'Histoire à la source: acter, compter, enregistrer (Catalogne, Savoie, Italie, XIIᵉ-XVᵉ siècle). Mélanges offerts à Christian Guilleré*, a cura di G. Castelnuovo, S. Victor, Chambéry, 2017, I, pp. 413-419.

Lazzarini, I., *L'enquête et la construction de l'Etat princier entre XIVᵉ et XVᵉ siècle. Quelques exemples de l'Italie du nord*, in *L'enquête au Moyen Âge*, a cura di C. Gauvard, Roma, 2008, pp. 403-425

Lazzarini, I., *Le pouvoir de l'écriture. Les chancelleries urbaines et la formation des États territoriaux en Italie (XIVᵉ-XVᵉ siècles),* in *Les mots de l'identité: la ville, le pouvoir et l'écrit en Europe aux derniers siècles du Moyen Âge*, a cura di É. Crouzet Pavan, É. Lecuppre Desjardins, «Histoire Urbaine», 35 (2012), pp. 31-50

Lazzarini, I., *Le scritture dell'ambasciatore. Informazione e narratività nelle lettere diplomatiche (Italia, 1450-1520 ca.)*, in *Diplomazie. Linguaggi, negoziati e ambasciatori fra XV e XVI secolo*, a cura di E. Plebani, E. Valeri, P. Volpini, Milano, FrancoAngeli, 2017, pp. 17-40

Lazzarini, I., *L'humanisme au quotidien. Écrits et écritures de chancellerie dans l'Italie septentrionale (XVᵉ siècle)*, in *L'umanisme au pouvoir? Figures de chanceliers dans l'Europe de la Renaissance*, atti del convegno (Firenze, 28 febbraio-2 marzo 2019), a cura di D. Crouzet, E. Crouzet-Pavan, L. Petris, C. Revest, in corso di stampa

Lazzarini, I., *L'Italia degli Stati territoriali. Secoli XIII-XV*, Roma-Bari, 2003

Lazzarini, I., *Lo spettacolo della diplomazia. Negoziazione, narrazione e rituali diplomatici al tempo delle guerre d'Italia (1490-1530 ca.)*, in corso di stampa in *Cultura política y diplomacia: la peninsula ibérica y el occidente europeo (siglos XI al XV)*, a cura di J. M. Nieto Soria, Ó. Villaroel Gonzalez

Lazzarini, I., *Materiali per una didattica delle scritture pubbliche di cancelleria nell'Italia del Quattrocento*, in «Scrineum-Rivista», 2 (2004), pp. 155-239, https://doi.org/10.13128/Scrineum-12103

Lazzarini, I., *News from Mantua: Diplomatic Networks and Political Conflict in the Age of the Italian Wars*, in *Maximilian I. 1459-1519. Wahrnehmung-Übersetzungen-Gender*, a cura di M. Chisolm, H. Noflatscher, B. Schnerb, Innsbruck, 2011, pp. 209-220

Lazzarini, I., Palatium juris *e* palatium residentie. *Gli offici e il servizio del principe a Mantova nel Quattrocento*, in *La corte di Mantova nell'età di Andrea Mantegna: 1450-1550*, a cura di C. Mozzarelli, R. Oresko, L. Ventura, Roma, 1997, pp. 145-164

Lazzarini, I., *Peace of Lodi (1454) and the Italian League (1455)*, in *The Encyclopedia of Diplomacy*, a cura di G. Martel, 2018, https://onlinelibrary.wiley.com/doi/10.1002/9781118885154.dipl0282

Lazzarini, I., *Power beyond the rules. Formalism and experimentation in the Italian chanceries (1380-1500 ca.)*, in *Negotiating Rules: Platforms and*

*Exchanges. The Role of Medieval Chanceries*, a cura di C. Antenhofer, M. Mersiowsky, Turnhout, in corso di stampa

Lazzarini, *Pratiques d'écriture et typologies textuelles: lettres et registres de chancellerie à Mantoue au bas Moyen Âge (XIV^e^-XV^e^ siècles)*, in *Chancelleries*, pp. 77-108

Lazzarini, I., *Prime osservazioni su finanze e fiscalità in una signoria cittadina: i bilanci gonzagheschi fra Tre e Quattrocento*, in *Politiche finanziarie e fiscali nell'Italia settentrionale (secoli XIII-XV)*, a cura di P. Mainoni, Milano, 2001, pp. 87-123

Lazzarini, I., *Records, politics and diplomacy: secretaries and chanceries in Renaissance Italy (1350-1520 ca.)*, in *Statesmen and Statecraft in the Early Modern World*, a cura di Paul M. Dover, Edimburgh, 2016, pp. 16-36

Lazzarini, I., *Scritture di storia, scritture di cancelleria: una "zona grigia" (Italia settentrionale, XV secolo)*, in *Autorialità e progettualità del testo storico*, a cura di G. Abbamonte, C. De Caprio, A. Mazzucchi, F. Montuori, F. Senatore, in corso di stampa

Lazzarini, I., *Speroni e* quaterni. *Contabilità, scrittura e potere a Ferrara nel Quattrocento*, in *Istituzioni, scritture, contabilità. Il caso molisano nell'Italia tardomedievale*, a cura di I. Lazzarini, A. Miranda, F. Senatore, Roma, 2017, pp. 325-344

Lazzarini, I., *The Final Report*, in *Italian Renaissance Diplomacy*, pp. 57-73

Lazzarini, I., *The Preparatory Work: from Choice to Instruction*, in *Italian Renaissance Diplomacy*, pp. 11-26

Lazzarini, I., *Transformations documentaires et analyses narratives au XV^e^ siècle. Hypothèses de recherche sur les principautés de la plaine du Po* sub specie scripturarum, in «Mélanges de l'Ecole Française de Rome. Moyen Âge», 113 (2001), pp. 699-721

Lazzarini, I., *«Un bastione di mezo»: trasformazioni istituzionali e dinamiche politiche*, in *Storia di Mantova. Uomini ambiente economia società istituzioni*, dir. M. Romani, I, *L'eredità gonzaghesca. Secoli XII-XVIII*, Mantova, 2005, pp. 443-505

Lazzarini, I., *Un dialogo fra principi. Rapporti parentali, modelli educativi e missive familiari nei carteggi quattrocenteschi (Mantova, secolo XV)*, in *Costumi educativi nelle corti europee (XIV-XVIII secolo)*, a cura di M. Ferrari, Pavia, 2010, pp. 53-76

Lazzarini, V., *Un architetto padovano del Rinascimento*, in «Bollettino del museo civico di Padova», 5 (1902), pp. 11-34

Lazzarini, V., *Di una carta di Jacopo Dondi e di altre carte del padovano nel Quattrocento*, in Id., *Scritti di paleografia e diplomatica*, Padova, 1969, pp. 117-122

Leverotti, F., *«Diligentia, obedientia, fides, taciturnitas... cum modestia». La cancelleria segreta nel ducato sforzesco*, in *Cancelleria ed amministrazione*, pp. 305-335

Leverotti, F., *Gli officiali del ducato sforzesco*, in *Gli officiali negli Stati italiani*, pp. 17-78

Leverotti, F., *«Governare a modo e stillo de' signori...». Osservazioni in margine all'amministrazione della giustizia al tempo di Galeazzo Maria Sforza duca di Milano (1466-1476)*, Firenze, 1994

Leverotti, F., *La cancelleria dei Visconti e degli Sforza signori di Milano*, in *Chancelleries*, pp. 39-53

Leverotti, F., *La cancelleria segreta da Ludovico il Moro a Luigi XII*, in *Milano e Luigi XII. Ricerche sul primo dominio francese in Lombardia (1499-1512)*, a cura di L. Arcangeli, Milano, 2002, pp. 221-252

Leverotti, F., *L'archivio dei Visconti signori di Milano*, in *Scritture e potere*, https://doi.org/10.6092/1593-2214/101

Leverotti, F., *L'organizzazione amministrativa del contado pisano dalla fine del Duecento alla dominazione fiorentina: spunti di ricerca*, in «Bollettino Storico Pisano», 61 (1992), pp. 33-82

Leydi, S., *Le cavalcate dell'ingegnero. L'opera di Gianmaria Olgiati, ingegnere militare di Carlo V*, Modena, 1989

*Linguaggi e pratiche del potere: Genova e il Regno di Napoli tra Medioevo ed Età moderna*, a cura di G. Petti Balbi, G. Vitolo, Salerno, 2007

*I linguaggi politici nell'Italia del Rinascimento (secoli XIV-XV)*, a cura di A. Gamberini, G. Petralia, Roma, 2007

Litta, P., *Famiglie celebri italiane*, Milano, 1819-1853

*Local Maps and Plants from Medieval England*, a cura di R.A. Skelton, P.D.A. Harvey, Oxford, 1986

Lorenzi, G.B., *Monumenti per servire alla storia del Palazzo Ducale di Venezia ovvero Serie di atti pubblici dal 1253 al 1797 che chiaramente lo riguardano, tratti dai veneti archivi*, Venezia, 1868

*Luigi Fumi. La vita e l'opera nel 150° anniversario della nascita*, a cura di L. Riccetti, M. Rossi Caponeri, Roma, 2003

*Luoghi di strada nel Medioevo fra il Po, il mare e le Alpi occidentali*, a cura di G. Sergi, Torino, 1996

Luzio, A., *L'Archivio Gonzaga di Mantova*, II, *La corrispondenza familiare, amministrativa e diplomatica dei Gonzaga*, Verona, 1922

Maggioni, P., *La littérature apocryphe dans la* Légende dorée *et dans ses sources immediates. Interprétation d'une chaîne de transmission culturelle*, in «Apocrypha», 19 (2008), pp. 146-181

Maire Vigueur, J.-C., *Comuni e signorie in Umbria, Marche e Lazio*, in *Storia d'Italia*, VII/2, Torino, 1987, pp. 323-609

Maire Vigueur, J.-C., *Révolution documentaire et révolution scripturaire: le cas de l'Italie médiévale*, in «Bibliothèque de l'Ecole des chartes», 153 (1995), pp. 177-185

Mallett, M.E., *The Florentine Galleys in the Fifteenth Century. With the Diary of Luca di Maso degli Albizzi, Captain of the Galleys (1429-1430)*, Oxford, 1969

Mallett, M., Shaw, C., *The Italian Wars. 1494-1559*, Harlow, 2012

Manaresi, C., *Inventari e regesti del R. Archivio di Stato in Milano*, I, *I registri viscontei*, Milano, 1915

Mancini, M., *Oralità e scrittura nei testi delle origini*, in *Storia della lingua italiana*, II, *Scritto e parlato*, a cura di L. Serianni, P. Trifone, Torino, pp. 5-40

Mangani, G., *Rintracciare l'invisibile. La lezione di Lucio Gambi nella storia della cartografia italiana contemporanea*, in *Una geografia per la storia*, pp. 177-205

Mannori, L., *Il sovrano tutore. Pluralismo istituzionale e accentramento amministrativo nel principato dei Medici (secc. XVI-XVIII)*, Milano, 1994

Mannori, L., *Genesi dello stato e storia giuridica (a proposito di "Origini dello Stato. Processi di formazione statale in Italia fra medioevo ed età moderna")*, in «Quaderni fiorentini per la storia del pensiero giuridico moderno», 24 (1995), pp. 485-505

Mannori, L., *Il "piccolo Stato" nel "grande Stato". Archetipi classici e preocessi di territorializzazione nell'Italia tardo medievale e protomoderna*, in *Polis e piccolo stato tra riflessione antica e pensiero moderno*, a cura di E. Gabba, Como, 1999, pp. 48-66

Mannori, L., *La nozione di territorio fra antico e nuovo regime. Qualche appunto per uno studio sui modelli tipologici*, in *Organizzazione del potere*, pp. 23-44

Mannori, L., *Lo stato di Firenze e i suoi storici*, in «Società e Storia», 76 (1997), pp. 400-415

Marani, E., *La Masseria di Mantova e i suoi affreschi*, in *La Masseria a Mantova. Città e castelli alla fine del Medioevo*, Mantova, 1983, pp. 3-45

Maranini, G., *La costituzione di Venezia dopo la serrata del Maggior Consiglio*, Venezia-Perugia-Firenze, 1931

Marchetti, P., De iure finium: *diritto e confini tra tardo Medioevo e età moderna*, Milano, 2001

Marchetti, P., *Spazio politico e confini nella scienza giuridica del tardo medioevo*, in *Distinguere*, https://doi.org/10.6092/1593-2214/162

Margaroli, P., *Diplomazia e stati rinascimentali. Le ambascerie sforzesche fino alla conclusione della Lega italica (1450-1454)*, Firenze, 1992

Margolis, O.J., *After Baron, back to Burckhardt*, in *After Civic Humanism*, pp. 31-47

Marini, F., *Luigi Marini segretario della Serenissima Repubblica di Venezia nel secolo XV e XVI. Saggio di storia critica documentata sulla genesi e sulla fine dell'ordine dei segretarii*, Treviso, 1910

Marino, J., *Administrative Mapping in the Italian States*, in *Monarchs, Ministers and Maps. The Emergence of Cartography as a Tool of Government in Early Modern Europe*, a cura di D. Buisseret, Chicago-London, 1992, pp. 5-25

Maritano, C., *Paesaggi scritti e paesaggi rappresentati*, in *Arti e storia*, I, pp. 283-316

Marzi, D., *La cancelleria della repubblica fiorentina*, Rocca S. Casciano, 1910 (rist. an. 1987)

Massaro, C., *Un inventario di beni e diritti incamerati da Ferrante d'Aragona alla morte del principe Giovanni Antonio Del Balzo Orsini (1464)*, in «Bollettino storico di Terra d'Otranto», 15 (2008), pp. 55-145

Mastruzzo, A., Ductus*, corsività, storia della scrittura: alcune considerazioni*, in «Scrittura e civiltà», 19 (1995), pp. 403-464

Mastruzzo, A., *Epistolografia "di governo" e modelli grafici nella Firenze di Lorenzo de' Medici*, in *Burocrazia, amministrazione, contabilità e scritture corsive*, a cura di A. Mastruzzo, «Scripta. An International Journal of Codicology and Palaeography», 8 (2015), pp. 137-154

*Material Readings of Early Modern Culture. Texts and Social Practices, 1580-1730*, a cura di J. Daybell, P. Hinds, Basingstoke, 2010

*Material Texts*, a cura di R. Chartier, Filadelfia, 2001

Mattingly, G., *Renaissance Diplomacy*, Oxford, 1955

Maulde la Clavière, M., de, *La diplomatie au temps de Machiavel*, 3 voll., Paris, 1892-1893

Maxson, B.J., *The Humanist World of Renaissance Florence*, Cambridge, 2014

Mazzatinti, G., *Inventari dei manoscritti delle biblioteche d'Italia*, V, Forlì, 1897

McKitterick, R., *The Carolingians and the Written World*, Cambridge, 1989

McLean, P.D., *The Art of the Network. Strategic Interaction and Patronage in Renaissance Florence*, Durham-London, 2007

McLuhan, M., *The Gutenberg Galaxy: The Making of Typographic Man*, Toronto, 1962

*The Medici. Citizens and Masters*, a cura di R. Black, J.E. Law, Harvard-Firenze, 2015

*Medio Evo e Umanesimo a Mantova. Letterati e libri tra due età*, a cura di A. Canova, in «Atti e memorie della Accademia Nazionale Virgiliana», n.s., 84 (2016), pp. 133-280

Menant, F., *Campagnes lombardes du Moyen Âge. L'économie et la société rurales dans la région de Bergame, de Cremone et de Brescia du X*[e] *au XIII*[e] *siècle*, Roma, 1993

Menant, F., *Les transformations de l'écrit documentaire entre le XII*[e] *et le XIII*[e] *siècle*, in *Écrire, compter, mésurer*, pp. 34-50

Merati, P., *Circolazione di modelli documentari fra l'Italia delle signorie e l'Europa delle monarchie*, in *Signorie italiane e modelli monarchici*, pp. 205-233

Merati, P., *Elementi distintivi della documentazione signorile*, in *Signorie cittadine nell'Italia comunale*, pp. 421-438

Meyer, J., *États, routes, guerres et espace*, in *Guerre et concurrence entre les États européens du XIV*[e] *au XVIII*[e] *siècle*, a cura di P. Contamine, Paris, 1998, pp.

167-198 (Les origins de l'État moderne en Europe, XIII$^{e}$-XVIII$^{e}$ siècle, direzione generale W. Blockmans, J.-P. Genet)

Miglio, L., *Governare l'alfabeto. Donne, scritture e libri nel medioevo*, Roma, 2008

Miglio, L., *L'altra metà della scrittura: scrivere il volgare (all'origine delle corsive mercantesche)*, in «Scrittura e civiltà», 10 (1986), pp. 83-114

Milanesi, M., *Cartografia per un principe senza corte. Venezia nel Quattrocento*, in *I saperi nelle corti / Knowledge at the Courts*, a cura di C. Arcelli, Firenze, 2008, pp. 189-216

Milani, G., *Città e territorio*, in *Storia d'Europa e del Mediterraneo. Dal Mediterraneo all'età della globalizzazione*, IV, *Il Medioevo*, a cura di S. Carocci, t. IX, *Strutture, preminenze, lessici comuni*, Roma, 2007, pp. 221-268

Milani, G., *Il governo delle liste nel comune di Bologna. Premesse e genesi di un libro di proscrizione duecentesco*, in «Rivista storica italiana» 108 (1996), pp. 149-229

Moeglin, J.-M., Péquignot, S., *Diplomatie et «relations internationales» au Moyen Âge (IX$^{e}$-XV$^{e}$ siècle)*, Paris, 2017

Monda, S., Dulia et latria *chez Hugues de Saint-Victor: note critique*, in «Archivum Latinitatis Medii Aevi», 65 (2007), pp. 257-260

Monga, L., *Introduzione*, in *Un mercante di Milano*, pp. 9-46

Monnet, P., *Ville réelle et ville idéale à la fin du Moyen Âge: une géographie au prisme des témoignages autobiographiques allemands*, in «Annales HSS», 56 (2001), pp. 591-621

Montecchi, G., *Correggio, da, Azzo*, in DBI, 29 (1983), pp. 425-430

Monti, C.M., *Gli esordi del pensiero politico signorile di Petrarca: i testi per Azzo da Correggio e Luchino Visconti*, in «Studi medievali e umanistici», 15 (2017), pp. 43-80

Montuori, F., *Gli autografi di un re. Le lettere di Ferrante I d'Aragona a Francesco Sforza*, in *"Di mano propria"*, pp. 609-631

Montuori, F., Senatore, F., *Discorsi riportati alla corte di re Ferrante d'Aragona*, in *Discorsi alla prova*, a cura di G. Abbamonte, L. Miletti, L. Spina, Napoli, 2009, pp. 519-577

Montuori, F., Senatore, F., *Ritratto di Ferrante d'Aragona re di Napoli. Lettere autografe (1458-1467)*, Roma, in corso di stampa

Morel, O., *La mention* "per regem ad relationem…" *inscrite sur le repli des actes royaux au XIV$^{e}$ siècle*, in «Bibliothèque de l'École des chartes», 59 (1898), pp. 73-80

Moretti, I., *Simone Martini e Montemassi*, in «Prospettiva», 23 (1980), pp. 66-72

Morsel, J., *Quand enregistrer, c'est créer. La transformation des registres féodaux des évêques de Wurtzbourg aux XIV$^{e}$ et XV$^{e}$ siècles*, in *L'art médiéval du registre*, pp. 377-420

Morsel, J., *Histoire, archives et documents. Anciens problèmes, nouvelles perspectives*, in corso di stampa in *Herencia cultural y archivos de familia en los archipiélagos de la Macaronesia / Herença cultural e arquivos familiares em os arquipélagos da Macaronésia / Cultural heritage and family archives in the Iberian Atlantic Islands (Macaronesia)*, a cura di J. Nunes Pestano, La Laguna-Tenerife

Mostert, M., *A Bibliography of Works on Medieval Communication*, Turnhout, 2012

*Le Moyen Âge dans le texte*, a cura di B. Grévin, A. Mairey, Paris, 2016

Najemy, J.M., *Corporatism and Consensus in Florentine Electoral Politics, 1280-1400*, Chapel Hill, 1982

Najemy, J.M., *Between Friends: Discourses of Power and Desire in the Machiavelli-Vettori Letters of 1513-1515*, Princeton, 1993

Nanni, P., *Ragionare tra mercanti. Per una rilettura della personalità di Francesco di Marco Datini (1335ca.-1410)*, Pisa, 2010

Natale, A.R., *Archivi milanesi del Trecento*, in «ACME. Annali della Facoltà di Lettere e filosofia dell'Università di Milano», 29 (1976), pp. 263-285

Natale, A.R., *Per la storia dell'archivio visconteo. Frammenti di un registro dell'archivio signorile (reg. di Bernabò, a. 1364)*, in «Archivio storico lombardo», s. X, 2 (1976), pp. 35-82

Natale, A.R., *Per la storia dell'archivio visconteo signorile. Il frammento del registro di Bernabò del 1358*, in «Archivio storico lombardo», s. X, 3 (1977), pp. 9-46

Natale, A.R., *Sommario*, in *Archivi e archivisti*, I, pp. VII-XLVII

Natale, A.R., Stilus cancellariae. *Formulario Visconteo Sforzesco*, Milano, 1979 (ma 1965)

Neerfeld, C., *«Historia per forma di diaria». La cronachistica veneziana contemporanea a cavallo fra il Quattro e il Cinquecento*, Venezia, 2004

Neff, M., *A Citizen in the service of the Patrician State: the Career of Zaccaria de' Freschi*, in «Studi veneziani», n. s., 5 (1981), pp. 33-61

Neff, M., *Chancellery secretaries in Venetian Politics and Society, 1480-1533*, PhD Thesis, UCLA 1985

Negri, P., *Milano, Ferrara e Impero durante l'impresa di Carlo VIII in Italia*, in «Archivio storico lombardo», 12 (1917), pp. 423-549

*Nell'età di Pandolfo Malatesta: signore a Bergamo, Brescia e Fano agli inizi del Quattrocento*, a cura di G. Chittolini, E. Conti, M.N. Covini, Brescia, 2012

*The New Public Diplomacy: Soft Power in International Relations*, a cura di J. Melissen, Basingstoke, 2005

*New Approaches to Medieval Communication*, a cura di M. Mostert, Turnhout, 1999

Nico Ottaviani, M.G., *«Me son missa a scriver questa letera...». Lettere e altre scritture femminili tra Umbria, Toscana e Marche nei secoli XV-XVI*, Napoli, 2006

Nolte, K., *Familie, Hof und Herrschaft. Das verwandschafliche Beziehungs- und Kommunikationsnetz der Reichsfürsten am Beispiel der Markgrafen von Brandenburg-Ansbach (1440-1530)*, Ostfilden, 2005

*Notariato e medievistica. Per i cento anni di* Studi e ricerche di diplomatica comunale *di Pietro Torelli*, a cura di G. Gardoni, I. Lazzarini, Roma, 2013

Nunziante, E., *I primi anni di Ferdinando d'Aragona e l'invasione di Giovanni d'Angiò*, in «Archivio storico per le province napoletane», 17-23 (1892-1898)

Nuovo, A., Sandal, E., *Il libro nell'Italia del Rinascimento*, Brescia, 1998

Occhipinti, E., *Immagini di città. Le "laudes civitatum" e le rappresentazioni dei centri urbani nell'Italia settentrionale*, in «Società e storia», 55 (1991), pp. 23-52

*Offices, écrit et papauté (XIIIe-XVII[e] siècle)*, a cura di A. Jamme, O. Poncet, Roma, 2007

*Offices et papauté (XIVe-XVII[e] siècle). Charges, hommes, destins*, a cura di A. Jamme, O. Poncet, Roma, 2005

*Gli officiali negli Stati italiani del Quattrocento*, a cura di F. Leverotti, in «Annali della Scuola Normale Superiore di Pisa», Quaderni 1 (1997)

*Oltre la sfera pubblica. Lo spazio della politica nell'Europa moderna*, a cura di M. Rospocher, Bologna, 2013

Ong, W.J., *Orality and Literacy*, New York, 1982

*Operare la resistenza: suppliche,* gravamina *e rivolte in Europa (secoli XV-XIX)*, a cura di C. Nubola, A. Würgler, Bologna, 2004

*Organizzazione del potere e territorio. Contributi per una lettura storica della spazialità*, a cura di L. Blanco, Milano, 2009

*L'organizzazione del territorio in Italia e Germania: secoli XIII-XIV*, a cura di G. Chittolini, D. Willoweit, Bologna, 1994

*Origini dello Stato. Processi di formazione statale in Italia fra medioevo ed età moderna*, a cura di G. Chittolini, A. Molho, P. Schiera, Bologna, 1994

Ortu, G.G., *Lo stato moderno. Profili storici*, Roma-Bari, 2001

Paasi, A., *Territories, Boundaries and Consciousness: the Changing Geographies of the Finnish-Russian Border*, Chichester, 1996

Paasi, A., *The Institutionalization of Regions: a Theoretical Framework for Understanding the Emergence of Regions and the Construction of Regional Identity*, in «Fennia», 164 (1986), pp. 105-146

Paasi, A., *Place and Region: Looking through the Prism of Scale*, in «Progress in Human Geography», 28 (2004), pp. 536-546

Paasi, A., *Region and Place: Regional Identity in Question*, in «Progress in Human Geography», 27 (2003), pp. 475-485

Padovani, A., *Curie ed uffici*, in *Storia di Venezia*, II, pp. 331-348

*Il paesaggio mantovano nelle tracce materiali, nelle lettere e nelle arti*, III, *Il paesaggio mantovano dal XV secolo all'inizio del XVIII*, a cura di E. Camerlenghi, V. Rebonato, S. Tammaccaro, Firenze, 2007

*Paleografia e critica del testo davanti all'autografo*, in «Medioevo e Rinascimento», 22/23 (2012), pp. 113-355

Papagno, G., Quondam, A., *La corte e lo spazio. Appunti problematici per un seminario*, in *La corte e lo spazio: Ferrara estense*, a cura di Idd., Roma, 1982, II, pp. 823-838

Parkes, M.B., *Pause and Effect. An Introduction to the History of Punctuation in the West*, Londra, 1992

Parkes, M.B., *Their Hands Before Our Eyes. A Closer Look at Scribes. The Lyell Lectures Delivered in the University of Oxford 1999*, Aldershot, 1999

Pastor, L., *Die Reise des Kardinals Luigi d'Aragona durch Deutschland, die Niederlande, Frankreich und Oberitalien, 1517-1518, beschrieben von Antonio de Beatis*, Freiburg i. Bresgau, 1905

*Peace Treaties and International Law in European History. From the Late Middle Ages to World War One*, a cura di R. Lesaffer, Cambridge, 2004

Pélissier, L.G., *Un traité de géographie politique de l'Italie à la fin du XVe siècle*, in «Annales de la faculté de lettres de Bordeaux», 27/V-2 (1905), pp. 131-143

Pellegrini, M., *Ascanio Maria Sforza. La parabola politica di un cardinale principe del Rinascimento*, 2 voll., Roma, 2002

*Il pensiero pedagogico dell'umanesimo*, a cura di E. Garin, Firenze, 1958

Péquignot, S., *Berichte und Kritik. Europäische Diplomatie im Spätmittelalter. Ein historiografischer Überblick*, in «Zeitschrift für historische Forschung», 39 (2012), pp. 65-95

Péquignot, S., *Les «journaux d'ambassade» en Occident à la fin du Moyen Âge. Enquête sur un genre problèmatique*, in *Ambassades et ambassadeurs*, pp. 23-45

Péquignot, S., *Lettres et listes, notes et* memoriales. *Les écrits de travail dans les archives royales de la péninsule ibérique à la fin du Moyen Âge,* in *Écritures grises*, pp. 359-374

*Per lettera. La scrittura epistolare femminile tra archivio e tipografia, secoli XV-XVII*, a cura di G. Zarri, Roma, 1999

Peruzzi, P., *Lavorare a corte: «ordini et officij». Domestici, familiari, cortigiani e funzionari al servizio del duca d'Urbino*, in *Federico da Montefeltro: lo stato, le arti, la cultura*, a cura di G. Cerboni Baiardi, G. Chittolini, P. Floriani, Roma, 1986, I, pp. 225-294

Petitjean, J., *L'intelligence des choses. Une histoire de l'information entre Italie et Méditerranée (16e-17[e] siècles)*, Roma, 2014

Petralia, G., *«Stato» e «moderno» in Italia e nel Rinascimento*, in «Storica», 8 (1997), pp. 9-52

Petrella, G., *L'officina del geografo. La «Descrittione di tutta Italia» di Leandro Alberti e gli studi geografico-antiquari tra Quattro e Cinquecento*, Milano, 2004

Petrini, A., *La* Tabula Officiorum *di Paolo II (1464-1471)*, in *Offices et Papauté*, pp. 125-157

Petronio, U., *«Adhaerentes». Un problema teorico del diritto comune*, in *Scritti in memoria di Domenico Barillaro*, Milano, 1982, pp. 40-82

Petrucci, A., *La scrittura. Ideologia e rappresentazione*, Torino, 1980

Petrucci, A., *Dal libro unitario al libro miscellaneo*, in *Società romana e impero tardoantico. 4. Traduzione dei classici e trasformazioni della cultura*, Roma-Bari, 1986, pp. 173-187

Petrucci, A., *Funzione della scrittura e terminologia paleografica*, in *Palaeographica Diplomatica et Archivistica. Studi in onore di G. Battelli*, I, Roma, 1979, pp. 3-30

Petrucci, A., *Libro, scrittura e scuola*, in *La scuola nell'Occidente latino dell'alto medioevo*, I, Spoleto 1972, pp. 313-337

Petrucci, A., *La scrittura descritta*, in «Scrittura e civiltà», 15 (1991), pp. 5-20

Petrucci, A., *Letteratura italiana: una storia attraverso la scrittura*, a cura di A. Ciaralli, Roma, 2017

Petrucci, A., *Medioevo da leggere. Guida allo studio delle testimonianze scritte del Medioevo italiano*, Torino, 1992

Petrucci, A., *Prima lezione di paleografia*, Roma-Bari, 2002

Petrucci, A., *Scrittura, alfabetismo ed educazione grafica nella Roma del primo Cinquecento. Da un libretto di conti di Maddalena pizzicarola in Trastevere*, in «Scrittura e civiltà», 2 (1978), pp. 163-207

Petrucci, A., *Scrivere lettere: una storia plurimillenaria*, Roma-Bari, 2008

Petrucci, A., Romeo, C., *«Scriptores in urbibus». Alfabetismo e cultura scritta nell'Italia medievale*, Bologna, 1992

Petrucci, A., Ammannati, G., Mastruzzo, A., Stagni, E., *Lettere originali del Medioevo latino (VII-XI sec.)*, I, *Italia*, Pisa, 2004

Piacentini, A., *L'egloga di Angela Nogarola a Francesco Barbavara*, in «Aevum», 88 (2014), pp. 503-531

Piacentini, A., *Un'egloga viscontea di Angela Nogarola*, in «Studi umanistici piceni», 23 (2013), pp. 113-129

Piffanelli, L., *Entre crises territoriales et nécessités de négociation: jalons pour une analyse du* commissarius seu orator *(Florence, XIV^e^-XV^e^ siècle)*, in «Mélanges de l'École francaise de Rome. Moyen Âge», 128 (2016) https://journals.openedition.org/mefrm/3241

Piffanelli, L. *Politica e diplomazia nell'Italia del primo Rinascimento. Per uno studio della Guerra* contra et adversus ducem Mediolani, Roma, 2020

Pinna, G., *Literature and Action. On Hegel's Interpretation of Chivalry*, in «Rivista di estetica», n.s., 70 (2019), pp. 141-156

Pirillo, P., *Signorie dell'Appennino fra Toscana ed Emilia Romagna alla fine del Medioevo*, in *Poteri signorili e feudali*, pp. 211-227

Pirovano, D., *Per l'edizione del* Viaggio in Alamagna *di Francesco Vettori: primi appunti*, in «La parola del testo», 10 (2006), pp. 369-381

Poloni, A., *Problemi concettuali e metodologici emersi dalle ricerche svolte nell'ambito del PRIN*, relazione tenuta nel corso del colloquio *Cartografia, informatica e storia. Un colloquio interdisciplinare*, a cura di F. Cengarle, F. Somaini (Milano, 28-29 maggio 2009)

Poncet, O., *La révolution silencieuse du règne de Louis XIV. L'écrit documentaire en France vers 1700*, in *Écritures grises*, pp. 617-630

Poncet, O., *Les archives de la papauté (XVIe-milieu du XVIIIe siécle): la genèse d'un instrument de pouvoir*, in *Offices, écrit et papauté*, pp. 737-762

Poncet, O., *Les traces documentaires des nominations d'officiers pontificaux (fin XIIIe–XVIIe siècle)*, in *Offices et papauté*, pp. 93-123

*Poteri signorili e feudali nelle campagne dell'Italia settentrionale fra Tre e Quattrocento: fondamenti di legittimità e forme di esercizio*, a cura di F. Cengarle, G. Chittolini, G.M. Varanini, Firenze, 2005, http://www.rm.unina.it/rmebook/index.php?mod=none_Cengarle

Poulle, E., *Une histoire de l'écriture*, in «Bibliothèque de l'École des chartes», 135 (1977), pp. 137-144

Pozza, M., *La cancelleria*, in *Storia di Venezia*, II, pp. 349-369

Pozza, M., *La cancelleria*, in *Storia di Venezia*, III, pp. 365-387

*Pragmatic Literature: East and West, 1200-1330*, a cura di R. Britnell, Woodbridge, 1997

*Pragmatische Schriftlischkeit im Mittelalter. Erscheinungsformen und Entwicklungsstufen*, a cura di H. Keller, K. Grubmüller, Staubach, München, 1992

*Pratiques de l'écrit (VIe-XIII[e] siècles)*, a cura di E. Anheim, P. Chastang, in «Médiévales», 56 (2009)

*Principi e città alla fine del medioevo*, a cura di S. Gensini, Pisa, 1996

Provero, L., *Le parole dei sudditi. Azioni e scritture della politica contadina nel Trecento*, Spoleto, 2012

Queller, D.E., *Early Venetian Legislation on Ambassadors*, Geneve, 1966

Queller, D.E., *Il patriziato veneziano. La realtà contro il mito*, Roma, 1987

Queller, D.E., *The Office of Ambassador in the Middle Ages*, Princeton, 1967

Raggio, O., *Immagini e verità. Pratiche sociali, fatti giuridici e tecniche cartografiche*, in «Quaderni storici», 108 (2001), pp. 843-876

Raviola, A.B., *Frontiere regionali, nazionali e storiografiche: bilancio di un progetto di ricerca e ipotesi di un suo sviluppo*, in *Confini e frontiere*, pp. 193-202

Raviola, A.B., *La strada liquida. Costruire un libro sul Po in età moderna*, in «Rivista storica italiana», 118 (2006), pp. 1041-1078

*Research in the Archival Multiverse*, a cura di A. J. Jilliland, S. McKemmish, A. J. Lau, Melbourne, 2016

von Reumont, A., *Della diplomazia italiana dal secolo XIII al XVI*, Firenze, 1857

Revest, C., *La naissance de l'humanisme comme mouvement au tournant du XVe siècle*, in «Annales. Histoire, Sciences sociales», 68 (2013), pp. 665-696

Ricci, C., *La carriera del* vir perfectissimus *P. Aelius Apollinaris e il paesaggio epigrafico di Praeneste tardoantica*, in «Cahiers du Centre Gustave-Glotz», 29 (2018), pp. 207-215

Ricci, G., *Cataloghi di città, stereotipi etnici e gerarchie urbane nell'Italia di antico regime*, in «Storia urbana», 18 (1982), pp. 3-33

Ricci, G., *Sulla classificazione delle città nell'Italia del Rinascimento*, in «Storia urbana», 17 (1993), pp. 5-17

Richards, J., *Les récits des voyages et des pélerinages*, Turnhout, 1981

Rodella, G., *Giovanni da Padova. Un ingegnere gonzaghesco nell'età dell'Umanesimo*, Milano, 1988

Romano, D., *Patricians and Popolani: the Social Foundations of the Venetian State*, Baltimore-London, 1987

Rombai, L., *La nascita e lo sviluppo della cartografia a Firenze e nella Toscana granducale*, in «Imago Mundi», 86 (1998), pp. 48-76

Rosenwein, B., *Emotional Communities in the Early Middle Ages*, Ithaca, 2006

Rospocher, M., *Per una storia della comunicazione nella prima età moderna: un bilancio storiografico*, in «Annali dell'Istituto storico italo-germanico in Trento», 44 (2018), pp. 37-62

Rospocher, M., Salzberg, R., *«El vulgo zanza»: spazi, pubblici, voci a Venezia durante le guerre d'Italia*, in «Storica», 48 (2010), pp. 83-120

Rossi, L., *Niccolò V e le potenze d'Italia, dal maggio 1447 al dicembre 1451*, in «Rivista di scienze storiche», 3/1 (1906), pp. 243-262, 392-421; 3/2 (1906), pp. 22-36, 177-194, 225-232, 329-355, 385-406; 4/1 (1907), pp. 53-61

Rossi, V., *Jacopo d'Albizzotto Guidi e il suo inedito poema su Venezia*, in «Archivio Veneto», III s., 5 [1893], pp. 398-432

Rovere, A., *Tipologia documentale nei* libri iurium *dell'Italia comunale*, in *La diplomatique urbaine en Europe au Moyen Âge*, a cura di W. Prevenier, T. de Hemptinne, Louvain, 2000, pp. 417-326

Rubinstein, N., *Il governo di Firenze sotto i Medici (1434-1494)*, Firenze, 1997 (ed. or. 1967)

Rück, P., *L'ordinamento degli archivi ducali di Savoia sotto Amedeo VIII (1398-1451)*, Roma, 1977 (ed. or. 1971)

Rundle, D., *The Scribe Thomas Candour and the Making of Poggio Bracciolini's English Reputation*, in «English manuscripts studies. 1100-1700», 12 (2005), pp. 1-25

Rundle, D., *The Victory of Italic in International Diplomatic Correspondence: the Case of England*, seminario tenuto al workshop *The Materiality of Records.*

*A workshop on Sources* (F. De Vivo dir.), Londra, Birkbeck, 2 giugno 2014) (*A.R.C.H.I.ves project*, http://www.bbk.ac.uk/history/archives/events/the-materiality-of-the-record-a-workshop-on-sources-un-seminario-sulle-fonti)

Russell, J.G., *Peace-making in the Renaissance*, Philadelphia, 1986

Russo, E., *Pratiche aragonesi nel Regno di Napoli: i conti della tesoreria generale di Alfonso V d'Aragona*, in *Istituzioni, scritture, contabilità. Il caso molisano nell'Italia medievale (secoli XIV-XVI in.)*, a cura di I. Lazzarini, A. Miranda, F. Senatore, Roma, 2017, pp. 147-164

Salmini, C., *Buildings, Furnishing, Access and Use: Examples from the Archive of the Venetian Chancery from Medieval to Modern Times*, in *Archives and the Metropolis*, atti del convegno (Londra, 11-13 luglio 1996), a cura di M. V. Roberts, London, 1998, pp. 93-108

Salzberg, R., *Ephemeral City. Chip Print and Urban Culture in Renaissance Venice*, Manchester, 2014

Salzman, L.F., *Building in England down to 1540*, Oxford, 1952

Sancassani, G., *Cancelleria e cancellieri del comune di Verona nei secoli XIII-XVIII*, in «Atti e memorie dell'Accademia di agricoltura, scienze e lettere di Verona», s. VI, 10 (1958-1959), pp. 269-312

Santoro, C., *Contributi alla storia dell'amministrazione sforzesca*, in «Archivio Storico Lombardo», 66 (1939), pp. 27-114

Santoro, C., *Gli offici del Comune di Milano e del dominio visconteo-sforzesco (1215-1515)*, Milano, 1968

Santoro, C., *Gli uffici del dominio sforzesco (1450-1500)*, Milano, 1948

Santoro, C., *I registri delle lettere ducali del periodo sforzesco*, Milano, 1961

Santoro, C., *L'organizzazione del ducato*, in *Storia di Milano*, VII, *L'età sforzesca dal 1450 al 1500*, Milano, 1956, pp. 520-553

Savy, P., *Costituzione e funzionamento dello "Stato vermesco" (fine del XIV-metà del XV sec.)*, in *Poteri signorili e feudali,* http://www.rm.unina.it/rmebook/dwnld/poteri/savy.pdf

*Gli Scaligeri. 1277-1387*, a cura di G.M. Varanini, Verona, 1988

Schizzerotto, G., *La carriera di un funzionario e poeta al servizio dei Gonzaga giustiziato dal suo signore: Andrea Painelli da Goito*, in Id., *Cultura e vita civile a Mantova fra '300 e '500*, Firenze, 1977, pp. 29-84

Schulz, J., *Maps as Metaphores: Mural Map Cycles of the Italian Renaissance*, in Id., *Art and Cartography. Six Historical Essays*, Chicago-London, 1987, pp. 97-122

*Scritture e potere. Pratiche documentarie e forme di governo nell'Italia tardomedievale (secoli XIV-XV)*, a cura di I. Lazzarini, in «Reti Medievali-Rivista», 9 (2008), https://doi.org/10.6092/1593-2214/94

*Un secolo di paleografia e diplomatica (1887-1986). Per il centenario dell'Istituto di paleografia dell'Università di Roma*, a cura di A. Petrucci, A. Pratesi, Roma, 1988

Segre, A., *Lodovico Sforza detto il Moro e la Repubblica di Venezia dall'autunno 1494 alla primavera 1495*, in «Archivio Storico Lombardo», 39 (1902), pp. 249-317

Seidel, M., *«Castrum pingatur in palatio» I. Ricerche storiche e iconografiche sui castelli dipinti nel Palazzo Pubblico di Siena*, in «Prospettiva», 28 (1982), pp. 17-41

Senatore, F., *Ai confini del «mundo de carta». Origine e diffusione della lettera cancelleresca (sec. XIII-XVI)*, in *I confini*, pp. 239-291

Senatore, F., *Diplomazia dentro e fuori: le ambascerie della città di Capua (1506-1558)*, in *Ambassades et ambassadeurs*, pp. 149-173

Senatore, F., *Falsi e "lettere reformate" nella diplomazia sforzesca*, in «Bullettino dell'Istituto storico italiano per il Medio Evo», 99 (1993), pp. 221-278

Senatore, F., *Filologia e buon senso nelle edizioni di corrispondenze diplomatiche italiane quattrocentesche*, in *Diplomazia edita*, pp. 61-95

Senatore, F., *Fonti documentarie e costruzione della notizia nelle cronache cittadine dell'Italia meridionale (secoli XV-XVI)*, in «Bullettino dell'Istituto storico italiano per il Medio Evo», 116 (2014), pp. 279-333

Senatore, F., *Gli archivi delle* universitates *meridionali: il caso di Capua ed alcune considerazioni generali*, in *Archivi e comunità*, pp. 447-520

Senatore, F., *La corrispondenza interna nel Regno di Napoli (XV secolo). Percorsi archivistici nella Regia Camera della Sommaria*, in *Carteggi fra basso medioevo ed età moderna*, pp. 215-258

Senatore, F., *Le scritture delle* universitates *meridionali. Produzione e conservazione di carte*, in *Scritture e potere*, https://doi.org/10.6092/1593-2214/108

Senatore, F., *Les mentions hors teneur dans les actes du royaume aragonais de Naples (1458-1501)*, in *Le discret langage du pouvoir*, pp. 511-547

Senatore, F., *Sistema documentario, archivi e identità cittadine nel Regno di Napoli durante l'Ancien régime*, in «Archivi», 10 (2015), pp. 33-64

Senatore, F., *Una città, il regno: istituzioni e società a Capua nel XV secolo*, Roma, 2018

Senatore, F., *«Uno mundo de carta». Forme e strutture della diplomazia sforzesca*, Napoli, 1998

Senatore, F., Storti, F., *Spazi e tempi della guerra nel Mezzogiorno aragonese*, Napoli, 2002

Sereno, P., *Ordinare lo spazio, governare il territorio: confine e frontiera come categorie geografiche*, in *Confini e frontiere*, pp. 45-64

Sergi, G., *La territorialità e l'assetto giurisdizionale e amministrativo dello spazio*, in *Uomo e spazio nell'alto medioevo*, Spoleto, 2003, pp. 479-501

Settia, A.A., *Castelli e villaggi nell'Italia padana. Popolamento, potere e sicurezza fra IX e XIII secolo*, Napoli, 1984

Settia, A.A., *L'illusione della sicurezza. Fortificazioni di rifugio nell'Italia medievale: "ricetti", "bastite", "cortine"*, Cuneo-Vercelli, 2001

Shemek, D., *"Ci Ci" and "Pa Pa". Script, Mimicry, and Mediation in Isabella d'Este's Letters*, in «Rinascimento», 43 (2003), pp. 75-91

Siekiera, A., *Latin and Italian Vernaculars in Architectural Literature from the Middle Ages to the Renaissance*, in *City, Court, Academy. Language Choice in Early Modern Italy*, a cura di E. Del Soldato, A. Rizzi, London-New York, 2018, pp. 83-100

*Signorie cittadine e modelli monarchici*, a cura di P. Grillo, Roma, 2013

*Le signorie cittadine in Toscana. Esperienze di potere e forme di governo personale*, a cura di A. Zorzi, Roma, 2013

*Signorie cittadine nell'Italia comunale*, a cura di J.-C. Maire Vigueur, Roma, 2013

*Le signorie dei Rossi di Parma tra XIV e XVI secolo*, a cura di L. Arcangeli, M. Gentile, Firenze 2007, http://www.rm.unina.it/rmebook/index.php?mod=none_Arcangeli_Gentile

Signorini, R., *Opus hoc tenue. La Camera Dipinta di Andrea Mantegna. Lettura storica, iconografica, iconologica*, Mantova, 1985

Silvestri, A., *Archivi senza archivisti. I Maestri notai e la gestione delle scritture nel Regno di Sicilia (prima metà XV sec.)*, in *Archivi e archivisti in Italia*, pp. 43-69

Silvestri, A., *Produzione e conservazione delle scritture nei regni di Napoli e Sicilia (secoli XII-XVII): storia, storiografia e nuove prospettive di ricerca*, in «Atlanti», 23 (2013), pp. 203-217

Silvestri Baffi, R., *Di Isabella del Balzo e del suo viaggio attraverso la Puglia*, in *Studi di storia pugliese in onore di G. Chiarelli*, a cura di M. Paone, II, Galatina, 1973, pp. 321-351

Simeoni, L., *Le signorie*, 2 voll., Milano, 1950

Simonetta, M., *Il duca alla dieta. Francesco Sforza e Pio II*, in *Il sogno di Pio II e il viaggio da Roma a Mantova*, a cura di A. Calzona, F.P. Fiore, A. Tenenti, C. Vasoli, Firenze, 2002, pp. 247-285

Simonetta, M., *Rinascimento segreto. Il mondo del segretario da Petrarca a Machiavelli*, Milano, 2004

Simonetti, R., *Scrovegni, Maddalena*, in DBI, 91 [2018], http://www.treccani.it/enciclopedia/maddalena-scrovegni_(Dizionario-Biografico)

*The Social History of Archive: Record-Keeping in Early Modern Europe*, a cura di L. Corens, K. Peters, A. Walsham, in «Past and Present», 230/11 (2016)

Soldi Rondini, G., *Della Scala, Beatrice*, in DBI, 37 (1989), pp. 388-389

Somaini, F., *Geografie politiche italiane tra Medio Evo e Rinascimento*, Milano, 2012

Somaini, F., *Le «declarationes colligatorum» delle potenze italiane nel trattato della Lega italica del 1454-1455: una lettura geopolitica (e alcune proposte cartografiche) sull'Italia di metà Quattrocento*, relazione tenuta al convegno *Il sistema degli stati italiani e la ricerca dell'equilibrio politico: la pace di Lodi del 1454* (Lodi, 27-28 febbraio 2004), in corso di stampa

Somaini, F., *Les relations complexes entre Sigismond de Luxembourg et les Visconti, ducs de Milan*, in *Sigismund von Luxemburg. Ein Kaiser in Europa*, a cura di M. Pauly, F. Reinert, Mainz am Rhein, 2008, pp. 157-197

Somaini, F., *Processi costitutivi, dinamiche politiche e strutture istituzionali dello stato visconteo-sforzesco*, in *Storia d'Italia*, dir. G. Galasso, VI, *Comuni e signorie nell'Italia settentrionale: la Lombardia*, a cura di G. Andenna, R. Bordone, F. Somaini, M. Vallerani, Torino, 1998, pp. 681-825

Soranzo, G., *Collegati, raccomandati, aderenti negli Stati italiani dei secoli XIV e XV*, in «Archivio storico italiano», 99 (1941), pp. 3-35

Soranzo, G., *La Lega italica (1454-55)*, Milano, 1924

Spaggiari, A., *Rapporti politico-amministrativi fra corte e periferia negli archivi dello "Stato" estense*, in *La corte e lo spazio. Ferrara estense*, a cura di G. Papagno, A. Quondam, Roma, 1982, I, pp. 93-106

Speich, H., *Burgrecht. Von der Einbürgerung zum politischen Bündnis im Spätmittelalter*, Ostfilder, 2019

Squitieri, M.L., *La battaglia di Sarno (7 luglio 1460)*, in *Poteri, reazioni, guerra nel regno di Ferrante d'Aragona. Studi sulle corrispondenze diplomatiche*, a cura di F. Senatore, F. Storti, Napoli, 2011, pp. 15-40

*Lo stato territoriale fiorentino (secoli XIV-XV). Ricerche, linguaggi, confronti*, a cura di W. Connell, A. Zorzi, Pisa, 2002

*Lo Stato del Rinascimento in Italia*, a cura di A. Gamberini, I. Lazzarini, Roma, 2014

*Statuti città territori in Italia e Germania tra Medioevo ed Età Moderna*, a cura di G. Chittolini, D. Willoweit, Bologna, 1991

Steen, S.J., *Reading Beyond the Words. Material Letters and the Process of Interpretation*, in «Quidditas», 22 (2001), pp. 55-69

Stock, B., *The Implications of Literacy. Written Language and Models of Interpretation in the Eleventh and Twelfth Centuries*, Princeton, 1983

*Storia dell'educazione*, a cura di E. Becchi, Scandicci, 1987

*Storia di Ferrara*, VI. *Il Rinascimento: situazioni e personaggi*, a cura di A. Prosperi, Ferrara, 2000

*Storia di Mantova. Uomini-ambiente-economia-società-istituzioni*, I, *L'eredità gonzaghesca, secoli XII-XVIII*, a cura di M.A. Romani, Mantova, 2005

*Storia di Venezia*, II, *L'età del Comune*, a cura di G. Cracco, G. Ortalli, Roma, 1995

*Storia di Venezia*, III, *La formazione dello stato patrizio*, a cura di G. Arnaldi, G. Cracco, A. Tenenti, Roma, 1997

*Storia di Venezia*, IV, *Il Rinascimento. Politica e cultura*, a cura di A. Tenenti, U. Tucci, Roma, 1997

Storti, F., *L'esercito napoletano nella seconda metà del Quattrocento*, Napoli, 2007

Strohm, P., *Hochon's Arrow. The Social Imagination of Fourteenth-Century Texts*, Princeton, 1992

Sverzellati, P., *Il libro-archivio di Nicodemo Tranchedini da Pontremoli, ambasciatore sforzesco*, in «Aevum», 70 (1996), pp. 371-391

Summer, L., *Considerazioni topografiche sugli affreschi della Camera d'Oro a Torrechiara*, in «Parma nell'arte», 11 (1979), pp. 51-61

*Suppliche e "*gravamina*": politica, amministrazione e giustizia in Europa (secoli XIV-XVIII)*, a cura di C. Nubola, A. Würgler, Bologna, 2002

Taddei, I., *La lettre d'instruction à Florence, XIV$^e$-XV$^e$ siècles. La dynamique de l'echange diplomatique*, in *Politique par correspondance. Les usages politiques de la lettre en Italie (XIV$^e$-XVIII$^e$ siècles)*, a cura di J. Boutier, S. Landi, O. Rouchon, Rennes, 2009, pp. 81-108

Tafuri, M., *Ricerca del Rinascimento. Principi, città, architetti*, Torino, 1992

Tamba, G., *Galluzzi, Alberto*, in DBI, 51 (1998), https://www.treccani.it/enciclopedia/alberto-galluzzi_(Dizionario-Biografico)/

Tanzini, L., *A consiglio. La vita politica dell'Italia dei comuni*, Roma-Bari, 2014

*Tecniche di potere nel tardo medioevo: regimi comunali e signorie in Italia*, a cura di M. Vallerani, Roma, 2010

Tellenbach, G., *Zur Frügeschichte abendlandischer Reisebeschreibungen*, in *Historia integra. Festschrift für Erich Hassinger*, Berlin, 1977, pp. 51-80

Terenzi, P., *Una città* superiorem recognoscens. *La negoziazione fra L'Aquila e i sovrani aragonesi (1442-1496)*, in «Archivio Storico Italiano», 170 (2012), pp. 619-651

Tessier, G., *L'enregistrement à la chancellerie royale française*, in «Le Moyen Âge», 62 (1956), pp. 39-62

Tessier, G., *Observations sur les actes royaux français de 1180 à 1328*, in «Bibliothèque de l'École des chartes», 95 (1934), pp. 31-74

Thomas Tanselle, G., *A Rationale of Textual Criticism*, Philadelfia, 1989

Toesca, L., *Un'antica veduta di Mantova e del suo territorio*, in *Mantova gonzaghesca nelle stampe e nelle monete*, Mantova, 1982, pp. 9-16

Tognon, G., *Intellettuali e educazione del principe nel Quattrocento italiano. Il formarsi di una nuova pedagogia politica*, in «Mélanges de l'École française de Rome. Moyen Âge», 99 (1987), pp. 405-433

Torelli, P., *L'Archivio Gonzaga di Mantova*, I, Ostiglia, 1920

Torre, A., *La produzione storica dei luoghi*, in «Quaderni storici», 110 (2002), pp. 443-475

Toscano, M., *The History of Treaties and International Politics (An Introduction to the History of Treaties and International Politics: The Documentary and Memoir Sources)*, I, Baltimora, 1966

Toubert, P., *Dalla terra ai castelli. Paesaggio, agricoltura e poteri nell'Italia medievale*, Torino, 1995

Tourtier, C., de, *Un ambassadeur de Louis de Gonzague, seigneur de Mantoue, Bertolino Capilupi*, in «Mélanges d'Archéologie et d'Histoire de l'École Française de Rome», 69 (1957), pp. 321-344

*Translators, Interpreters, and Cultural Negotiators. Mediating and Communicating Power from the Middle Ages to the Modern Era*, a cura di F. Federici, D. Tessicini, Basingstoke, 2014

Trebbi, G., *La cancelleria veneta nei secoli XVI e XVII*, in «Annali della Fondazione Luigi Einaudi», 14 (1980), pp. 65-125

Trombetti Budriesi, A.L., *Vassalli e feudi a Ferrara e nel ferrarese dall'età precomunale alla signoria estense (XI-XIII)*, Ferrara, 1980

Tucci, U., *Credenze geografiche e cartografia*, in *Storia d'Italia*, V/1, *I documenti*, Torino, 1973, pp. 49-88

Tucci, U., *Mercanti, viaggiatori, pellegrini nel Quattrocento*, in *Storia della cultura veneta*, a cura di G. Arnaldi, M. Pastore Stocchi, III, *Dal primo Quattrocento al Concilio di Trento*, t. II, Vicenza, 1980, pp. 317-353

Tuohy, T.J., *Herculean Ferrara. Ercole d'Este 1471-1505 and the Invention of a Ducal Capital*, Cambridge, 1996

Tuohy, T.J., *Struttura e sistema di contabilità della Camera estense nel '400*, in «Atti e memorie della Deputazione di storia patria per le province modenesi», n.s., 11 (1982), pp. 115-139

Turchi, L., *Fonti pubbliche per la storia dello stato estense (secoli XV-XVI)*, in *Scritture e potere* (https://doi.org/10.6092/1593-2214/102)

Turchi, L., *Modelli durevoli e tirannia delle fonti: riflessioni sulle deputazioni di Modena e Ferrara fra due secoli*, in «Atti e memorie della Deputazione provinciale ferrarese di storia patria», s. IV, 15 (1999), pp. 329-355

Turchi, L., *Un archivio scomparso e il suo creatore? La Grotta di Alfonso II d'Este e Giovan Battista Pigna*, in *Archivi e archivisti in Italia*, pp. 217-238

Vaini, M., *Ricerche gonzaghesche (1189-inizi sec. XV)*, Firenze, 1994

Valenti, F., *Note storiche sulla cancelleria degli Estensi a Ferrara dalle origini alla metà del secolo XVI*, [1956-1957] ora in Id., *Scritti e lezioni*, pp. 385-394

Valenti, F., *Profilo storico dell'Archivio Segreto Estense* [1953], ora in Id., *Scritti e lezioni*, pp. 343-384

Valenti, F., *Scritti e lezioni di archivistica, diplomatica e storia istituzionale*, a cura di D. Grana, Roma, 2000

Valeri, N., *L'Italia nell'età dei principati: dal 1343 al 1516*, Milano, 1969

Vallerani, M., *Le leghe cittadine: alleanze militari e relazioni politiche*, in *Federico II e le città italiane*, a cura di A. Paravicini Bagliani, P. Toubert, Palermo, 1994, pp. 398-402

Vallerani, M., *Logica della documentazione e logica dell'istituzione. Per una rilettura dei documenti in forma di lista nei comuni italiani della prima metà del XIII secolo*, in *Notariato e medievistica*, pp. 129-147

Vallerani, M., *Modi e forme della politica pattizia di Milano nella regione piemontese: alleanze e atti giurisdizionali nella prima metà del Duecento*, in «Bollettino storico-bibliografico subalpino», 96 (1998), pp. 619-655

Varanini, G. M., *"Al magnifico e possente segnoro". Suppliche ai signori trecen-*

*teschi italiani fra cancelleria e corte: l'esempio scaligero*, in *Suppliche e "gravamina"*, pp. 65-106

Varanini, G.M., *Dal comune allo stato regionale*, in *La storia*, a cura di N. Tranfaglia, M. Firpo, II, *Il Medioevo*, 2, *Popoli e strutture politiche*, Torino, 1988, pp. 693-724

Varanini, G.M., *Donne e potere in Verona scaligera e nelle signorie trecentesche*, in *Donne a Verona. Una storia della città dal medioevo a oggi*, a cura di P. Lanaro, A. Smith, Verona, 2011, pp. 46-68

Varanini, G.M., *Gli officiali veneziani nella terraferma veneta quattrocentesca*, in *Gli officiali*, pp. 155-180

Varanini, G.M., *I notai e la signoria cittadina. Appunti sulla documentazione dei Bonacolsi di Mantova fra Duecento e Trecento (rileggendo Pietro Torelli)*, in *Scritture e potere* (https://doi.org/10.6092/1593-2214/96)

Varanini, G.M., *La documentazione delle signorie italiane tra Duecento e Trecento e l'*Eloquium super arengis *del notaio veronese Ivano di Bonafine de Berinzo*, in *Chancelleries*, pp. 53-76

Varanini, G.M., *Le scritture pubbliche*, in *Lo Stato del Rinascimento*, pp. 347-366

Vasina, A., *L'area emiliana e romagnola*, in *Storia d'Italia*, VII, *Comuni e signorie nell'Italia nordorientale e centrale: Veneto, Emilia-Romagna, Toscana*, Torino, 1987, pp. 361-562

Ventura, A., *Genesi e caratteri delle relazioni degli ambasciatori veneti al Senato*, in *Relazioni degli ambasciatori veneti*, pp. VII-LXXXX

Ventura, A., *Scritture politiche e scritture di governo*, in *Storia della cultura veneta*, III, *Dal primo Quattrocento al Concilio di Trento*, t. III, Vicenza, 1981, pp. 513-563

*Viaggiare nel medioevo*, a cura di S. Gensini, Pisa, 2000

Viazzo, P.P., *Frontiere e "confini": prospettive antropologiche*, in *Confini e frontiere*, pp. 21-44

*Vie di comunicazione e potere*, a cura di F. Farinelli, A. Monti, G. Sergi, in «Quaderni storici», 61 (1986)

*Vie di terra e d'acqua: infrastrutture viarie e sistemi di relazione in area alpina (secoli XIII-XVI)*, a cura di J.-F. Bergier, G. Coppola, Bologna, 2007

Viggiano, A., *Governanti e governati. Legittimità del potere ed esercizio dell'autorità sovrana nello Stato veneto della prima età moderna*, Treviso, 1993

Vigil Montes, N., *«Tractados de pazes, aliaça e concordia entre as duas coroas de Portugal e Inglaterra», un cartulario realizado a comienzos del siglo XV para consolidar el tratado de Windosor entre los reinos de Inglaterra y Portugal (1386), la alianza permanente más prolongada de la historia*, in «Espacio, tiempo y forma», 32 (2019), pp. 469-497

Vigil Montes, N., *Un manuscrito en le Archivi General de Simancas con documentación diplomática para la diplomacia italiana del Renacimiento*, in «Mediterranea», 49 (2020), http://www.storiamediterranea.it/wp-content/uploads/2020/08/9-montes.pdf

Violante, C., *La signoria rurale nel contesto storico dei secoli X-XII*, in *Strutture e trasformazioni della signoria rurale nei secoli XI-XIII*, a cura di G. Dilcher, C. Violante, Bologna, 1996, pp. 7-56

Violante, C., *Per una storia degli ambiti. La spazialità nella storia*, in «Studium», 37 (1991), pp. 861-879

Visceglia, M.A., *Regioni e storia regionale nel Mezzogiorno d'Italia: note per un profilo storiografico*, in *Dimenticare Croce? Studi e orientamenti di storia del Mezzogiorno*, a cura di A. Musi, Napoli, 1991, pp. 13-42

Voigt, K., *Italienische Berichte aus dem spätmittelalterlischen Deutschland. Von Francesco Petrarca zu Andrea de' Franceschi (1333-1492)*, Stuttgard, 1973

Watkins, J., *After Lavinia. A Literary History of Premodern Marriage Diplomacy*, Ithaca-London, 2017

Watkins, J., *Towards a New Diplomatic History of Medieval and Early Modern Europe*, in «Journal of Medieval and Early Modern Studies», 38/1 (2008), pp. 1-14

Watts, J., *The Making of Polities. Europe, 1300-1500*, Cambridge, 2009

Weber, E., *L'Hexagone*, in *Les lieux de mémoire*, a cura di P. Nora, Paris, 1986, 2 voll., I, pp. 1171-1191

Welch, E., *Painting the Quattrocento Palace*, in *Mantegna and the 15th Century Court Culture*, a cura di F. Ames-Lewis, A. Bednarek, London, 1993, pp. 84-92

Wickham, C., *Il problema dell'incastellamento nell'Italia centrale: l'esempio di San Vincenzo al Volturno*, Firenze, 1985

Wickham, C., *Medieval Europe. From the Breakup of the Western Roman Empire to the Reformation*, New Haven - London, 2016

Windler, C., *From Social Status to Sovereignty. Practices of Foreign Relations from the Renaissance to the* Sattelzeit, in *Practices of Diplomacy in the Early Modern World, c. 1410-1800*, a cura di J. Henning, T. Sowerby, Abingdon-New York, 2017, pp. 254-265

Witt, R. G., *Hercules at the Crossroad: The Life, Works and Thought of Coluccio Salutati*, Durham, N.C., 1983

Witt, R.G., *"In the Footsteps of the Ancients": The Origins of Humanism from Lovato to Bruni*, Leiden, 2000

Wood-Marden, J., *Pictorial Legitimation of Territorial Gains in Emilia: the Iconography of the* Camera Peregrina Aurea *in the Castle of Torrechiara*, in *Renaissance Studies in Honor of Craig Hugh Smyth*, a cura di A. Morrogh, F. S. Gioffredi, P. Morselli, E. Borsook, 2 voll., Firenze, 1985, II, pp. 553-568

Wunder, H., *He is the Sun, She is the Moon. Women in Early Modern Germany*, Cambridge, Mass., 1998

Zabbia, M., *I notai e la cronachistica cittadina italiana nel Trecento*, Roma, 1999

Zamperetti, S., *De Franceschi, Andrea*, in DBI, 36 (1988), https://www.treccani.it/enciclopedia/andrea-de-franceschi_(Dizionario-Biografico)

Zanichelli, G.Z., *La committenza dei Rossi: immagini di potere tra sacro e profano*, in *Le signorie dei Rossi*, pp. 187-212

Zannini, A., *Burocrazia e burocrati a Venezia in età moderna: i cittadini originari (sec. XVI-XVIII)*, Venezia, 1993

Zannini, A., *L'impiego pubblico*, in *Storia di Venezia*, IV, *Il Rinascimento*, pp. 415-463

Zenobi, L., *Borders and the Politics of Space in Late Medieval Italy. Milan, Venice and their Territories in the Fifteenth Century*, PhD thesis, Oxford, 2018 (sup. J. Watts; discussed Feb. 2019, discuss. D. Abulafia, I. Lazzarini)

Zordan, G., *L'ordinamento giuridico veneziano. Lezioni di storia del diritto veneziano con una nota bibliografica*, Padova, 1980

Zorzi, A., *Communal Traditions and Personal Power in Renaissance Florence. The Medici as Signori*, in *The Medici*, pp. 39-50

Zorzi, A., *Gli ufficiali territoriali dello stato fiorentino (secc. XIV-XV)*, in *Gli officiali*, pp. 191-219

Zorzi, A., *I fiorentini e gli uffici pubblici nel primo Quattrocento: concorrenza, abusi, illegalità*, in «Quaderni storici», 66 (1987), pp. 725-753

Zorzi, A., *La formazione e il governo del dominio: pratiche, uffici, giurisdizioni*, in *Lo Stato territoriale*, pp. 189-221

Zorzi, A., *Le signorie cittadine in Italia, secoli XIII-XV*, Milano, 2010

# Indice dei nomi e dei luoghi*



* Considerate le tematiche del volume, non si sono indicizzati i termini “archivio”, “cancelleria”, “Italia”.

Finito di stampare
nel mese di febbraio 2021
da The Factory s.r.l.
Roma